U0502146

刘益春 主编　　高　夯 副主编

教师教育创新的理论与实践探索

JIAOSHI JIAOYU CHUANGXIN DE
LILUN YU SHIJIAN TANSUO

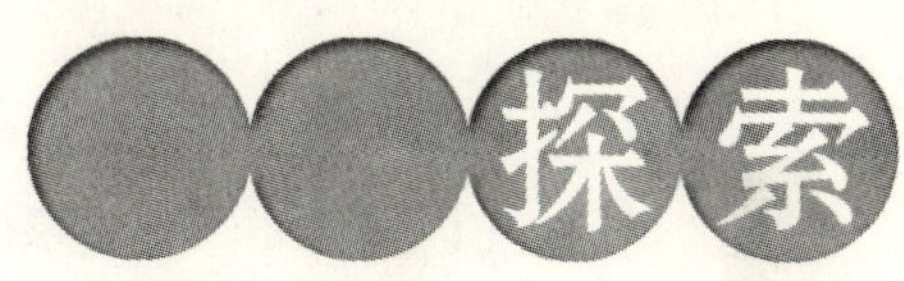

东北师范大学出版社
长　春

图书在版编目（CIP）数据

教师教育创新的理论与实践探索/刘益春主编．—长春：东北师范大学出版社，2009.3
ISBN 978-7-5602-5590-3

Ⅰ．教…　Ⅱ．刘…　Ⅲ．师资培养-文集
Ⅳ．G451.2-53

中国版本图书馆CIP数据核字（2009）第035142号

□责任编辑：王宏志　□封面设计：杨　涛
□责任校对：曲　颖　□责任印制：张允豪

东北师范大学出版社出版发行
长春市人民大街5268号（邮政编码：130024）
电话：0431—85687213
传真：0431—85691969
网址：http：//www.nenup.com
电子函件：sdcbs@mail.jl.cn
东北师范大学出版社激光照排中心制版
吉林省吉新月历制版印刷有限公司印装
长吉公路南线1公里处(130031)
2008年12月第1版　2008年12月第1次印刷
幅面尺寸：170mm×227mm　印张：25.5　字数：460千

定价：48.00元

目 录

认同的作用
——免费师范教育政策下的师范生成长经历
…………………………… 朱 红 许伟光 解 书 唐天财 林 梅（1）
新师范生政策的价值呈现与道德风险
…………………………………………………………… 杨颖秀 王智超（13）
教师教育课程与教学改革的根本出路
——教育学学科视界的研究
…………………………………………………………………… 金美福（21）
自我研究
——教师专业发展的新方式
…………………………………………………………… 刘静焱 吕立杰（29）
教师专业发展的影响因素及促进策略
…………………………………………………………………… 孔凡哲（38）
教师课程领导者的角色特征与成长条件
…………………………………………………………… 刘径言 吕立杰（48）
高等师范院校教师资格教育类课程体系与教学改革
…………………………………………………………… 孔凡哲 曲铁华（57）
高师院校理科学生人文素养状况的调查研究
…………………………………………………………… 王向东 袁孝亭（66）
加强师范院校理科学生人文素质教育的研究与课程建设
…………………………………………………………… 袁孝亭 王向东（74）

反思与展望
——试论“物理课程与教学论”的学科定位与改革策略
………………………………………………………………… 于海波（81）
应对教师专业化的高师物理教学论课程建设探讨
……………………………………………………… 孟昭辉　张　娜　费金有（90）
突出师范特色的物理实验教学改革与实践
…………………………………… 刘春光　刘玉学　赵立竹　陈　莉（103）
高师本科生物教育专业实践教学的问题与对策
………………………………………………………… 刘　影　王永胜（111）
高师院校英语专业精读课教学模式行动研究
——传统法与交际法的融合
………………………………………………………… 王启燕　仇云龙（119）
美术教师教育的思考与研究
………………………………………………………………… 潘宏艳（131）
基于实践—反思取向的教师培训教材设计模式的构建
………………………………………………………………… 张　恰（138）
高素质教师：来自于国际组织的认识
………………………………………………………… 邓　涛　饶从满（148）
衡量理想教师的尺度
——若干国家的教师专业标准解读
………………………………………………………… 唐泽静　邓　涛（160）
论理想的教师素质结构
——基于理论研究者视角的考察
………………………………………………………… 孔凡琴　邓　涛（170）
美国高质量中学教师培养项目初探
………………………………………………………………… 于　杨（182）
教师专业化背景下高师院校教师教育课程设置与实施改革研究
………………………………………………………… 李　广　许伟光（193）

实习生与指导教师专业知识发展状况的调查研究
…………………………………… 李广平　回俊松　李月菊　马英武（205）
师范院校实习生教学关注状况的调查研究
………………………………………………… 李广平　回俊松　李月菊（216）
东北师大教育实习指导教师工作状况的调查研究
………………………………………………………………………… 侯　恕（222）
师范专业教师职业教育课程与教育实习实践问题探讨
…………………………………………………………… 伊亮亮　侯　恕（230）
教育实习班主任工作状况研究报告
………………………………………………… 杨　明　鲍淑洁　侯　恕（239）
师范生教育实习课堂教学实地研究
…………………………………………………………… 李　广　许伟光（249）
实习生课堂教学技能状况调查研究
…………………………………………………………… 许伟光　李　广（262）
实习指导教师心理教育素质发展状况的调查研究
…………………………………………………………… 秦红芳　刘晓明（272）
调查研究：从学生的视角看教师心理教育素质的发展状况
…………………………………………………………… 张昊智　刘晓明（282）
访谈研究：从学生的视角看教师心理教育素质的发展状况
…………………………………………………………… 冯墨女　刘晓明（292）
实习指导教师心理教育素质发展状况的访谈研究
…………………………………………………………… 孙蔚雯　刘晓明（304）
实习生心理教育素质发展状况的调查研究
…………………………………………………………… 王　娇　刘晓明（315）
实习生心理教育素质发展状况的访谈研究
…………………………………………………………… 刘　捷　刘晓明（324）
多层面推动师范生教育技术能力发展
…………………………………………………………… 郑燕林　李卢一（335）

2008年实习生教育技术能力发展现状访谈报告
……………………………………………… 闫 超 姬长全 郑燕林（343）
2008年实习生教育技术能力现状调查
…………………………………………………… 郑燕林 张 冰（352）
实习基地学校教育技术应用现状研究
——对实习基地学校实习指导教师的访谈报告
……………………………………………… 郑雪丽 张瑞瑞 郑燕林（364）
教育实习对师范生角色转变的作用、问题及建议
——2008年东北师范大学教育实习研究
…………………………………………………… 郝 欣 王秀红（372）
发挥自身优势 促进实验区教师专业发展
——长春市151中学校本教研活动纪实
…………………………………………………… 王秀红 郝 欣（382）
实习生教师身份认同的过程性审视
——以东北师范大学M实习小分队为个案
………………………………………………………… 杨宏丽（393）

认同的作用

——免费师范教育政策下的师范生成长经历*

朱 红 许伟光 解 书 唐天财 林 梅

摘 要：本文旨在介绍在中国免费师范教育政策这一特殊背景下，享受免费师范教育的首届大学生所产生的一些对于认同的困惑以及其成长变化经历，通过他们所经历的变化实例来展示认同在教师教育中的作用。

关键词：免费师范教育 认同 教师

认同是人的基本需要之一（Fromm，1941）。认同包括自我和环境两个方面，表现为身份认同和社会认同（Bilton，T. et al，2002）。在人成长和发展的各个不同时期，随着年龄和环境的变化，认同的需求以及满足认同所需要的因素也随之改变（Maslow，1968）。认同是人生意义的来源和人生经验（Castells，2004），就此意义而言，认同是目的也是过程。师范生，作为未来的人民教师，从中学进入大学，从学生变为教师，由于内在和外在因素的复杂化，其原有的自我身份认同和社会认同面临着各种不同程度的挑战。

［作者简介］ 朱红，女，博士，东北师范大学教育科学学院副教授，研究方向为教师教育、语言与认同、族志学研究方法等；许伟光，男，东北师范大学教育科学学院硕士研究生，研究方向为课程与教学理论、教师教育；解书，女，东北师范大学教育科学学院硕士研究生，研究方向为课程与教学理论、教师教育；唐天财，男，东北师范大学教育科学学院学前教育专业本科生，研究方向为学前教育基本理论、教师教育；林梅，女，东北师范大学教育科学学院学前教育专业本科生，研究方向为学前教育基本理论、教师教育。

---

* 本文感谢东北师范大学教育科学学院和教务处对“‘共同成长’——免费师范生经历跟踪调查”课题的支持。

2007年是中国实施免费师范教育政策的第一年，教育界和社会舆论都在高度关注该政策的实施效果。舆论焦点集中在免费师范教育政策对师范生在校学习的影响以及他们是否会成为促进农村教育发展的优秀人才，也就是说，社会舆论主要关注的是政府投入的回报。这些舆论让首届接受免费师范教育的大学生成为社会关注的焦点，也让他们承受着一般大学新生所没有的身份认同压力。只有及时排除这些压力，帮助师范生克服在新环境中遇到的认同方面的困扰，才能让新一代师范生身心健康地成长，产生作为人民教师的认同。

为此，东北师范大学成立了"Growing Together"（GT，共同成长）课题小组，对中国首届免费师范教育的师范生的成长经历进行长期跟踪调查研究。GT认为，免费教育师范生首先有个人价值认同的需要和最高自我价值实现的需要。作为未来教师，针对国家和社会的期望，他们需要逐渐获得作为人民教师的认同。而这种专业身份认同的产生需要在对自我和社会认同充分认识的前提下，经过长时间的实践才能获得。围绕此宗旨，GT努力为这些新师范生创造和提供一个发现、认识、认同自我的环境和机会，也希望伴随GT成员的成长，探索师范生成长经历对他们未来从教的意义，总结经验，以期给周围的人以激励和借鉴。

下面介绍的是正在进行中的"共同成长"课题的研究过程以及组内师范生在过去一年多的学习生活中所产生的成长变化。

一、GT的形成

GT课题小组成立之初不只是为了研究和促进师范生成长，更希望能够为首届免费师范生提供一个完全能够自由表达的空间，在与学长和老师的互动中寻找解决自己在生活和学习中所遇困难的途径。

在东北师范大学本部校区各个学院辅导员的协助下，GT课题组向2007级免费师范生发放了成长小组的邀请函。GT成员来自不同的专业，不同的地区，最初招募样本为18人（本部除音乐、体育学院外，每学院男女生各一人），后有退出和加入，稳定样本来源为30人①。每一位成员都签署了《东北师范大学免费师范生"共同成长"课题组项目志愿合作书》，都享有自由的交

① 年级结构：2006级3人、2007级27人，少数民族结构：土家、苗、满、蒙古族各1人。

省市分布：吉林、河南、湖南、四川、山东、广西、黑龙江、内蒙古、青海、福建、江苏、陕西（总计11个省）。

流空间和灵活的时间，任何成员如果想要退出也不会被强留。GT 坚守研究伦理，保护每一位参与者的隐私。

GT 是一项长期的跟踪研究，随着时间的推移，在活动中遇到了一些困难，如样本的流失。一些学生由于各种原因中止参与小组活动，遇到这种情况，GT 会竭力了解其停止参加的原因，并不断调整和完善活动安排以便更好地适应各个成员的不同需求，同时尽全力挽回流失的成员。这样，每周聚会保持常新，一些暂时退出的同学又重新归队。同时，也有新成员加入，这体现了小组的魅力，更加坚定了大家长期从事此项研究的决心。

二、GT 的活动

GT 前期采取了族志学的研究方法，如长期参与观察、焦点小组、深度访谈。后来，在适当时机又加入了问卷调查等综合方法。

自 2007 年 10 月 10 日以来，GT 每周一次聚会。每到聚会时间（下午 5：30）大家如约赶来，有的可能还饿着肚子，有的可能刚从图书馆出来，有的可能刚刚下课，春夏秋冬，无论刮风下雪还是雷电交加，都坚持如一。在 GT 有熟悉的面孔、喜爱的话题、悦心的茶点，更重要的是这里有可信赖、可倾诉、可聆听的对象，这里有迷失方向时的路标，这里是如家一般的港湾……

其实人在很多时候并不是真正地了解自己，需要通过镜子来折射，需要借鉴他人的影像，需要与同学、朋友等周围的人交流，从而认识和提升自己。在此意义上，GT 人彼此需要。因此在 GT 活动一开始，就提出了 A，B，C，D，E 五项要求，即 Attention（关注）、Bravery（勇气）、Communication（交流）、Development（发展）和 Exploration（探索）。

以“中学—大学—免费师范生—未来人民教师”这样的发展脉络为主线，GT 遵循身份角色转换、心理落差、调整适应、树立目标、转换提升等一系列的变化规律来设计活动，帮助师范生获得作为人民教师的认同感和献身教育的使命感。GT 小组每周活动都有一个来源于师范生生活和学习的主题，多以话题聊天的形式展开，有时也采用主题演讲论坛的形式。

虽然每次活动主题不同，但都抱着同一宗旨——分享经历、反思和认识自我，为成为“Great Teacher”（伟大教师）而塑造自己。而作为研究者，GT 虽然不直接告诉成员们在生活中应该怎么做，但会有选择性地讲述个人的经历，引导成员介绍彼此的经验，供大家借鉴参考以走出困境，并用积极的态度投入大学的生活。

GT 小组一起走过了一年多的时光。在 2008 年 10 月 10 日一周年时，大家在GT大树下种下了来年的愿望。回首过去，大家有感而言：GT就像一棵大树，我们就是这棵大树上的不同枝子（We are branches of the tree），彼此紧密相连互相滋养，每个人在GT里都留下了自己的故事，在聆听与倾诉中转变、成长。

下面是阿芳①，一名来自东北的女生在GT将走过一年的时候，写给GT的一封信，我们从中能够略感GT的意义。

我和我的共同成长小组（节选）

因为一个人睿智的想法，我们这些来自本部校区不同学院的学生聚到了一起，组成了一个“家”，于是，因为一个人的热衷教育之心，我们开始了共同成长，于是，因为缘分我们相知相识并在以后的日子中彼此扶持……

那些记忆取自清寒的深秋，每次去的时候，都是冒着缕缕清凉，可是一进那个聚会的地方，心里就会不知不觉地温暖起来。虽然起初大家都是陌生的、拘谨的，可是慢慢的，我们也就熟络了。

一学期的聚会经历，让我感触颇多……在小组活动中，我们每次讨论的话题我都会积极思考，并发表自己的见解，在与大家交流的过程中，真的是获得了许多许多，使我在进入大学的一年里成长得很快。往往从别人的视野里我们能够了解到很多自己所不曾经历的事情和最真的感受；往往在与人交流的时候我们才会看到每个人精神世界的差异，才会明白任何思想都是可以相互碰撞和融合的；往往在心灵相同的一瞬间我们才会真正体会到灵魂的力量。

阿芳　2008年7月20日　星期日

族志学注重的是自然状态下的生活过程，行动研究探究的是变化。综合以上两项，GT追寻的是师范生成长变化的经历和规律。一年的时间尚短，一个大学生的发展才刚刚起步，但是，GT成员已经有了丰富多彩的经历和变化，展现出认同在人思想转变和成长中的重要作用。

三、GT成员的成长变化

回望我们留下的足印，深深浅浅中见证着我们的成长。

GT周年纪念2007级师范生即兴演讲

虽然当初选择免费师范生的动机各有不同，但通过一年的大学生活，经历了迷失和奋争，GT成员发生了不同形式的变化，有了不同程度的成长，显示

① 为保护隐私，GT研究对象均用化名。

了认同的力量所在。下面是从GT小组成员的多彩经历中节选的几个片段，呈现了GT成长中的苦与乐。

“蛙”成为“鹰”

晨曦，一个来自山东的女孩儿，初来小组的时候，从不主动说话，一般都是被点到她或者像她自己说的“憋的实在不行了”，才会主动地说一些自己的经历。渐渐地在交流中晨曦开始转变，慢慢地大家发现晨曦不再是那个自卑、自闭的女孩儿了，渐渐地她开始注意自己的仪表，开始主动说话，脸上有了笑容，参加学生会竞聘，参加话剧演出，进了社团，当了学生干部……当晨曦在GT小组里回顾自己这一年的经历时，大家眼睛一亮：晨曦真的成长了。

“蛙”的故事①

——晨曦写给GT公共邮箱的一封信（节选）

出生之日起就在井底的青蛙，它的眼里只能有井口大的天空。直到有一天，一只小鸟告诉它外面的世界有多大，它才动了出去看看的念头。于是，它跳呀跳，但井太深，它始终没能跳出去。井外的小鸟只是在井口喊“加油”，不曾给它实质性的帮助……它想：井底之蛙是做不到“心怀天下，悲悯苍生”的，希望下辈子投胎做苍鹰；井底之蛙是“小家”碧玉，安土重迁，小农意识；苍天之鹰是“大家”闺秀，走南闯北，远见卓识。但这辈子还没过完，为了下一代，井底之蛙必须跳出那口井，不管用什么方法。

2008年4月21日

我的成长

——晨曦在GT聚会上的演讲（节选）

大学给我的第一印象是很大，有很多很多条路，像迷宫一样，因为怕迷路，走出宿舍之后我会沿着一条路走到底，再折过去直线式的走完另一条路。大学里有超市、书店、理发店、邮局、银行、照相馆，充满着浓郁的生活气息，不出校门就能满足一切生活所需，所以我觉得大学是一个小社会。

大学带给了我太多的第一次。上了大学才知道坐火车原来是这种感觉，坐公交车只要一元钱，才知道网络这么有用，PPT是这样做出来的，U盘是这样用的，才知道ATM是什么，到医院看病要挂号，才真正把小时候就已烂熟

---

① 题目作者加。

于心的交通规则“过马路走人行道，红灯停、绿灯行、黄灯等一等”运用到实践中，这么多第一次几句话几秒钟就说完了，而我自己去经历去适应，却用了半年的时间，这些第一次因为已经经历过了，所以很轻松地说出来，但在亲身经历的时候是掺杂着很多情感的。记得第一次用太平洋学子卡到ATM上存钱时，是寝室的同学陪我去的，在她的指导下我颤颤巍巍地把卡插进去，小心翼翼地按着按钮，看到钱就这么被吞进去了，我觉得很不可思议。还有刚开始过马路的时候我看的不是红绿灯，而是两边的车和我旁边的人，看到车都停了，人都走了，我才敢大步向前冲。

……

以前把全部的时间和精力都放在学习上，有时觉得很没意思，效率也不是很高，现在生活得比以前有意义了，因为有很多事要做，早晨晨练，中午练书法，晚上写日记，平时要勤工助学，忙师范生协会的事，周末要家教，现在觉得学习很享受、很奢侈，效率有所提高。可能因为我的充实，孤独中的寂寞已渐渐褪去。

嗯！我的确成长了，发展了！

2008年12月7日

晨曦成长了、发展了、自信了、在大步往前冲了。可在一年前的聚会上，她还在自怨：“我到了大学才发现，我除了学习什么都不会，一点能力都没有。我站在和别人不一样的起跑线上，这对我很不公平，我感觉挺失败的。”在2007年的一次访谈中她说：“我就感觉我除了读书什么也不会，我很自卑、很内向、很不会说话，不会人际交往，我想改变我自己，不喜欢现在的我。”现在再看看以上她在2008年12月7日GT聚会上的演讲，真是“蛙”变成了“鹰”，产生了质的飞越。

美丽的“错误”

诗悦是以总分第一的成绩考入她们学院的，但这个高起点让她充满了担忧和失落，给了她很大的压力。原本想当律师的她被调剂进了免费师范生行列，诗悦说：“虽然律师和老师只差一个字，但这与我的梦想相差甚远。”这些想法让初入大学的诗悦懊恼了很长一阵子。但在2007年10月24日GT聚会时，她和同院的一个同学朗诵GT准备的诗歌—*The Road not Taken*（“没有走的那条路”，Frost）。在大家探讨这首诗歌对自己的启示的时候，大家欣喜地看到了她思想上的转变。诗悦说：“如果当律师，就势必得为你的雇主说话，那么肯定得说些假话。而当老师则要对你的学生负责，你得说真话，所以我决定了——说真话!”诗中说:“把另一条路留给另一天吧,……我觉得还是走好现在吧,哪怕将来还会回到原处,我也无怨无悔,走好现在就好了!”

坚定了从教信念的诗悦,大一暑假还参加了学校组织的农村学校支教服务,亲临了农村“爱莫能助”小学的英语课堂,回来后与GT一起分享了她的支教经历。正如诗悦所说:“既然是错误,就要让它成为美丽的错误!”为此诗悦正在继续努力!

辉煌酝酿于平淡之中

GT在第一学期有一次聚会的话题是“当我拿到录取通知书的时候”。志恒回忆拿到录取通知书的情形时说:“欣喜!因为家里很穷,免费带来了希望,但又感觉追求的东西已经被安排好了,心中很茫然。来了以后(指上大学之后),感觉在享受免费的同时也有责任和义务。想到教师真是一个神圣的职业,想到以后站在讲台上真有一种神圣的感觉。”志恒每次聚会都按时来,除了GT,他没有参加其他的校园课外活动。志恒内向,大多数时间都是在倾听,很少言语。但他一直踏踏实实地学习,大一结束时,当别人想方设法找老师参加课题的时候,志恒已经在帮老师查阅文献了,当有人在担心补考的时候,志恒获得了学校一等奖学金,进入了国家人才培养计划!志恒欣慰地与GT大家庭分享他在平淡之中默默耕耘所结出的丰硕果实。

但并非每一段成长变化都沿着“迷失—觉醒—奋进”这样的路径,有些成员一直处在“困惑—愤慨—改变—再迷失”这样反复重叠的痛苦蜕变中。GT不是万能的保险箱,让每个人都能顺利成功。作为研究和教育者,GT也面临着“放弃还是继续”这样一个永恒的教育命题。文君的经历就是这样一个例子。

挥之不去的忧虑

文君是个倔强又充满灵性的南方小伙子,初入大学的他没能继续高中的辉煌,到大学之后四处碰壁。一开始的军训就让文君很不愉快,就像他自己说的:“军训没啥活动,我们一连刚开始的时候有110个人,后来为了编那个方队,就砍掉了三十几个,好像我们比较矮小的就全部被赶出来了,不准参加方队,那时候就特别生气,凭什么啊?前面踢的(指踢正步)没我们好啊。”军训结束后,文君也曾尝试着进学生会、社团,希望能够发挥自己的才能,锻炼自己的能力,但是学生会拒绝他,社团不要他,因为个子不高而屡遭拒绝,这让文君感到很“郁闷”,让他“恨死了大学”。

GT成员都很关心文君，创造机会让他参与，希望文君能够重新找回自我，找到自己努力的方向。但文君对小组若即若离，时而积极，时而抵触。但这正是文君最需要关爱的时候，所以GT一直密切关注他，安排不同成员从不同角度与文君接触。

遗憾的是，受挫的阴霾仍然缠绕文君的心头，他在2008年11月“大一生活一年的总结”中写道：

学习方面，……我的统计：好多60分，只有一个90分，其他的也很多，还有一个“挂了”。

生活方面，傻头傻脑地来到东北这个鸟不生蛋的破地方，离家远得很，而我一直没有想家，这破地方让我越来越没心没肺了。认识了几个朋友，但都不是好朋友，就是为了期末复印笔记时不至于没有地方借。一个社团也进不了，原因很简单：我太矮。

思想方面，我很庆幸我没有被东北师范大学抹去我的性格，我还是那么有个性，敢爱敢恨。看我不顺眼的人很多，我看不顺眼的人更多，干过的就干，干不过的记着，以后再干。很奇怪为什么那么多的人被骗来了还那么高兴，这破地方有那么值得庆贺？

文君很有文学天赋，也有很强的学习能力。但明显看出，他不快乐，内心有一股怒气。这是因为，他的潜质得不到认同，入学之初的不顺和入学后不断遭遇到的歧视让他忘记了自己的优势、长处，让他无法正视自己改变不了的东西。为了避免再次受到伤害，他将自己逐渐封闭起来。如果他就这样走完四年，不敢想象他将如何面对自己的人生，将来如何面对农村孩子那渴求知识的双眼。

关爱帮助文君是GT的责任。所以GT坚持不懈地联络文君，每周的聚会都像第一次一样地热情、执著地邀请他，让他真切地感受到：文君是受重视的，是GT很在意的小组成员！同时，尽量给予他机会参与主持小组活动，这种关爱一直在他左右，因为GT相信文君能够通过自己的行动证明自己的潜质并重新找回自信，继续以往的辉煌来获得新的认同。

“共同成长”小组没有规定、约束成员的行为，没有评价是非，也没有说教，但是成员们在交流分享成长经历和探讨人生教育意义的过程中以彼此为镜，每一位参与成员都以各自不同的方式在影响和教育着其他人，同时也吸取养分实现自我成长。通过一年多的相互支持，大多数GT成员在过去的一年里都取得了很大进步，很多成员分别获得了各种形式的奖励和奖学金。在GT27名2007级免费师范生成员中，有18名获得各种不同形式的奖励，其中国家奖学金1名，校长奖学金3名，一等奖奖学金1名，二等奖学金3名。24名同学分别获得优秀团员、优秀学生、优秀学生干部、社会工作奖、教师技能奖、艺术和运动等各种奖项。绝大部分GT成员都参加了各种形式的社团或进行社会义务服务工作（如老人院、晨光学校、特殊教育学校、义务家教等）。这点点滴滴的成绩积累，这一节又一节的成长，都成为GT的骄傲。

GT很快就走过了一年半，四年的大学生活也将是“弹指一挥间”。再丰富的GT活动也只能陪伴大学时代一时一段，但GT的成长经历是对未来教师生涯的预备，GT的精神——终生学习、不断反思、追求成长将伴随每个梦想成为伟大教师（GreatTeacher）GT成员的一生，并将通过他们传承给其未来的学生，正如一位2007级师范生在GT周年聚会上的演讲①所述——

一年前，天南地北的我们走到了一起，从此“Growing together”。

一年了，我们从秋冬走到春夏；

一年了，我们从陌生走到相熟相知；

一年了，我们从感性走向理性，从狭隘走向开阔。

一年后，我们从原点走到圆点，沿着“the road to home”，怀着“回家”般的心情来参加“月亮、星星的约会”。

回望我们留下的足印，深深浅浅中见证着我们的成长。

365个日子，32次的相聚，我们一起走过；

24个节气，秋去秋来，我们联在一起。

今天，我们种下愿望，希望我们美梦成真，也祝愿GT越来越好！

等待明年春暖花开时……

四、在反思中成长

GT研究一开始就注定是一个充满反思的过程，本文形成的过程也是这样。GT的经历、困惑、成长、动因是什么？影响因素是什么？GT研究过程本身又说明了什么？这些问题在一年半的时间里不可能得到全部解答，有的问题甚至永远不会有一个完美的解答。但是，到目前为止本研究如实记载了GT们成长中的困惑、挣扎和进步，了解到了师范生成长过程中对认同的需要，尤其是免费教育政策下首批师范生的特殊需要。

---

① 这是文君在2008年10月10日小组成立一周年聚会上的即兴演讲，他用GT历次活动的题目、歌曲和组员的话语和谐地串讲起来，充满感情地诠释了GT小组一年来经历的路程和对未来的希望，这一段即兴小散文充分体现了文君的才华。

从中学时代家庭的中心和毕业班老师呵护的重点、同辈中的佼佼者到群英荟萃的国家重点大学中的普通一员，从农村或小的城镇来到灯红酒绿的省会城市，他们在不同程度上，在不同方面感到了认同上的某些失落。作为第一批免费教育政策下的师范生，刚入大学校门处于身份和角色转换的关键时期，在“免费”的恩赐和“合约”的制约下，产生了被边缘化的感觉，这就需要更多的心理调整，寻求新的认同。

身份认同和社会认同的统一受到内外因的多重因素影响。一名普通的“主流”学生，即按照社会主流权势利益认可和接纳的学生，相对会经历一个顺利的过渡和认同调整，只需认定了成为教师的光荣，学习和生活有了动力，其行动很容易得到认可和褒奖，比如文中提到的阿芳、志恒、晨曦和诗悦，他们继续进步的路途相对平坦。可是，一名“非主流”学生，自己认同的价值常常不被他人认同，甚至受到社会主流以各种明或暗的规则排斥，这样处在逆境中的学生在其成长道路上就会遇到更多的障碍。比如文中的文君，虽然他被主流社会的“高分”规则录取进入了重点大学，但他在种种社会参与中被“身高”的以貌取人等歧视规则不断地拒之门外，遭到人格的伤害。这种因歧视而不断受拒的经历内化而成为控制其思想和心理的机制，对以后的行动造成种种心理负担，以至裹足不前，甚至自我放弃。广义而言，这是社会的弊端，是目前某些不良世风所致。可是，这种现象出现在学校，甚至是国家重点师范大学，让我们不得不反省所推崇的教育价值取向了。

那么，作为GT小组应该如何面对这种现象？如何对待文君呢？首先，GT是一项研究，因此，可以让文君任其发展，Let it be，听之任之，记录“自然状态”下的结果，然后加以分析就行了。但是，GT不仅止于研究。如所承诺，GT——共同成长，是教育的过程，GT的宗旨是为未来教师成长提供获得认同的空间。那么，不能袖手旁观，必须有所作为。可是，如何做？不能强迫，更不能教训。如上文所述，GT信守教育的根本，那就是对人性的尊重和对认同的信心。文君很有正义感而且很聪慧，他需要的是关注、被认识、被认同，为此也需要表现的机会以及陪伴他成长的信心和耐心，而GT恰好能够给予他这些。

当本文进入反思阶段时，收到了文君在2008年12月12日写下的第二份回顾自己大一的总结，反思了自己的患得患失，认为应该珍惜GT这份缘分。再度回顾自己一年的大学路程，文君有了新的感慨。

一年前，在火车上睡了两天后，在心中踌躇满志，在别人的羡慕和祝福还萦绕在耳边时，我踏上了长春这片土地。带着小小的行李箱，大大的梦想开始了我大学之旅，我寻找的旅程。

大学，有人把它比作知识的海洋，我把它比作一座知识的宝山，进入大学就是进入了宝山。在挤过了千军万马厮杀的独木桥后我们终于有了进山寻宝的机会。

……

可是我最近才觉得很累，很空虚——那种很茫然的感觉。我捡了太多的看似漂亮却只能让我肩头更沉重而没有一点积极意义的石头，它们把我压得抬不起头，只能看到别人的光彩的投影，看不到自己的阳光。

最致命的是，我发现我迷路了，我找不到我的宝藏的路了，我游荡得太久了，我偏离了我的路。

……

我游荡了一年，我难道一点路也没有走？我重新抓起我的背包，把石头重新磨砺，从它们身上找我的痕迹。

……

我比一年前似乎成熟了很多，……我认识到了学习的重要性，因为这曾让我跌倒过，我不能因为没有在意而再次跌倒。我知道了珍惜，身边的美好不是一直地陪着自己的，过了这个村就没有这个店了，错过了这朵花就闻不到这种香了。我知道了朋友的重要性，他们不仅能借笔记给你，还因为朋友就是阳光，有了他们，生命之花才能开得更美丽。

我庆幸我被打败过，我庆幸我又一次地反思，我庆幸我又看到了我的阳光。抛掉了沉重的包袱，扫去了阴霾，我迎着阳光轻装上阵。我的寻找旅程或许比别人晚了一年，可是我的负担已经放下了，我的脚步肯定能赶上并超过别人……

对于GT而言，文君的觉醒是莫大的褒奖，文君奋起的决心跟阿芳获得国家奖学金，志恒进入国家人才培养计划一样令GT人骄傲，同时也将认同的作用及教育的魅力展示给GT的每一个人。

族志学研究是生活的一种形式和过程。在此期间，参与者和研究者都在经历生活的洗礼，并相互影响、变化和认同。GT虽然才经历一年半的时间，但每个师范生都有了长足的进步，作为研究者的研究生和本科生，作为研究者的教师也都有了成长和变化，因篇幅和本论文重点的限制不能在此细叙。但是，必须强调，GT的实践再一次证明了认同的作用。人需要认同，需要认同的机会，需要认同的行动，既需要被认同，也需要认同他人。

参 考 文 献

［1］苏永通，周玲．免费师范生：我们把未来预支给了教育［N］．南方周末，2007－09－27（B9）．

［2］朱红．转换．融合：中国技术移民在加拿大．北京：中国社会科学文献出版社，2008.

［3］Bilton T，et al. *Introductory Sociology*. New York：Palgrave Macmillan，2002.

［4］Castells，M. *The power of identity*（2nd edition）. Oxford：Blackwell Publishing，2004.

［5］Fromm，E. *Escape from freedom*. New York：Holt，Rinehart and Winston，1941.

［6］Lindzey G，Hall C，Thompson R F. *Psychology*. New York：Worth Publishing，1975.

［7］Maslow A H. *Toward a psychology of being*. New York：Van Nostrand，1968.

新师范生政策的价值呈现与道德风险*

杨颖秀　王智超

摘　要：新师范生政策发布以来，教育部直属师范大学师范生的招生和培养发生了新的转机。通过对政策文本及实施状况的分析得知，新师范生政策一方面彰显了师范教育特殊的公益性以及师范生权利至上的政策价值观，另一方面也表现出了政策的缺失与风险。为此，改进师范教育课程，完善教育政策文本，修改学位制度，提升教育德治水平可以作为运行新师范生政策以及提升政策绩效的策略探索。

关键词：新师范生政策　价值　道德　风险

2007年，教育部、财政部、人事部、中央编办联合发布《教育部直属师范大学师范生免费教育实施办法（试行）》（以下简称“实施办法”），自此，1997—2006年历经10年的师范生缴费制度在部署师范大学宣告结束。国家发布这一政策的宗旨在于“进一步形成尊师重教的浓厚氛围，让教育成为全社会

[作者简介]　杨颖秀，女，教育学博士，东北师范大学教育科学学院教授，研究方向为教育管理与政策；王智超，男，东北师范大学教育科学学院博士研究生，研究方向为教育政策。

* 经费资助来源：①非师范专业定位下教育管理专业人才培养模式研究，东北师范大学本科教育教学改革研究建设项目（项目批准号：2007ZLJG23），主持人：杨颖秀；②免费师范教育政策实施状况追踪研究，国家社会科学基金“十一五”规划项目，国家青年基金课题（项目批准号：CFA080211），主持人：王智超；③提高改革决策的科学性与改革措施的协调性研究，吉林省社会科学基金项目（项目批准号：2007070），主持人：杨颖秀；④农民工子女就学问题研究，教育部人文社会科学重点研究基地重大研究项目（项目批准号：06JJD880008），主持人：杨颖秀。

最受尊重的事业；培养大批优秀的教师；提倡教育家办学，鼓励更多的优秀青年终身做教育工作者”。应当说，国家历来重视教师的培养与地位，形成了以《教师法》为核心的关于教师的政策法律体系，确立了教师的节日、教师的资格制度、职务制度、聘任制度、待遇制度等一系列关于教师的制度体系。《实施办法》的发布又开创了师范生政策的新起点。然而，任何一项政策的发布均可能带来积极的功效，也可能蕴含着政策主体所不期望的负面影响或风险。为此，需要本着负责任的态度对新师范生政策进行文本的及其实施状态的再思考。

一、新师范生政策对免费教育师范生权利与义务的规定

在教育部直属师范大学实行师范生免费教育是以学校和生源所在地省级地方教育行政部门与受教育者签订协议为前提的，一旦协议达成，两者之间的权利与义务关系则随即形成。

根据政策，免费教育师范生的权利主要有：(1) 享受“两免一补”。免费师范生在校学习期间免除学费，免缴住宿费，并补助生活费。所需经费由中央财政安排。(2) 可进行二次专业选择。免费师范生可按照学校规定在师范专业范围内进行二次专业选择。(3) 享受名师授课。政策要求部属师范大学根据基础教育发展和课程改革的要求，精心制定教育培养方案。要安排名师给免费师范生授课，选派高水平教师担任教师教育课程教学，建立师范生培养导师制度。(4) 毕业生有编有岗。确保每一名到中小学校任教的免费师范毕业生有编有岗是有关省级政府的责任，省级教育行政部门要负责组织用人学校与毕业生在需求岗位范围内进行双向选择，切实为每一名毕业生安排落实任教学校。编制的解决办法包括先用自然减员编制指标或采取先进后出的办法安排免费师范毕业生，必要时接收地省级政府可设立专项周转编制。(5) 可在职攻读教育硕士专业学位。免费师范毕业生经考核符合要求的，可录取为教育硕士专业学位研究生，在职学习专业课程，任教考核合格并通过论文答辩的，颁发硕士研究生毕业证书和教育硕士专业学位证书。(6) 可在学校间流动或从事教育管理工作。免费师范毕业生在协议规定服务期内，可在学校间流动或从事教育管理工作。

免费教育师范生的义务主要有：(1) 在规定的服务期及服务地任教。免费师范生入学前与学校和生源所在地省级教育行政部门签订协议，承诺毕业后从事中小学教育十年以上。免费师范毕业生一般回生源所在省份中小学任教。到城镇学校工作的免费师范毕业生，应先到农村义务教育学校任教服务二年。

(2) 违约者退还免费教育费用并缴纳违约金。免费师范毕业生未按协议从事中小学教育工作的，要按规定退还已享受的免费教育费用并缴纳违约金。(3) 不得报考脱产研究生。免费师范生毕业前及在协议规定服务期内，一般不得报考脱产研究生。

二、新师范生政策的价值呈现

对免费教育师范生权利和义务的规定，充分体现了新师范生政策的价值取向，对发展师范教育具有重要的激励和保障作用。

(一) 对师范生免费及享受免费的规约反映了师范教育特殊的公益性

教育具有公益性，通过教育培养人提高国民素质是符合人民的公共利益的。在和谐的教育环境中，每个人的素质能得以提高，国家的发展能得到保障，生活在其中的每个人都能够受益。所以，没有哪个国家不以教育为重。而要重视教育，最根本的是要培养优秀的教师。中国古代社会没有专门的师范教育，但涌现过孔子、孟子等诸多名师。1897 年开始正规的师范教育之后，师范教育事业得到了迅速的发展。新中国成立后，以助学金、奖学金为标志的免费或不完全免费的教育一直是师范教育的特色之一，即使是在 1997—2006 年的缴费教育过程中，师范院校学生也享受特殊的助学金。这在客观上表明，教师职业是社会发展不可或缺的职业，而培养教师的师范教育事业则是政府高度关注的事业，它不能靠市场机制提供和发展，只能由政府来保证，靠有志于从事教师工作的人的自主选择来配合，新师范生政策则以新的制度设计反映了师范教育特殊的公益性。

1. 免费但不强制

师范教育虽然曾经实行或正在实行免费制度，但这种免费与义务教育的免费有着重要的区别。师范教育的免费是国家出于对师范教育事业发展及其对教师职业的尊重而实行的宏观调控政策，目的在于吸引优秀的或生活确有困难的人才从事教师工作，进而保证教育特别是农村教育的质量。这种免费体现的是对选择教师职业者的一种鼓励，以支持他们顺利完成学业并能长期从事教师工作。与义务教育相比，免费既不是政府必须履行的义务，也不是师范生必须享有的权利。因此，免费无论是对政府还是对师范生都不具有强制性。而义务教育的免费是与强制性密切联系在一起的，由于实施义务教育是国家以法律形式规定的教育基本制度，因此，政府必须承担起免费的责任，适龄儿童和少年也必须履行按时入学接受规定年限的义务教育的义务，两者没有选择的余地，也不对因各种情况而辍学的义务教育法律关系主体实施费用追还。

2. 自主但相约

新师范生政策免费而不强制的特点使之更具有自主选择性。作为任何一个试图进入教育部直属师范大学学习的受教育者，都可以自主选择师范教育专业，可以在学习期间享受免费的政策性待遇。但由于免费并不是国家作为履行义务的被强制性措施，也不是师范生必须享有的权利，因此，免费的师范教育政策需要对实施政策的主体和接受政策的主体以一定的条件相约，使政策能在公平的环境下运行，以保证国家公用经费的合理使用而不浪费。从新师范生政策来看，免费教育师范生与学校和政府签订协议，履行服务期服务，到规定的地方任教，退还免费教育费用以及补偿违约金等，是师范生享受免费教育的基本要约。因此，选择与不选择师范教育专业都是受教育者的权利，但选择是有条件的，不选择是无条件的。一旦选择了免费教育师范专业，就需要在条件约束的范围内接受教育，在契约关系中享受权利，履行义务。

（二）对免费教育师范生权利的详细规定反映了政策权利观的确定性

在权利与义务的价值选择上并不是绝对平衡的，而是有主次之分的。那么，权利与义务何为主何为次，在以往的政策制定中多见到的是义务本位的价值选择。但随着我国法治与民主意识的不断增强，无权利则无义务的权利本位观逐渐形成。与以往的政策相比，新师范生免费教育政策对政策对象的权利性规定更加具体和充分。从师范生入学到毕业直至步入工作岗位，政策均为其规定了充分具体的权利，不仅如此，在终身教育上也享有优势政策。显而易见，保障免费教育师范生的权利，使他们能更好地安心于教育工作是政策制定主体希望政策能够收到预期效果的行为表达。政策的相关规定不仅反映了权利至上的政策价值观，也反映了政府在政策实施中的实力与信心。权利至上的政策价值观是以人为本的价值理念的切实反映，在我国坚持科学发展观构建和谐社会的进程中，这一政策理念更需要付诸实践，在政策的制定和实施中得到真实的体现。信守权利至上的政策价值观也是政策规约的前提和基础，因为人是生而自由的[1]，在权利面前人人平等。新师范生政策的基本要约毫无疑问地反映了这一点，反映了政策权利本位观的初衷。

三、新师范生政策的道德风险与对策

新师范生政策对政府责任的规定是明确的，这一事实反映了国家的教育政策水平正在提高，政府的责任意识正在增强。但与此同时也表现出了政策对义务性规范的不严密性，并由此带来了实质性义务的欠缺。这种欠缺难免给道德缺失者带来可乘之机，使免费教育师范生在享有权利的同时回避义务，使政策实施承载着道德风险，对此必须秉持严肃的态度予以注意，以保证教育公共资源效用的最大化，保证免费师范教育的公益性。

（一）新师范生政策的道德风险

道德风险原指保险到期时，被保险人可能无法采取适当行动以减少损失；而且不能坦然承担（他应该承担的财产）责任的行为。[2]借喻这一概念也会发现，新师范生政策权利与义务的不对称以及文本表述等方面的问题，在一定程度上也为免费教育师范生最大限度地增进自身效用，贻误国家资金，即不完全承担风险后果提供了可能。

例如，在新师范生政策中有关于“免费师范生毕业前及在协议规定服务期内，一般不得报考脱产研究生”的规定，但由于“一般”两字的存在，就为一定的免费师范毕业生提供了可以选择或者变通的机会。可以设想，在“一般”的免费师范毕业生之外，是否还存在特殊的免费师范毕业生？如果存在，这样的主体是谁，应当具备什么条件？这些问题政策并没有明确的规定，因此，在政策执行主体水平各异、责任意识强弱不均的情况下，就可能出现免费师范生毕业前有人不能报考脱产研究生，有人能够无条件报考脱产研究生的情况。这不仅带来了免费师范毕业生在毕业前及在服务期内待遇的不公平，也带来了对免费教育师范生的培养费用相对增加或绝对增加的可能。

又如，新师范生政策规定：“免费师范毕业生经考核符合要求的，可录取为教育硕士专业学位研究生，在职学习专业课程，任教考核合格并通过论文答辩的，颁发硕士研究生毕业证书和教育硕士专业学位证书。”这一规定使免费师范毕业生在专业学位制度中具有了特殊的权利。因为按照教育硕士专业学位制度，一直以来对毕业生只颁发学位证书，而不颁发学历证书，但对于免费师范毕业生攻读教育硕士专业学位的，则以政策的形式直接规定可以同时获得学历和学位两个证书。另外，在录取条件上，以往考取教育硕士专业学位研究生需要有三年以上的基础教育工作经历，而免费师范毕业生却可以在没有基础教育工作经历的情况下直接录取为教育硕士专业学位研究生。相比之下，免费师范毕业生享有更宽松、更优越报考条件和获得教育硕士专业学位的特殊待遇，这仍然是一种不公平的制度设计。

再如，新师范生政策要求“有关省级政府要统筹规划，做好接收免费师范毕业生的各项工作，确保每一位到中小学校任教的免费师范毕业生有编有岗”。这种万无一失的预期条件，虽然可能出于达到免费师范毕业生无后顾之忧并且不流失的目的，但同时也为免费教育师范生提供了精神上和毕业去向上的保险箱，在就业压力较大的现实情况下，他们难免倦怠学业，患得患失，降低公用教育经费的使用效益。与此同时，同一院系招收的非免费教育的学生也会在相对减少竞争对手的条件下，涣散学习意志，放松学习过程，对即将面临的保研、考研等毕业去向产生侥幸心理，这种状况在实践中已经有所流露。

（二）新师范生政策道德风险的规避

政策的有效性与负效性是政策制定与实施中的必然结果，但制定与实施任何一项政策的目的不在于扩大负效性而在于提升有效性，对于新师范生政策同样需要朝着这一目标努力。规避新师范生政策的道德风险可以采取以下对策：

1. 改进师范教育课程，强化专业伦理课程在培养教师职业道德中的作用

师范教育课程是免费教育师范生在校期间的核心教育内容，它不仅具有传授知识，提高能力的作用，也具有提升道德素养的作用。目前，部署师范院校免费教育师范生的课程，一般由通识教育课、专业教育课、教师职业教育实践课等课程系列构成，突出实习等实践教学环节。此外，强化专业伦理知识的学习，升华职业道德素养也应当是免费教育师范生的课程改进重点。从一个人的职业生涯来看，没有良好的职业伦理则将缺乏责任意识，也不可能做好工作。社会的发展也足以证明，专业伦理是每一个从事工作的人的基本素养，一个人有再好的理论与技术，但如果缺乏职业伦理，那么他所拥有的专业技能也可能对社会产生异化作用。专业伦理课程是专业知识与能力塑造的价值取向，在专业课程内容中具有职业导向性，它可以在理论与实践上阐述清楚职业伦理在个人职业生涯和社会发展中的重要作用。[3]因此，专业伦理课程可以成为激发免费教育师范生热爱教师职业的动力，可以帮助他们树立做好教师的信心，可以引导他们端正学习态度、重视学习过程、提高学习质量。但以往的课程设计在这方面做得还不够，往往以通识教育课程中的思想政治理论课代替专业伦理课，忽视了专业伦理课程在培养学生职业道德中的特殊作用。

2. 修正政策文本，细化政策内容

《实施办法》是一个试行办法，因此对于实施中存在的问题可以及时修正。前文已经列举了文字表述上的部分问题，另外语义上存在的问题也需要修正。比较突出的问题是对“师范生免费教育”语义的理解问题。“师范生免费教育”在实践中常常被简称为“免费师范生”，这种称呼带来了一定的误区。其一，“师范生免费教育”是从教育者出发相对受教育者而言的一种政策表述，它反映的是学生免费政府付费的情况，但被简称为“免费师范生”后，则在理解上忽略了政府付费的举措。其二，由于忽略了政府付费的实际情况，有将“免费师范生”理解为贫困学生的倾向，这对选择师范教育的学生来说具有一定的心理压力，似乎只有贫穷的学生才选择这一专业。针对这类问题，本文开始就选

择了“新师范生政策”的提法，一方面与以往的师范教育政策相区别，另一方面要回避对政策理解的误区而带来的负效应。为突出新师范生政策培养优秀教师的目的，建议将“师范生免费教育”改为“师范生公费教育”，这样，不仅可以表达政府在这项政策中的责任行为，促使受教育者珍惜公用经费，也可以激发受教育者的自豪感，使之体会享受公费教育的光荣，并坚定成为教育家式教师的信心。

3. 改进教育硕士专业学位制度

教育硕士专业学位制度因只得学位证书而不得学历证书已经受到质疑，[4]因为这对受教育者带来了权利与义务的不对等，由此获得教育硕士专业学位的研究生，在晋职等方面也曾受到过不公平的待遇，这是制度性障碍带来的不良后果。现在，新生范生政策对这一问题有了新的规定，但仍然仅仅是在这一政策中的孤立表达，还无法在教育硕士专业学位制度中整体运行。如果不能将这一制度推广，那么一种新的受教育结果的机会不公平又要在免费师范毕业生和其他教育硕士研究生之间产生，这是教育制度建设中不应当发生或不应当延续的。对此，国家应当尽快修改学位制度，使专业学位制度与学历学位制度有着公平的运行环境，使受教育者能在和谐的制度条件下健康发展。

4. 依法治教与以德治教相结合

法律制度是基于公平准则而建立的行为规则，建立在公平基础上的法律与道德是不矛盾的，一项法律制度如果是公平的，那么也是符合道德要求的，反之，道德规范也会促进法律的实施。但人的私欲并不能保证在公平面前总是信守成规，任何时候、任何情况下都会有人试图或事实上超越道德底线巧取豪夺，侵占公共利益，甚至跨越道德底线以身试法。在此情况下，一方面要通过建立严格的法律制度警示和约束不具有自觉性的人止步于对公共利益的蚕食，另一方面要通过提高道德水平来塑造具有公共道德的人际环境，形成良好的道德风尚。新师范生政策的实施也要解决这两个方面的问题。在以协议为要约的前提下，新师范生政策具有了法律的约束力，但种种非道德的行为仍然会使新师范生政策的实施陷入困境。对此，不仅需要完善政策，不给机会主义者留下空隙，而且需要提高伦理水平，以德引领行为，以德酝酿文化氛围。在依法治教的过程中，我们注意了制度设计的重要性，但对于以德治教的重要性认识不足。从公共管理理论的发展态势来看，强调道德伦理是平衡个人、政府和市场关系的必然选择，但这种理想还未能全部转化为现实。[5]因而，要提高新师范生政策的实施绩效还有待于在此方面作出努力。

参考文献

[1] [法] 卢梭．社会契约论 [M]．何兆武译．北京：商务印书馆，2003：4.

[2] [美] 奥利弗·E. 威廉姆森．资本主义经济制度 [M]．段毅才，王伟译．北京：商务印书馆，2002：77.

[3] [美] 理查德 T. 德乔治．经济伦理学 [M]．李布译．北京：北京大学出版社，2002：31.

[4] 杨颖秀．高等教育基本制度的法律视点 [J]．载：劳凯声主编．中国教育法制评论：第2辑．北京：教育科学出版社，2003：225—231.

[5] 蓝志勇，陈国权．当代西方公共管理前沿理论述评 [J]．公共管理学报，2007 (3)：11.

教师教育课程与教学改革的根本出路*
——教育学学科视界的研究

金美福

摘　要：教育学学科视界的教师教育课程与教学改革经验分析得出新结论：教师教育课程与教学存在的问题，根源在于现代教育的学科/规训制度。学科/规训制度下，教师教育课程与教学改革的根本出路是退出其他学科，建设独立的教师教育专业，按照教师教育学的学科逻辑进行改革。教师教育学学科按照两个方向建设，即理论的教师教育学（教师学）和实践的教师教育（教师教育实践学）。教师教育课程与教学改革问题属于教师教育实践学领域。

关键词：教师教育　课程与教学改革　学科　教师教育学　教师教育实践学

"学科视界"意即对教师教育课程与教学改革问题从"学科"的角度按照学科教育的逻辑进行审视。"学科"因此是一个具有方法论意义的概念。"教育学"学科一直作为体现传统师范教育之"师范性"的"老三门"（教育学、心理学、学科教育学）核心课程之一而被设置为教师教育核心课程。回到教育学学科课程与教学改革的事情本身，勘查改革经验，寻找问题产生的根源。确定了问题产生的根源才能从根本上找到解决问题的办法。鉴于以往教育学学科课程与教学改革更多的是集中在教材改革上，首先勘查教育学教材改革的经验，通过经验分析来确定问题产生的根源。从根源处找到进行根本改革的新出发

[作者简介]　金美福，女，教育学博士，东北师范大学教育科学学院教授，研究方向为教育学原理。

* 教育部教育学原理2007年国家级教学团队项目阶段性成果，立项通知见教高函[2007]23号文件。

点，开辟新的改革出路。

一、学科视界的教育学课程教材改革经验分析

（一）学科视界的教育学课程教材改革经验例示

学科视界内，从两个维度进行改革经验勘查，即学科框架内的教材改革和努力突破学科框架的教材改革。

1. 教育学学科框架内的教材改革经验例示

例示 1　老版本《教育学》的改革经验。该教材最早是根据教育部1978年文科教材编选计划由华中师范大学等五所院校合编的。国家教委文科教材办责成修改并纳入1985—1990年新的编选计划，在1987年修订再版。在新编本说明中我们看到如下说明："这次编写，我们在以下几方面作了努力。一是注意把握教育学的研究对象，丰富教育学的专门知识，突出教育学的学科特点，力求克服用其他学科的知识简单代替教育学问题探讨的弊端；……在教材内容的编选上，我们仍希图搞得全面些，完整些。……"[1]教材共20章。从学科视界来看这次改革，其突出特点是突出教育学的学科特点，教材内容更加丰富。

例示 2　最新版本《教育学基础》的改革经验。最新版本教材是全国12所重点师范大学联合编写的，是高等师范院校公共课教育学教材。据《编写说明》，其改革意图是："力图使教材体系新颖，结构合理，内容充分反映时代特点及国外同类教材之优点，科学性、研究性、应用性和趣味性有机结合，有助于提升教育学学科的公众形象。"[2]与老版本《教育学》相比，虽然章的数量减少了，但实际上内容增加了很多，而且理论性也更强了。改革针对的是"学生普遍对公共课教育学缺乏兴趣"[3]。而对其产生原因的判断是："教材陈旧，跟不上时代的步伐；内容枯燥，激不起学习动机；学科本位思想严重，脱离学生实际和社会发展的需求。"[4]因此，内容上增加了很多新的教育学理论。从"学科视界"看，这本新教材努力淡化"学科本位"，取名"教育学基础"。作为"教育学"的"基础"，这本教材理论视野宽且学术性较强。存在的问题是新旧观念掺杂，思想体系不一致，各章之间学术性和理论深度差距很大。

2. 努力突破教育学学科体系框架的教材改革经验例示

例示 3　《新编教育学教程》的改革经验。《新编》之"新"体现在教材内容"三大编的结构模式"[5]，可以"满足未来教师必备的教育学修养之需要"，却导致教材的"四不像"[6]，突破了教育学二级学科体系。编者说："在有了众多的教育学教科书之后，再要编写出一本有自己存在价值的教育学教科书，不是一件容易的事。我们把此书命名为'新编教育学教程'，正是反映了

对它的存在价值的追求。作为‘教程’，我们首先把编写的立足点移到学习该课程的学生一边，即从一个师范生所必需的教育学学科修养出发考虑教材的组织。立足点的转变带来了视角的变化和全书结构的变化，迈出了‘新编’的第一步。”[7]

例示 4 《情境教育学》的改革经验。这本教材的特点，从教材的两个序中可见。《序一》中写道：“作为教育学教材积极建设者之一的傅道春同志，以改变教育学一些教材‘艰涩、枯燥、不易理解’等为己任，采用引‘情境’入‘理论’的方法，以‘境’证‘理’，以实带虚，撰写了《情境教育学》。该书的体系颇有因势利导的韵味。它循着引导学生‘认识教育事业’、‘进入教师角色’、认识学生、再‘走进课堂’的道路前行，最后止步于‘学校组织网络’。诸如此类，显现了该书自身的风格。”[8]《序二》则认为：“我国现行教育学教材，观念陈旧，其陈述方式也不尽如人意。多年来，我国教育学界一直谋求‘突破教育学体系’，迄今未见成效，就连教育学那副死板的‘教科书面孔’也甚少触动。可见，这本教材能够有所革新，实为难得；更重要的是，这本教材虽以‘情境教育学’相标榜，它本身并不为特定的教育情景所囿，其陈述不局限于解答案例剖析的教育学。”[9]傅道春教授提出：“情境教育学可以把师范生的情感活动与认知活动结合起来，在教育的情境中，以‘物’激‘情’，以‘情’发‘辞’，以‘辞’促‘思’，以便更快地实现师范生精神培养和职业适应过程的专业指导。情境教育学，不是简单的教学情境的附加，而是整个学科体系的变化。它由情境线索、理论线索和技术线索三个维度组成。”[10]然而，这本教材内容“少而精”，所设置情境对掌握这少而精的内容可能有效，但我们还是要问：所给出的这些例子能够涵盖、阐释和支撑所要学习的教育理论吗？虽然章的题目是非教育学学科体系化的主题，如“知晓教育职业”，然而进入第一节题目还是“教育与社会的关系”这一教育学基本理论问题，而这一教育基本原理并非所给定的一个情境所能论证的。而且如此被精简的内容，就足够进行职业指导了吗？

（二）学科视界的教育学课程教材改革经验分析

总结以上四例改革经验，我们发现：在教育学学科框架内的教材改革，改革的结果是教材内容越加丰富，学科理论性越是不断加强。打破教育学学科框架的教材改革，其结果是《新编教育学教程》“四不像”，《情境教育学》则“少而精”。对以往教材改革经验进行分析所能得出的结论是：两个方向的改革的区别仅仅在于内容或者增多或者减少上。显然教师教育课程与教学改革的问题，关键并不在于体系是否完善了，更不在于教材是增厚了还是变薄了。《新编教育学教程》实现了教材内容结构的变化，但其达到的目的是："从三编的内在联系看，这是对教育的认识从功能到实践，从学校外部到学校内部，从一般到具体的逐级内化过程。"[11]也就是说教材结构的变化所要实现的是学习者对学科知识的认知顺序的改变。《情境教育学》教材改革的最直接目的是："为了解决师范生对教育现象缺乏感知的难题。师范生学习教育学一开始就陷入定义、规则、原则、分类这些概念体系，其接受上的困难就是缺乏对教育事实的感知，因此感到艰涩、枯燥、不易理解。教育情境列入后，就有了具体、形象的与教育原理相匹配的教育事实，可以弥补师范生没有教育经历形成的缺憾，也给教育学原理的运用准备了翔实的材料。"[12]如此看来，《情境教育学》改革的目的仍然是为了教育学教育的目的，即掌握和运用教育原理。因此，教材改革虽然迈出了打破学科体系的第一步，但还是在教育学学科教育的老路上行走，还是无法实现根本性的改革。

学科视界的教育学教材改革经验分析，最终得出的结论是：无论哪种改革经验，根本的教学目的都是为了进行教育学学科体系知识的传授。比较教育学家埃德蒙·金曾从学科角度提出过比较教育作为教师教育课程存在的问题，他指出："在20世纪60年代比较教育发展成为大学的一门学科，其受欢迎的程度迅速提高，大多数著作似乎是为未来教师学习和考试而写的（不是为利用比较研究来重新思考和改革教育而写的），课本中充满比较教育的历史或'方法论'的内容。这种著作主要是关于如何把比较教育作为课堂上的一门学科来讲授或讨论。其目的在于通过考试或者为被学生包围的教授或讲师装饰专业知识之用。"[13]

二、教师教育课程与教学改革的根本性出路

（一）从在其他学科领域内进行教师教育课程与教学改革的老路上退出

教育学学科课程改革从来也没有间断过，但是从没有取得所期盼的效果。这就证明其问题的产生并不是根源于教材教法。

还需要回到教师教育课程与教学本身去勘查问题的根源。在传统的师范院校，作为公共课程的教育学教学普遍的状况是：用统一的教材，在固定的教室，在规定的时间，按照限定的课时，采用系统讲授教材的教法和统一考试讲授内容（笔试，或闭卷或开卷）的方式展开教学。在师范院校学生之间传承的教育学课程学习的基本经验是：上课记笔记，考试考笔记。而且突击记忆就能通过考试获得成绩。成绩合格，就可以获得学分，获得了学分，就被承认接受了师范教育，将来可以从事教师职业。考察课程展开的教学过程，我们发现其

中关键性的因素，即教材与考试，两者控制着课程的全过程。而教材的改革经验表明，教材改革不能根本性地解决问题，显然考试发挥很大的作用。很多教师也尝试了改革考试内容和形式的办法，然而还是不解决问题，似有一只看不见的第三只手在掌控着课程与教学的整个局面。

如果我们跳出教育学课程教学来审视其他专业课程的教学，会发现：在现代大学，一个专业其课程是由一系列学科构成的，即进行分科教学。修足了这个专业相关的系列学科课程学分，就可以获得该专业领域的专业资格证书——毕业证和学位证。证书证实一个人具有某一个专业领域的知识。社会则依据学校的层次和证书类型赋予个人从事某一职业和拥有某一职位的权利，进入某一个专业领域。在现代社会必须凭据专业证书，而专业证书是被赋权大学来控制的。社会承认大学专业教育的权威性，因此大学的一门门课程构成了进入专业领域的层层阶梯，而一门门课程就是专门的独立的学科。由此，学科—知识—权利形成一个相互关联的制约机制。福柯最早从知识社会学角度把这种现象归纳为“学科规训”[14]。

霍斯金在论述“教育与学科规训制度的缘起”时指出：“唯有弄清楚教育及其权利，我们才能明白学科规训制度的缘起，以及它随后发展开来的那种似乎不可抗拒的力量。”[15]霍斯金认为，现代大学在19世纪逐渐形成的“书写、评分、考试——三项不起眼的教育实践方式”[16]，是学科规训制度的缘起。在现代大学的知识生产和消费生态系统中，考试成为知识—权利的联结点。大学的所有专业教育都是在学科规训的框架内运行的。“‘规训’事实上成为现代性的一个非常显著的特征。”[17]教师教育课程体系赋予教育学、心理学、学科教育学以核心课程的地位，而且是在现代性大学教育实践方式下进行的。因此，教师教育课程教学过程在事实上也就构成了这三门学科规训的过程。这样，无论这个学科知识对于教师职业活动在事实上发挥作用与否，教学必须严格按照学科的逻辑进行。只要修读了这门课程就被承认有资格从事教师职业。教学中规定的教材即学科规训的内容。教师只要按照规定的教材讲授并组织考试即完成教的任务，而学习者只要获得学分就可以获得从事教师职业的权利。无论是封闭型的师范教育课程还是开放型的大学教育学院的教师教育课程，在现代大学无一例外地都是按照学科规训制度运行的。教师教育课程中都有教育学、心理学、学科教育学。在学科规训机制下，三门课程的教学都是按照各自学科的体系来教学的。因此我们说师范生学习的是教育学、心理学、学科教育学。作为教师教育课程，所开设的课程应该都是用以培养教师的，事实上却仍是在进行教育学、心理学、学科教育学学科教育。分析至此，我们得到一个新的结论：教师教育课程存在的问题，根源在于学科规训的现代学校教育制度和大学教育实践方式。在这个结论下教师教育课程与教学改革的根本出路是：必须退出在其他学科（老三门）领域内进行改革的老路。

（二）开辟在独立的教师教育学科领域实现教师教育专业课程建设新道路

退出在其他学科界域内进行教师教育课程改革的老路——这个结论意味着必须踏上新的改革道路。新的道路，路在何方？师范教育虽然标志着教师教育作为独立的教育实践领域已经形成，但是教师教育学并没有形成独立的学科。教师教育课程基本上是其他学科拼合而成的。这样摆在我们面前的是一个全新的问题，即必须把教师教育作为一个专业来建设，把教师教育学作为独立的学科来建设，从而实现按照教师教育学的学科逻辑进行教师教育课程与教学改革。这是教师教育课程与教学改革的根本出路。

如果说路在脚下，如果没有人踏上去行走也不会形成道路。教师教育专业化运动在欧美已经历时半个世纪，近年来对我国的教师教育产生了极大的影响。学界召开了首届教师教育学科建设研讨会（2006 年 12 月在南京），教师教育学作为独立学科建设的问题已经提上了日程。一些综合大学新建独立的教师教育专业机构教育学院。传统的师范大学也纷纷把教育科学学院更名为教育学院，还有成立独立的教师教育学院的师范大学，呈现出教师教育作为一个专业渐趋独立的趋势。在我国专门承担教师教育的教育学院、教师教育学院既不能全盘继承传统，又不能完全抛弃传统。在独立的专业领域内如何进行专业建设的问题，就把进行教师教育学学科建设作为当前最迫切的任务提了出来。

教师教育专业学科建设的前提是教师教育学学科的发展。教师教育专业建设必须按照教师教育学的逻辑进行。关于教师教育学学科建设，在此仅仅提出学科建设的方向性问题。“教师教育学”学科建设从研究对象的角度应该进一步划分领域和方向：以“教师”为研究对象，建立“教师学”；以“教师教育”为研究对象，建立“教师教育・学”。“教师学”属于理论的教师教育学；“教师教育・学”属于实践的教师教育学。教师教育课程与教学改革问题属于实践的教师教育学领域。“教育实践要求富有创造性的借以实现教育目标的方法论。实践总是借助特定的方法来展开一系列的实际行为。常常伴有‘如何办’的问题，这就要求讲究有一定教育理论基础的方法论。”[18]实践的教师教育学是依据教师学理论研究具体的教师教育方法的学科。教师教育课程与教学改革应该按照实践的教师教育学学科逻辑来进行。沃尔夫冈・布列钦卡把“教育科学”概念与“教育学”概念相区别，提出“有关教育这个对象领域的科学理论，就被称为教育科学”[19]。而且指出：“虽然教育科学和实践教育学都与同样的研究对象——教育有关，但两者在研究目的和研究方法上不尽相同。教育科学的目的在于获取有关教育行动领域的认知。这样，仅仅尽可能描述被称为教育的活动及其组成部分就显得不够，而应该在目标—手段的相互关系中理解教育的行动。其中，手段应该是旨在实现或达到目标的手段。换句话讲，没有一定的目标、目的或意图，手段也无从谈起。而通过教育活动试图要达到的目标，就是要在他人身上实现某一特定的人格状态。简单地说，教育的行动就是以此试图赋予人一种特定形式的行动。"[20] 从教育学中已经独立出来一门理论的教育学，与实践的教育学相区别。"教育学"作为师范教育的专门知识的时候，是实践的教育学。而理论的教育学学科名称为"教育原理"。陈桂生教授认为："'教育原理'顾名思义，是探求教育事理的学科。不同于应用学科。唯其如此，其理论框架应与偏重于应用的'教育学'有别。"[21] 柳海民教授关于教育原理的论述也启示我们：教师教育学学科建设，或者是朝向教师教育理论的研究方向，或者是朝向教师教育实践的研究方向。柳海民教授指出："从教育原理自身的学科定位和逻辑结构看，所谓教育原理，即应是研究有关'教育'本体自身的源发性理论，或有关'教育'本身的最一般性的理论，故其内容应仅仅围绕'教育'展开，其理论体系亦应由'教育'构成。"[22] 教师教育学，基本原理学科，即教师学，是有关教师的一般性理论，围绕着"教师"而展开。教师教育实践学，则是有关培养教师的理论，因此是实践的教师教育学。这就证明，学科领域区分和不同方向的建设是具有可行性的。

我们认为，在教师专业化运动中发展起来的教师教育研究，其目的是指向"教师教育"作为专门的职业教育领域的专业化发展的，其自身的发展现状却是在理论的层面上，教师学作为独立的学科渐趋形成。实践的教师教育学却是滞后的，严重地影响着教师教育作为专业建设的质量和速度。因此，当前迫切的任务是建设实践的教师教育学学科。

参考文献

[1] 王道俊，等．教育学·新编本说明（新编本）[M]．北京：人民教育出版社，1988：1—2.

[2] [3] [4] 全国十二所重点师范大学联合编写．教育学基础·编写说明[M]．北京：教育科学出版社，2002：1.

[5] [6] [7] [11] 叶澜．新编教育学教程·前言[M]．上海：华东师范大学出版社，1991：1—2.

[8] 瞿葆奎．序一/傅道春．情境教育学［M］．哈尔滨：黑龙江教育出版社，1997：2.

[9] 陈桂生．序二/傅道春．情境教育学［M］．哈尔滨：黑龙江教育出版社，1997：3.

[10]［12］傅道春．情境教育学·前言［M］．哈尔滨：黑龙江教育出版社，1997：1—2.

[13]［英］埃德蒙·金．别国的学校和我们的学校：今日比较教育［M］．王承绪译．北京：人民教育出版社，2001：48.

[14]［15］［16］［美］华勒斯坦，等．学科·知识·权利［M］．刘建芝，等编译．北京：生活·读书·新知三联书店，1999：13，45，50.

[17] 金生鈜．规训与教化［M］．北京：教育科学出版社，2004：2.

[18]［日］筑波大学教育学研究会．现代教育学基础（中文修订版）［M］．钟启泉译．上海：上海教育出版社，2004：241.

[19]［20]［德］沃尔夫冈·布列钦卡．教育科学的基本概念：分析、批判和建议［M］．胡劲松译．上海：华东师范大学出版社，2001：9—10.

[21] 陈桂生．教育原理·第一版序（第2版）［M］．上海：华东师范大学出版社，2000：1.

[22] 柳海民．教育原理·前言（第2版）［M］．长春：东北师范大学出版社，2000：2.

自我研究

——教师专业发展的新方式

刘静焱 吕立杰

摘 要：自我研究是西方教育领域在20世纪80年代开始流行起来的教师学习方式，并开始在教学和教师教育领域迅速发展。自我研究与反思在活动主体、活动原因、活动范围等方面都是不同的。自我研究具有内省与对话并存、追求教学原则而非方法、思考与行动并进等特点。自我研究有叙事、传记、行动研究、反思等方式。自我研究已在西方的职前教师教育领域得到较为成熟的应用，我国虽没有提出过“自我研究”这个概念，但在在职教师教育方面也采取了类似的方法。

关键词：自我研究 反思 教师教育者

在教育改革的进程中，教师学习一直被视为提高教师质量的重要手段，国内外学者对教师的职前培训和职后专业发展都作了较为深入的探讨，提出了反思性教学、叙事研究、行动研究、自传研究等理念。自我研究作为20世纪80年代教学和教师教育领域中新兴的教师学习方式，发展迅速。本文将从自我研究与反思两种教师学习方式的对比开始对其进行介绍。

一、教师学习的两种方式

（一）教师学习的方式之一——反思

美国实用主义哲学家、心理学家杜威在其1933年出版的《我们怎样思维》

［作者简介］ 刘静焱，女，东北师范大学教育科学学院课程与教学论硕士研究生，研究方向为课程与教学论、教师教育；吕立杰，女，教育学博士，东北师范大学教育科学学院教授，研究方向为课程与教学论、教师教育。

一书中，将反思定义为“对于任何信念或假定性的知识，按其所依据的基础和进一步结论而进行的主动的、持续的和周密的思考”[1]，并据此提出了著名的“思维五步法”，即暗示、产生问题、假设、推演假设、检验假设，并把反思习惯的获得看做教育的一个根本目的。

美国学者肖恩在他的著作《反思性实践者》（1983 年出版）中详细叙述了对反思和反思性实践的理解，他根据反思时机的不同，把反思分为两个阶段：

一是行动中的反思（reflection-in-action），是个体在行动的过程中对自己的行为表现和想法作出反思。表现在教学中，是指教师在教学过程中，会产生与课堂情境的对话，即尝试提出和解决当时课堂的问题。

二是对行动的反思（reflection-on-action）。对整个行动过程的反思，包括了前者即行动中的反思，也包括对反思方式的反思。表现在教学中，既包括教学过程中的反思，也包括教学前和教学后的反思，教学前反思是指课前备课、对课堂教学的思考和教学设计上，课后反思是指对课堂教学过程各个方面的思考。

在肖恩之后，1992 年，英国的两位教师教育者格里菲斯和唐（Morwena Griffiths&Sarah Tann）又提出了“为行动反思”（reflection-for-action），它是指“行动中的反思”和“对行动的反思”的结果，用于指导以后的行动。

在我国，对反思研究较为深入的是华东师范大学的熊川武教授，他在 1999 年把反思性教学定义为：教学主体借助行动研究不断探索和解决自身和教学目的以及教学工具等方面的问题，将“学会教学”（learning to teach）和“学会学习”（learning to learn）统一起来，努力提升教学实践合理性，使自己成为学者型教师的过程。[2]

（二）教师学习的方式之二——自我研究

自我研究建立于反思的基础之上，它产生于反思之后，却超越了反思，它是教师专业发展的有效途径。自我研究与反思有很多方法论意义上的共同点，表现如下：

1. 共同的目标

自我研究和反思的目标都是“学会教学”。两者的产生均源于对传统技术理性主义教学的批判，摒弃其不分教学情境、对优秀教学行为和教学模式简单复制的弊端，希望教师以具体的、特定的教育教学情境为实践的起点，再以不同的方法和策略去行动。自我研究和反思的目标都是要发展教师，希望通过教师们不断的批判审视自己的教学过程，发现其中的问题，寻找恰当的解决策略，既可解决教育教学的困惑，优化教学设计，也可为教师积累经验，促进教师专业素质的提升。

2. 共同的研究类别

两者都带有“质化研究”的色彩。长期以来，学者们一直认为只有量化研究的研究结果才是科学有效的，认为数据和表格更能科学客观地反映出教育现实，但是在教育领域，教育现象是十分复杂的，影响教育的因素很多，尤其在这些因素中，教育者和教育对象都是有意识的能动的人，他们的观念、态度、情感、知识、文化等对教育都会产生影响，而冷冰冰的数据是无法把这些因素体现出来的，所以人们开始尝试运用质化的研究方法来研究那些复杂的教育现象和教育问题，如叙事研究、自传研究、教师研究、教学日志研究等。而反思和自我研究正是运用课例、叙事、自传、日志、博客等方式对教师行为以及行为背后的动因进行研究。例如，从教师的教学日志对隐藏在教学日志背后教师的教育理念和教育经验的研究，从课堂录像中教师对课堂问题的处理分析教师的教育教学经验的研究，这些都是对教育教学现象的质化研究。

3. 相似的研究进程

无论是反思还是自我研究，都是贯穿于教学前、教学中和教学后的，即贯穿于整个教学事件的过程中，都是对一切影响教学进程的因素的研究和分析。在教学前，表现为对教学设计的分析，包括教学目标的分析、教学方法和教学工具、教学手段的使用等方面；在教学过程中，表现为对教学语言、教学行为、课堂氛围、学生反应等一切与课堂情境相关因素的分析；在教学后，表现为对教学效果以及整个教学过程的分析。

但是，反思在某种意义上说，只停留于教师对自己教学理念和教学行为批判性的反观，思考和行动之间是相互独立的两个行为。而自我研究是在行动中的思考，也是在思考中的行动，思考的结果为行动提供活动依据，行动的过程和结果促进教师和教师教育者产生思考，两者相得益彰，彼此促进。

从以上分析可以看出，自我研究在内涵和外延方面都对反思作了拓展和延伸，超越了反思。那究竟什么是自我研究呢？哥伦比亚大学的 Anthony 和 GaalenErickson 在《the Nature of Teaching and Learning in Self-Study》一文中指出，自我研究是课程发生的第五大要素，是对施瓦布提出的实践课程四大要素的补充。

施瓦布在《实践 3：转化成课程》一书中提出“实践课程的四个要素”，包括教师、教材、学生、环境，这四个要素间持续的相互作用构成了“实践的课程”的基本内涵，教师和学生是课程的主体和创造者。学生是“实践的课程”的中心；教材是课程的有机构成部分，是由课程政策文件、课本和其他教学资料构成的；课程环境是由除教师、学生、教材之外的物质的、心理的、社会的、文化的因素构成的，它直接参与到课程相互作用的系统之中，是“实践的课程”不可或缺的组成部分[3]。实际上，到这里，施瓦布只对了一半，课程的发生还存在着第五种要素，即教育者必须对自己的专业实践进行了解、认识、探究、行动，这就是“自我研究”。

这第五种要素是教师专业实践的基石，是教和学动态相互作用的本质。没有它，教学就只是重复的，而不是反思的——只是将别处的教学形式和教学策略作为一种榜样简单地复制，没有批判地应用到自己的课堂中去。尽管这么多年来，很多学者没有真正地进行自我研究，但是我们认为只有通过自我研究，教学专业人员才能真正地理解、质疑，继而改善自己的教学实践[4]。

二、自我研究的发展脉络

自我研究还处于其发展的初期，其发展速度却是惊人的。从 1993 年 the Self-Study of Teacher Education Practices（S-STEP）Special Interest Group 即“教师教育实践自我研究特殊兴趣组织”（简称 SIG）成立起至今，S-STEP 每隔两年举办一次国际自我研究大会，每次会议都出版了相关的论文集，SIG 还出版了专门研究自我研究的期刊，如《Studying Teacher Education——A journal of self-study of teacher education practices》。1998 年，美国威斯康星大学教授 KenZeichner 承认并宣布“自我研究作为教师教育五大新的学术成就之一，它的未来是光明的”[5]。

因为自我研究还处于其发展的初期，学者们对于许多问题还没有达成一致的观点，如自我研究的定义和定位一直是争论比较激烈的问题，但谁也无法否认它在教学和教师教育领域的影响。从 1950 年开始，教育研究领域出现了四种不同的教育研究取向，每种取向在使学术界认识自我研究在教学和教师教育领域的价值时都发挥了不同作用。这四种取向分别是：对学习者的研究（research on pupils），教师即研究对象（research on teachers），与教师一起研究（research with teachers），教师即研究者（research by teachers）。本文将从自我研究在不同研究取向的表现来对自我研究的发展脉络作一个梳理。

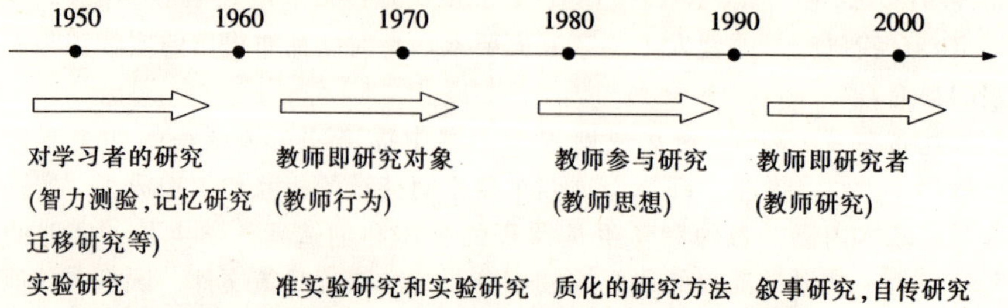

注：箭头用来表示四种取向的发展而非以一种取向代替另一种取向。

（一）实证主义、行为主义心理学视角下的教育研究发展

20 世纪 60 年代以前，自然科学的研究范式在人类科学研究中占统治地位，教育科学的研究遵循的也像自然科学一样崇尚精确和量化。这样，在实证主义、行为主义等方法论的影响下，为了证明教师工作的专业性，研究者运用相关分析、实验等研究方法，证明教师行为与学生成绩之间的关系。这时研究者的假定是教师的行为作为一种刺激，必然获得学生认知和理解过程的改变。但这就使教育研究脱离了具体的教学情境，产生的理论往往不能解决实际问题，使研究陷入困境。这一时期为自我研究的产生提供了条件。

（二）教师即研究对象

70 年代，科学主义的研究方式仍处于领导地位，实验和准实验的研究方法仍广泛应用。但随着认知心理学的发展，研究者已不再满足于把课堂教学简化为技术的操作过程，开始关注教师行为产生的原因，也就是教师的思想过程是怎样的，教师如何作决定成为研究的焦点。研究者开始慢慢放弃量化研究的方法，采用描述的方法，通过提供给教师资料，如一些自己或者别人的课堂录音、录像，让教师描绘出当时的思考过程，对典型情境进行辨认，对学生归类。教师可以据此分析、比较、建模他们的教学，用心理学的方法研究课堂，帮助教师教学。

但遗憾的是，这些方法如同他们的前任一样，并未使教育教学领域真正转变，教学和学习仍是一种技术的行为，教师工作也谈不上是专业行为，教师仍被认为是教学的工具，所以这种方式的教育探究产生的作用也是有限的。但这并不代表这两种教育研究取向是丝毫无用的，它为自我研究作为一种全新的教育探究方式的产生奠定了基础，创造了良好的产生条件。

（三）教师参与研究

20 世纪 80 年代以来，受自然主义和现象学的影响，西方教育科学领域发生了重要的研究范式的转变，开始由探究普适性的教育规律到寻求情境化的教育意义。要求把教师当做一个有生命的整体来对待，教师在成为教师以前，并不是一块白板，其教学行为是受过去的生活经验和受教育经验影响的，作为教育教学的主体之一，没有人比他更了解课堂和学生。这样，教育研究开始把教师作为研究的参与者来对待，学术界开始倾听教师的意见，而不仅仅把他们作为研究对象。

质化的研究方法开始广泛地应用于个案分析、课例研究等。这些方法被认为是合理的、优秀的教育探究方式，自我研究在此已初露端倪，但作为一种教育研究的专业词汇“自我研究”还没有被人真正应用在教学和教师教育领域

中，而且也只是“教师”有意识的自我研究，教师教育者在教师教育领域还没有真正开始系统地研究这种探究方式。

（四）教师即研究者

20 世纪 90 年代，教育领域掀起了以“反思”和“研究”为导向的教育研究的热潮，“教师即研究者”在教育研究中广泛流行。随着校本教研、教师自主、合作研究等有助于教师发展的教育理念的提出，“自我研究”开始正式走进人们的视野。1993 年 the Self-Study of Teacher Education Practices（S-STEP）Special Interest Group 即“教师教育实践自我研究特殊兴趣组织”（简称 SIG）成立，使“自我研究”成为教学和教师教育研究中正式的研究方法。尽管对其争论仍然很多，但是已经没有人否认它在教学和教师教育中的巨大作用，这可以从主流教育杂志刊登的自我研究的文章中看出，如 Teacher Education Quarterly（Volume 22，number 3），以及自我研究特殊兴趣小组开办的国际大会上的发言。这里自我研究被认为并不是突然兴起的，它一直作为教师专业实践中的第五大因素而存在，即“如何教学”。而这个“如何教学”包含相当广泛，教育自传、arts-based research、教师故事、教师叙事、教育博客等一系列不再严格基于数据分析，充满着对教师的人文精神关怀的方法都隶属其中。

三、自我研究的特征

（一）内省与对话并存

自我研究重视内省，但并不像字面上所显现的那样，只是拘泥于自我的活动，它强调研究者以自己为实践和研究的起点，通过与学生、教材、家长、课程文化、课堂环境、社会、同事以及理论文献等一切与教学相关的事物之间的对话来实现对自我意识的唤醒。单纯的内省反思活动，通常比较模糊，难以深入，而在进行对话时，可以使人的思维清晰，来自交谈对象的反馈又会激起深入的思考。反思活动不仅是个体行为，它需要群体的支持。教师个体通过语言，将自己对某一问题的思考与解决过程展现给小组的其他成员，在充分交流，相互诘问的基础上，反观自己的意识与行为，可以加深对自己的了解，并了解不同的观念。

（二）研究追寻教学意义和教学原则而非程序化的活动方法

自我研究的研究成果并非获得具体教学活动的活动程序，它并不能告知教师和教师教育者在既定的教育教学情境下按照什么步骤如何去做，而是追求一些能够驾驭教育教学困境中的原则，所以自我研究更似一种追求“意义”的研究。

在许多自我研究中，研究问题通常被描述为教学实践中出现的困境、矛盾、挑战或压力。在一些教师教育者的自我研究案例中，这些困境、矛盾、挑战、压力被描述成一系列问题：我该怎么帮助教师更好地学习教学？为什么我自身会存在教学理念和教学行为之间的矛盾呢？从什么时候开始我身上存在着矛盾？我是如何在矛盾中工作的？诸如此类，他们通过对自我教学故事的描述，把技术和理性的东西隐藏起来，解释自己的教学状态，追寻教育工作的足迹，这就是一种追寻“意义”的研究，而不是一种对于特殊问题追寻特定答案的研究。

（三）自我研究的研究问题来自于实践中的兴趣、压力、困境

许多有经验的教育研究者都曾指出，往往那些工作中出现的问题比工作中的成绩更能吸引研究者的关注。“问题”通常是指教师和教师教育者在教学过程中遇到的困难、困惑、压力、挑战，这些都是消极的，但在自我研究中，“问题”还包括教师和教师教育者在实践过程中产生的教学兴趣，教师和教师教育者通过对“问题”的研究，使自己的专业素质得到提升，更好地驾驭教育教学困境，提高工作效力。

（四）自我研究的方法

1. 教师叙事

通过对教学事件的描述，来阐释流动在教学现象背后的真实，运用经验叙事的方法来研究教师的生活故事，从而发掘并认识隐含在复杂多变的教育现象中的深层规律。

2. 传记法

教师自传研究即教师的生活史研究，主要通过叙事的方式，分析教师在过去生活中的各种因素对教师自我发展的影响及其意义[6]。具体地说，教师作为研究者，通过描述自己的个人生活史，主要包括其作为受教育者经历的教育事件，作为教育者经历的教育事件及在此两段角色不同的经历中所形成的教育信念等，来了解教师各方面能力和素质的形成，发现、反思、重塑“自我”，从而促进个体专业成长。实质上，它就是现实的“我”与历史的“我”之间的对话[7]。

3. 教学日志

由教师和教师教育者将自己每天的教学状况作一个反观，可以是技术方面的评价，也可以是批判的反思，及时检验出在教育教学中的优缺点，总结经验，不断完善自己的知识技能结构，吸取教训，寻找应对问题的策略，用于应

付日后类似的困难。

4. 网络博客

现代社会网络成为各行各业及时获取信息的主渠道，对于教育领域，网络可使交流更便利、及时、迅速。越来越多的教育者开办了自己的教育博客和教育论坛，将自己的教学理念、教学行为、教学困惑以及一切与教育相关的问题发表在博客中，与同行和学生或专家交流，网络成为教师和教师教育者专业发展的一个互动的平台。

5. 行动研究

教师在研究人员的指导下去研究本校、本班的实际情况，通过行动与研究的结合，创造性地运用教育教学理论，研究和解决不断变化着的教育情境中的具体问题，改进并提高教育教学质量。

6. 教师反思

教师通过写教学日记，建立档案袋等形式对所发生的教学行为或事件以及他们背后的理由、观念等作有意识的思考。

以上只是自我研究采用的主要方法，当然它的方法并不局限这些，除了上述几种方法外，田野日记、e-mail、教育佳话、教育故事等也广泛应用于自我研究中，因此，所有有利于教师学习的方式均在自我研究中采用，所以 Marianne A. Larsen 曾说："自我研究像一把大伞一样把众多的研究方法包容其内，而不像其他研究把研究方法限于有限的几种。"[8]

四、自我研究的应用

鉴于自我研究在促进教师自我学习方式上的巨大作用，国内外对他的应用也十分广泛。西方学者研究较早，将"自我研究"应用到了教师的职前培养阶段，并已探索出较为成熟的学习方式，比如"自我研究"中极力倡导的"言出必行"（practice what you preach）。"言出必行"是指教师教育者要亲自实践自己在对教师培训过程中对实习教师的要求。Rolf Ahrens 在教授教育心理学时，为了让学生理解所学的一门理论，她首先了解了学生在学习理论时的认知冲突，他们认为在课堂上学的理论由于其理论性过强，无法有效地应用于日后的教学中，针对这个问题，Rolf Ahrens 在设计课时，秉持两个原则：一是"意义"，二是"实用"。根据这两个原则，她设计了一系列教学活动，她打算让学生们像最初研究者探究这个理论那样把理论分解为各个要点，设置与之相适应的课堂情境，与学生一起采用合作、访谈、记日记、角色扮演等形式逐一实践，将实践的心得在同学之间和课堂外人士进行交流，这样学生既了解了理论的形成过程，又知道了如何将它运用于日后的教学中。实际上，这也是把抽象的理论物化为课堂教学的过程。在课前和课后，Rolf Ahrens 都设计了调查，以对比课程前后学生的状况。整个自我研究持续了一个学期，Rolf Ahrens 不但亲身实践了所教授的教学理论，促进了自己对理论的理解，也真正作为研究者将研究结果用于实践的改变。

参考文献

[1] Stephen D. Brookfield. 批判反思型教师 ABC [M]. 张伟译. 北京：轻工业出版社，2002.

[2] 熊川武. 反思性教学 [M]. 上海：华东师范大学出版社，1999.

[3] 张华等. 课程流派研究 [M]. 济南：山东教育出版社，2001：239—240.

[4] Anthony，Gaalen Erickson. *The Nature of Teaching and Learning in Self-study* [C]. International Handbook of Self-Study of Teaching and Teacher Education Practices，2004.

[5] Mary Lynn Hamilton，Stefinee Pinnegar. *Reconceptualizing Teaching Practice：Developing Competence Through Self-Study* [M]. Routledge，1998：1—3.

[6] Bullough RV，Pinnegar S. *Guidelines for quality in autobiographical forms of self-study research* [J]. Educational Researcher，2001 (3)：13—21.

[7] 谌启标. 教师自传研究与专业成长 [J]. 中国教育学刊，2006 (8)：75.

[8] Marianne A. Larsen. *Self-Study Research in a New School of Education：Moving Between Vulnerability and Community* [J]. Studying Teacher Education，2007 (1)：173—187.

教师专业发展的影响因素及促进策略*

孔凡哲

摘　要：立足教师专业发展的可持续性，采用因素分析法，分析影响教师专业发展的职前因素与职后因素，由此提出改善当前师范教育（即教师职前培养）的若干对策，以及促进在职教师专业发展的有效策略。研究表明，教师专业发展的程度主要受制于内在条件（如教师自我完善的程度）与外在环境（如是否对教师进行有计划、有组织的有效的培训和提高）。教师专业发展，首先是面向专业的可持续发展，而不是仅仅局限于教师胜任现实工作。职业认同、发展动机、专业知识、专业能力、专业经验、可持续发展的潜质等，是教师专业发展的主要关注点。改善职业认同与反思意识、能力，是促进教师专业发展的核心。而实现教师专业发展的可持续，是教师专业发展的关键。

关键词：教师　专业发展　影响因素　促进　策略

自进入新世纪以来，教师教育迎来大发展的契机。一方面，从传统的师范教育走向教师教育的职前培养，亟待一系列改革；另一方面，随着基础教育改革发展的不断深化，中小学校对于教师的实际需求也发生较大变化。这些新情况和新问题都迫切需要教师教育进一步深化改革，不断提升教师教育的质量和水平。

［作者简介］　孔凡哲，男，教育学博士，东北师范大学教育科学学院教授，研究方向为课程与教学论、教师教育与数学教育。

* 本文是吉林省高等教育教学研究重点课题（2005年）暨东北师范大学2005年度本科教育教学改革立项项目《师范类本科生教育科研能力培养的研究》主要研究成果之一。

一、教师专业发展的内涵及其影响因素

（一）教师专业发展的基本内涵

在国际上，一个行业或工作若被称为专业，则必须同时具备专业目的、专业能力与专业自主三个条件。其中，专业目的意味着“完全为了服务对象”。专业能力包含专业知识、专业经验、专业判断。而专业自主构成专业与非专业的重要分水岭。

教师工作的特殊性决定了教师专业的特点：教师的工作完全是为了学生，满足专业条件的第一要素——专业目的；而教师的工作需要专业知识、专业经验、专业判断，并且教师必须经过长期的培训和严格的资格考核，教师社会地位的保障在于教师的不断学习，这就符合专业条件的第二要素——专业能力；同时，教师的工作需要有充裕的专业自主空间和足够的监察与纪律，亦即需要专业自主性作保障。

因此，教师的专业特点具有其独特的专业属性。教师职业是一项必须经过专门化训练，有别于其他职业的专门职业。教师也是教育领域中一种独特的专门人才。

所谓教师专业发展，就是教师专业化的过程，是指教师个体在其整个职业生涯中，依托专业组织，通过终身专业训练，习得教育专业知识技能，实施专业自主，表现专业道德，不断增长专业能力的过程。教师专业发展的实质就是提高教师专业使命，从而确立专业权利。而教师专业化的本质就是对教育的核心业务精益求精，因而需要不断学习！对教育的服务对象尽心尽力，因而需要了解学生！

（二）影响教师专业发展的因素

众所周知，教师的职业发展是一个连续而完整的过程，而职前与职后的侧重点具有显著差异。因而，通常将教师的专业发展分为职前和职后两个阶段。

1. 影响教师专业发展的职前因素

教师专业发展的职前阶段，主要是指以培养中小学教师为目标的高等教育，包括传统意义上的高等师范教育。在校园环境下，影响教师专业成长的职前因素集中表现在以下三个方面：

（1）个体对教师职业的价值认同。所谓职业认同，是指一个人对所从事的职业在内心里认为它有价值、有意义，并能够从中找到乐趣，可以指一种状态，也可以指一种过程。教师职业是一个特殊职业，尤其需要建构坚实的职业认同。教师只有对自己所从事的职业产生高度的认同感，并在职业生涯中逐步

实现自我价值，教师才有可能在专业发展中有长足的内在动力支持。因而，教师个人对于教师职业的理想追求和价值认同，构成教师专业发展的原始起点和基本立足点。

(2) 教师接受的教师教育所积淀的知识和能力。教师在职前所累积的知识与能力直接作用于入职后的教学适应性和教学质量，同时，对教育教学工作的提升与发展有着基础性的影响。教师的知识与能力的积累，不仅表现在量的多少，还存在着所拥有的知识、技能的质的差异——各种知识技能的优化组合，即知识和能力的合理结构。而合理的知识结构及能力结构是教师专业发展的坚实基础。我们认为，现代教师必须具备“底部宽厚，中部坚挺，顶部开放”[1]的知、能结构，即教师必须具备雄厚、宽泛的文化知识和科学知识，具备坚实的专业素养和从师任教的基本功，并且具备开放的心态和主动获知的本领。以数学教师为例，一位合格的中小学数学教师，除了具备一般的基本素养外，还应该具备从事数学教学工作所特有的数学专业素养：具备扎实的数学专业基础；全面把握数学学科知识，特别是，数学教师需要比较清楚地把握数学科学体系中知识的核心思想，知道知识的来龙去脉，同时了解这些数学知识的教育价值；准确把握教材（特别是教科书）的新特征，明确其内容的重点、难点与关键；有主动获取新知识的愿望和能力。

(3) 社会对于教师职业的关注和认同。除了教师个体的职业认同、求学阶段的教育环境外，社会的职业认同也影响着教师职前的专业发展。社会对教师职业的价值认同，体现在教师的经济权益、政治权力和职业声望等多个方面。这实际上是教师社会地位的综合体现——社会对教师职业的认同直接影响着教师队伍与其他社会职业人员的构成结构，进而影响教师的整体素质以及教师专业发展的积极性。

2. 影响教师专业发展的职后因素

教师专业发展的历程，虽然以职前的信念、价值观等为起点，以专业知识、专业能力等为基础，但是，教师专业发展的时间段，更多地体现在教师的职后阶段。影响教师专业成长的职后因素主要表现在教学反思、专业引领和同伴互助三个方面。

(1) 教学反思是影响教师专业发展可持续的关键。教学反思是指教师在教育教学实践中，以自我行为表现及其行为依据的“异位”解析和修正，进而不断提高自身教育教学效能和素养的过程。[2]正如前文指出的，教师的专业发展贯穿于教师职业生涯的全过程，而教师的反思作为提炼和升华教师教学经验、经历的主要渠道，对于教师专业能力的形成起主导作用。大量的实践研究反复印证，教学反思是教师专业发展和自我成长的核心因素，而是否拥有良好的反思意识、反思能力，是否具备反思的时机、空间和恰当机遇，构成教师专业发展能否可持续进行的关键。

（2）同行之间的切磋、交流是教师专业发展必不可少的土壤。教师工作的专业性质，本质上是实践取向，是经验的积淀，而教师的专业能力恰恰来自于专业工作经验以及经历基础之上的提炼和升华，这种提炼和升华并不是轻易就可以发生的，除了教师个人的自我反思等方面的制约，也需要一定的外在条件，诸如同行之间的切磋和交流。已有研究表明：温暖的校园文化、同事之间的分享和彼此欣赏的组织文化，对于促进青年教师专业成长非常有效。在宽松民主、合作对话的友好氛围中，青年教师分享教育教学经验，更容易实现专业成长。

（3）恰当的专业引领是教师专业发展的催化剂。对教师的专业成长来说，专业人士进行恰当的引领是促进其发展的一部分，并且对不同类型的教师而言，专业引领的作用有所不同。例如，对于新手走向称职型的教师，专业引领的重点在于激发新手的主动性和自觉性，将新的教育教学理论物化为实际的教学行为，对教学实践进行及时的回味和总结，以便于更好地把握教学规律。

总之，教师专业发展的程度主要受制于两种因素的影响，一是内在因素的影响，即教师的自我完善程度，二是外在因素的影响，即对教师进行有计划、有组织的有效培训和提高。其中，内因是根本，外因是条件。衡量教师专业发展的水平，既要充分考虑教师的内在条件，也要考虑教师所处的外在条件。这里的内在条件既表现在教师潜在的知识、能力、经验、经历和专业阅历，也包括教师潜在的发展可能性。外在条件既包括直接作用于教师专业发展的必备条件，诸如专业引领、专业发展的氛围，也包括间接作用于教师专业发展的因素，如学校条件、环境、机会等。

二、教师专业发展的促进策略

教师的专业发展是一个连续不断的过程。建立教师专业发展的相关保障机制，实现职前教育、职后教育一体化运转，是促进教师专业发展的基本策略。

（一）教师专业发展的职前促进策略（即改善师范教育的若干对策）

对职前教育来说，统筹考虑职前、职后的专业发展，有意识地实行职前、职后一体化，提高教师专业发展的潜在可能性，才能最终实现教师专业的可持续发展。

1. 营造良好的校园文化氛围

虽然职业的认同感源自个体自身的人格特征、意志倾向和兴趣，但是，良好的外在环境也是保持个体倾向性、引导个体倾向性的一个不可忽视的因素。职前教师教育阶段的学校文化，如学校氛围、教育理念和教育条件等都是影响教育者成为一名合格教师的重要因素。尤其是师范院校，只有通过营造恰当的教学文化、课堂文化等文化氛围，为准教师提供一种超越自身观念之外的价值认同，使其言行举止建立在内心的价值认同基础之上，才能进一步提升师范生对教师职业的认同。目前，东北师范大学倡导的“尊重的教育”理念，“大学生教师职业技能大赛”等系列活动及相关的校园文化建设，对于实现免费师范生对教师职业的认同，确实起到了良好的促进作用。

2. 加强职前师德教育

在这里，师德主要指教师职业道德。师德建设是在教师职业认同的基础上发展起来的，职前教育师德建设的目的在于，形成真正的教师专业道德并能在其职业生涯的各个阶段产生持续影响。而教师职业道德建设很难单一通过某一种形式来完成，这也正是当前师德建设的症结所在——只注重师德建设的理论知识学习，难以真正激发准教师对于职业道德的深层次思考。为此，职前师德教育可以通过以下三种基本方式进行：首先，开展优秀校友事迹讲座；其次，在各门课程中，不断渗透师德教育；而通过典型的案例教学、实践观察等方式，引发师德情境的认知冲突，往往是最有效的途径。

3. 完善师范生培养模式，形成合理的知识结构和能力结构

（1）优化学科专业课程，提高教育专业课程比例。长期以来，学科专业课程一直在师范生学习中占有重要地位，教育专业课程的比重却显得明显不足。因而，在倡导学生自主空间的前提下，如何在有限的时间内提升教育专业课程比例，同时又确保学科专业课程得以更好地学习，成为当前高师院校课程设置的一个重要问题。事实上，师范院校优化学科专业课程，提高教育专业课程比例，强化教育类必修课程，特别是基础教育理论知识，进而优化教育专业课程体系，其根本目的在于，为师范生提供全面、合理的教师专业知识，促进其专业素质与专业能力的提高。

（2）增强实践环节，获得从师任教的直接体验、经验和感受。教师的实践性知识是教师专业发展的知识基础之一，在教师的工作中发挥着不可替代的作用。而个人的实践、经验型知识，并不应该完全放在职后形成，职前的案例和经验的积累也是可行的、必需的。在职前教师教育中，实践性知识是其知识结

构中相对薄弱的环节，而职前的教育教学案例及直接经验的积累，有助于在职后教育教学中深化实践认识，并缩短入职期教师在工作中摸索的时间。

在实践方面，长期以来，我国师范教育中的实践环节短缺，教育实践仅设教育见习、实习，实践时间短，一般是4—6周，并且整个实践环节松散，并没有形成固定的实习基地，建立相对稳定的实习制度。

因而，师范院校应在提高师范生实践比例的基础上，加强与中小学校的联系，建立相对稳定的实习基地及其配套管理制度，保障师范生实践知识的获取。与此同时，教育实习作为师资培养的重要环节，也是地方教育行政部门实现在职教育培训提高的一次良机。因而，通过实习基地建设，特别是“顶岗实习”，“延长实习时间，最好是一个学期（甚至是4—6个月）”，“每年替换实习学校的一批在职教师，脱产到高校进修提高”等政策，是当前促进教师职前、职后同步发展的有效策略。

（3）拓展实践性知识的学习，获得间接经验。实践性知识的获得也可以来自对实践性知识的学习，即获得相关的间接经验。同时，实践性知识的学习能促进学生对教学实践和教学理论意义的深层次理解。为此，一方面，可以开设相应的课程，如教学基本技能（“三字一话”）、信息技术应用、微格教学等。另一方面，可以通过一线的专家型教师的现场表演、传授经验等方式，传递高质量的教学经验。

（4）通过案例教学法沟通理论知识与实践知识。案例教学法就是运用包含有问题或者疑难情境在内的真实发生的典型性事件进行教学的一种方法。事实上，案例研究对于阐明实践性知识是有效的。正如有关文献指出的，案例……能够使未来走向教学岗位的学生面对真实而典型的课堂问题进行探究、分析和考量。[3]

不仅如此，在获得实践性知识的过程中，针对教学案例的典型分析，可以发挥重要作用，同时，也可以加深对理论知识的理解。教学案例可以有效地促进教师的教学反思，并为准教师提供与专家型教师对话的一种途径。

当然，案例教学的开展并不是一定要单独开设一门案例教学的课程，而只是一种方法，其具体操作办法可以表现为多种形式，如在相关课程中加入案例教学的元素，或者邀请一线名师为准教师提供丰富的案例课程。

4. 调整教师职前教育课程体系

（1）调整课程结构。正如我们曾经指出的，改革当前的师范教育，必须打破以专业教育为主线的传统课程结构，实行现代教育理念下以课程为中心的全新结构设计[4]，建立网状多向型的课程结构。与传统的线性单向课程结构相比，网状多向更强调每门课程的相对独立，强调给学生更多的自主选择机会，强调学生的学习以课程为主线。这更有利于师范生面向中小学教育教学实际的未来职业准备。

(2) 推进教学方式方法改革。在学校中，积极实践启发式、讨论式、研究式等生动活泼的教学方法，推进教育教学改革，进而提高师范生的从师任教能力。首先，需要广泛宣传学校教育教学改革的思想，以转变教育教学观念为先导。其次，压缩课内教学时间，优化教学时数，为学生提供充分发展自我的时间和空间。第三，通过本科教育教学改革研究立项等活动，促进课堂内外一体化、教育理论与中小学教学实践的恰当融合。第四，将教学方法改革纳入课堂教学质量考核指标和精品课程建设立项验收标准中，切实提高教师积极参与教学方法改革的自觉性。第五，改革考试方法，实现考核方式多样化及考核内容综合化。

5. 提升社会对教师职业的认同与理解

有关研究表明，我国教师的职业声望正在逐步提高[5]。在新时期，几乎每个家庭都为子女寻求优质教育资源，而教师在教育中的作用愈发重要。除此，我们也应该看到，近几年，我国教师的整体素质确实有了较大提高。因而，如何将社会的认同与关注，变成教师专业发展的动力诱因，就显得格外重要。为此，一方面，需要平衡教师的社会声望与经济地位、政治地位的关系，获得更广泛的社会理解——让教师工作的质量完全达到社会的期待，毕竟需要漫长的过程；另一方面，在社会发展进程中，改善教育的内部环境（如考试制度），缓解教师的社会压力，增强教师专业发展的内在动力，才能更好地提高教师的工作质量和水平。

（二）教师专业发展的职后促进策略

正如我们指出的，影响优秀教师成长的关键要素在于合理的知识结构、能力结构，以及同伴互助、专业引领、自我反思的意识、能力、时间和空间[6]。就总体而言，教师职后的专业发展方式，以个人主动寻求发展的条件和机会为根本，同时通过培训、交流、讨论等方式，构建教师专业发展的必要前提和外在保障条件。

1. 策略一：持续不断地完善教师的知识结构

一般地，教师的知识结构包括三方面：一是原理知识，即学科专业知识和教育理论知识；二是关于案例知识，即学科教学的特殊案例、个别经验；三是策略知识（其核心在于反思）。研究表明，经验型教师与新手型教师相比，其原理知识并没有本质差异，而两者的案例知识却有本质差异——其实，经验型教师“靠经验吃饭”——凡是遇到运用已有的经验能解决的教学问题，便可以顺利解决（经验的丰富程度制约着他的工作质量，而这些经验主要来自其案例知识）；与专家型教师相比，经验型教师的案例知识几乎没有什么差异，而在策略知识方面具有显著差异——当经验型教师遇到从来没见过的问题、运用原有的案例知识无法解决时，便束手无策，而专家型教师总能创造性地加以解决，其关键在于策略知识发挥作用。

可见，要想真正成为专家型教师，必须及时更新教育教学理论与专业素养，不断积累案例知识和策略知识。而一般性的理论知识，可以在教师教育所开设的各种教育理论类课程中得以掌握。同时，也应该看到，学科知识的更新也是必须的。同时，实践性知识只能靠教师自己对已有实践过程的反思，而靠他人的传授或给予几乎是无法完成的。其实，一位教师是否拥有反思的意识和能力，是经验型教师与专家型教师的特征差异的核心。

2. 策略二：完善教师的能力结构

教师专业能力的范围十分广泛。就当前我国中小学教师的日常工作而言，教学设计能力、教学实施能力和教学反思能力，是中小学教师专业能力的核心和关键。其中，教学设计能力和教学实施能力是教师日常教学的基本能力，是教师教育能力的基础，教学反思能力则是教师教育能力的核心和进一步发展的关键，而教学反思能力的薄弱正是导致当前教师专业发展举步维艰的主要原因。当然，随着时代的发展和教育环境的变迁，教师专业能力常常需要及时地更新和发展。例如，新课程改革背景下，合作教学的能力、师生互动的能力以及现代化教学手段使用的能力，都需要及时地融合到教师专业能力的结构中去。

3. 策略三：唤醒教师的反思意识，不断发展教师的教学反思能力

内在动力是教师专业发展最好的潜力，传统的职后教育重视教师外在的培养和培训，忽视教师在实践中的自我提高。而教师的自我发展意识是专业成长中一个至关重要的因素。只有不断激发教师成长的自我渴望和迫切要求，使其产生加速成长的愿望，达到愤悱状态，教师专业能力的提高才能收到实效。

内在动力的显著表现就是反思和交流，这是教师走向专业化的关键要素之一。为此，促进教师专业成长的有效策略就是使教师学会主动反思，主动捕捉反思的时机，逐步培养主动反思的意识和能力。同时，建立同伴互助、构建与

专业之外的人士交流沟通的渠道，也是必不可少的。特别地，有意识地培养和发展教师交往与合作的技术，如倾听、谈话、沟通的技巧等，是促进教师专业成长的有效策略之一。

4. 策略四：充分利用各种机会寻找专业发展的动力，利用专业引领，迅速提升教师的专业品味

教师专业发展的动力来自内部与外部两个方面，其内部动力源自自己的专业兴趣和职业认同，其外部动力源自外在环境和外在条件的支持。因而，寻找专业发展的动力，就需要教师立足自我发展的愿望，主动寻求适合自己发展的外部条件和机遇，而这种外在动力有多种方式，同事之间的有效交流就是其中的一种有效方式，而一个适宜的专业人士进行恰当的引领，是教师快速成长的关键要素之一。当然，适时选择校本研究的时机，也是教师专业发展的动力之一。作为教师专业发展的内在动力，自主发展的意识十分重要，这种意识既是一种内在的兴趣与愿望，也是一种责任感的体现。将教师专业发展的内在动力与外在动力结合在一起，恰恰将教师个人的发展与他人的成长融合在一起，实现在团队中共同成长。

5. 策略五：因人而异、分层发展

根据各级各类教师的具体实际，选择不同的发展策略，制定不同的发展侧重点，是促进各类教师迅速成长的有效策略。[1]例如，对于教学风格磨炼、形成期的教师来说，成长的重点在于总结、提炼自己的教学体会，并适当更新知识结构，进而升华教学理念，奔向教学独具魅力的研究型教师。为此，教师的专业成长需要相对开放的课程体系作支撑。

总之，教师的教学本领来自教学经验、体验和经历基础上的专业引领、自我反思和感悟提升，进而才有可能形成教学能力、教学智慧。对于在职教师而言，专业发展最有效的方法就是学会在日常教学中反思、研究，在总结、提升中逐步形成自己的教学特色。教师专业发展，首先是面向专业的可持续发展，而并非仅仅局限于胜任现实工作。职业认同、发展动机、专业知识、专业能力、专业经验、可持续发展的潜质等，是教师专业发展的主要关注点，也是师范教育改革的关注点。促进可持续发展，是教师专业发展的关键！

参考文献

[1] 孔凡哲．中小学教师素质结构与进修课程的反思［J］．中小学教师

培训，2004（10）：24—28.

[2] 张立昌．试论教师的反思及其策略[J]．教育研究，2001（12）：18—21.

[3]（美）文·凯瑟林·K．墨西思．案例、案例教学法与教师专业发展[J]．许立新，张广武编译．世界教育信息，2004（1—2）：77—78.

[4] 孔凡哲，曲铁华．基于“尊重的教育”理念的教师资格教育类课程教学改革探索．东北师大学报：哲学社会科学版，本科教育改革研究专辑．2005（1）：18—21.

[5] 王新兵，杜学元．社会转型时期我国教师职业声望的现状、成因及对策[J]．教师教育研究，2006（1）：66—70.

[6] 孔凡哲．中小学校本培训与校本教研的具体内容[J]．中小学教师培训，2005（12）：16—19.

教师课程领导者的角色特征与成长条件

刘径言　吕立杰

摘　要：随着课程领导备受教育学者的关注，倡导教师课程领导的理念正日渐凸现。本文对教师课程领导的内涵以及教师作为课程领导者的可能性和优势进行了分析，论证在当下教师作为课程领导者的存在意义以及教师作为课程领导者的特有品质——教师作为课程领导者未必有固定的职位，但必须有突出的专业水平，人格魅力与教育热情，敏锐的洞察力与反思能力。提出教师作为课程领导者的成长条件：教师真正赋权、建立合作型团队、变革领导方式、统筹良好的外部环境。

关键词：课程　课程领导　教师

工具主义取向的课程研究面对复杂的学校教育已凸显其局限性，随着课程理论以及领导理论的转型，课程管理范式正在向课程领导范式转变，特别是新课程改革将课程管理的权力下放，课程管理重心下移，学校和教师相对地扩大了课程权力的今天，倡导课程领导就显得越发重要。课程领导的提出，意味着领导层从封闭走向了开放，开始关注教学实践和真实的学校情境，为教师和学生呈现了开放、民主、科学的课程。

一、教师课程领导的产生

1. 教师课程领导的产生与涵义

课程领导是一种民主、沟通、共享、合作的新理念。随着教师专业发展越来越受到人们的关注，“教师即课程”理念的深入，对课程领导的理解也逐渐

［作者简介］　刘径言，女，东北师范大学教育科学学院课程与教学论博士研究生，研究方向为教师教育；吕立杰，女，教育学博士，东北师范大学教育科学学院教授，研究方向为课程与教学论、教师教育。

打破了从上到下的控制式的管理思维，将课程领导变成与教师共同探讨课程问题的互动过程。麦克弗森（Ian Mcpherson）等人在对学校领导研究的基础上，提出教师课程领导的主张。他们认为：在学校场景中，是实际存在教师课程领导行为的，只是有些教师只认为自己是课程实践者或执行者，课程领导是校长或其他领导者的事情，却没有意识到教师本身的课程领导行为。[1]香港教育学者黄显华认为：课程领导的真正要义在于鼓励教师觉醒其课程意识，实现课程范式的转移，教师应善于对自己的课程实践作出反省和慎思，在实务经验中积累和创造自己的课程知识和课程理论。他认为学校层面的课程领导具有以下特征：以觉知教师的课程意识为核心，以建构合作、对话、反省、谨思的学校文化为途径，以改善学生的学习成效为目标。[2]可见，在学校层面的课程领导中，教师已经成为重要的责任主体，培养教师的领导意识是学校组织发展的需要。

从国际教育改革趋势看，美国、澳大利亚等国，学校的课程领导往往由多种成员承担，校长、副校长、资深教师或者学科领导人等分别领导课程团队。在英国有 15 个以上的全国性的合作联盟或者其他合作项目，一般由大学、地方教育当局和学校之间建立协作关系。他们强调教学一线的实践者（多指教师）参与研究的重要性，主张立足于教学实践开发活动，以教师领导或者教师咨询的方式进行。香港在 2002 年就在一些资助小学和设有小学部的特殊小学开设了“课程统筹主任”这一职位（由任课教师担任），来协助、推动学校的课程改革，充当课程领导的职能。

教师课程领导是一种自然的、自我的、平民化的领导，是领导范式从控制、教条到协商、交互，从自上而下的层级式到民主式的转变。教师被赋有一定的权力，参与学校决策和课程决定，学校给教师们创造参与的机会或给每位教师提供专业的发展空间。目前，对教师课程领导的界定，学者们并没有达成广泛共识，从课程领导的条件、要义、行为、过程和结果等几方面都有论说。教师课程领导的基本要义是通过对课程开发的有效性的研究，从技术角度强调教师在班级层面的表现和能力。“从若干个方向运用个别的、团队或整个学科的方式将课程加以运作，拟订全年的教学活动行事历，拟订各单元的计划，充实课程与补救教学，定期进行课程评鉴。”[3]而从更广阔的教育目的观出发来考察教师课程领导，主要是从课程文化、教师专业发展的角度，强调在领导中重组学校的组织文化，群策群力，教师群体带领教师共同向前发展。因此说，教师课程领导不仅要关注教师领导者和普通教师的专业参与、决策和发展，也要关注学校的环境与文化对教师课程领导的影响，它是课程领导者与成员之间围绕着课程展开的系统的持续性活动。

2. 教师课程领导与校长课程领导

倡导教师课程领导并不是对校长课程领导的取代，两者不存在对立关系，而是相互补充与协作。作为课程实施的执行者、调试者、协商者、决策者的教师，如果能够成为校长和普通教师之间的沟通者，对于优化课程本身很重要。麦克尼尔主张，教师是课程领导者，但他们必须与校长或副校长商议以决定课程。[4]教师领导与校长在课程发展上保持密切联系，彼此拥有共同的课程愿景，特别是在个别课程项目的推行上遇到困难时，教师领导者需要校长的统筹与规划。

二、教师课程领导者的特有品质

1. 教师作为课程领导者不一定有固定的职位

在一些关于教师领导者的研究中，直接采用了明确的教师领导者的概念，让教师承担领导角色；一些研究期望那些已经担任正式管理职位的教师（中层管理人员）发挥教师领导力的影响作用；还有一种更简明的分类，即只要教师执行领导力就是教师领导者，无论其是否担任某种管理职位或被指派某种任务。[5]布瑞德利（Leo H. Bradley）认为，对于课程领导职位来说，行政职位并不一定是必要的。课程领导是概念性的，而不是职位性的。[6]因此，教师领导者的工作实际上是隐藏的、很难定义的，也没有明确的问责制度，它更多的是一种自然、自觉的行为。

2. 教师课程领导者要有突出的专业水平

从已有的研究文献来看，教师领导者首先应该是专家型的教师，他们仍需要将大部分时间花在课堂教学上，只是在特定的场合承担特定的领导任务。教师的专业水平不仅在于渊博的知识理论，同时教师在实践中对知识的协商和反思，建构出的新的实践性知识也是教师专业水平的重要体现。在知识结构方面，不仅要有教育学和心理学的条件性知识，而且要具有学科知识以及教学法知识等。课程领导者最重要的能力就是具有课程开发的技能，这种技能会创造出一种环境，这种环境氛围能够让教师明智地选择课程内容……教师领导者必须拥有渊博的知识和分析资料或数据的能力。[7]扎实的专业能力是教师转变传统的传道、授业的“教书匠”为高素质、创新性的领导者、参与者的基本条件。突出的专业能力直接产生了教师影响力，而且这种专业能力往往最具说服力。

3. 教师课程领导者要有人格魅力与教育热情

教师领导者与普通教师的重要区别在于教师被鼓励去行使一种“教导性的

领导”，教师课程领导者会具备一定的领导技巧和能力来建立权威。权威的领导不仅在于专业权威和道德权威，还包括非世俗权威、心里权威、技术——理性权威等，单纯的专业权威有时不可能充分地挖掘被领导者的能力并激励成员的意愿，而心里权威在激励技术和人际关系技能等方面起到了隐形促进作用。教师领导者表现出的诚恳的工作愿望和热情的教育改革态度会使普通教师们生发心照不宣的动力，使普通教师感受到领导者的个人魅力，产生对教育事业和教育改革的“欲罢不能”之感。这也是领导得以可持续发展的关键，单纯的依靠命令和控制的领导者不可能在被领导者心目中得到永久认同。

4．教师课程领导者要有敏锐的洞察力与反思能力

教师课程领导的过程实际上是自我学习的过程，因为教师学习的对象是自己的实践，因此教师需要反思自己在特定环境中是如何作出选择和决定的，反思自己的教育目的以及在行为背后所坚持的道德信念。麦金农和埃瑞克森确定了反思的三个取向：反思作为行动的工具性中介；反思作为对有关教学的不同观点的慎思；反思作为经验的重构[8]，比较全面地指出了反思的作用。教师的反思以教师的知识和自省为基础，在反思中，领导者不仅使认知层面得到提升，更是寻找问题解决的重要途径，教师从自我的角度研究解决问题的途径和方法，也是教师专业发展的开始。同时，领导必然涉及决策，具有敏锐洞察力的领导者能够作出及时、果断的决策，并适当地调适，而且这种洞察力又能及时促成反思。

三、教师成为课程领导者的意义

学校层面的课程领导有利于校本课程开发已经得到了学界的普遍认可。在校本课程发展的理念下，课程领导者通过指导课程设计、课程实施、课程评价等不同领域，通过建立学习型组织，采取了有效的课程领导策略。教师作为课程领导者如果能更深入地参与学校课程决策，对于促进学校改进将有更大潜力。

1．发挥教师的变革主体作用

怀特克尔指出：“教师领导可能是学校变革或改进过程中最重要的因素，然而它常常是最少被分析讨论的教育领导者之一。”[9]教师一直以来作为校长决策的听从者、执行者的身份出现，而且由于教师的职业具有“个人主义”的特征，加上几千年来沉淀下来的激烈的考试文化，教师在学校课程事务上表现出相互竞争和彼此隔阂，使得教师的课程领导能力没有显露。随着学校变革的推

进，人们已经认识到了几乎所有的改革都是个别化的，不同的学校有不同的背景和现实组成，适合于一所学校的改革模式不一定适合其他学校的改革，改革的根本在于改革学校内部，而教师作为课程实施的责任主体，应当成为变革学校的中坚力量。如霍普金斯所言，真正的学校改进最好被看做一种战略性的教育改革，其重心在于提高学生的成绩，它所采取的措施主要是对课堂教学实践进行调整以及变革学校内部的管理方式，从而为教师的教和学生的学提供支持。构建学校改进的能力需要高度关注如何在学校内部培养和发展合作机制，尤其需要使教师的领导能力和学习能力的最大化。[10]

2. 教师具有思考专业问题的优势

课程领导理论的产生虽然受领导理论发展的影响，但它不同于一般的领导。领导者在具有一般的领导能力和素质的同时，还要有充分的时间、精力和专业知识。校长作为课程领导者虽是众望所归，但由于我国校长一直继承着传统的校长角色，行政事务繁重，对学校中的公共关系、学校基础设施建设、校风学风建设都要有所顾及，校长几乎没有时间去关照课堂教学，作出教育性指导。斯普劳尔 1981 年的调查表明，校长用于教学计划的时间占整个工作时间的 23%，直接同课堂教学相关的时间不过是 4%。校长履行职务的特征主要是：第一，校长没有对教师提出课程专业能力的要求，更没有起指导的作用。第二，校长既不照料教师的课堂教学，也不反馈其教学的结果。校长发挥专业知识的技能领域在人事和设施设备。第三，校长主要是作为学校与教委主任之间的缓冲器而行动的。我国中小学校长也有同样的体验报告。[11]这说明，校长在专业知识能力方面的欠缺成为其进行课程领导的阻力之一，而教师在时间、精力和专业知识等方面比校长更有优势。因此，很多学者提出课程领导的主体可以是校长、副校长、教师以及与学校有利益关系的人，课程领导不再是校长和行政人员的专利，教师同样有机会参与课程领导。从教师队伍中生成的领导者，更理解教师的教学心理，更能针对实际教学问题产生专业思考。

3. 促进自身专业发展

教师课程领导对教师专业发展的促进通过培养自觉的课程意识和团队的专业引领来实现。具体到通过教师课程领导来促进教师们的个体性学习以及通过课程团队建设的社会性学习。个体性学习就是每个教师能够关注自身个体的学习和发展，学校通过提供外出学习，参与校本课程开发的机会等来促进教师个人学习。而在社会性学习中，教师之间通过同侪相互学习、研究性学习等形式建立良好的合作条件和习惯，促使教师们相互交流，相互学习，放弃孤立，提升教师课程领导的水平。教师作为课程领导者能够关注学生的学和教师的教，关照最寻常的教学情景和最真实的课堂问题，因此也更容易生成课程意识。

4. 教师课程领导创造和谐的文化空间

学校文化是学校在长期发展中形成的行为标准、价值尺度、工作信念等，它以一种无形的力量控制着学校的发展。外部力量的推动对于学校的改进往往是肤浅的，甚至是无能为力的。过去学校改进的方式主要是头痛医头脚痛医脚，这种狭隘的做法忽视了文化对学校改进的作用。在学校创建一种支持改革的文化氛围能够促进教师的教和学生的学。通过教师课程领导能够形成和谐文化的途径有两种：一种是专业引领，教师课程领导者通过集体协作、集体慎思等专业合作共享的方式能够形成严谨踏实的科研文化氛围；另一种是愿景领导，即将改造自身与学校的内外环境相结合，指向需要解决的新的课程计划的领导行为。领导者通过情感和意识的表达强调团队使命，关注共享的情感和价值来连接追随者个人和组织的利益，激发教师们更好地理解团队的成就以及其他成员的贡献，从而导致集体认同，形成相互信任和理解的合作文化氛围。在现实的学校环境中，我们如何才能实现真正的学校改进，作为教师除了在知识和专业能力方面有所准备外，更要在信念上有所坚守，才能有突出的成果。

四、教师课程领导者的成长条件

1. 实现教师真正意义上的赋权增能

博尔斯认为，教师在学校中的地位不高且缺乏正式的职位权力，这种现实的状况对他们发展自身的领导能力造成了阻碍。[12] 我国当下管理本位的课程领导，多是结果性的领导模式，并没有从根本上作出对传统的改变，也没有对课程开发起到实质性作用。尤其是我国的现实，由于人们的传统观念对领导本身的认识，认为领导跟职位、权力是相关的，能成为领导者必然要有相应的职位和权力。而实际上教师的赋权增能，并不是简单地通过设立相应的课程领导职位就能实现的。关于“教师的赋权增能”的内涵，美国学者绍特（Short）和瑞内哈特（Rinehart）在总结许多学者的观点后，从六个维度阐释了“教师赋权增能”的内涵[13]：

（1）在直接影响教师工作的重要决策中，教师的参与程度；

（2）作为影响学校工作的指标，教师所具有的影响力；

（3）从同行对其专业的尊敬角度来考虑教师地位；

（4）教师自主性，在工作中可以由教师自己控制和确定的因素；

(5) 推进继续学习发展专业技能的专业发展机会；

(6) 自我效能感，认为自己有能力指导学生学习。

可见，对教师的赋权，不是简单地为教师设立相应的行政职位，而是要从根本上提升教师的决策权力，增强教师在同行中的地位与威望，同时学校要给予教师领导者发展自我专业能力和素质的机会，让他们增强自我效能感。当然，这并不意味着学校领导要放弃全部的控制权，来自高层领导组织的支持是教师获得课程领导权的重要支柱。

2. 建立合作型团队，变革领导方式

教师课程领导意味着教师角色和职能的转变，然而很多教师面对课程领导表现出惶惶状态，原因在于很多教师缺少相关经验和自信去承担领导者的角色。同时课程改革在课程结构、内容选择、评价方式等方面的变化使得教师的负担过重，没有更多的时间开展领导活动。课程领导者应用变革型领导理论，在教师中以道义和权威维系成员间的和谐，并为团队成员提供清晰、形象的学校发展目标体系，让教师们认识到改革的重要性以及与学校发展的息息相关的利益。具体形式如教师领导者通过学校改进小组帮助教师树立先进的课程理念，对新任教师或经验不足的教师进行指导等。当教师们意识到这种课程领导是一种需要，课程领导者对个人的专业成长和教学实践有帮助时，教师们自然就形成了共同的价值观。

3. 统筹良好的外部环境

Gross (1998) 指出，课程领导是一个复杂的历程，成功的教师课程领导者必须有扎实的知识基础，会认真考虑成员的安全感、需求与满足、士气并能选择可供依据的方向，能设计完善的课程计划，选择适切的课程内容。同时也必须促进行政人员，教师与社区家长共同合作参与，不断学习发展，克服各种可能的混乱与问题。[14]课程领导是一个对课程资源统整的过程，涉及协调和发展学科内容、学习者、教师和环境等教育的共同要素，因此加强学校与社区、家长之间的关系成为教师课程领导者不可回避的问题。

五、对教师教育的启示

我们倡导教师担任领导角色，并不意味着教师课程领导者只能从“做中学”，而不给予他们任何指导和教育。美国在 20 世纪 80 年代随着教师教育的改革开展了教师领导教育，在 20 世纪 90 年代后逐渐发展，如今教师领导教育已经成为美国教师教育的一部分，并有专门的课程领导课程和专职教授。而在我国，对教师进行专业的领导教育几乎一片空白。随着教育领导理论向“教师即领导者”的转型，我们看到了传统的教师形象正在被颠覆，教师作为领导者将成为未来学校改革和发展的中心地位，并成为学校发展的内驱力。因此对教师课程领导者的教育，不仅可以从学科教学、课堂管理方面来提升课程领导者的能力，而且可以从开展大学与中小学的合作中培养教师课程领导者的教材开发能力、培训教研组活动，体现学习与实践相结合的特点。教师成为课程的领导者，也将意味着一个新的教师专业化高峰的到来。

参 考 文 献

[1] IanMacpherson，Ross. Brooke. *Positioning Stakeholders in Curriculum Leadership*：*how can teacher educators work with teachers to discover and create their place* [J]. Asia－Pacific Journal of Teacher Education. 2000 (28).

[2] 黄显华，朱嘉颖．课程领导与校本课程发展 [M]．北京：科学教育出版社，2005：14.

[3] Allan A. Glatthorn. 校长的课程领导 [M]．单文经等译．上海：华东师范大学出版社，2003.

[4] John. DM Cneil. *Curriculum*：*The teacher's Initiative* [M]. Prentice Hall. 2002.

[5] 阿尔玛·哈里斯，丹尼尔·缪伊斯著，许联吴合文译．教师领导力与学校发展 [M]．北京：北京师范大学出版社．2007：11.

[6] [7] Leo H. Bradley. 课程领导 [M]．吕立杰，等译．北京：中国轻工业出版社，2007：1.

[8] MacKinnon A，Erickson G. *Taking Schon's Ideas to a Science Teaching Practicum*. P Grimmntt，G Erickson (eds)，*Reflection in teacher education* [M]. New York：teachers College Press. 1988：113—138.

[9] L. David Weller Jr. Sylvia Weller. 学校人力资源领导：中小学校长手册 [M]．杨英等译．北京：中国轻工业出版社．2005：214.

[10] Hopkins D. *School Improvement for Real* [M]. London：Falmer Press，2000.

[11] 转引自：钟启泉．从“行政权威”走向“专业权威” [J]．教育发展研究，2006 (4A).

［12］Boles，K. *School restructuring by teachers：a study of the teaching project at the Edward Devotion School*. Paperpresented at the Annual Meeting of the American Educational Research Association ［M］. San Francisco，CA，1992：4.

［13］Michalionos Zembylas，Elena C. Papanstasiou：Modeling Teacher Empowerment：The role of Job Satisfaction ［J］. Educational Research and Evaluation，2005，11 (5)：433—459.

［14］Gross S. J. Staying centered：curriculum leadership in a turbulent era ［J］. Alexandria，VA：ASCD. 1994.

高等师范院校教师资格教育类课程体系与教学改革*

孔凡哲　曲铁华

摘　要： 本科教育教学是高等学校生存与发展的基础，尤其是对高等师范院校的课程体系改革有着重要意义。本文以东北师范大学教师资格教育类课程教学改革为例，探索了“宽口径、厚基础、精专业、多出路”的改革思路，构建了“三类两层”的教师资格教育课程体系，进行了系列教材建设，改革了教学方式方法。

关键词： 高等师范院校　教师资格　教育类课程　课程与教材建设　教学改革

在高等师范院校，以往面向全校各个师范专业开设的公共教育类课程，现在通常称为教师资格教育课程。该课程的设立、改革和发展是东北师范大学教师教育特色必不可少的课程支撑。1997 年，东北师范大学为了更好地解决在校大学生“知识结构的师范性问题”，以推进师范生的专业发展，开始进行公共教育课程新结构改革，将其列入“211 工程建设”中的“优师工程”重点项目。1998 年，东北师范大学教育科学学院正式启动面向全校的公共教育类课程体系和教学改革，主要是改革高等师范院校公共教育类课程的“老三门”

[作者简介]　孔凡哲，男，教育学博士，东北师范大学教育科学学院教授，研究方向为课程与教学论、教师教育与数学教育；曲铁华，女，教育学博士，东北师范大学教育科学学院教授，研究方向为教育史、教师教育与教育基本原理。

* ［基金项目］2005 年吉林省高等教育教学研究重点课题：教师资格教育课程结构与教学实施改革与探索，吉教高字［2005］23 号。

（“教育学”、“心理学”、“学科教学法”）课程体系，建立以“青少年心理学”、“学校教育心理学”、“教师学与教学论”、“教育科学研究方法”四门课程以及学科课程与教学论系列课程组成的新的教师资格教育课程体系。2003 年，东北师范大学启动“新世纪教育教学改革工程”，在继承“九五”期间“优师工程”的基础上，构建了开放的“三类两层”的教师资格教育课程体系。

一、教师资格教育课程教学改革的基本思路

1997 年东北师范大学开始的“优师工程”，其基本思路是“打好专业基础，培养从教能力，提高综合素质”。重点培养学生树立献身教育事业的思想，具有扎实的专业基础知识、基本理论、基本技能，具有从事教育事业的素质与能力。2003 年，东北师范大学遵循“尊重的教育”理念，贯彻“为学生的自主学习与发展服务”，“为学生的终身学习与发展服务”及“为学生的全面学习与发展服务”的指导思想，从“宽口径、厚基础、精专业、多出路”的培养思路出发，探讨和建构了模块化、多样化、网状多向的课程体系，这更符合专业化教师培养的需要。所谓“宽口径”就是实行按一级学科招生，学生入校后按一级学科开设课程，一年半或两年后，学生根据自己从教的职业理想重新选择专业，进入专业课程的学习，给学生充分选择的权利。“厚基础”就是在课程计划中开设二级学科选修的通识教育课和专业基础课程，打通专业壁垒，为学生提供雄厚的专业基础。“精专业”就是在学生确定了专业方向后精学本专业主修的系列课或核心课，教师精讲，学生精学，目的在于让学生把专业学精学透，做到学有专长。“多出路”即立志从教的师范生，在学校提供的多个课程板块选择中要认真修读“教师资格证书”课程板块并参加必要的实习。

改革的基本思路是，以“尊重的教育”理念为指导，将“尊重的教育”理念渗透到每一个教学环节，使学生在尊重的教育理念氛围中，理解尊重的教育理念，学会尊重教育的心理学、教育学依据，掌握尊重他人（学生）和获得他人尊重的基本技能。

体现尊重的教育理念，尊重中小学生的基本前提是，深入了解中小学生的心理规律，为此，必须学习“青少年心理学”和“学校教育心理学”。

在中小学，尊重的前提是教育工作者（尤其是教师）了解中小学教育教学的基本规律，为此，必须学习“教育科学研究方法”和“教师学与教学论”。

尊重的教育理念要求高师院校教师的教学“身教胜于言教”。为此，必须进行课堂教学方式方法的改革。[1]

在这一改革思路的导引下，东北师范大学进行了教师资格教育课程体系改

革的实践探索。

二、教师资格教育课程体系的改革

科学合理、系统优化的课程体系是培养高素质创新人才的基础。要培养合格的师范生，首先要建构合理的课程结构，以拓宽学生的知识基础，为将来的教学工作和深造打下宽广与厚重的知识基础，培养学生综合能力和广泛的适应性。[2]从教师教育专业化的角度看，要使教师在入职前的专业预备教育中获得基本的专业能力，必须设置结构合理的课程。[3]

教师教育体制的转变和质量提升决定了课程体系的变化。过去师范教育体制下的课程体系是固定的、封闭的课程体系。这一课程体系更多着眼于为社会培养人才，忽略了从受教育者发展的角度考虑课程的设计，它给学生准备的是套餐，而现在应该给学生准备自助餐式的课程体系。[4]

作为教育类课程的具体体现，教师资格教育课程包括“教育理论类课程”、“教育技能类课程”、“教育实践类课程”这三种类型课程与“一般教育课程”、“学科教育课程”这两个层次的课程，即“三类两层”的教师资格教育课程体系。课程内容能为学生从教提供必备的基础性文化知识、学科专业理论知识与基本技能、教育理论知识与教育教学工作实践技能，使师范生入职时成长为一名实质意义上的专业工作人员。

1. 教育理论课程

教育理论课程在教育类课程中处于基础地位，是对教育技能课程、教育实践课程两个层面课程的知识铺垫和理论指导，目的是使大学生从深层次上理解教育思想的来龙去脉，进一步拓宽教育视野，提高对教育对象、教育实际的认识，初步掌握教育规律和特点，从而树立起科学的教育理念，以便能从较高的角度明了教育的真谛、价值与意义。具体开设的课程包括学校教育心理学、青少年心理学、教师学与教学论、中学教育改革的理论与实践、学科教育原理、中外教育史、教育政策与法规研究、课堂管理艺术、学校管理等。

2. 教育技能课程

教育技能课程在教育类课程中处于核心地位，是直接为师范生未来任教服务的，带有较强的技术性、操作性和应用性，也是目前我国高师教育类课程中亟待充实和完善的部分。此类课程以具体的教育、教学方法的掌握，必要的教育、教学技能的训练为己任，目的是让师范生掌握从事教育教学工作和科研所必需的基本方法、基本技能，从而形成较强的自我发展和创新能力。具体开设的课程包括教育研究方法、教师教学基本技能、班主任工作技能、学科课程与教学论、现代教育技术、中学生学业和生活指导、中学生心理咨询等。

3. 教育实践课程

教育实践课程是教师教育理论联系实际，实现培养目标的一个重要的、不可缺少的环节。加强教育实践，是提高学生教育教学能力的必要条件。[5]教育实践课程包括教育见习和实习。见习是实习的前奏，它是师范生密切联系中小学教学实践的有效形式，见习的主要任务是观察和参与。观察的目的在于熟悉和了解学校工作的运行以及儿童的身心发展特点，为参与教育实践作铺垫。参与则是师范生以教师助手的身份投入到教育活动中，与学生密切接触，并间接体会教师的工作。见习为师范生创造了了解、熟悉中小学教育和教学工作的机会，从而使教育理论和教育教学实际紧密地联系起来。教育实习不仅是获取教育实践技能的过程，更是在经历、体验、实践的过程中获取对教师工作意义的理解、情感的体验和理论知识与技能在实践领域的升华的过程。总括国外的经验，一般师范生的教育实习时间平均不少于三个月。相比之下，我国高师院校所安排的教育见习、实习时间太短，且多集中在临近毕业的一学期，难以使学生真正地体会和了解教师工作的方方面面，因而基本上流于形式。但近年来，教育实习得到了很大的改观。

多年来，东北师范大学十分重视本科生的教育实习工作和教育实习基地建设。教育实习中的课堂教学实习、班主任实习、课外教育实习、教育调查实习都能够得到很好的落实。充分保证了学生教学实践环节的锻炼，为学生成为合格的人民教师和形成较高的教育教学能力打下了基础，有效地提高了从师素养。

教师资格教育课程体系的改革从东北师范大学的实际出发，考虑到教学的可操作性，分成三个阶段进行探索。

第一阶段，1998 年至 2000 年 8 月，在充分调查研究、反复论证的基础上，改革高师公共教育课程的“老三门”（即“教育学”、“心理学”、“学科教学法”）课程体系，建立以“青少年心理学”、“学校教育心理学”、“教师学与教学论”、“教育科学研究方法”四门课程组成的新的教师资格教育类课程体系（“学科课程与教学论”课程归入学科教育理论课程），出版了相应的教材。

第二阶段，2000 年 9 月至 2004 年 7 月，经过四轮的教学实验，在教学实践中检验新的课程体系，不断充实和完善四门课程的内容，并开始修订四门课程的专用教材。在东北师范大学连续 4 届的教学应用，成效显著。

第三阶段，2004 年 9 月至 2007 年 8 月，在此阶段，建立以“青少年心理学”、“学校教育心理学”、“教师学与教学论”课程为主体、辅以“教育社会学专题”、“比较教育专题”、“中国教育史专题”、“外国教育史专题”等课程的一般教育理论课程体系，建立以“教育科学研究方法”、“教师职业技能训练”等课程为主体的一般教育技能课程体系，并在教学实践中检验、修订和完善。

三、教师资格教育课程的教材建设

东北师范大学在进行公共教育课程新结构改革的同时，于 2005 年至 2006 年，编写出版了供公共教育课使用的系列新教材，主要有《学校教育心理学》、《青少年心理学》、《教师学与教学论》、《教育科学研究法》、《数学课程与教学论》、《物理课程与教学论》、《化学课程与教学论》等。本套教材不同于师范院校传统的同名课程，更加侧重于应用性与时代性。

例如，《教师学与教学论》以高师学生尽快成长为一名适应岗位需求的教师所必须具备的职业素质以及基本的教育教学理论知识和技能为主线，构建全书的结构体系和具体内容。全书分为两大部分，共由十章组成。第一部分是关于教师的论述，就教师职业的由来、作用、特点和教师的职责、职业素质以及教师专业发展等有关教师问题的全貌进行了较详尽的阐述，以使高师学生加深对教师职业的认识，增强事业心，按照一名合格中学教师应具备的素质来要求自己，加强自我修养，合理规划自己的从师之路，为成长为成熟的乃至优秀的中学教师奠定良好的基础。因班主任既是教师中的一员，又有其工作的特殊性，所以班主任及班主任工作的有关理论和方法也被纳入到本部分的内容，以使高师学生懂得如何开展班主任工作。第二部分是关于教学的论述，主要就教师教什么和如何教的问题进行全面的阐述，包括课程、教学目标、教学过程的规律及原则、教学模式与教学方法、教学组织形式以及教学评价等方面的内容，以使高师学生掌握教学的基本理论和操作技能，并能积极地投身于未来中学课程改革和教学改革的实践，从而不断提高自己的理论素养和工作能力。该教材的主要特点是：第一，时代性。适应教师教育改革与基础教育新课程改革的需要，几乎在所有的章节都特别增加了新课改的理论与实践的内容，使教材体现出鲜明的时代性和针对性。第二，实用性。为更好地满足教学的实际需要，体现教材的实用性和新颖性。每一章的编写体例均由［概览与目标］、［正文］、［案例］、［知识窗］、［相关链接］、［要点回顾］和［思考题］等部分组成。其中［概览与目标］旨在让学习者对本章内容有一个概观的了解，并与之前所学内容相衔接，明确本章学习所要达到的基本目标和要求。［案例］和

[知识窗] 穿插在正文之中，目的在于理论联系实际，使学生学以致用，同时拓展学生的知识视野，及时追踪学术和实践前沿。[相关链接] 包括进一步阅读书目的推荐和相关网络资源的介绍，旨在满足学生拓宽视野、深入学习研究的愿望，体现研究性学习的特点，以培养学生自主学习的意识和主动探究的能力。[要点回顾] 和 [思考题] 旨在使学生理解、掌握本章的主要内容，通过思考性和实践性较强的课后练习，进一步达到理论联系实际，学以致用的目的。

《学校教育心理学》新教材编写的指导思想是为了适应未来的人民教师的专业化发展的需求，进一步改革高师公共心理学的课程和教学，使高师学生能够掌握现代教育心理学的基本理论和运用理论解决教育和教学实践中的实际问题的基本技能，从而使高师学生的知识结构得到进一步的充实和完善，使之能够更好地为培养21世纪合格的中学教师服务。

该教材的主要特色是：第一，密切关注并体现基础教育新课程改革的精神。2001年6月，教育部颁布了《基础教育课程改革纲要（试行）》。根据该纲要的精神，要求师范院校和其他师资培训机构“应根据基础教育课程改革的目标与内容调整培养目标、专业设置、课程结构，改革教学方法”。最近几年，我国的基础教育改革不断深入，新的教育、教学理念和实践经验不断涌现。因此，本次教材的修订工作密切关注并配合基础教育改革和发展的新形势，补充了必要的新知识和新内容。例如，作为基础教育改革的理论基础的建构主义学习理论和多元智力理论，在原来的教材中没有任何介绍，而在这次的教材修订中对这两个重要的理论作了适当的介绍。第二，进一步加强理论与实践的结合。为了进一步加强教育心理学的基本理论与学生学习及教师教学实践的有机结合，突出教材的实用性和可操作性，在新教材中，对专栏的内容作了新的调整。一是对原有的专栏作了分类，分为“经典研究与实验专栏”和“实践指导专栏”两大系列。二是新增了“理论新视野专栏”和“课堂活动方案设计专栏”。在理论新视野专栏中着重介绍了与当前我国基础教育新课程改革密切相关的新理论与新观点，包括建构主义的学习观与教学观、多元智能理论及其在学校教学中的应用、人本主义的学习动机理论等内容。在课堂活动方案设计专栏中，根据有关的理论设计出运用理论解决实际问题的课堂活动的具体方案，使之具有极强的可操作性，目的在于强化学生学到的理论知识与未来的教师工作之间的联系，使教育心理学知识在指导学生学习和教师教学中真正发挥作用。第三，补充和借鉴了国内外的一些最新研究成果。最近几年，国内外的教育心理学教材建设和教材改革工作都非常活跃。在新教材中，对“实施教学评价”一章在结构上作了较大的调整，将原来的两节内容调整为三节，新增了“观察评价”和“档案评价”等质化教学评价方法和技术。其他各章虽然没有作大的结构调整，但都不同程度地增加和充实了一些新的内容。

教师资格教育类课程新教材的建设，为高师院校公共教育类课程改革提供了新的思路和实践模式。

四、教师资格教育课程教学方式方法改革

教师资格教育类课程的教学采取必修和选修两种形式进行，必修课程宜精选，作为打基础的核心课程，必修课程的课时要确保开实开足。选修课要体现广度和深度，采取小型化的策略，如开设微型课程、短期课程、专题讲座等，以防止教学时数的再度膨胀。教育类课程的时间安排，宜采取集中的方式，用一学年的时间集中学习教育类课程，也可以采取分散的方式，按一定的比例，把教育类课程与其他课程穿插进行。

1. 改革思路

第一，以《教师学与教学论》、《学校教育心理学》等精品课的教学改革为龙头，带动其他课程的课程建设和课堂教学改革，实现“课堂内外一体化”，尤其是将课堂教学变成学生学习汇报、交流研究心得和获得感悟的平台。

第二，将学生的教师素养的培养和训练自然拓展到课外，不仅给学生创设实践课堂上所学的教学理论的机会，而且将学生教师职业技能的训练日常化，如以专业和年级为单位进行教学设计比赛、课堂教学技能比赛和每年一度的全校学生教师职业技能大赛等。

第三，本科生教学研究意识和能力的职前培养，如本科生导师制的试验、本科生参与教师的教学研究项目、“教育科研基本功”培养的日常化等。

第四，通盘考虑各门课程的单科课堂改革，并以子项目运作为课题运作的基本方式，总课题组下设若干子课题组，通过激励、项目统一活动等形式，进行课题的管理和运作。

2. 具体做法

第一，密切联系中小学教育教学实际，强化教育科学理论课程内容和课堂教学实施的针对性和时效性。我们认为，教育不能从理论到理论，应多联系中小学教学实际，这样培养出来的教师才能深入地认识教育和学科教学规律，出色地驾驭教育实践和学科教学过程。事实上，教师教育是学科专业教育与教师

专业教育的整合，对于学科教育中将会出现的心理现象及规律、特色的教育教学规律，有必要结合具体学科的专业特点，在学科教师教育中加以专门研究。

第二，提前安排师范生的见习，延长学习期间的实习时间，将教师资格教育与学科专业教育自然地结合在一起。以保证学生有充足的时间和精力来了解中小学教师的实际工作情况，真正地理解具备怎样素质的教师才是合格的教师，从而有效地发挥教育见习和实习的功能。“学然后知不足，教然后知困”，教学知识和教学能力的形成与发展，在很大程度上取决于学生的教学反思意识和反思能力的形成，只有将外在的教育理论物化为亲身体验的教学行为，教学才能有效。实习前的训练要有计划、系统地进行，多对中小学教师的教学案例进行观察与评价，学生自己也多进行模仿与创新，从实践中增长实用知识与操作性技能，使他们在走上工作岗位后能得心应手地投入实践，成为一名合格的中小学教师。

第三，注重培养学生的教学研究技能。发达国家的教师教育课程中均包含有培养和提高学生研究能力的课程，我国在这方面比较欠缺，这会导致中学教育长期陷于低水平的重复状态。1992 年 9 月，国家教委师范司印发了《高等师范学校学生的教师职业技能训练基本要求（试行稿）》，1994 年又颁布了《高等师范学校学生的教师职业技能训练大纲（试行）》，要求师范生在教育学、心理学和学校教育理论的指导下，以专业知识为基础，掌握从事学科教学的基本要求，形成独立从事学科教学工作的技能。这些技能包括：①教学设计技能；②应用教学媒体技能；③课堂教学技能；④组织、指导学科课外活动的技能；⑤教学研究技能。所以，我们注重探讨如何在本科教育类课程中培养学生的教学研究技能。

第四，从学习方式上进行改革，采用讨论、互动式的教学方式进行课堂教学改革，一方面培养学生主持讨论的技能与能力，另一方面避免大班授课导致的“一言堂”，让学生在多种思想的碰撞中接受和建立新知识，形成自己的思想。

第五，加强教育与社会的联系。特别是对于实习学校的选择，不能仅仅依靠附属学校，而要多开辟实习基地，使学生能接触到更多类型的学校和学生。教育毕竟是为社会服务的，社会各方参与教师教育可以帮助师范生提前熟悉职业的性质和环境，为自己将要进行的教育教学工作做好心理准备。

参考文献

[1] 孔凡哲，曲铁华．基于“尊重的教育”理念的教师资格教育类课程教学改革探索［J］．东北师范大学学报：哲学社会科学版．本科教育改革研究专辑，2005（1）：19.

[2] 马云鹏，曲铁华．高师教育专业本科课程体系和人才培养模式改革［J］．集美大学学报，2006（3）：19.

[3] 刘捷．建构与整合：论教师专业化的知识基础［J］．课程·教材·教法，2003（4）：62.

[4] 杨忠．理解教师教育转变　创新教师职前培养模式和课程体系［J］．东北师范大学学报：哲学社会科学版．本科教育改革研究专辑，2005（1）：4.

[5] 陈向明．实践性知识：教师专业发展的知识基础［J］．北京大学教育评论，2003（1）：104.

高师院校理科学生人文素养状况的调查研究*

王向东　袁孝亭

摘　要： 科学和人文是学生协调发展的双翼，只有科学与人文携手共进，学生与社会才可能和谐发展。长期以来，我国高师院校教育发展严重失衡，出现了重科学轻人文的现象。本研究对高师院校理科学生的人文科学知识、对人文现象的理解、对人文现象的预期行为三个方面进行调查。结果表明，学生的人文素养整体水平不高，并发现了学生“个人崇拜主义”倾向严重、参与意识和团队意识较差等现象。

关键词： 高师　理科学生　人文素养

人文教育是一种注重传授人文知识、培养人文精神和提高人文素养的教育。[1]大力提升理科学生的人文教育，并实现科学与人文的融合是摆脱高师院校教育发展失衡局面的必然举措。为了把握高师院校理科学生人文素养的现状，推进高师院校人文教育教学改革，课题组以问卷调查、个别访谈、座谈会等形式组织了调查，以下为调查结果与启示。

一、调查目的与方法

本次问卷调查旨在准确把握高师院校理科学生人文素养的基本状况，为高

[作者简介] 王向东，男，教育学博士，东北师范大学城市与环境科学学院讲师，研究方向为地理课程与教学论、环境教育；袁孝亭，男，教育学硕士，东北师范大学城市与环境科学学院教授，研究方向为地理课程与教学论、环境教育。

* 基金项目，教育部人文社会科学师范院校理科学生人文素质基本状况、问题及对策项目成果（项目批准号：05JA880009）。

师理科院校的课程设置、教学内容、培养模式、评估制度等方面的决策提供实际依据，同时进行人文素养的个性差异比较，以确定影响理科学生人文素养的主导因素并寻求相应对策。

高师院校理科学生人文素养调查问卷设计过程中采用了文献检索、专家咨询及行动研究等方法。在问卷调查过程中，采用了问卷调查、入班访谈、座谈等调查方法，并十分注重调查中个案的收集与整理。在问卷调查的整理与分析过程中，采用了比较研究、相关分析、主成分分析等多种分析方法，以确保调查数据能够得到充分合理的利用。可以说，本次高师院校理科学生人文素养问卷调查的整个过程充分运用了教育科学的多种研究方法，并很好地进行了定性与定量方法的结合，从而使得出的结论具有较强的信服力。

二、问卷设计与样本选择

人文素养的实质是根植于内心的一种素养，一种无需他人提醒的自觉，一种以承认约束为前提的自由，一种能设身处地为别人着想的善良。[2]人文素养按构成可以划分为人文科学知识、对人文现象的态度和对人文现象的预期行为三个部分，这构成了调查问卷的主体。问卷以单项或多项选择题、排序题的方式呈现，共包含 30 个题目。

2006 年 12 月 2 日至 2007 年 1 月 8 日，课题组选取了 3 所教育部直属师范院校——北京师范大学、东北师范大学、华中师范大学，3 所省市级师范院校——重庆师范大学、吉林师范大学和白城师范学院作为样地，共发放问卷 3000 份，回收问卷 2742 份，回收率 91.36%，其中有效问卷 2687 份，有效率 97.99%。本次问卷调查所选取的理科专业是数学、物理、化学、生物和地理，调查的年级是大一至大四，重点在于大一和大四。

三、问卷信效度检验

（一）问卷信度检验

Cronbach a 系数是目前最常用的信度系数，侧重评价问卷中各题项得分间的一致性。本文利用 SPSS13.0 for Windows 软件，对问卷各维度和问卷总体的 Cronbach a 信度系数进行运算。结果表明，问卷总体的 Cronbach a 为 0.808 (a)，考虑到样本数量大 ($n=2687$)，说明该问卷的整体结构设计具有较高的可信度。由此可以认为，该问卷具有较好的内在信度，依此调查得到的数据是可信的，基于该问卷进行的数据统计分析结果也是比较可靠的。

(二)问卷效度检验

结构效度是问卷效度检验的一种常用方法，结构效度检验的目的是根据测量数据考察所用的量表是否反映出预先设想的内在结构，反过来即可研究假设是否成立。[3]本文运用SPSS13.0 for Windows软件，采用因子分析法检验调查问卷的结构效度，通过运算得出了共同度表、因子累积贡献率和载荷因子。

本文在提取两个公因子（或特征值大于0.8）的情况下，累积贡献率为81.012%，能比较全面地反映问卷的全部信息。整个问卷的初始共同度均为1，而提取因子以后的再生共同度多在0.7—1之间，其中最高的是变量“人文科学知识”（0.999），最低的是变量“对人文现象的态度”（0.710）。也就是说，已提取的公因子能够非常有效地反映变量的实际情况。

在分析共同度和累积贡献率的基础上，2个公因子已经确定，那么原变量与公因子之间的相关度就决定了设计结构与统计结构之间的吻合程度。根据运行结果分析，与第一公因子相关度较高的是变量“对人文现象的态度”（a=0.836）、“对人文现象的预期行为”（a=0.848），与第二公因子密切相关是变量“人文社会科学知识”（a=0.995）。由此可以判断，三个变量均与前两位的公因子密切相关。上面的分析证实，高师院校理科学生人文素养调查问卷具有较好的效度，也就是说，问卷中的确存在预想的设计结构。

为了进一步证实因子分析的结果是否可以接受，本文采用的是KMO（Kaiser - Meyer - Olkin）检验和Bartlett球度检验。统计结果KMO的值为0.850（大于0.5），趋近于1。根据统计学家Kaiser给出的标准，基本达到因子分析的可行性标准。Bartlett球度检验给出的自由度为10的近似卡方值为660.386，显著性概率为0.000，小于显著性水平0.01，因此拒绝Bartlett's Test球度检验零假设，认为适合用于因子分析，即肯定上述因子分析的结果可以接受。

四、调查结果分析

(一)高师院校理科学生人文素养的总体状况

从总体上看，本次调查结果反映出来的高师院校理科学生人文素养得分40.15，得分率65.25%，处于中等偏下水平。其中人文科学知识得分12.74，得分率53.08%；“对人文现象的态度”得分13.90，得分率77.22%；对人文现象的预期行为得分13.5，得分率75%。仅从结果可以看出，对人文现象的态度是得分率最高的，而人文科学知识的得分率是最低的。这反映出高师院校理科学生的人文科学知识相当缺乏，这在一定程度上影响了其对人文现象的理解和行为预期。[4]

（二）高师院校理科学生人文素养各个部分间的相关分析

1. 人文科学知识分析

本次调查问卷从文学、哲学、音乐、艺术、经济学、法学、管理学、社会学等学科角度测试理科学生的人文素养，共设计了八道题目。从调查结果来看，高师院校理科学生的人文知识十分缺乏，特别是缺少管理学、经济学和法学等学科知识。

在问卷中有一道关于管理学的题目："俗话说：'男女搭配，干活不累。'这里表达的主要管理学思想是什么？"其中仅有10.54%学生选择了正确答案"绩效原则"，其他同学分别选择了控制原则、协调原则或成本原则。此外，还有一道题目："影视中蒙太奇手法的表现大大丰富了电影的艺术表现力。下列属于蒙太奇手法的是？"其中只有39.99%学生选择了正确答案"画面和画面继承关系"，其他同学分别选择了镜头调度、声音构成的技巧、情节的组织。上述调查说明高师理科学生对管理学、影视艺术中的经典理论还缺少必要的了解。

2. 对人文现象的态度分析

本次调查问卷从法学、教育学、环境意识等角度以及高校中存在的奖学金、寻枪手等问题，共设计了八道题目。从调查结果来看，高师院校理科学生大多能够批判性地认识人文现象，对其有一定的深度理解，但也有部分学生缺少正确的认识。

在问卷中有一道关于奖学金的题："假如你以第三名的身份进入奖学金评选的大名单，但在同学选举七名奖学金获得者时意外落选，最终与奖学金擦肩而过，你如何评价自己的经历？"调查结果表明，83.54%的学生认为自己面对这种情况时应该多反思自己、追根溯源，继续努力学习。实际上，在高校许多学生具有特长，但不能受到同学的广泛认可，对于具有特长的学生来说，应该多从自身寻找原因，加强与同学的交流与合作。当然，出现这种情况也不排除不具特长的部分学生具有嫉妒心理，导致在评优过程中不公正、不客观。

此外，在问卷中还有这样一道题目："当前，在高校大学生的各类考试中'寻枪手'的例子不断出现，你对这一现象的看法是？"其中有近15%的学生支持这种行为，不能不说这是一个很高的比例，这说明很多学生存在侥幸心理，企图通过不正当的途径来获取好的成绩。实际上，当考试作弊成为一种时尚、一种漠然时，这是一个危险的信号。因此，应该也必须让高校考试回归公平，回归自然，回归纯洁，回归平常。

3. 对人文现象的预期行为分析

本次调查问卷从拾物处理、同学质疑、环境意识、见义勇为、集体活动等角度出发考察学生对人文现象的预期行为表现，共设计了八道题目。从调查结果来看，在面对涉及自我决策的人文现象时，多数高师院校理科学生能够作出正确的判断，并形成比较正确的行为表现。

在问卷中有这样一道题目："当你在学校的街道上拾到数额较大的钱物时，将如何做?"其中有72.2%学生表示"设法归还"，这表明绝大部分学生具有拾金不昧的精神。但也应该看到10%的学生选择"不归还"，7.55%的学生选择"有奖归还"，这说明还有一部分学生在面对易得大额财物时不能正确处理，同时反映出部分学生价值观和金钱观等尚不成熟。

4. 知识、态度和行为间的相关关系分析

本文利用SPSS13.0 for windows软件对人文科学知识、对人文现象的态度和对人文现象的预期行为间的相关系数测定（如表1）。

表1 问卷组成部分间相关系数表

	知 识	态 度	行 为
知 识	1.000		
态 度	.170	1.000	
行 为	.150	.430	1.000

表2 临界相关系数（r_a）表

	0.05	0.02	0.01	0.005	0.002	0.001
$n>1000$	0.062	0.073	0.081	0.089	0.098	0.104

通过查询临界相关系数表可以发现，问卷各个部分之间相关程度变化很大，具体可以分为以下几个层次：

第一，对人文现象的态度与对人文现象的预期行为之间相关度达到极其显著性水平。据表1和表2，态度和行为之间的相关系数 $r=0.430$，同时 $r>r_a=0.104$，信度 $a=0.001$，其相关程度可达到极其显著水平。这说明高师院校理科学生对人文现象的态度和预期行为之间是密切相关的。

第二，人文科学知识与人文现象的态度、对人文现象的预期行为间的相关系数 $r>0.150>r_a=0.104$，信度 $a=0.001$，其相关程度可达到极其显著水平。这说明人文科学知识水平的高低会直接影响高师院校理科学生对人文现象的态度及其预期行为。

五、主要结论

（一）多数学生“个人崇拜主义”倾向严重

为了比较同一事件“被调查者的决定”与“被调查者认为别人的决定”之间的差异。课题组设计了以下两个题目，题干完全一样，备选答案的内容与顺序也完全一样，只是思考问题的主体不同，其内容和调查结果如表3所示。

表3 对待同一问题的不同认识

	积极协助见义勇为者（A）	视而不见（B）	打电话报警（C）	制止见义勇为者的行为（D）
19. 在校园内，当你看到有同学见义勇为时，会如何做？	35.89%	6.85%	55.87%	1.39%
21. 在校园内，当你看到有同学见义勇为时，你觉得你邻近的同学会如何做？	33.42%	24.56%	39.04%	2.98%

通过这组数据可以看出，多数调查者认为自己和邻近的同学会选择“打电话报警”和“积极协助见义勇为者”，这说明大学生在面对“见义勇为”时能够沉着应对。但比较可知，认为自己“打电话报警”和“积极协助见义勇为者”的比例（91.76%）要远高于认为邻近同学“打电话报警”和“积极协助见义勇为者”的比例（72.46%）。

进一步的研究表明（表4），选择自己会“积极协助见义勇为者”的964人中有276人认为邻近的同学会“制止见义勇为者的行为”，占28.63%；有412人认为邻近的同学会“视而不见”，占42.73%；只有200人认为邻近的同学会“打电话报警”，占20.75%；仅有72人认为邻近的同学会“积极协助见义勇为者”，占7.47%。也就是说，选择自己会“积极协助见义勇为者”的被调查者中有71.36%认为邻近的同学会“视而不见”和“制止见义勇为者的行为”。

表4 进一步分析的结果

如果19题选A（35.89%）	19题的调查结果			
	积极协助见义勇为者（A）	视而不见（B）	打电话报警（C）	制止见义勇为者的行为（D）
	7.47%	42.73%	20.75%	28.63%

续 表

如果19题选C（55.87%）	21题的调查结果			
	积极协助见义勇为者（A）	视而不见（B）	打电话报警（C）	制止见义勇为者的行为（D）
	5.73%	30.58%	28.78%	34.91%

这说明在面对见义勇为的现象时，被调查者认为自己和别人会有不同的举动，自己的决定往往是正面的、好的、光荣的甚至是伟大的，而别人的决定往往与自己相反。也就是说，自己比别人要强、要好。其实，这也能反映出当代大学生过于以自我为中心，看不到别人的优点和闪光点，即"个人崇拜主义"倾向严重。实际上，如何正确评估自我并不单纯是理科师范生的问题，也是当今社会的一个普遍现象。面对这一现象，如何通过课程和教学加以引导，是高校面临的一项紧迫任务。

（二）参与意识和团队意识较差

为了考察学生的参与意识、团队意识和合作意识，我们设计了一道相关题目："当你所在的集体正在积极组织一项演出活动，而你并不是演出者，你会如何做?"调查结果表明，7.18%的被调查者选择"不关心与我无关的集体活动"，35.84%的被调查者选择"通过其他方式积极参与活动"，25.34%的被调查者选择"默默地支持并祝福他们"，32.56%的被调查者选择"为好朋友做好后勤工作"。从这组数据中可以看出，有许多学生对参加集体活动持消极态度，对他人参加活动持旁观态度，表明学生的参与意识和团队意识较差。同时，其他相关调查也表明学生的法律意识和维权意识等都很薄弱。

（三）学校教育依然是学生人文科学知识来源的主要渠道

调查结果表明，教科书是学生人文知识的主要来源，其次是杂志和电视。这说明学校教育依然是学生获取人文知识的主要途径。

就目前而言，多数学校通过设置通识课程来完善学生的知识结构，但实际效果不容乐观。普遍存在两个更为现实的问题：第一，对于师范类高校而言，究竟应该设置哪些人文类课程，应该选择哪些人文知识对学生来说才更有价值。本研究表明，理科学生最感兴趣的人文学科依次是：文学、历史、哲学和民俗。虽然不能简单地说学生感兴趣的就是有价值的，但我想这应该能为高师院校通识课程的设置提供参考。第二，调查发现大量样本存在"高知低能"现象，即人文科学知识水平很高，但对人文现象的态度和预期行为水平很低。因此，如何将人文知识转化为对人文现象的理解，并提升人文现象的预期行为，是师范类高校面临的一个重要课题。

此外，在调查中还发现，年级越高的学生人文素养水平越低，面对这样的调查结果，高校教育应引起足够的重视和反思。

(四) 人文素养的连续性和系统性亟待加强

人文素养教育是一个系统的工程，不仅仅是指其包含知识、能力和观念等多个层次，同时也指其教育阶段的连续性。

大一学生的调查表明，东北师范大学、华中师范大学、北京师范大学等部属院校得分最高，而吉林师范大学、重庆师范大学等省属院校居次，白城师范学院等市属院校列最后。因为生源素质的差别，这样的调查结果并不出乎意料，当然并不能忽视高校教育的价值和作用。中学阶段虽然不能给予学生渊博的知识，但可以夯实知识基础；虽然不能形成完善的人文社会观念，但可以强化对人文现象的关注和理解。中学生人文素养水平的高低亦是高校人文教育的关键。因此，要把人文素养教育的中学阶段和高校阶段统筹考虑。高校的人文素养教育要通过个性化的课程设置、多样化的社团活动、自主化的学习方式、价值化的社会实践、丰富的校园文化氛围等途径来有效实现。

参 考 文 献

[1] 韩春英．高校大学生人文素质现状的调查与思考［J］．哈尔滨职业技术学院学报，2007（3）：38—39.

[2] 陈如林．当代大学生人文素质状况的调查与分析［J］．兰州石化职业技术学院学报，2006（9）：71—74.

[3] 苏金明，傅荣华，周建赋，等．软件统计 SPSS14.0 for Windows 实用指南［M］．北京：电子工业出版社，2001：113—124.

[4] 袁小红，曾妙红，林玮，等．高职学生人文素质现状调查与分析［J］．高教论坛，2007（6）：167—182.

加强师范院校理科学生人文素质教育的研究与课程建设*

袁孝亭　王向东

摘　要：人文素质的缺失已成为制约教师成长的最大制约因素。师范院校理科学生作为从事基础科学教育的后备力量，未来人类灵魂的工程师，对他们人文素质的要求应该是高层次、高水平的。师范院校学生需要在更高水平受到人文的熏陶意义深远而重大。本文多角度阐述了加强师范院校理科学生人文素质教育研究与课程建设的意义，探讨了师范院校理科学生人文素质教育研究的重点领域及其难点，重点分析了着眼理科学生人文素质提升的通识课程设计的基本路径与相关策略。

关键词：师范院校　理科学生　人素素质　课程建设

一、加强师范院校理科学生人文素质教育研究与课程建设的意义

人文教育与科学教育的融合是一个重大的教育思想、教育理念，也是一个重大的教育理论与实践问题。[1]教师人文素质的高低，直接影响教育教学质量，直接影响学生的个性发展、能力培养以及世界观、人生观和价值观的形成。事

[作者简介]　袁孝亭，男，教育学硕士，东北师范大学城市与环境科学学院教授，研究方向为地理课程与教学论、环境教育；王向东，男，教育学博士，东北师范大学城市与环境科学学院讲师，研究方向为地理课程与教学论、环境教育。

* 基金项目：教育部人文社会科学师范院校理科学生人文素质基本状况、问题及对策项目成果（项目批准号：05JA880009）。

实表明，人文素质的缺失已成为制约教师成长的最大制约因素。

当今时代科技越发达，世界越一体化，人文素质就越具有决定性的意义。李政道指出，在教育上，实现科学与艺术、科技与人文的完美结合，是现代大学成功的重要标志，也是培养能适应新世纪发展需要之人才的希望所在。师范院校理科专业学生在更高水平上接触当代科学技术之时，需要在更高水平上受到人文的熏陶。但由于基础教育过早的文理分科，大学教育过窄的专业教育，过强的功利色彩和工具意识、过弱的人文陶冶，使得师范院校理科专业的学生普遍缺乏人文方面的素养。因此有专家认为，人文素质的缺乏，使得学生的创造性、想象力被压抑，他们的同情心、道德感、审美感得不到启迪。忽视人文素质，人的气质难以高雅，人格难以臻美。

"教育的精神力量最终体现在人文素养的底蕴中，对于人的可持续发展来说，人文素养的培养比数理能力的培养更基础。"[2]从这个意义上看，师范院校学生需要在更高水平受到人文的熏陶意义深远而重大。师范院校理科学生作为从事基础科学教育的后备力量，未来人类灵魂的工程师，对他们人文素质的要求应该是高层次、高水平的。能否把他们培养成为具有社会理想和社会责任感的人，使他们获得道德的完善、价值的实现、精神的昂扬、情感的丰富、人格的臻美，能否将人文精神内化于他们的教育价值观、知识观、学生观、教学观中，是衡量师范院校教育教学质量的重要标尺。

从理论上和实践上探索提升师范院校理科学生人文素质的有效策略，尤其是科学素养与人文素质整合的有效策略，不仅关系师范院校理科专业学生自身的健康发展，也是事关民族素质的重大问题。学生的人文素质一般不是自发形成的，而是建立在各种各样的影响基础之上的，这些影响因素如何科学地操纵和实施需要理论的指导。而现实状况是，理论滞后的窘境依然未得到明显改善。例如，不少院校积极开展教学改革，推进"理工结合，文理渗透"，加强人文素质教育的课程建设，在人文教育与科学教育的结合上，取得了一些成绩与研究成果，但人文与科学融合的教育体系还远未形成就是一个显例。要在实践中使理科学生在更高水平上受到人文的熏陶，还必须深刻揭示理科学生在人文素质方面存在的主要问题，借鉴国外人文素质教育及其成功经验，这是我们开展人文教育和科学教育必不可少的方面。因此，研究师范院校理科学生人文素质提升问题，对于有效克服我国高等教育普遍存在的功利色彩和工具意识过强、人文陶冶过弱、专业划分过细等弊端，具有非常强的现实针对性。

但是，学生人文素养教育研究与实践存在一些不足之处：一是研究领域相对集中。在理论方面，已有研究较多地集中在诸如人文教育和科学教育、人文精神和科学精神、人文科学与人文学科、人文学科与其他学科、科学教育与专业教育等概念的辨析与界定上。二是研究方式侧重思辨。从已有成果看，多数缺少实证基础。三是关于加强人文素质教育仅仅停留在专家呼吁的水平上，其教育体系的探索还远未形成，需要进行广泛和深入的探索。四是对理科教育与人文素质培养“一体化”融合的实现机制研究尚属空白。

二、师范院校理科学生人文素质教育研究应重点关注的内容

加强师范院校理科学生的人文素质教育研究，应以师范院校理科学生目标人群，以支持和服务于师范院校旨在提升理科学生人文素质的课程与教学改革为目标开展研究。其中以下内容可以作为研究的重点内容与方向：

（1）师范院校理科学生人文素质基本状况及存在问题分析。通过对我国不同层次师范院校理科专业学生人文知识、人文精神等基本状况的调查，客观、科学地评估其人文素质水平，分析师范院校理科专业学生人文素质现实状况的深层次原因，为确定师范院校理科专业人文素质培养基准提供依据。

（2）师范院校理科专业人文素质教育现状与问题分析。通过对我国不同层次师范院校理科专业人文素质教育的课程设置及教学情况的调查，以及有关科学素养与人文素质整合的教学改革现状的调查分析，探明课程设置、教育教学、学生评价等方面的经验与问题。为师范院校理科专业人文教育课程体系构建、教育教学方式改革提供依据。

（3）国外理科专业人文素质教育的教育理念、课程设置、课程内容、教育教学方式、评价引导机制的比较与借鉴。通过国外知名大学有关教育理念、课程设置、教育教学方式及其评价的多角度比较研究，总结其成功的经验，以指导师范院校理科专业人文素质教育的实施。

（4）师范院校理科专业学生人文素质基准研究。探索人文素质内化于他们的教育价值观、知识观、学生观、教学观中的目标、内容配置的基本标准。

（5）理科教育与人文素质培养“一体化”融合的实现机制研究。主要探明理科教育与人文素质培养融合的“定位”背景及发展趋势，理科教育与人文素质培养融合的基础，理科教育与人文素质培养融合的机理，理科专业教材和课程设计理念与人文精神融合的视角，理科专业人文素质教育的课程设置与人文素质教育内容的课程化，专业教师的知识结构和观念转变等问题应当是研究的重点。

（6）师范院校理科专业科学与人文融合的基本途径的理论分析与实践。通过总结国内外大学科学与人文融合的实践经验，对师范院校理科专业科学与人

文融合的基本途径进行理论分析与实验。

研究过程中应力争突破以下难题：

(1) 在深入调查的基础上对师范院校理科专业学生人文素质的现状和人文素质教育现状进行基本的总结和科学评估，并对师范院校理科专业学生人文素质教育的发展方向和面临的挑战作前瞻性分析。

(2) 针对师范院校理科专业的特点，构建人文素质教育的课程体系与培养基准。在具体操作上会遇到诸如通识教育课程与专业课程的比例、课时、师资配备等难题，人文素质教育培养基准的确定，需要寻求开展跨学科、多领域协同的专题性与综合性研究的有效途径、获得预期的教育成效。

(3) 理科教育与人文素质培养"一体化"融合的实现机制的构想与有创新意义的方案，探明其中的若干重大理论问题，难度较大，却是人文素质教育研究中的重要任务与基本目的所在。

三、着眼理科学生人文素质提升的通识课程设计

通识教育的核心是课程，通识课程设计科学合理与否是深入开展通识教育的一个最基本问题。着眼理科学生人文素质提升的通识教育课程设计应将提升学生的人文素质置于核心地位。其基本路径应当是：以丰富学生的人文知识为基础，合理选择和配置人文思想、人文方法、人文精神的相关内容，形成相应的课程体系。这种课程体系应以丰富学生的人文知识以增强其人文底蕴，进行人文思想的渗透以使其思维更加灵动，引导体悟人文方法以增强其对问题的洞察力，进行人文精神的教化以促使其人格臻美为取向。

在具体操作上，通识课程设计不可避免地会遇到选择何种通识课程模式更能满足培养规格要求的问题。采用核心课程模式，选择若干反映某领域精华和思维方式的主题组织核心课程内容，是着眼理科学生人文素质提升的通识课程建设可行和现实的选择。

师范院校通识教育核心课程的建设，在遵循科学与人文融合理念的前提下，还应坚持三个"立足"，即应立足于体现通识教育的宗旨和目标，立足于正确把握通识教育内容"宽度"与"深度"，立足于为培养优秀教师和未来教育家奠定坚实基础这一时代要求。

体现通识教育的宗旨和目标，即要在课程设计时，在对通识教育的性质正确理解和把握、明确通识课程目标定位的基础上进行。唯有如此，才能保证通识课程真正承担起通识教育载体的使命。对于通识教育的性质，尽管不同论者通识教育的观点有所差异，但对如下各点是存在共识的：通识教育不是没有重

心和主线的“什么都知道一点儿”的通泛教育，而是要将学生培养成“有能力有理性的人”的教育，是培养社会精英理性和心智的教育，是人格的教育，是关心人发展的教育，是融入了品格的修养，同时亦是注入知识元素的教育。我们认为，这些共识应当成为建设通识教育核心课程的基本遵循。本着这样的共识，通识课程就不应宽泛驳杂，不应浅尝辄止，不应缺乏主线。具体地说，通识课程不应是从学科出发的导论、概论之类的知识介绍，也不是专业教育以外的“小甜点”。

正确把握通识教育内容的“宽度”与“深度”。如果仅从拓宽学生知识视野的角度考虑，通识课程具有一定的“宽度”是有其一定合理性的。例如：要使学生熟悉社会科学的一些核心概念和方法，认识社会行动规律与社会发展规律，熟悉科学探究人类个体行为的方法，这就涉及社会科学的众多学科，如社会学、政治学、经济学、管理学、法学等；要使学生能够体会历史的博大精深，了解人类社会的历史与现在，体会哲学的深邃，探究人生的理想与意义，使学生具有继承人类优秀文化与交流思想的能力，这就涉及人文科学领域的学科，如文学、历史学、哲学等；要使学生了解科学的基本概念、理论及方法，养成科学思维的习惯以及追求真理的科学精神，这就涉及自然科学领域的诸多学科；要使学生具备基本的艺术鉴赏能力，形成一定的审美素养，这又涉及艺术领域的学科。但是，仅仅从关注“宽度”的角度考量，将降低了要求、删减了较深层次内容的各领域不同学科的课程直接设成通识课程，就易成为“蜻蜓点水”的拼盘式课程。实际上，我国大学的通识课程这种状况是相当普遍的。因此，在处理通识教育内容“宽度”与“深度”的关系时，采用选择若干反映某领域精华和思维方式的主题组织来设计课程，将课程的重心置于发展学生的洞察力和智慧，这就必然要适当控制“宽度”，以少而精为原则，设计“共同核心课程”，体现通识教育的核心价值追求。

师范院校的一个重要使命是为培养优秀教师和未来教育家奠定坚实基础。在进行通识课程设计时，如何奠定如下方面的素养基础是十分重要的：通识课程设计应着眼使学生未来的教育教学活动能够建立在较为坚实的人文情怀和人格根基的基础之上，建立在较高审美趣味与审美能力的基础之上，建立在全球意识和国家意识的基础之上，建立在幽默风趣和谦和儒雅风度的基础之上，建立在诚实谦逊和诲人不倦的态度的基础之上，建立在更能引发学生的理性怀疑和实证精神的基础之上。这就要求通识课程的领域划分、课程内容组织、课程教学与评价都要认真斟酌如何适应这些培养规格的要求。

核心课程模式是将课程规划为不同知识领域，每个领域中开设相关的数门不同主题的课程，学生在这些课程中必修或选修若干科目或学分的一种通识课程模式。这种课程模式有许多优点：一是核心课程模式有利于突出科学与人文融合这一主线，能够融合科学或人文领域的内容，拓展学生的知识视野，让学生获得整体性的知识与感悟；二是核心课程模式有利于突破专业本位与偏狭的学术思维的局限，增进学科间的沟通，对于适应学科综合的时代趋势，具有积极意义。三是采用核心课程模式，可以在一定程度上克服和避免目前以“导论”、“概论”为主要通识课程形态的重心不突出的局限。

但是，考虑到我国高校通修课（即公共必修课）所占比重很大（约占全部通识教育总学分的70％左右），其余通识教育选修课程所占比重很小（约占全部通识教育总学分的30％左右）的现实状况，在有限的学分和时间限制下，我们不能盲目照搬西方高校划分若干学科领域的做法，必须另辟蹊径。其一，精心设计少而精的几门“共同核心课程”，力求体现人文社会与艺术领域的课程所具有的陶冶性情、启迪智慧、丰富思想、健全人格的价值，科学领域课程所具有的追求真理、理性思维、科学精神方面的价值，以纲带目逐渐形成配套课程。其二，加强通修课与核心课程间的融通与整合。通修课具有通识教育的功能与性质，涵盖了部分通识课程的领域，与通识教育的核心课程间具有通与整合的有利条件。

综上，我们认为，着眼理科专业学生人文素质教育的核心课程可以包括如下模块：

（一）人文经典阅读

本领域课程以直接阅读经典人文著作为基本教学要求。其目的在于引导学生从先哲们对人、对人性、对人生的睿智思考中汲取有益的精神养料和深刻的哲理，从先哲们的智慧中获得创造新智慧的灵感；开阔学生的心胸与视野，培养尊重其他文化、欣赏其他文化的精神，提升人生情感境界和奠定人格的根基。相关课程包括中国人文经典和西方人文经典，如论语、孟子、老庄荀韩选读、史记选读、资治通鉴、西洋哲学名著选读等中外人文经典著作。

（二）文学与艺术

本课程模块着重发挥文学与艺术的教育作用、认识作用和审美作用，通过小说、诗词、散文、名著、音乐、美术等作品的欣赏与解读，达到启迪学生人生智慧、深化审美体验、提升艺术水平、陶冶气质，增进人文素质的目的。相关课程包括中国文学选读（如唐诗宋词、红楼梦欣赏、古文选读等）、外国文学选读（如艺术欣赏与评析等）。

(三) 历史意识与历史思维

本课程模块重视优选相关史料，通过分析重大历史事件，使学生体会历史的博大精深，丰富历史知识，启发学生的历史意识，提升以古鉴今的思维能力。相关课程如中国古代史、中国近现代史、世界史、近代资本主义的形成等。

(四) 公民与社会

本课程模块重视整合有关道德、法律、心理、宗教、社会科学知识，以相关主题为主线组织课程内容，旨在培养学生具备适应现代社会生活应有的公民素质，使其成为健全的现代公民；引导学生建立法治理念，认识社会行动规律与社会发展规律，熟悉科学探究人类个体行为的方法，透过想象力和系统分析，探索社会生活的本质。

在完成通识核心课程建设这一核心任务的同时，还必须建立严格、科学的配套的通识教育教学管理制度。国外一流大学的通识教育实践表明，是否健全严格、科学的配套教学管理是否健全、得力是高质量通识教育的保障。

参考文献

[1] 周远清．挑战重理轻文推进人文教育与科学教育的融合．中国高教研究，2002 (1)：11—12.

[2] 上官子木．人文素养比数理能力更基础．南方周末，2004 - 2 - 26.

[3] 甘阳．大学人文教育的理念、目标与模式．北京大学教育评论，2006 (3)：38—65.

[4] 庞国斌．大学通识课程建设：亟待走出误区的藩篱．教育科学，2008 (2)：50—53

[5] 郭齐勇．人文教育从经典导读出发．中国教育报，2006 - 5 - 18.

反思与展望*

——试论“物理课程与教学论”的学科定位与改革策略

于海波

摘　要：“物理课程与教学论”学科是物理教师教育师范性的集中体现，其发展水平直接影响着物理教师教育的质量。然而，目前人们对“物理课程与教学论”的学科属性、应然形态和发展走向仍存在颇多争论。因此，有必要深入分析该学科的现实处境和理想样态，并在此基础上提出相应的改革策略。

关键词：物理课程与教学论　学科定位　发展方向　教师教育

在师范院校中，“物理课程与教学论”已经不单是一门课或一个研究培养方向，在一定程度上该学科几乎成了物理教育的代名词，在其名义下已经囊括、覆盖了物理专业中与教师教育有关的所有课程和内容。这样，物理教育专业如何体现师范性，如何为基础教育服务，怎样培育未来教师的重任便落在了物理课程与教学论的肩上。因此，扫描物理课程与教学论的现状，重建物理课程与教学论的理想，并在此基础上为其指引发展的方向便成为高师物理教育改革的当务之急。

一、现状：现实困境与发展诉求

物理教育专业存在的前提条件有两个：一是物理教师是一个专门的职业，

[作者简介]　于海波，男，教育学博士，东北师范大学物理学院副教授，研究方向为物理课程与教学论、科学教育基本理论。

* 项目资助：全国教育科学“十一五”规划课题“农村初中理科教师课程实施能力发展的行动研究”（项目编号：EHA070261）；吉林省社会科学基金“十一五”规划课题“科学课程发展的文化学研究”（项目编号：2007068）。

物理教师具有独特的职业素养；二是物理教师的职业素养是可以培养的，并且需要专门的教育来培养。

对于第一个问题，人们的认识并不一致。历史上有很多物理教师都是兼职的，他们首先是物理学家，只是由于科学研究和传播的需要才兼职做着“传道授业”的工作。后来，随着教育的专门化和精致化，才有一部分人专门从事传播知识而不是创造知识的工作。即便是现在，人们对于教师是不是一门职业仍然存在争议。持否定态度的人认为，与医生、律师、工程师、音乐师、美术师等职业相比，教师的职业性不强，几乎具有一定学科知识的人经过简单适应都可以成为合格的教师。事实上，确实有很多人没有经过教师专业的培养而成为教师，甚至成为优秀教师。这样的例子比比皆是，于是更加强化了人们对于教师不是一门职业的判断。

笔者坚持教师是一门职业的观点。那么，如何解释教师职业的一些非职业化现象呢？我们认为原因有三个：一是以往的学校教育是经验性教育，在很长一段时间里学校教育并没有显著的变化，于是只要沿袭传统、墨守成规便能够顺利地完成教育任务；二是以往的教师是经验性的教师，教师教学往往是凭个人的学习经历，模仿以前的教学方式，对教育、教学本身并没有深入、全面的思考和理解，实际上教育本身也没有过多的要求；三是以往人们对教育的期望主要集中在知识维度，只要教师能够讲清楚教材中的基本知识即可。但如今不一样了，人们对教育、教师、教学提出了越来越高的要求，于是教师成了只有具备专门素质的人才能从事的职业，教师职业的专门化也就在情理之中了。

对于第二个问题，笔者认为既然教师是一个专门职业，那么从业者就需要专门培养，而专门培养教师的教育就是教师教育。但在实践中存在一个问题，通过教师教育培养出来的“职业教师”似乎在职业生涯中并不具有独特的优势，即在教师职业日益专业化的同时，教师教育却没有很好地为其毕业生提供专业品质。基于此，很多人宣称，教师教育“盛名之下，其实难副”，并没有完成它的历史使命。实际上对教师教育的类似指责由来已久。那么，教师教育乏力是因为教师本身无法培养还是没有培养好呢？笔者认为是后者，是不完善的教师教育导致了毕业生竞争力的不足。为此，我们要重新对“物理课程与教学论”学科进行定位，分析其“可为”与“应为”，并在此基础上对物理教育专业的改革提出建议。

二、理想：价值确认与功能定位

物理课程与教学论学科的存在价值在于物理教师专业发展的需要，因此培养什么样的物理教师，或者说理想的物理教师应该具备什么样的素质便成了该学科建设的根本目的与核心内容。我们认为，物理教师的基本素质应该从四个维度展开。

（一）物理知识—物理方法—物理思想

对物理知识较为全面、透彻的理解是物理教师的基本素养。我们可以从横向和纵向来分析物理知识的内涵，从横向来看，物理学内部包含着不同的学科，如力学、热学、电学、光学、原子物理学、量子力学等。物理学覆盖面宽，这给学生①的学习造成了困难，学生只有深入地学习每个领域才能对物理学有一个整体的把握，这也是深入、透彻地理解中学物理教材的基本前提。从纵向来看，师范生要了解物理学的历史沿革、发展趋势，这里的历史不是指物理学的大事记、编年史，更不是指物理学家的奇闻轶事，而是指物理思想史。只有了解了物理思想的嬗变，才能从时间维度上更深刻地认识物理学。

物理方法作为物理教育内容之一一直受到教育者的重视。在知识剧增的时代，物理方法更被认为是极为重要的教学内容，其原因是：首先，人们相信虽然科学知识在迅速更新，但物理方法能够维持相对稳定，所以掌握了物理方法就等于获得了攫取知识的工具；其次，物理方法在一定程度上可以提高人们在学习、生产、生活中解决实际问题的能力，这无形中提升了人们的智能，所以掌握物理方法可以使人变得“聪明”；再次，物理方法中蕴含着实证、批判、公正、求真等精神气质，这正是科学精神与人文精神的交汇点，所以人们有理由期待物理方法能够使我们的人文状况得到改观。但在实际教学中，物理方法教育并没有得到真正的实施，有学者就指出我国“传统”的科学课程中“存在着一个非常突出的问题，就是缺乏一般方法的教育”[1]。培养具有物理方法素养，能够顺利进行物理方法教学的教师是物理教师教育的应有之义。

物理教师教育要培养具有物理思想的教师。物理思想不同于物理知识、物理方法和物理技能，它是更上位、更深层、更富迁移力的智力结构。首先，物理思想的“上位”表现在，物理思想位于个人物理素质结构“金字塔”的最顶端，是在物理知识扩展、方法运用和过程体验中不断升华、凝聚而成的。虽然它的形成必须以物理知识、方法和活动为基础，但绝不是三者的简单相加，其

---

① 本文中的“学生”除特殊说明外，专指高师院校的物理师范生。

间需要艰苦的智力努力和意志支持。其次，物理思想的“深层”表现在，物理思想反映了深藏于物理现象、物理过程、物理研究活动背后的物理学精华。它是人们对物理学反思、追问和抽象出来的命题。笔者认为，物理思想包括模型的思想、定量的思想、实证的思想和逻辑的思想四个方面。当然，这四个方面是物理思想的四个侧面，不能割裂开来理解。再次，物理思想的“更富迁移力”表现在物理思想的教育价值在于它能在深层改变人的价值取向、思维方式和实践形式，其影响范围也不仅仅局限在物理学习和研究领域，对各类学习、实践活动，甚至生活方式都会有深刻影响。

笔者强调物理教师教育要重视师范生“知识—方法—思想”培养的原因之一是，目前物理教师教育领域存在着一个误区——教师教育专注于教师教学技能的培养，认为教师教育的首要目标和核心任务就是培养教师的基本教学技能。毋庸讳言，教师的教学技能无疑是至关重要的，一名教师不具备起码的板书技能、实验技能、教学调控技能、语言表达技能等是无法想象的。但是，笔者想特别强调的一个观点是，教学技能对于教师而言是最基本的素质，如果要成为专家型、研究型的优秀教师，仅此一点是绝对不够的。这就要求，教师教育要在拓展物理知识、熟悉物理方法、形成物理思想上下工夫，提升“准教师”的物理素养和精神境界，只有如此才能提升教师专业的专业化水平。

（二）物理生活—物理实验—物理体验

物理学与人们的社会生活联系密切，物理学的学习是学生生活的一部分，只有走进生活、观察生活、思考生活的教师才能更好地认识物理、学好物理、教好物理。物理实验是物理生活的重要组成部分，它既是历史上科学家物理探究过程的浓缩和再现，也是学生重演科学发展历程和体验“科学发现”过程的重要手段。笔者强调物理生活和物理实验价值的目的在于，师范生只有参与了这些物理活动，从情感、认知和思想上立体地体验了物理过程，才可能避免物理学习仅仅停留在知识层面，避免在学生的大脑中只有抽象的物理概念、单调的物理规律和机械的物理理论。只有这样物理学才能立体、诗意地栖居于学生的灵魂，使学生领略到物理学的美妙并深深地爱上物理学，也只有这样未来的物理教师们才能把物理教学当做“能教、爱教、乐教”的事业。

粗略地可以将物理生活划分为“经验的体验”、“理智的交流”、“情感的陶冶”和“思想的养成”四个层次。一些物理生活是为了丰富学生的科学体验和生活经历，如考察生产活动、参观科技馆、聆听科学报告等；一些物理生活是为了开发学生的理性思维和科学技能，如分析物理知识、操作物理仪器、讨论物理问题等；一些物理生活是为了陶冶学生的情感、培养学生的意志和精神，如观看纪录片、阅读科学家传记、体验物理探究过程等；还有一些课程生活是为了培养学生的科学思想、提升学生的精神境界，如科学史、方法论、科学哲学的学习、理解、领会等。从一定意义上讲，这四者之间构成一定的层级关系，前者是后者的基础，后者是前者的拓展和提升，但是我们也应该认识到，四者之间联系多于差别，实际上是以整体的方式影响着学生的物理学习。由此可见，物理教师教育绝不仅是开设若干门理论科学、技能课和实践课就可以的，而是需要对准教师进行“浸润”式教育，使其在物理生活中不断完善知识结构、提高能力水平、提升精神境界。

（三）认识学生—了解学习—理解教学

合格的物理教师必须对学生有深刻的认识，了解学生的学习过程，并在此基础上熟谙物理教学的一般规律。做到这些的途径有两个：一个是理论学习，不仅要学习一般的教育心理学、教学心理学、学习论、课程与教学论的知识，还要学习具有一定特殊性的物理教育心理学、物理教学心理学、物理学习论、课程与教学论的知识，通过必要的理论学习能够使师范生初步认识有关学生、学习、课程与教育的知识。另一个途径是实践，这里的实践包括三种情况：第一种是“参与其中”的实习，在物理教师教育过程中为学生提供充足、优质的实习机会非常必要，学生不仅在实习中能够体验真正的教学过程，验证所学知识的科学性、有效性，还可以反思个人的不足，规划努力方向。第二种是“置身事外”的见习，学生可以有目的、有计划地进入中学课堂，亲临教学现场、亲历教学过程，切身感受教师的教学技艺、实地积累感性知识，从而为丰富教学实践知识和内化教学理论知识做准备。第三种是“就事论事”的案例分析，“一个案例就是一个实际情境的描述，在这个情境中，包含有一个或多个疑难问题，同时也可能包含有解决这些问题的方法”[2]。通过对具有代表性的典型案例的分析，可以给学生带来种种启示，这也是理论结合实际的有效方式。

学生往往对教育教学理论学习兴趣不大，其原因很多。为了解决这样的问题需要从三个方面入手：一是教育理论书籍尽量要贴近教育实际，教育理论教师要了解学科教学情况和需要。二是学科教育专家要深入学习和研究教育理论，逐步形成具有学科特色的教育理论体系。三是要培养学生的理论旨趣。不能一味迁就学生拒斥理论的畏难心理，“通俗读物培养不出理性的头脑”。理论自有其教育价值，要让学生感受到理论的力量和作用，使其愿意用理论来武装自己的头脑，这样将来才可能成为专家型、研究型、可持续发展的教师。

（四）尊重生命—热爱生活—人文情怀

物理学是跟自然界、跟物打交道的科学，因此物理教育、物理教师教育经常容易出现“见物不见人”的现象。其实，物理教师教育是在做人的工作，是促进学生成长成才的过程，其目的不仅要把学生培养成职业化的教师，更要促进其全面、立体的发展。只有我们培养的教师全面、立体地发展了，将来才有可能培养出全面立体发展的人。本文的“全面发展”指的是教师要在德、智、体、美等方面全面、均衡发展；“立体”指的是准教师要在教学技能、职业能力、教学观念、教育思想诸层面健康、和谐成长。这种“全面、立体”发展教师教育的本质就是尊重的教育，既要尊重师范生个性的复杂性、丰富性和发展性，也要致力于物理教师全面素质的培养。其中，一个突出的问题就是要培养学生的人文精神。以往的物理教师教育容易停留在技能层面，以培养技术化的教师为目标，而忽视物理思想、价值观念、思维方式、精神境界和自我发展意识的培养。这种技术化教师教育的优点是见效快，短时间内就能把学生塑造得“有模有样”，在形式上像个成手一样，其缺点是这样培养出来的教师没有深度、难以可持续发展。因此，这是教书匠的培养方式，而不是研究型教师，甚至未来教育家的培养模式。

在当前教师专业进程中还存在一些问题。目前，教师专业化一方面是补充和更新学科知识，从“教什么”上提高其教学水平；另一方面是通过公开课、示范课、研讨课、微格教学等，提高其“怎样教”的专业技能和能力。力图通过这两方面工作，把教师职业由经验型行业转变为技术型专业。但从教师职业发展来看，无论是经验型教师还是技术型教师本质上都是对教师职业水平的最基本要求。过去我们的物理教师教育把最基本的要求当做最高要求，于是导致两个问题：一是培养出来的教师专业程度不高，可持续发展能力不足；二是培养出来的教师缺乏竞争力，因为即便没有经过教师教育的大学生，在较短时间内也同样能够通过实践掌握这些教学技能。因此，为了提高教师职业的专业化、提高未来教师的职业素养，物理课程与教学论学科必须探索师范生“全面、立体”的培养方式。

从实践来看，不少物理教师缺乏思想性、人文性是一个不争的事实。为避免陷入这种“见物不见人”、“重技术轻思想”的教师教育误区，需要物理课程与教学论学科进行教学与研究范式的根本转变。物理教师教育要从呆板的说教和机械的训练中走出来，要关注生活、贴近生活、走进生活，要培养有理想、有思想、有追求、充满人文情怀的未来教师。

三、对策：观念转变与策略构建

基于上述分析，笔者认为在“物理课程与教学论”学科建设和教学改革中有几个问题需要关注。

（一）物理教师教育要培养有思想的毕业生

物理教师教育中原子化、条块化、技术化倾向严重，这已经成为当今教育之痒。主要表现为，将完整的学生素质肢解为种种能力和技能，对学生素质的整体性视而不见，在此基础上的教育是低效的。培养有思想的师范生需要从三个途径入手：一是要有高水平的教师授课，只有有思想的教师才可能培养出有思想的学生，而有思想的教师往往是那些有一定学术造诣的专家学者，因此，师范生的主干课、基础课必须由较高水平的教授来讲授；二是选用高水平教材，教材的设计要高屋建瓴、深入浅出，那些满篇是抽象概念和一味降低难度的“媚俗”教材只能误人子弟；三是开设“元勘科学”课程，如物理思想方法、物理思想史、科学哲学等选修课，这些课程对于提高学生的理论视角和看问题的高度大有裨益；四是引导学生的理论旨趣和思想追求。

（二）推动“非教法教师”教学方式的变革

物理教师教育存在一个误区，总是以为教师教育的主要任务在于教法教师，笔者认为更主要的任务在于非教法教师，没有非教法教师的参与，教师教育改革是不可能实现的。原因有两个：一是教学计划中的大部分课程还是非教法课；二是教师职业具有一定的经验性。研究表明，影响年轻教师教学行为最重要的变量，不是其教学理论的广度和深度，也不是其学科知识的掌握情况，而是在其以往学习过程中他的老师的教学行为。因此，物理教师教育必须有非教法教师全面、深入的参与。非教法教师要理解先进的教育理念、教学方式、学科进展和教学改革动向，不仅在教学内容上要及时反映基础教育的需要，而且在教学方式上也要适应培养教师的需要。如何促进非教法教师关注教师教育、革新教育理念、改变教育方式是教师教育改革的重点，也是难点。

（三）构建科学的物理教师教育课程体系

合格物理教师的素质是复杂、动态的，这就要求物理教师教育课程应该是一个体系。我们认为教师教育课程体系至少要包括五个方面：

1. 教育理论

从微观而言，要教给师范生有关学习者的知识、教师的知识、教学的知识和课程的知识。不仅要使学生掌握这些理论知识，而且要促进这些知识向实践知识转化，为其将来活用知识、优化教学行为做准备。

2. 物理知识

教好物理学首先要全面掌握物理学，物理教师必须具备良好的学科知识结构。简单而言，物理教师的学科知识包括透彻掌握中学物理教材，深入理解大学物理，深入了解物理学思想，广泛关注物理学与社会生活之间的联系。

3. 物理体验

物理学不单是一个知识结构，还是一种人类探索自然的过程，一种发现未知、发展人类文明的社会事业。有必要让学生获得有关物理的生活体验，充分理解物理经典实验，参与各种物理探究实验，这些活动将从思想深处塑造其对物理的理解。

4. 物理思想

培养有思想的人，首先是培养学生有物理思想，如定量、实证、逻辑和求真等。当然，不只是让他们知道几个词汇，而是希望将其融入个人的认知结构和情感结构。应开设一些课程，如科学哲学、物理方法论、物理思想史、哲学史等选修课。

5. 教学实践

通过课程和活动帮助优化师范生的教学设计、实施和反思。这类课程的设计与开设看似简单实际很难，需要全面的研究和探索。

(四) 加强物理师范生人文精神的培养

多年来物理教育界没有重视学生精神层面的培养，导致学生科学精神和人文精神的双重缺失，其中人文精神缺失尤甚。“人文精神是指以人为本、体现人的本质属性的精神，是揭示人的生存意义、体现人的价值和尊严、追求人的完善和自由发展的精神。”[3]笔者认为，人文精神是人之为人的基本精神，不具备人文精神的人在一定程度上不是一个社会的人，或者说不是一个现代文明社会的人。缺失人文精神的人能够培养出一个全面、完满、富有人文精神的人是不可思议的。

(五) 提升物理课程与教学论的研究水平

加强物理课程与教学论领域的研究，是物理课程与教学论学科建设的前提，也是优化物理教师教育的基础。总体而言，物理课程与教学论研究需要注意几个问题：首先，提高物理课程与教学论的科学水平，笔者认为目前物理课程与教学论领域的研究大致有四种范式，一是经验研究，二是思辨研究，三是定量研究，四是质化研究。其中经验研究占绝大多数，低水平重复现象非常严重。物理课程与教学论研究水平的提高，要求我们加强后三种研究范式的运用。其次，提高研究者的研究水平，目前物理课程与教学论的专门研究人员不多，并且多数是“半路出家”。随着学科的专门化和研究的精致化，物理课程与教学论研究越来越需要既谙熟物理文化、掌握教育理论、关注教育实践，又经过严格教育研究方法训练的专门人才。最后，物理课程与教学研究要抛弃从学科出发、知识出发，为学科建设而研究的形而上学观念，转而回归教学问题本身，解决实际问题，在问题解决中寻求学科的建设和发展。

参考文献

[1] 余自强. 综合理科课程与物理方法教育. 课程·教材·教法，1998，18 (10)：5—7.

[2] 郑金洲. 案例教学：教师专业发展的新途径. 教育理论与实践，2002，22 (7)：36—41.

[3] 赵成. 人文素质与人文精神内涵问题研究综述. 社会科学家，2004，19 (9)：29—31.

应对教师专业化的高师物理教学论课程建设探讨

孟昭辉　张　娜　费金有

摘　要：物理教学论是高师物理专业主要必修课之一，对专业化教师培养具有重要作用。物理师范生的从教能力培养是当前物理课程研究领域所面临的一项紧迫任务。多年的物理教学论课程建设研究表明，基于实践情境的高师物理师范生的能力培养和“实践指向”的教学模式是其合理的定位和取向。

关键词：物理教学论　课程改革　专业化　实践知识

高师物理教学论是一门体现高师物理教育专业特色的必修课程，它是物理教育理论与教学实践的桥梁。在课程的实施过程中，研究者们已经开始关注其多学科的融合性对于师范生综合素质的培养，尤其重视物理教学论的实践性对于未来物理教师专业发展的重要价值。

一、问题背景分析——高师物理教学论课程改革的必要性

（一）物理教学论课程自身缺陷

结合未来社会，纵观我国高师院校物理教学论课程的开设及该课程对人才素质的培养情况，物理教学论课程存在着较大的不足和缺陷，主要表现在：教学论理论学习多，联系实际的活动少；大学校园学习多，了解中学实际少；课堂讲解能力多，实际操作锻炼少。以往师范院校物理教学论的教学，受传统教

［作者简介］　孟昭辉，男，东北师范大学物理学院教授，研究方向为物理课程与教学论；张娜，女，教育学硕士，辽宁东北育才中学物理教师，研究方向为物理课程与教学论；费金有，男，东北师范大学物理学院博士研究生，研究方向为物理课程与教学论。

学观影响，只看成一门普通物理，只发挥其传授知识的单一功能，严重脱离中学教师素质教育需要和社会主义现代化建设的发展要求。近几年，在物理教学论教材改革中，各种版本的教学论教材不断面世，有一些也不乏新观点、新主张。但就总体而言，我们也遗憾地看到，物理教学论教材质的飞跃不大，理论上仍表现出不成熟的一面。有关物理教学论的论文或专著的繁荣掩饰着物理教学论内在学术水平的低下和徘徊不前。纵观师范院校物理教学论课程，其门类的局限性、形式的保守性、功能的缺乏性都十分典型。

（二）基础教育课程改革的挑战

《基础教育课程改革纲要》明确指出："师范院校和其他承担基础教育师资培养和培训任务的高等学校和培训机构应根据基础教育课程改革的目标与内容，调整培养目标、专业设置、课程结构，改革教学方法。中小学教师继续教育应以基础教育课程改革为核心内容。"[1]因此，主动适应基础教育课程改革需要，加强物理教学论的课程与教学改革是摆在师范院校面前的一个十分紧迫的课题。

在某种意义上讲，《纲要》对传统课堂教学模式的批判，就是对现行物理教学论的批判，呼唤着新型物理教学论课程体系，即"教学内容的呈现"、"学生的学习"、"教师的教学"和"师生互动"等四种方式的变革。物理教学论的教学不能仅仅满足于对基础教育课程改革当前状况的了解和把握，必须站在更高的理论层面上，把握课程改革的本质，敏锐洞察课程改革的发展趋势，适度超前地使师范生获得物理课程与教学改革的最新理论，了解物理教学改革最前沿的动态和发展趋势，以解决师范生职前学习和教育实践两个阶段物理课程改革发展的时间差问题。"面向基础教育，服务基础教育"的意识是师范院校办学的基本理念，也是物理教学论教师必须端正的教学观念。物理教学论的教学只有根植于基础教育实践的土壤，准确把握基础教育教学发展的实际，把基础教学实践中的鲜活内容不断充实到物理教学论的知识体系中，根据基础教育课程改革对新型师资素质结构的要求，适时调整和改进教学方向，才能使师范生在学习过程中形成优秀的教学理念，获得有利于指导物理教学实践的教学理论知识。

（三）物理师范生的课程背景分析

教师专业化是世界教育发展的趋势和潮流，也是我国教师教育改革的现实需要和努力方向。现阶段教师存在的主要问题是：专业知识匮乏，专业学术水平技能不高，教育理论与教育实践脱节。人们对教师专业化问题的反复讨论，期望教师职业能走向专业化，使教师能够不只是一个"能干的教书匠"。在理论层面上，能够努力提高到“专业的教育家”的境界；在实践层面上，能够使物理专业水平与教育专业水平得到同步的提升；在教师的角色定位上提出了许多新的理念，即“学生发展的促进者”，“学习活动的组织者、引导者”以及“探究中的伙伴和课程的开发者”。以往的“教师是蜡烛”、“教师是园丁”、“教师是人类灵魂的工程师”、“传道、授业、解惑”等，已经不能满足社会对教师角色的期待。

总之，在新课程背景下，物理教师角色的转变，教学观念的更新，工作方式和教学方式的改变以及教师知识结构和从教技能的创新等一系列背景，都将促进教师职业专业化的发展和完善，对教师教育体系提出新的目标和要求。

二、彰显实践指向性的高师物理教学论课程改革的探索

物理教学论课程是向教师提供教育理论以指导教学实践，因而它是物理学知识、教育科学知识向教学能力转化的桥梁。从这样的课程定位看，物理教学论必须突出其实践性。然而，物理教学论并没有沿着突出实践性的方向发展。从目前大量的物理教学论教材和相关专著中可以看出，物理教学论理论的“繁荣”主要来自于相关物理的“嫁接”和“移植”，“课程论、教学论、系统论”等不断涌入物理教学论体系，使物理教学论正在远离物理学，远离着自己长期积淀的研究方法与视角，远离着教学实践。在以往的教学理论和实践中，“实践教学”是与课堂教学相对而言的，实践教学是依附于课堂教学的，被看成课堂教学的延伸和补充，这种价值定位在很大程度上影响了实践教学的进行[2]，忽视了“实践教学”的价值。可见，仅仅着眼于理论的构建，很难给教学论以准确的课程定位，无法树立其学术地位。

科学技术的发展，全球化时代、信息时代的到来，社会对教师的要求发生了根本性的变化，知识传递型的教师必将由研究型、学者型的教师所替代，基础教育改革的深入和教师专业化的要求必将导致教师教育模式的变化。物理教学论课程的教学，是教师教育体系的组成部分，只有强化其实践特性，才能培养出具有强烈实践意识的新型教师，才可能适应未来物理课程的改革和科学教育的变革。

（一）知识结构视角的物理教师素质的探索

国内外学者关于教师知识结构的研究成果表明，教师的教学需要多方面的知识，并且随着教育实践的变化，教师合理的知识结构对于成功的教学来说至关重要。在传统的课程理论与课程体制下，教师是课程的执行者、知识的灌输者、课堂的控制者，课程实施的过程是一个封闭静止、可以预设的过程。这就

意味着教师只要熟悉教材，具备扎实的物理知识，套用一定的教学方法与教学模式，就可以有效地实施课程。物理教学论课程只重视教学理论与方法技能知识的讲解，不重视在学习过程中体验真正的学校生活。因此，常常出现学生在学完物理教学论后，面对真正的物理课堂却不知所措、无从下手。在我国新一轮基础教育课程改革中，教师如何适应新课程的需要，重新建构知识结构成为眼下教育界热切关注的问题。

国外关于教师专业知识的研究中，较具影响的当首推美国学者舒尔曼（L. Shulman，1987）所架构的教师知识的分析框架。舒尔曼认为，教师必备的知识至少应该包括如下七个方面：①学科内容知识；②一般教学法知识；③课程知识；④学科教学法知识（教学的内容知识）；⑤有关学生及其特性的知识；⑥有关教育脉络（或背景）的知识；⑦有关教育的目的目标、价值、哲学与历史渊源的知识。在上述知识中，学科教学法知识是特别重要的，因为它体现了学科内容与物理教育的整合，是最能区分学科专家与教师的一个知识领域。

结合我国的实际情况和物理学的特点，学者们将物理教师的知识结构在以下三个层面进行展开[3]：

（1）本体性知识：教师的本体性知识是指教师所具有的特定的物理知识。物理教师不仅要具备学术形态的物理知识即物理科学知识，还应该针对新课程的教学要求，关注现代物理学前沿，更新物理学思想和观念，强化物理学史和物理科学方法，重视物理学实验的科学探究本质，加强生活物理、应用物理学知识。

（2）条件性知识：教师的条件性知识是指教师所具有的教育学与心理学知识。面对新课程，物理教师除掌握一般的教育科学知识外，还需要加强物理教育学知识、物理新课程知识，尤其是课程改革提出的教学新理念以及科学探究、合作学习、自主学习等方面的知识。现代信息技术与物理教学整合的知识也是物理教师在适应新课程时需要掌握的。

（3）实践性知识：实践性知识是教师面对特定情境或疑难问题时作出临场反映的“教育智慧”。情境性、策略性知识正是教师在教学过程中结合本体性知识与条件性知识进行的教学经验积累，教师的教育信念和自我知识影响着实践性知识的获取。

还有人将教师知识分为“理论性知识”和“实践性知识”两类。前者通常可以通过阅读和听讲座获得，包括物理内容、物理教学法、课程、教育学、心理学和一般文化等原理类知识，通常停留在教师的头脑里和口头上，是教师根据某些外在标准认为"应该如此的理论"；后者包括教师在教育教学实践中实际使用和（或）表现出来的知识（显性的和隐性的），除了上述行业知识、情境知识、案例知识、策略知识、学习者的知识、自我的知识、隐喻和映像外，还包括教师对理论性知识的理解、解释和运用原则。它是教师内心真正信奉的，在日常工作中"实际使用的理论"，支配着教师的思想和行为，体现在教师的教育教学行动中[4]。根据埃尔伯兹（Elbaz，1981，1983）的观点，教师需要广博的知识，并将教师的这些知识称为"实践知识"，当教师遇到各种人物和问题的时候，这些知识可以引导教师的工作。

尽管研究者们所提出的关于教师需要什么样的知识结构各有不同，有时所使用的术语不同，但无一不重视"学科的教学实践知识"。它是针对学科内容和教育学原理有机融合而形成的对具体课题、文体如何组织、表达和调整以适应学习者的不同兴趣和能力，以及进行教学的理解，可以说是学科内容知识与教育专业知识的混合物。研究表明，新教师与专家型教师最大的区别不在于他们掌握物理理论知识和教育教学理论知识的多少，而在于对教育情境中问题的把握和处理。教师的实践性知识是教师发展的实践基础。在具体的实践中，真正对教师产生影响的是教师个人在实践中根据体验和学习而得来的实践知识。[5]教师专业成长阶段的实践性知识的获取是教师"自我超越"阶段的产物。可以说，教师拥有了个人的实践性知识，就标志着教师专业发展的重大进步，也意味着教师开始了对个人特色的专业知识结构进行独创性的构建过程。从这个意义上说，教师的实践性知识的拥有是教师在教育教学活动中主体性的体现，也是教师发展的实践基础。

新课程背景下的教师知识结构充满了严谨的科学精神和丰富的人文精神，它是一个包括文化知识、本体性知识、条件性知识、实践性知识等在内的多元的、复合的知识结构。关注物理学的发展，了解与物理学相关的热点，坚持反思，总结经验，从生活走向教学，是物理教师知识结构得到完善的实践道路。

（二）物理师范生持续发展的关注

目前，我国的教师教育体系正在由封闭走向开放，职前、职后相统一的终身教师教育体系尚未构建，全日制高师在校学生缺乏教学实践经历是一个不争的事实。长期的物理专业理论课的熏陶和不断被强化的学生意识，使高师学生的实践意识淡薄，这对学习物理教学理论和提高教学实践能力都是非常不利的。师范院校的物理教学论课程的基本任务应是培养中学教师。作为未来的教师既要具有符合人类进步的思想素质，也要具有符合现代科学技术发展的文化知识和技能，更要具有能把人类文化科学技术知识精华，依照科学程序和方法创造性地转化给学生的能力（简称转化能力）。其中，转化能力是一名未来教师最基本的教学能力。因此，师范院校应通过多种途径加强学生教学能力的培养，把教学活动置于真实的情境中展开。摒弃对别人方法与经验的机械模仿的藩篱，强调对教学问题的分析与探究意识，使物理教师获得良好的专业发展。教育是一个持续的、动态的发展过程。随着教育的发展和需求，师范院校的教育教学培养目标也不是固定不变的，而是在不断地充实和完善中。物理教学论课程应该根据教育发展的需要进行改革，调整培养目标，对自身进行准确、科学的定位，达到最优的教育效果。

实践指向性较强的高师课程体系的构建，使师范生从学生角色逐步向教师角色转变。在物理教学实践中，能够紧密联系教育学、心理学课程，使基础课程、专业课程能为物理教师的持续发展提供动力和保障。在实践情境中感受、领悟教师的角色特征，为物理师范生获取终身学习的技能奠定基础。

（三）物理教学论建设应体现物理学科特征

任何学科除了它本身所固有的知识体系外，必然还有其独特的思维方式以及它所蕴含的无法替代的情感、态度与价值观。重视知识的探究与体验知识的生成并举，考虑教师的“教”与关注学生的“学”并重。在对物理知识的解析过程中，应充分展现物理学的客观性和严密性，加强科学精神的塑造和物理学方法的培养；在进行专题研讨和探究中，促使学生理解物理学的文化特征，将内化为人们行为习惯的物理学凸现出来，让人们感受到物理学人文特征的存在。

然而，在传统理论的束缚下，现行的物理教学论课程只重视教育教学理论、方法与技能的讲授，教学内容缺少必要的教学案例来支持，脱离真实的物理教学情境。只重视如何“教”，而忽视如何“学”，无法感受到真实的教学情境。缺少对学习过程的考察与学习方法的研究，导致物理教学论丧失其应有的物理特征。

三、突出师能训练的物理教学论课程建设

探索以优化教学论课堂教学结构为核心，以强化教育实践为目标，以发挥教学多维功能为保证，以建立现代教育教学评价制度为调控机制，是高师物理教学论课程改革的突破口。努力为学生学好物理教学论创造有利的教育条件，构建“教、学、做”合一，课堂教学与课外活动结合，校内训练与中学实践并举，理论与实践结合的，知识和能力并重的，智力因素和非智力因素同时培养的新的开放式教学体系。特别注意培养学生创造能力和完美个性的教育，以期

发挥教书育人的多维功能，铸造师魂、陶冶师德、磨砺师志、训练师能，全面提高物理师范生的素质。

物理教学论课程的结构常常是先理论后应用，对于缺乏教学实践经验的高师学生而言，投入其中的时间太晚、程度太浅，会大大影响本课程的教学质量。用物理教学理论有序展开和物理教学技能训练的逐步深入两条线索来构建课程体系，让高师学生及早介入实践将会提高其实践意识，提高理论的应用能力。为此，在教学内容的选择上不求全，在体系结构上不求过于严密，而注重知识的实用性及内容的基础性，并以此区分职后培训的内容。在技能训练过程中，注重理论指导，注重其系列性、递进性，注重"实战"功能的发挥，并以教学的综合设计效果作为最终的要求。

（一）整合物理特色的教学资源

教学资源包括教材、教学设备、教学媒体等多个方面。只有综合它们的优点，发挥其优势，才能达到最好的教学效果。

首先要革新所用教材。因为现在所用的教材多是十多年前编写的，已不适应现在基础教育改革的状况。基础教育课程实行三级管理，即国家课程、地方课程和学校课程，给予地方和学校课程构建的权力和机会，物理教学论课程应对此提出课程建设的谋略和方法。物理教学论的教材，要有自己的特色，力争成为其他教材的样本：要有教学改革的超前发展意识；要有适应学生发展和时代发展的内容；要有灵活适宜的教学方法；要有对物理教学行之有效的指导规律。因此，改革原有物理教学论课程的模式和内容，加深理论深度的构建应从以下几个方面入手：打破物理教学论教材面面俱到、大而全的旧格局；删除与教育学、心理学、教师学等公共课相重复的内容；增加中学教改和涉及中学教学的实际问题的内容，使教材建设能够有质的飞跃。长期以来我们的物理教学论课堂存在的明显问题是：内容陈旧、理念滞后，缺少时代气息和鲜活的成功经验，且与教育学共同课的内容多有重复，使学生产生厌学情绪。针对此问题，我们编写出版了新教材，该教材力求体现以下特点：

(1) 不求全以求新。目前物理教学方面著作很多，该书能够根据中学实际，不刻意追求体系的严谨，力求深入浅出，通俗可读，便于操作，注意吸纳国内外物理教育理论与实践的新成果、新经验，以体现教材的创新和时代感。编写方式采用正文和附录相结合的方法，提供最新研究动态和教学典型案例，使该教材在编写体例上有新的创意。

(2) 注重应用，忌空求实。克服以往教育学教材理论过多、内容空泛，应用性不强的弊端，力求体现理论性和应用性的统一，强调实践环节。

(3) 关注教师的专业素质培养，主要体现三个方面：高尚的职业道德和敬业精神，先进的教育理念和系统而明确的专业知识结构，经过专门训练而形成的娴熟的专业技能和教学能力。

(4) 尽力体现物理教育的最新研究成果和学科本身的新发展在教学实际中的反映，如物理课程新理念、信息技术与教学的整合、研究性学习、科技创作、STS 教育等，为学生从业适应新课改做好知识储备。

(5) 不仅讨论教学的理论问题，而且从培养人的素质的高度关注学生的发展，探讨物理教学培养人的规律，通过研究学科的教育规律，力求揭示学科与教育学之间的内在联系，寻找两者的最佳结合点。

这部新教材《物理课程与教学论》被教育部评为“2006 年全国教师教育优秀课程资源”。

其次是应用多媒体的教学技术。为适应培养能够在新世纪参与全球化科技和经济竞争人才的需要，教学改革提出的总要求是：加强基础，培养能力，提高素质，激励创新。面对人才培养要求的提高、信息技术应用的普及以及教学内容和体系的改革，传统的物理教学方法和教学手段已越来越不能适应当前教育发展和教学改革的需要。因此，将多媒体技术引进到教学中，业已成为深化物理教学改革的一种新尝试。多媒体是指能够同时抓取、处理、编辑、存贮和展示两个以上的不同类型信息媒体的技术。这些信息媒体包括文字、图形、图像、动画、活动影像等。通过多种感官进行学习，让学生的学习活动处于积极的状态，激发学生的学习热情，促进学生对知识的理解和记忆。多媒体教学可以是以教师为主导，通过投影、幻灯、录像、活动示教板等辅助手段进行教学，也可以是用多媒体计算机系统进行教学。

(二) 保证物理教学论实践环节的落实

从培养目标来考察，物理教学论理应是结合物理专业课程十分紧密，又很贴近中等学校教学实际，为师范生从事教学工作直接打基础的、“实战性”最强的、最基本的一门课程，这是与各行各业职前教育中“应知”、“应会”相类似的“把关性”的养成课程。但遗憾的是，由于受到总学时太少及实习（练习）条件的限制，教师只能选择重点内容进行教学，造成该门课程的教学多停留在必要的理论讨论或空洞说教上。

人们渐渐认识到：物理教学论的实践指向是明显的，而充足的实践机会和训练时间是这种实践指向能够落实的基本保障。在物理教学论的整个教学过程中，理论部分的讲解占绝大多数时间，使得教学技能的训练机会少之又少，且力度不够，师范生难以形成基本技能，课程的基本任务难以完成。这种现实上的矛盾极大地阻碍了物理教学论使命的实现和完成。因此，这门课就变成了提纲挈领地讲理论，蜻蜓点水式地作典型练习，偶尔进入中学课堂去观摩的“过场”课，使学生难以形成教学基本技能，影响了合格教师的培养。物理教学论课程的示范性、实践性、技艺性等特点，要求物理教学论教师必须彻底改变以教师为中心和以知识传授为中心的教学观，树立以学生为本的教育价值观和自由、民主、平等、和谐的新型师生观。从学生的实际经验出发，为师范生的教学实践提供学习的范例和参照，重视对学生的探索和实践能力的培养，专注于身心潜能的开发以及作为未来教师人格的完善。

（三）强化高师物理师范生的专业化技能训练

1. 利用教育实习，提高教学技能

教育实习主要是指师范生在指导教师的要求下，把应该掌握的基本知识与技能转化给学生，并形成能力的综合实践过程。物理教学论课程同教育实习有着必然的联系，物理教学论课程是教育实习的先导，教育实习是物理教学论课程实践部分的延伸。学生对物理教学论课程的学习好坏直接影响教育实习的质量，甚至影响整个师范教育的质量或未来人民教师的从教素质。

对于教学见习、实习，不仅可让师范生加深对物理教学理论的理解，掌握教学理论在实际教学中的运用，培养学生的教育教学能力，而且可以通过见习、接触和了解中学实际，培养物理师范生从师、从教的理想，建立牢固的专业信仰，使学生从中发现自己学习上的某些缺陷，从而改变学习态度，改进学习方法。要重视介于备课与上课之间的说课，它对于教师把握基本的教学技能有着重要的价值。教师依照教学内容、教学对象及教学条件等主要因素，把备课、上课等主要过程从教学理论角度进行阐述。对教学内容与程序进行安排，以选取合适的教学方法与手段，这种教学研究形式的实质是教师同行间高层次的对话，是教学技能提高的重要途径。

2. 发挥实验课的基本功能，培养未来教师的实验素养

物理实验是中学物理教学重要的组成部分，翻开中学物理教材，几乎每节教材都有实验，特别是初中教材，有的一节课就有几个小实验。实验教学对培养师范生探索和改造自然的能力以及形成良好的科学素养均有独到的功能和作用。寻找、搜索、构造教学方法的过程，同时也是一个检验、评价、挑选满意的教学方案的过程。在实验教学的备课过程中，其策划及设计关系到物理课堂

教学的有效性，表达着教师的创新思想，体现着教师全新的教学观。作为未来中学的物理教师，必须掌握娴熟的实验技能和实验教学的方法本领，这是搞好中学物理教育教学的重要基础。没有经历过真正探究的物理教师是不可能引导学生进行探究的。

四、课程实施过程中实践情境的教学模式分析

教学模式的选择对课程特点的凸显和课程教学目标的实现具有决定作用，强化物理教学论课程的实践性，离不开有效的课程教学模式。

(一) 现有教学模式的分析

师范院校教法课现行的两种教学模式，据“世行贷款”发展师范教育国家级和省级核心研讨班的调查资料表明：目前我国各师范院校教学论课程较普遍采用两种模式，即“经验式教学模式”和“理论与实际简单结合模式”。

(1) 在经验式教学论课程模式中，没有明显、完善的教学目的。理论部分的教学多数是聘请中学有经验的教师进行讲座式的教学，实践方面则只有教育实习一个环节。教法理论部分的教学实质上变成了经验传送，其结果是学生难以掌握教法理论，难以运用理论分析教材、处理教材，无法培养师范生的教学技能，致使实习中大多数师范生只是简单地模仿教学。

(2) 在理论与实际简单结合模式中，物理教学论课程有较完整的教学计划，有专门的教学论教师进行理论的讲授，还有见习、试讲、教育实习等循序渐进的实践过程。但在研究中，只注重板书、教态、重难点、启发性、科学性等要素，很少涉及课堂容量、逻辑条理、思想性、学生配合等要素，从而使物理教学理论与中学课堂实际结合不紧密。师范生不能全面认识课堂，备课时抓不住要点，上课时顾此失彼，如若观摩他人课堂也很难找出别人的优缺点。

(二) 实践情境教学模式的综合应用

鉴于以往培养模式的不足，结合多年的物理教学论的实践，我们发现微格教学、案例教学和现场教学可以突出实践情境，发挥物理教学论的实践特点，为师范生的教学实践提供良好的发展场域。

1. 微格教学

物理微格教学就是在吸取了国外微格教学的基本方法的基础上，结合物理学的特点进行的一种专门培训物理新教师的基本教学技能的训练方法，是一种按比例缩小了的教学样本。把微格教学法引入物理教学论课堂，培训师范生的物理教学技能，可以把教学技能按照某种标准分解为一个个相对独立的技能技

巧，如导入新课的技能、结束全课的技能、讲解概念、规律的技能、演示实验技能等，然后指导学生对每一项技能分别训练，当每一种技能都达到要求后，再把它们综合起来，形成整体的教学技能。

过去的物理教学课程偏重理论，忽视师范生的实践能力方面的获得。当学生学完这门课程后，对走上讲台上好一节物理课，仍然感到没有把握。微格教学能让师范生对需要掌握的教学技能进行有目的、有选择地练习。在实际教学训练中，借助现代化的视听手段，使学生完全真实地看到自己的教学全过程，然后听其他同学和教师全面的评价，与优秀教师的录像对比，找到差距，发现问题，使学生进一步完善自己的教学技能，为参加教育实习和今后走上工作岗位打下基础。

2. 案例教学

案例教学是指通过对一个具体教育情境的描述，引导学生对这些特殊教育情境进行讨论的一种教学方法。由于案例来源于真实的教学实践，因而案例教学具有很强的实践情境；由于案例分析的结果常常是多元的、开放的，案例分析的过程就是“理解——运用”的学习过程，它与传统的理论教学中“接受——理解”的学习过程有着本质的区别，它注重理论在实践情境中的深化和应用，因而它是沟通理论与实践的桥梁。运用案例教学有助于师范生通过有效的方式将知识进行内化、吸收。在此过程中，学生问题意识的培养和解决实际问题能力得到提高，表达能力得到加强。同时，学生也逐渐学会解决教学中出现的疑难问题，掌握对教学进行分析和反思的方法。

在物理教学论的课程中实施案例教学，围绕教学实践中真实的情景，进行典型化的处理，形成供学生思考分析和决断的案例，在独立研究和相互讨论的学习方式的结合中提高了实践智慧，增强了分析问题和解决问题的能力。[6] 由于案例分析是一个独立研究和相互讨论的学习过程，它对提高教师的教育研究能力大有裨益，符合目前大力倡导的“行动研究”的基本思想和培养研究型、学者型教师的教师教育理念。

3. 现场教学

现场教学是将教学情境搬到课堂现场的一种教学方法。通过在仿真或实际的教学现场实施过程，使学生更快更好地学习掌握知识和技能，它具有亲验性、互动性、多元化、个性化的特点。现场教学可分为“直接现场教学”和“间接现场教学”两种方式。若在理论教学的过程中直接深入中学物理课堂进行学习、研讨、观摩、实践，则为直接现场教学；若以课堂教学实况的播放为手段进行现场教学，则可称为间接现场教学。现场教学是以完整的或相对完整的物理课堂教学为感知对象，辅之以任教者教学设计说明和教学效果述评，从而把握物理教学内容的学科性、针对性和实用性，对提高学生教学理论的综合应用能力很有帮助。

三种教学模式的结合应用，能够从基本层面上改进高师物理师范生的基本教学能力，提高他们职后的物理教学研究能力，也为实践指向的高师物理教学论课程改革提供了基本的研究思路。

期望与前瞻：

物理教学论对物理师范生的专业化发展具有不可替代的作用，而其建设的过程也是一个需要长期的探索和论证的系统工程。突出“实践”特征的物理教学论课程改革，是物理学论基本功能得到发扬，课程的深远价值得到人们认可的必要举措。另外，为使课程能够高效、长远的发展，建立促进学生全面发展的评价体系是必不可少的。合理利用考核评价的导向功能、激励功能和发展功能，既要关注物理教学论的理论基础，又要关注师范生的实践品质，在引导学生树立正确的教育理念的同时，特别强调物理师范生的交流、合作、实践的意识。在学习愿望和能力、个性与情感、意识和实践能力等方面进行记录和评价。

参考文献

[1] 基础教育课程改革纲要（试行）[N]．中国教育报，2001-7-27(2)．

[2] 石中英．缄默知识与教学改革[J]．北京师范大学学报：人文社会科学版，2001(3)．

[3] 李春密，徐月．新课程下中学物理教师的知识结构[J]．教师教育研究，2005(5)．

[4] 陈向明．实践性知识：教师专业发展的知识基础[J]．北京大学教育评论，2003(1)．

[5] 于霞．反思型教师的成长机制探新[M]．北京：教育科学出版社，2007：138—139.

[6] 杜萍．中小学教学与管理案例分析[M]．北京：教育科学出版社，2001：85—86.

[7] 孟昭辉．物理教学论与中学物理课程改革［M］．长春：东北师范大学出版社，2003：39—42.

[8] 史宁中，柳海民．教师专业化：21世纪高师教育持续发展的生命力［J］．高等教育研究，2002（9）．

[9] 杨启亮．反思与重构：学科教学论改造［J］．高等教育研究，2005（5）．

[10] 袁海泉．论高师物理教学论课程的实践性［J］．淮阴师范学院学报：自然科学版，2003（5）．

[11] 冯立峰．高师教学模式改革新思路［J］．黑龙江教育学院学报，2002（7）：46—47.

[12] 高大明．学科教学论与教学论的关系再论［J］．课程·教材·教法，2001（10）．

突出师范特色的物理实验教学改革与实践

刘春光　刘玉学　赵立竹　陈　莉

摘　要： 实验教学对于培养学生的创新精神和实验动手能力，提高学生的综合素质具有重要的作用。本文论述了实验教学改革在创新教育，提高学生综合实践能力，培养具有创新能力的高素质科技人才和合格的基础物理教师中的重要作用，结合东北师范大学的培养目标，对突出师范特色的物理实验教学改革作了有益的尝试。

关键词： 师范　物理　实验教学　改革

一、引　言

21世纪国际竞争的关键在于人才的素质，而人才素质的优劣则体现在其创新能力上。[1]随着科学技术的飞速发展，对科技工作者和中学物理教师的综合素质的要求越来越高，简单的技能性人才已满足不了社会日益增长的高新人才的需求，所以培养有科研能力的人才，已经被许多高校实验教学人员所重视。[2]培养实践能力强、综合素质高、具有创新精神的优秀中学物理教师和未来的教育家是我国高师院校的首要任务。实施创新教育，强化综合实践能力，培养具有创新能力的高素质科技人才和合格的基础物理教师，是我国高师教育面向世界、面向未来、面向现代化的必由之路，也是信息化社会和知识经济发展的必然要求。

[作者简介]　刘春光，男，工学硕士，东北师范大学物理学院副教授，主要研究方向为信息光学；刘玉学，男，理学博士，东北师范大学物理学院教授，研究方向为宽禁带半导体材料与器件物理；赵立竹，女，理学博士，东北师范大学物理学院副教授，研究方向为材料物理；陈莉，女，教育学硕士，东北师范大学物理学院讲师，研究方向为微波检测。

物理实验教学对于培养学生的实验动手能力、分析问题解决问题能力、创新意识及科研能力具有不可替代的作用。传统的实验教学法已经远远不能适应时代要求，建立科学的实验教学体系、改革实验教学模式和方法、更新实验教学内容是深化实验教学改革、提高教学质量的重要措施，对于培养学生的创新精神和创造能力具有重要的意义。

二、教学理念与改革思路

（一）教学理念

坚持为基础教育服务的办学方向，坚持以学生的能力培养为核心，以学生为本，促进学生的知识、能力、素质的协调发展；坚持教学过程的“四个结合”，即本科物理实验教学与科学研究相结合，与中学物理教育教学研究相结合，与优秀中学教师与教育家培养工程相结合，与物理学科前沿发展相结合；注重学生的“一种意识两种能力”，即创新意识、实践动手能力和中学物理教育教学研究能力的培养。

为基础教育服务是东北师范大学的办学方向，为基础教育培养大批优秀的教师和教育家是师范专业的培养目标。未来的教师不仅要有良好的专业基础知识，还要有较强的实践能力和优良的综合素质以及勇于开拓进取的创新精神。实验教学在培养学生的实践能力和创新精神，提高学生综合素质方面具有重要的作用。这就要求我们在实验教学中要合理设置教学内容，采取合适的教学模式和教学方法，使学生的知识、能力、素质协调发展。

在实验教学内容的选择上，在保持本专业知识体系完整性的同时，要突出师范特色，要将实验教学内容和方法与中学物理教学以及教学研究联系起来，与本专业的学科前沿联系起来，以培养学生的创新意识、实践动手能力和中学物理教育教学研究能力。

（二）改革思路

在东北师范大学的“宽口径、厚基础、精专业、强能力”的教学方针指导下，以培养基础知识坚实、创新意识敏锐、实验技能优良、教学水平出色的物理教学和物理实验技术人才为目标，加强学生物理基本实践技能训练，强化学生的个性培养，鼓励学生开展自主学习、合作学习和研究性学习，推进教学方式及学习方式的改革，构建新的实验教学体系，调整实验室布局，改善仪器设备及实习基地条件，加强实验教材建设，规范实验室管理，努力建成一个培养方案科学、实验条件完备、师资队伍水平高、具有开放功能的物理实验教学中心，为国家基础教育培养优秀的中学物理教师和未来的教育家。

原有的实验教学体系主要是以知识的系统性、基础性和完整性为主，验证性实验题目多，综合性设计性实验题目少，没有研究创新性实验题目，不利于培养学生的实践能力和创新精神。在教学内容选择上没有考虑培养优秀中学物理教师的需要，教学内容没有与中学物理教学及教学研究结合起来，不利于中学教师的培养。

随着科学技术的发展，对未来中学教师要求越来越高，原有的实验教学体系和教学方法及教学模式已不能满足实验教学的需要，为将学生培养成为优秀的中学物理教师和未来的教育家，必须重新构建新的实验教学体系，改革实验教学方法和教学模式，以培养学生的实践能力和创新精神。

三、改革方案

（一）实验教学体系改革

我们一贯坚持对学生进行基本知识、基本实验方法和基本实验技能的训练，使学生具有扎实的理论和实验基础，与此同时加强对学生创新意识、实验动手能力、中学物理教育教学研究能力和科学研究能力的培养，以能力培养为核心，实施“四个板块、两个环节、四个结合”的本科物理实验教学体系。该体系中四个实验教学板块是基础性实验课程、综合设计性实验、研究性实验和创新性实验；两个实践能力训练环节是专业实习和毕业论文；四个结合是本科物理实验教学与科学研究相结合、与中学物理教育教学研究（新课标和基础教育改革）相结合、与优秀中学教师与教育家培养工程相结合、与学科前沿发展相结合，简称为“4＋2＋4”实验教学体系。基础性实验模块主要包括大学物理实验基本技能训练实验内容；综合性、设计性实验包括部分大学物理实验内容、电子线路实验和部分近代物理实验内容；研究性实验主要由近代物理实验、材料物理实验和中学物理教育教学研究实验内容构成；创新性实验指学生参与的各类科研项目、大学生创新性实验和其他相关的科技实验活动。

（二）实践能力培养平台建设

为进一步激发学生的学习兴趣，提高教师教学技能水平，中心针对物理学专业组建了大学物理实验室、近代物理实验室、中学物理实验教学研究实验室、演示实验室和创新实验室，力争建设一个开放式的、有利于培养学生自主学习、合作学习和研究性学习的教学平台。建立一个集研究、培养、培训于一体的物理新课标实验设计与操作技能训练平台——中学物理实验教学研究实验室，承担本科生的“中学物理实验技能”、“中学物理实验研究”及相关课程的教学任务，提高和训练学生从事中学物理实验的基本技能，为培养优秀的中学物理教师并使其成为教育家奠定基础。

（三）教学模式和实验教学内容改革

为促进学生的自主学习、合作学习和研究性学习，我们打破了传统的实验教学模式，根据学生原有的实验基础和个性化发展要求及师范教育的特点，把实验内容分成多个层次，形成课内实验与课外实验相结合、基础实验与综合设计性实验相结合、必修课与选修课相结合、课堂教学与网络教学相结合的多元化、开放式教学模式；实验室在时间和空间上全面开放，积极鼓励学生到实验室进行科技制作、科学小实验等科技活动，培养学生的创新能力、从事中学物理教育教学研究的能力和科学研究能力。

（1）打破按学科划分实验课和教学内容的旧的实验教学体系和模式，根据学生的实际情况和个性化发展要求，把实验按教学内容和教学目标分为四个层次，即预备实验、基础（基本型）实验、设计性和综合性（提高型）实验、研究性（创新型）实验。

（2）预备实验以选修课的形式开出，主要是针对入学前实验基础较差（甚至没做过物理实验）的学生设计实验内容，为他们进一步学习打下良好的实验基础。

（3）基础性实验模块包括大学物理实验相关的实验内容和实验基本技能训练；综合设计性、研究性实验课程模块包括与近代物理实验、材料物理实验相关的实验；创新性实验模块的教学内容来自教师的科学研究课题、大学生创新性实验研究和学生参加的课外科技活动。

在进一步加强基础性实验的前提下，进一步增加综合设计性、研究性和创新性实验的内容。增加综合性、设计性、研究性和创新性实验比例，以培养学生的创新精神、创造能力及科学研究能力。现在，在物理实验中心开设的所有实验课中均开设了综合性、设计性、研究性和创新性实验题目。

研究性和创新性实验要充分尊重学生的个性化发展要求和需要，由学生自选或自拟实验题目。研究创新性实验题目主要来自教师的科研成果，教师根据实验室现有设备条件和科研情况制定学生实验题目或内容（学生也可以自拟实验题目），学生自主设计实验方案，并独立完成实验，实验结束后，学生以论文的形式撰写实验报告。

通过开设研究创新性实验，极大地激发了学生的学习兴趣，提高学生自主学习、合作学习和研究性学习的能力，对于培养学生的创新精神和科研能力具有重要的作用。

（4）及时将最新的高水平科研成果转化为教学，将实验内容与科学研究和学科前沿发展相结合，培养学生从事科学研究的能力。

物理课程与实验在培养学生研究意识、创新思维、工作能力与科学素质方面具有重要而独到的作用。[3][4]及时将教师的最新高水平科学研究成果转化为实验教学内容，开设研究性和创新性实验，对于培养学生的创新精神和科研能力具有重要的作用。

我院教师承担的省科技厅项目“偶氮染料掺杂聚乙烯醇薄膜的可擦除光存储和实时全息干涉元件的研制”通过省科技厅鉴定后，立即把该项目的研究结果转化为近代物理实验内容，开设出了“蓝紫光光信息存储”、“光致双折射特性实验”等综合设计性实验题目，现在又增加了该类材料的“非线性光学特性测量”方面的实验内容，形成了一个材料光学特性测量的系列实验，收到了较好的教学效果。

“氧化锌材料与紫外光发射器件研究”项目获 2007 年教育部自然科学一等奖，我们将这一科研成果及时转化为教学内容，在近代物理实验中开设了与氧化锌材料相关的系列研究性和创新性实验题目，如“电子束蒸发方法制备氧化锌薄膜材料”、“氧化锌基材料能带计算”和“氧化锌基半导体参数测试”等题目，对于提高学生的创新能力和科研能力具有重要的作用。

(5) 开展多元化的课外科技创新活动，培养学生的创新意识和实践动手能力。

积极鼓励学生到实验室从事科技制作、科学小实验等课外科技创新活动，通过学生的自主学习、合作学习和研究性学习，使学生的创新意识和实践动手能力在实验中得到显著提高。

在实验教学中，我们注重学生创新意识和实验动手能力的培养，倡导实验教师和实验技术人员积极带领学生利用简单的设备和低成本材料自制教学仪器和教具，培养学生开发教学资源的创新能力。师生共同研制教学仪器在全国各类教学仪器评比中多次获奖。

(6) 建立课内实验与课外实验相结合的实验教学模式。有些课内实验由于受课时限制，实验内容只能完成一部分，有实验在原有内容的基础上进行一下扩展，可以形成一个应用性强、带有研究性实验性质的系列实验，如果把这部分实验内容放在课外，鼓励那些对实验感兴趣的学生利用实验室开放的时间继续研究，对于培养学生的创新能力具有重要作用。

(7) 实验室在时间和空间上全面对外开放，改革实验室开放的管理模式，加强指导，带领学生利用实验室开放时间到实验室进行科学制作和科学小实验。学生在实验前，可提前预习，以便更深入地了解实验原理、背景知识、实验操作和注意事项等，使不同层次的学生均能在课内独立完成实验操作。

(8) 开发出一批网络教学课件，形成课堂教学和网络教学互补的实验教学模式。充分利用实验中心的网络资源。使学生初步理解实验原理、目的、内容、注意事项等。

（四）实验考核方式的改革

为适应新的实验教学改革，对学生的实验考核进行改革。考核方式改变了原来仅依据“实验报告”评定成绩的做法，推行“综合”的考核方式，物理实验的总成绩由预习考核、平时成绩、期末答辩成绩三部分组成。预习考核以考查学生实验预习的程度为主，占总成绩的20%；平时成绩以考察学生的基本实验动手操作能力和实验报告撰写、数据处理、分析实验现象为主，占总成绩的50%，期末答辩成绩以考查学生分析问题和解决问题的能力以及创新能力为主，占总成绩的30%。

基础性实验的考核主要有实验报告、实验内容抽查、实验操作和书面知识考核几种形式。

加强实验前的预习考核。要求学生完成实验预习报告，通过对学生进行有关实验目的、仪器使用、网络资源等知识的提问，了解学生预习的程度，以此作为学习总成绩的20%部分。

综合设计性、研究性实验的考核除了上述考核方式外，还采用实验专题讨论和实验专题报告答辩等形式。创新性实验实行开放式教学，学生通过科研立项进人教师科研实验室，参与教师的科学研究，学生参加大学生创新性实验、科研立项和课外科技活动。学生的成绩评定包括指导教师评价、科学研究课题总结报告或科研成果答辩会等形式。学生需经过中心实验课程考核小组的综合评价方能获得成绩和学分。

（五）实验师资队伍建设

1. 制定配套政策，鼓励教师从事实验教学

在学校有关教师队伍建设政策的基础上，物理实验中心根据物理学科实验的特点，制定了一系列实验教师建设的政策，在职称评定、学时分配、成果奖励等方面对实验教师给予倾斜，鼓励具有副教授以上职称的教师从事实验教学工作，充分调动了实验教师的积极性，使实验教师队伍建设取得了显著成果。

2. 实施实验课程主持人和主讲制度

配合物理基础实验中心的队伍建设，实施了物理实验课程主持人和实验课程主讲制。聘请具有高级职称的教授或副教授担当实验课程主持人并负责实验室的建设工作。由主持人和学院教务委员会确定实验课程的主讲教师，主持人

有责任培养和提高主讲教师的教学水平。

物理实验课程实施主持人和主讲制度，既保证了实验教学队伍的稳定和水平的提高，又将现代物理学的研究方式和思维引入到实验教学，有力地促进了实验课内容和教学方法的更新，保证了高素质人才的培养。

3. 加强青年教师的培训工作

（1）实验教学中心每年派不同学科的教师参加教育部物理教学指导委员会组织的物理实验学术研讨会议和骨干教师培训班。

（2）依托国家留学基金委项目，推荐青年教师到美国、德国、日本、澳大利亚、香港等国家和地区进行教学培训和实验技术培训。

（3）鼓励教师参加国内实验教学研讨会，学习兄弟院校的先进经验。

（4）青年实验教师通过攻读在职博士学位提高业务水平和实验指导能力。

（5）新教师必须经过试讲，合格后才能指导实验。实验指导教师必须经过多年教学经验的积累，才能成为主讲教师（主持），即“先助后教”。实验指导教师在主讲教师的主持下定期集体备课，不断提高业务水平。

（六）加强实验教材建设

实验教材是教师实验教学的依据，是学生学习的主要参考书目，它充分体现实验教学的教学理念、教改思想和教学手段，实验教材建设是实验中心建设的重要组成部分，也是实验教学改革成果的主要表现形式之一。东北师范大学物理基础实验教学示范中心历来都非常重视教材建设，鼓励实验教师根据实验教学大纲和实验教学的需要，积极编写实验教材和实验教学指导书，并根据实验教学改革的需要不断更新和充实实验教学内容，保证了实验教学质量，对于培养学生的实验动手能力和创新精神发挥了重要的作用。

最近几年，中心增加了综合性、设计性和研究性实验内容，改进了实验教学方法和手段。杨述武先生和赵立竹老师结合实验教学成果主编出版了国家“十一五”规划教材《普通物理实验》（第四版），该教材自 1983 年第一版出版以来至今已有 25 年，被国内上百所高校选为普通物理实验课程主讲教材，累计发行数百万册，是国内发行量最大的普通物理实验教材，该教材曾获得国家教委优秀教材二等奖，是全国再版次数最多、引用率最高的物理实验教材。

另外，中心的实验教师结合教学实践还出版了《近代物理实验》教材，编写了各类实验课用的教学指导书共 20 余册，在实验教学中发挥了重要作用。

四、结束语

实行师范生免费教育，使我们的培养目标有了较大的变化，我们现在的所有教学改革都是为了培养满足基础教育需要的优秀教师和未来的教育家，师范生免费教育是摆在我们面前的一个很重要也是一个很艰巨的课题，我们在这方面作了一些工作，但只是一个良好的开始，随着师范生免费教育的深入，还会有很多需要改进的地方，我们也将在这方面进行一些有益的尝试。

参考文献

[1] 何堆杰，欧阳玉．物理思想史与方法论［M］．长沙：湖南大学出版社，2001.

[2] 陈水桥，陈洪山．物理实验研究性课题式教学方法的实现与探讨．物理实验，2008，28（6）：18.

[3] 苏润洲，兰城，马永轩，等．创新能力培养在物理实验中的一个具体应用．大学物理实验，2005，18（3）：96.

[4] 吴平，邱宏，黄筱玲，等，金属薄膜制备及物性测量系列实验［J］．大学物理，2006，25（5）：39.

高师本科生物教育专业实践教学的问题与对策

刘　影　王永胜

摘　要： 实践教学是高师院校教育教学工作的重要组成部分，是培养合格师资的重要保证。目前，高师院校实践教学的实施仍存在较多问题。本文通过对高师院校生物教育专业实践教学存在的问题进行分析，提出改进措施。为高师院校加强实践教学改革力度，改善实践教学效果，切实提高师范生的实践教学能力提供参考，进而为基础教育培养合格的师资。

关键词： 实践教学　微格教学　教育实习

实践教学是指学生在教师的指导下以实际操作为主，获得感性知识和基本技能，提高综合素质的一系列教学活动的组合。[1]高师院校的实践教学是培养师范生的实践能力，初步掌握专业化知识和学科教育教学方法的主要途径，包括教育类课程的理论教学和学生教育实践活动，教育实践主要包括教育参观、教育调查、教育见习、课堂教学设计、课堂教学演练、教育实习等内容[2]。其中，微格教学、教育见习和教育实习是实践教学的重要组成部分，也是提高师范生实践教学能力的关键。

实践教学是高师院校教育教学工作的重要组成部分，是培养合格师资的重要保障。通过实践教学，可以使学生将所学的基础理论和基本技能综合运用于教育和教学实践，循序渐进地适应从“学生”到“教师”这一社会角色的转变，使之成为具备现代教育理念，掌握现代教学技术和娴熟的教学基本技能，有良好人格和社会适应能力的现代化教师[3]。在全面推进基础教育改革的背景

［作者简介］　刘影，女，东北师范大学生命科学学院硕士研究生，新疆伊犁师范学院化学与生物科学学院助教，研究方向为生物课程与教学论；王永胜，男，教育学硕士，东北师范大学生命科学学院教授，研究方向为生物课程与教学论。

下，教育实践教学已成为体现高师院校与基础教育是否接轨的重要平台。[4]教师是人类文明的传承者，教育要发展，教师是关键。在我国，高师院校担负着为基础教育培养师资的重要任务，因此师范教育被喻为教育之工作母机。由于教师职业的特殊性，一直以来，对教师教育中实践教学的地位、内容、方式方法、评价等存在较大争议。本文主要针对目前实践教学存在的问题作一些探讨。

一、高师实践教学在教师教育中的作用

教师与医生、律师一样是专业化很强的职业，不仅要有广博的专业知识，还要具备能够将知识输出的教学策略，即让师范生知道在工作中“教什么”，以及“如何教”的问题。如果只注重理论知识而忽略实践教学，高师院校将失去师资培养的功能。

（一）通过实践教学，可以加强师范生对所学理论知识的综合运用能力

在大学中，师范生所学的知识包括学科专业、普通科学和教育学科知识。同时，教育学科知识又包括教育理论、技能和实践层面的知识。实践层面的知识就是实践教学，它是师范生将学科专业知识和教育学科知识综合运用于教师行为的模拟训练课程，主要解决师范生的教师职业意识、职业能力和职业情感的培养以及专业知识的验证与深化[5]。

（二）通过实践教学，提高师范生的职业技能技巧

教学既是一门科学，也是一门艺术，还是一门技术。教师在教学过程中，针对不同的知识、不同的时间、不同的学习对象，所用的教学技能和技巧是不同的。通过实践教学，使师范生掌握熟练的职业技能技巧，为顺利适应教师角色打下坚实的基础。

（三）通过实践教学，提高师范生学习的主动性和积极性

在大学的学习中，学生往往不清楚自己所学的知识对将来从教有哪些用处，学习目标不够明确，所以学习积极性不高。但是，通过实践教学，学生可以在模拟教学或者在实际的教学实践中检验所学知识，认识到自己的不足，提高其学习的积极性和主动性。

二、高师本科生物教育专业实践教学存在的问题

（一）课程设置上教育类课程少，而且设置单一，重视学术性，轻视师范性

高师院校教育类课程一直是由普通教育课程、学科专业课程和教育类课程

三个模块构成的。从课时总量上看，教育专业课程仅占总学时的7%左右，学科专业课占72%，普通教育课程占21%[6]。而在美国的教师教育课程中，普通教育课程占总学时的比重是1/3（强），学科科学课程占1/3，教育专业课程占1/3（弱）。[7]由此可以看出，我国的高师院校教育类课程占总课时的比例偏少。在组成上，仅包括教育学、心理学、学科教学论、教育技术和教育实习课程，而与基础教育、新课程有关的课程较少。在教学方式上，主要以理论讲授为主，实践操作较少。由于认识上的偏差，高师院校盲目向综合院校方向发展，重视学术、科研，淡化了本身应该具有的"师范性"。在教师职业专业化的背景下，其结果只能是使师范生难以在短时间内顺利适应教师角色，同时也降低了师范生就业的竞争能力。

（二）实践教学环节上相对薄弱，质量难以保证

（1）实践教学主要以教育实习为主，教学技能训练环节薄弱。因为缺少系统的教学技能的模拟训练，师范生在教育实习中只能以讲授为主，对于教学技巧只能靠摸索，教学内容把握不准，重难点不突出，讲解不透彻。至于如何在教学中培养学生发现问题、分析问题、解决问题的能力，如何处理课堂上出现的偶发事件等，有时会无从下手。

（2）实践教学时间短且集中，不能确保完成实践教学任务。有些高师院校的微格教学训练是安排在大四上学期第一周，仅训练一次，时间为5—15分钟，第二至第九周是教育见习和教育实习时间。由于微格教学的训练时间短且集中，师生、生生的评价以及师范生自我反思较少，达不到微格教学训练的目的。教育见习和教育实习的时间一共六至八周，第一周教育见习，最后一周为实习总结，真正教育实习的时间为四至六周。中学生物课程的周课时较少，而实习生又较多，实习生能够上讲台锻炼的机会不是很多。有的院校实习生被当做"秘书"，除听课外，只能帮助批改作业、阅卷，没有机会上课。基本不能保证完成规定的教学实习任务。

（3）实习基地不稳定。实习基地是承担实践教学的主要场所，也是实现师范生向教师转型的主要场所。建立稳定的教育实习基地，一方面有利于高师院校的教师组织教育实践活动，另一方面也有利于基地学校的指导教师熟悉师范生的情况，有效地加以指导。[8]但是，目前仍有不少高师院校没有稳定的实习基地。有相当一部分中学担心影响升学率，担心打乱正常的教学秩序，担心影响教师的切身利益，不愿意接受实习生，把实习工作看做一种负担。有的师范院校由于资金有限，人力不足，实习生较多，实习基地较少，采取集中实习和分散实习并存的办法。由于分散实习缺乏指导教师的监督和指导，不少学生实

习态度不端正，甚至有部分学生打着实习的幌子而去干其他的事情，使教育实习流于形式。分散实习虽然解决了实习基地不足问题，但常常难以管理和指导而不能确保教育实习的质量，也会给高师院校带来一定的负面影响，甚至影响学生以后的就业。

（三）实践教学指导不得力

（1）高等师范院校的实践教学指导教师无论在数量上还是质量上都难以得到保证，有些学校甚至没有专职的实践教学教师。有的教师既要授课，又要对师范生进行指导，工作之多，难于应付。实践教学课时补助少也是指导教师对实践教学不热衷的原因之一。有些院校在实习之前进行一周的微格教学训练，由于时间短、师范生多，指导教师只能进行教法和教态的简单指导，教学设计方面的指导基本不能有效开展。在实习期间，指导教师只负责把学生送到实习学校，对于教学观摩和教学实习几乎不对学生进行任何指导。有的甚至把实习生送到实习学校后，就不再与实习学校联系，对实习生的实习情况知之甚少。

（2）从实习基地看，有的任课教师把实习任务布置给实习生，却很少有时间给予指导。有的教师担心实习生上课不好，影响自己授课班级学生的学习成绩，不让实习生上课，只让实习生干一些监考、阅卷和作业批改工作。

从以上可以看出，由于指导教师的原因导致师范生在教学实践过程中缺乏有效指导，不利于促进师范生的专业成长，不利于实现师范生向教师的转型。

（四）实践教学评价体系不完善

现行的高等师范院校实践教学的评价体系一般侧重于终结性评价，忽略了形成性评价。评价本身具有激励和反馈功能。通过对师范生实践教学的评价，让学生看到自身存在的不足，激励他们更好地加强技能训练，同时促使高师教学改革的深入。由于缺乏严格的评价体系，评价的功能不能有所体现。

三、改进高师本科生物教育专业实践教学的对策

（一）优化课程设置，实现学术性与师范性的统一

高师院校的课程设置是体现教师教育、教师职业专业化的重要环节。要从课程设置上实现学术性与师范性的整合。从广义上说，学术性是指教师所教学科的专业性，是解决“教什么”的问题；师范性是指教师的教育专业性，解决“如何教”的问题。[9]学术性决定着教师的知识结构，师范性则决定着教师的技能结构，两者决定着教师职业的专业化水平。师范教育要兼顾学术性和师范性，现代教师必须即是学者又是教育家，两者缺一不可。[9]许多国家在进行教育改革时，一方面加强学科专业建设，重视学术性；另一方面，注重教育理论

学习和实践教学训练，强化师范性。根据国外的教师教育改革经验，结合我国实际，可以把教育类课程的比例适当提高，除了教育学、心理学、学科教学论、现代教育技术和教育实习以外，可以适当开设教学设计与评价、教学艺术、学与教的心理学、青少年心理学、心理健康与辅导、教师礼仪、“三笔一话”训练等课程。在开课形式上，除了一些基础性的必修课以外，可以增加一系列与教师教育、新课程改革有关的选修课和专题报告。

师范生的学科专业课程应突出基础性，不仅要传授结论性的知识，还应注重知识产生的过程和学科的基本思想方法，以及知识对人自身及发展、对社会生产生活的作用。另外就是关于如何教授本学科知识的知识和技能，从而实现学术性和师范性的统一。近年来国内一些高师院校正在尝试对课程结构进行较大幅度的改革，对这方面取得的成果值得关注和借鉴。

（二）重视微格教学，加强教学技能训练

微格教学是师范生和在职教师掌握课堂教学技能的一种培训方法，又被译为“微型教学”、“微观教学”、“小型教学”等，是指在有限的时间和空间内，利用现代的录音、录像等信息技术设备，帮助受训者训练某一技能技巧的教学方法，又称录像反馈教学。微格教学对学生教学能力的培养和素质的提高有明确的方向和指标，并可将试讲全过程对照录像进行分析和评价。通过微格教学，在加强学科基础知识学习的基础上，突出了教学技能的训练，使得学生既掌握了本学科的知识，又能掌握和运用各种教学技能，大大减少了教学的随意性。目前的实践证明，微格教学是培训师范生迅速掌握教学技能、提高教学能力的最有效的途径之一。

针对我国高师院校在微格教学训练方面的现状，建议：

（1）加强微格教学的理论学习和研究，重视微格教学训练环节，提高对微格教学的原理、过程和作用等的认识水平。

（2）采取多种形式重视安排落实好教学技能的训练。例如，有的学校教师开展的课前5分钟报告，学生经过认真选题和精心准备，借助语言和多种媒体呈现手段讲清楚一个主题或问题，取得较好的效果。

（3）增加微格教学的时间。主要在理论授课的基础上增加微格教学技能训练的时间，提高微格教室的使用率，让每一名学生都能有锻炼和实践的机会。

（4）加强反馈评价。微格教学训练不能走过场，被培训者讲完课后指导教师应及时组织小组其他人给予评价，使其得到反馈信息，改进自己的教学，真正起到微格教学的作用。

（5）加大教学设备投入力度，尽量做到每个教学单位都有微格教室，避免

微格教室少而学生训练拥挤的状况。

(三) 适当延长教育见习和教育实习的时间，并使教育见习和教育实习贯穿于师范生的整个学习过程

教育实习是师范生形成初步教育技能的重要手段，也是师范生向教师转型的一个重要环节。但我国高师院校的教育实习主要集中在毕业前，时间短而且集中，不能保证在短时间内完成规定的实习任务。师范院校的实习活动不是一次终结性的教育实习，而应该是一种全程教育实习。具体改进措施是增加教育见习和教育实习的时间，一至三年级增加教育见习，组织学生到中小学进行教学观摩，加强听课训练和教学技能的训练；第四学年进行教育实习。将教育见习和教育实习活动贯穿师范生的整个大学学习的始终，有利于师范生了解基础教育改革的前沿，提前进入教师角色。

(四) 建设稳定的实践基地，与实践基地建立互惠关系

(1) 高师院校要建立稳定的实践教学基地。高师院校要选择能切实保证实践教学工作正常进行的学校作为实践教学基地，重点建设。首先实践基地领导要重视并积极支持实践教学工作；其次实习学校的指导力量非常关键，如挑选教学经验丰富、学术水平较高、责任心强、了解高师教育实习的教师作为实习生的指导教师。为保证实践教学高效顺利的进行，选择教师指导能力强并高度负责、管理规范的学校作为实践教学基地，并签订长期教育实践教学合作的协议。

(2) 高师院校要与实践教学学校建立友好互惠的关系。高师院校要主动加强与实践教学学校和基础教育行政管理机构的联系，积极为实践教学学校的教育教学改革与发展提供新知识、新技术、新信息指导，提供师资培训、设备的使用及图书的借阅等服务和帮助。例如，向实践基地师生免费开放标本馆，对基地教师进行生物新课程及实验培训，共同承担实践教学与基础教育方面的研究课题并共享研究成果等。高师院校还可以邀请实践基地教学经验丰富的教师作关于教学方面的报告，经常派学生到基地帮助开展一些有意义的活动，如课外辅导、义教、指导中学生开展生物与环境等方面的课题研究、研究性学习等。

(五) 加强对指导教师的培训工作

建立一支稳定的、有丰富教育理论和实践经验的指导教师队伍，是实践教学教育活动顺利开展的保证和基础。高师院校对指导教师进行多渠道培训，使其具有丰富的教育理论知识，在思想上对实践教学给以足够重视。作为生物教育实践教学指导教师，要熟悉中学生物教材，了解课程标准，掌握课程改革的

趋势，深入研究实习指导内容和技巧。在实习指导过程中，指导教师要做好实习生教育教学活动的指导和心理的调适，切实帮助学生解决教学实习中遇到的问题。

（六）建立合理的评价体系

评价本身具有导向和质量监督的作用，一方面可以加强师范生的技能训练，另一方面也能促进高师教学改革。进行严格、规范的实践教学评价体制改革是培养高技能人才师资的关键。

对学生进行评价的目的是促进学生的发展，而不是为了评优。在评价的过程中，注重对学生的整个实践教学过程的评价，注重学生的自我认识、自我反思以及学生能在自我反思中自我调节、自觉改进。

高师院校在实践教学中要加强督导作用，通过个别访谈、集体座谈、书面问卷调查、实地考察、教育教学督察和抽查等方式，了解师范生在各个实践教学阶段的表现，并通过对师范生实践教学手册的检查，进行分析、评估、考核。从出勤、教案、说课、试讲、微格训练、评课、辅导答疑、批改作业等方面按比例进行量化考核，评定实践教学成绩。评价要公正、科学、规范，克服人为因素的干扰，这样评定出来的优秀才具有说服力、具有竞争性和鼓励性。

从国际教师教育发展的趋向看，教师专业化已成为一种世界潮流，实践教学越来越受到各国的重视。研究和解决我国高师院校在实践教学中遇到的困难、问题，探索符合实际的实践教学的新模式，将有助于高师培养既是学科专家又是学科教育专家的高质量教师。基础教育课程改革的实践对教师教育提出了新的挑战，新时期教师如何在较大空间内引导学生愉快地开展自主学习，掌握学习方法和陶冶情操至关重要。这既是对教师的要求，也是对我国高等师范院校的要求。百年大计，教育为本。教育大计，教师为本。正如2006年温家宝总理在中南海主持召开的教育工作座谈会上所强调指出的："有一流的教育，才能有一流的国家实力，才能真正成为世界上一流的国家，提高教育质量必须依靠教师。"

参考文献

[1] 赖志群．高等师范教育实践教学体系的探讨［D］．南昌：江西师范大学，2003.

[2] 吴东涛．高师实践教学有效性的思考［J］．职业时空，2007（1）：53—54.

[3] 王大钊．高师院校师范生实践教学模式新探［J］．青海师范大学学报：哲学社会科学版，2007（2）：154—156.

[4] 张晓红，张虎芳．高师院校教育实践教学研究［J］．太原师范学院学报：社会科学版，2008，7（2）：115—117.

[5] 胡丽．我国高师物理师范专业教育类课程设置的调查研究［D］．重庆：西南大学，2006.

[6] 李盛兵．我国高师课程体系的缺失：人文性和师范性研究［J］．课程·教材·教法，1998（5）：53—55.

[7] 李其龙，陈永明．教师教育课程的国际比较［M］．北京：教育科学出版社，2002：18.

[8] 张淑君．论高师院校教育实习的现状与对策［J］．当代教育论坛，2008（7）：94—95.

[9] 成有信．十国师范教育和教师［M］．北京：人民教育出版社，1990：8—10.

高师院校英语专业精读课教学模式行动研究

——传统法与交际法的融合

王启燕　仇云龙

摘　要：依据东北师范大学英语专业精读课的教学改革实践，本文提出了“传统法与交际法融合”的教学模式，并以英语专业精读课教学为个案介绍了这种模式的运行过程，归纳了数据统计的结果，分析了教学实践的效果，反思了模式应用中尚待改进的问题。

关键词：英语专业精读课　教学模式　传统法　交际法　融合

一、引　言

英语教学模式研究一直是研究者们广泛关注的课题，戴炜栋教授曾“建议研究者结合本体研究的一些成果，选取一些有意义的课题进行研究，如外语课堂教学模式、学生语言综合应用能力培养等”[1]。关于教学模式的研究有三种形式：一是理论层次的研究，二是实践中的探索，三是将两者结合于教学中的行动研究。行动教学研究旨在从实践教学中发现问题、反思问题，并在理论指导下制定、实施和修正解决问题的行动计划，从而探索出适应新形势的教学模式。

本文将以行动研究为范式，以东北师范大学英语专业精读课改革为个案，探析高师院校英语专业精读课的教学模式，将介绍研究的实践背景，梳理传统

［作者简介］　王启燕，女，文学硕士，东北师范大学外国语学院副教授，研究方向为英语课程与教学论；仇云龙，男，文学硕士，东北师范大学外国语学院助教，研究方向为英美文学、英语教学。

法与交际法的理论基础，呈现研究的步骤和过程，汇总和分析调研数据，反思行动方案与步骤并推论出其对教学的启示。

二、研究的实践背景

（一）传统法教学阶段

从1960年到1992年，东北师范大学英语专业精读课一直以传统法为教学模式。该教学模式的核心理念是：语言是由系统的结构组成的，语言学习是目标语和母语进行对比的过程，学习者可以通过对母语的翻译来学习和掌握目标语。传统法注重知识的传授、教师的讲解以及课本的权威性，培养出来的学生基本功扎实，读写能力过硬。但该模式也有其缺陷与不足，具体表现如下：

(1) 学生过分重视知识和语言点，忽视语境与综合理解，缺失语言运用能力。

(2) 教师讲解过多，学生损失了很多自主学习和发现性学习的机会，缺乏互动的课堂比较沉闷。

(3) 教材的权威性和排他性减缓了学生更新知识的进程。

(4) 学生在表述过程中流利度较差。

（二）交际法教学阶段

为了弥补传统法的不足，东北师范大学英语系从1993年开始同英国文化委员会合作，将交际法应用于精读课教学中。交际教学法的核心理念是：语言学习的过程不是孤立记忆单词和掌握句子的过程，而是在语境和语言的运用中学习语言结构，掌握语言系统知识；教师不是中心，学生是中心，在外语教学过程中应充分为学生提供操练英语、运用英语、用英语思维的机会。在交际法教学中，教材不占绝对主导地位，补充材料起着非常重要的作用；教学内容主要是话题，其内容丰富，涉及领域较广；教学方法以互动为主，讲解为辅。交际教学法培养了学生独立学习的能力，提高了学生英语表述的流利程度，拓宽了学生的涉知领域。但随着交际教学法的不断深入，一些问题与不足也显现出来，具体表现如下：

(1) 学生在表述过程中准确度较差。

(2) 学生掌握的语词多为日常会话用语，对学术语言知之甚少。

(3) 学生在讨论话题时认识不够深邃，逻辑思维能力不强。

（三）问题的提出

交际教学法在东北师范大学英语专业精读教学中应用了十余年，广大师生体会到了它的优长，也发现了它的不足。接下来的精读教学应向何处去？为了回答这个问题，英语系进行了一次大规模的调查和数据收集，调查形式为问卷、访谈和座谈，调查对象是本科一至四年级的全体学生、部分毕业生以及有过精读课授课经历的教师，调查内容包括学习观念、教学方法、教材、教师和总体评价五个方面。

调查结果显示，学生和教师对交际法教学基本持肯定态度，认为它具有提高英语流利程度、增强团队协作精神、激发和保持学习兴趣等功能。同时，师生们也普遍认为这种模式容易产生泛而不精，广而不深，流利但不准确的问题。在这种形势下，英语系提出了将"传统法与交际法融合"的理念，开始了全面、系统的教学模式改革，成立了教学模式行动研究课题组。

三、理论综述

这一部分将简要综述精读课教学模式行动研究的理论基础，主要包括传统法、交际法和输入、输出与互动理论。

（一）传统法

传统法是一种以语法学习为中心的方法，认为翻译及对语言结构的学习是教与学的主要活动，其主要理念可概括如下[2][3][4]：

（1）外语学习的目标是培养名著阅读能力，发展智力，提高文化素养。

（2）读、写在教学中占绝对主导地位。

（3）准确绝对重要，在教学中要不惜一切代价避免错误。

（4）教师用母语讲授知识。

（5）词汇学习主要是词典式学习，背诵尤为重要。

（6）句子是教学的根本，对句子的学习主要通过语法结构分析和两种语言互译来实现。

（7）语法教学采用演绎法，语法知识贯穿于教学始终。

（二）交际法

交际英语教学是英国应用语言学家 Wilkins 等人针对听说法的问题而提出的，理论基础是功能主义语言学和社会语言学，我国学者束定芳、庄智象[5]等对这些理论进行过系统的描述。

Wilkins[6][7]提出的语言意义可以分为两类：意念范畴和交际功能范畴。意念范畴指的是时间、顺序、数量、地点和频度等概念，而交际功能范畴指的是接待、要求、否定、邀请、抱怨和主持等。Hymes[8]将交际能力概述为语法性、可接受性、适切性、有效性四个方面，Halliday[9]提出了系统功能语法理论，Widdowson[10]区分了用法（usage）与运用（use）概念。正是以这些理论为基础，以功能意念大纲为指导的交际法教学在20世纪70年代应运而生。Finocchiaro Brumfit[11]，Richards，Rogers，Littlewood[12]，Kohonen[13]等人认为交际法有以下主要特点：

(1) 语言的基本单位除了其语法和结构体系外，还包括反映在话语中的功能概念和交际意义范畴，后者更为重要。

(2) 交际法的目标通过表达来学习语言和提高交际能力，学习过程中应注重交际能力的培养，对话中应以交际功能为核心。

(3) 学生通过无数次的假设构建，假设检验和假设修订（即出错、体验、改错）来创造语言、学习语言、掌握语言，最终达到熟练运用语言。

(4) 课堂活动丰富多样，活动设计的焦点是完成任务，通过运用语言、意义协商和信息交换等形式，学生与学生之间实行两人合作、小组合作等交流形式。

(5) 注重教学过程，教学将形成性评价与终结性评价结合。

(6) 学生的角色是学习者、交际者和协商者；教师的角色是参与者、组织者、研究者和评价者等。

(三) 输入、输出与互动理论

1. Stephen D. Krashen[14][15][16]的输入假说

按照Krashen的说法，外语学习有两种方式，即习得（acquire）和学得(learn)。习得是潜意识学习活动，最终使学习者有能力使用语言，学习者通过习得提高语言能力；而学得是有意识地学习语法知识，这种学习不能达到习得。基于此，知识也分为两种：习得知识，即语言的知识；学得知识，即关于语言的知识。Krashen的输入假说大致包括以下五个方面：

第一，学习者的学习进程是延续的过程，在这个过程中学习者的语言能力通过可理解性输入得以提高，输入材料的难度要高于学习者的当前水平，Krashen称之为（i+1）。在吸收可理解输入的过程中，学习者最终自然地具有了运用语言的能力。

第二，可理解性输入是习得得以发生的必要条件而非充分条件，情感因素也影响着输入的质量，消极态度（如缺乏动机，自信和过度焦虑等）会阻碍输入，影响学习效果。

第三，输入可以通过简化、语境、语言外提示等成为可理解性输入。

第四，学得发挥监控或编辑的作用，对习得过程的输入与输出进行监控和调整。

第五，口语的提高是习得的结果，学习者的语言输入不直接引起习得。

2. Merrill Swain[17] 的可理解性输出理论

Swain 认为，输出对外语学习起三方面的作用，即提高语言意识，验证假设和自我改正。

提高语言意识指的是学习者的语言敏感度（如发现语言点，发现问题等），这种意识源于对语言的运用。当某学习者进行语言表述时，他的大脑处于积极状态，他能注意到表达不当之处，也就是注意到了差距（gap），这种差距感使学习者有意识地输入语言材料，不断学习，随时提取（pick-up learning）。如果学习者不说、不写，那么他对语言就没有敏感性，就不能有意识地注意语言现象。语言输出的另一个作用是学习者在输出时可以构建假设并能验证假设。若某项用法得到肯定性反馈，学习者会将其存入心智语法体系中；若得到否定性反馈，学习者则会修订其用法或尝试另外的表达法。这种假设的构建、检验和修订会使学习者的表达日渐准确、流利。语言输出的第三个作用是自我改正，它是指学习者不断地发现错误、认识错误和更正错误。外语学习是在犯错中进步的，旧的错误消失，新的错误出现，学习者在不断地犯错、改错中逐渐达到或接近母语水平。

3. Michael Long[18] 的互动假设

Long 认为输入必须经过有条件的互动才能被学习者吸收，他提出的互动假设主要包括四点：

第一，互动具有可调整性。换言之，学习者与他人互动时，输入内容常因具体情况作出调整。

第二，调整的过程需要双方进行意义协商，以达到可理解性输入。

第三，否定的信息告示输入的理解偏差，为纠正偏差，输入内容需要再度调整或协商。

第四，对输入的理解与处理需要一定的时间，时间的长短取决于诸多因素，如输入的难度、输入的量以及理解程度等。

可见，Long 认为外语学习的成功与否取决于互动，互动过程中的处理决定学习的效果，因此，学习者需要有机会参与互动。

以上理论对英语系精读课教学模式改革提供了指导，我们吸收了相关理论的优长，确定了如下行动研究方案和具体研究步骤。

四、研究步骤和过程

（一）课题设计与行动方案

1. 行动方案的理论论证

语言不但是交际的工具，也是思维的工具和文化的载体，交际的有效性取决于学习者对语言知识和技能的掌握。立足于这样的语言观和学习观，根植于中国外语教学的环境，着眼于为基础教育培养优秀师资的教学目标，我们主张把传统法与交际法进行融合，培养学生“听、说、读、写、思”的能力。基于此，我们对英语精读课的课程目标、教学大纲、课堂活动、教师角色、学习者角色、教材作用和准确与流利关系进行了重新定位。课程目标强调了输入与输出并举，知识与技能并行；教学大纲突出任务为主线，语言运用为目标；课堂活动倡导意义协商与信息交流；教师角色定位于启发者、促进者、协调者；学习者角色定位于主动者、参与者、互动者；教材内容既涵盖经典语篇又包容新闻快讯和热点话题，使之成为知识操练的载体和技能提高的途径；准确与流利和谐发展，知识操练与技能训练时间平衡分配。

2. 实践教学内容与方法

(1) 课程体系：衔接与递进。外语学习具有层次性，学习外语要经历三个阶段，即符号认知阶段、语义认知阶段和语用认知阶段[19]。因此，英语精读课的教学模式理应体现出衔接与递进的特点，在一至三年级的精读课教学中，传统法与交际法的融合也应体现出不同的侧重点，而不同的侧重点应该在教学时间的分配上有所体现。一年级的学生处于符号认知阶段，他们在语音、词汇、语法、修辞等基础知识层面还比较薄弱，急需获取知识。因此，教师的知识讲授应该占用大部分时间，传统法的部分教学技巧应该被较多应用，这样有助于学生得到正确的知识输入。而二年级的学生渐渐由语符认知阶段过渡到语义认知阶段，他们应该学会用符合语法规则的句子构建连贯的话语，要达到这一点，大量的操练必不可少。教师与学生构成了一种互动合作式的话语共同体，所以传统法和交际法的时间配比应该是大致平衡的，这样便于学生有足够的练习时间。三年级的学生渐渐由语义认知阶段过渡到语用认知阶段，他们的学习侧重不是语言知识是对还是错的问题，而是语言运用是否得体的问题。因此，教师的主要作用在于启发、反馈和破解句词的语境意义和文化内涵，学生则应占用大量时间进行交际能力训练，而这种交际能力不是简单的接人待物，而是从听、说、读、写过程中学会思辨。经过从一年到三年级的衔接、递进过程，学生的自主学习能力逐步提高，探求新知意识不断增强。

(2) 教材：主、辅教材结合。在传统法教学模式指导下的教学实践中，教材往往比较固定，教材更新周期较长，课文多为经典名篇，其规范性毋庸置疑，但其时代性稍显不足。如果在一个网络技术迅猛发展的时代里不断重复“收音机的发明”之类的内容，其接受度是不言而喻的。因此，我们对课程的核心教材进行了替换。但教材的使用是有一定周期的，不能也不该频繁替换。

所以，我们主张采用主要教材和辅助教材相结合的方式，辅助教材是主要教材在内容和主题上的拓展和延伸。辅助教材主要是英、美国家及我国发行的英文报刊和杂志，但对这部分内容教师不再逐字逐句讲解，而是指导学生进行自主学习，丰富学生的阅读技巧。经典名篇语言精准、语法结构丰富，报纸、杂志中的文章则体裁多样、内容鲜活。这种结合可以使未来的教师既具有扎实的语言功底又具备丰厚的知识储备，在语言讲授中传递思想。

(3) 教学手段：继承与发展。中国的外语教育具有自己的传统，形成了基本的教学理念，那就是打好基本功。长期以来，外语教学注重培养学生的读写能力[20]。在读写模式（Literacy Model）教学中，背诵（reciting）、复述（retelling）、翻译（translating）等教学技巧被广泛采用，这些技巧在提高学生的语言准确度方面效果明显。但自交际教学法进入我国以来，很多教师渐渐丢弃了读写教学模式中的一些有益成分，致使很多英语专业的学生在言语表达中准确度下降。为了避免这种后果，我们在教学中继承了背诵、复述等机械表达手段。但是，我们不主张语言的单向输出，更强调师生互动和生生互动，因为“人际互动为学习者提供了使用语言的平台，使他们的语言学习能力处于应激状态，迫使他们在变化的情景语境里选择语言形式表述意思，促进语言与情景语境之间的契合”[21]。因此，我们增加了课文讨论和课文总结等发挥表达手段，戏剧表演和配音等表演表达手段以及话题讨论和即时演讲等综合表达手段。这些课堂活动在增强学生语言流利程度的同时也培养了学生的教师风范，提高了学生的自信心，而能在大众面前把一个问题讲清楚、说明白正是一名师范生应该具备的素质。

(4) 评价体系：加强形成性评价。传统法与交际法的融合突出语言运用，注重任务的设计和完成。任务的实施效果在很大程度上取决于评价体系的科学性和完整性。英语专业精读教学以小班授课为主，学生表现易于观察，这就为多元评价体系的构建创造了可能性。我们坚持形成性评价（formative assessment）与终结性评价（summative assessment）并行的做法，期末成绩占60%或70%，平时成绩占40%或30%。期末成绩依据期末试卷的作答情况，平时成绩既包括听写、测试等检验传统法实施效果的项目，又包括课堂发言、演讲、辩论、表演等检验交际法实施效果的项目。根据不同年级的教学目标和学生特点，教师会抽取相应的指标进行评价。但无论抽取的评价指标有哪些，教师都应对每项指标赋予固定的分值并逐项打分，这种细化的评价方式更能得到学生的认可，更能激发学生完成任务的热情，更能促进学生运用知识的效果。而英语精读课评价体系的完善则为师范生提供了教学评价的样板，帮助他们胜任课堂组织和教学评价工作。

（二）数据收集

1. 数据收集的对象、形式与内容

在理论研究和教学实践后，课题组在 2006 年 6 月和 2008 年 6 月分别进行了一次调研。2006 年的数据收集对象为 2003 级英语专业学生（师范专业，117 人）和有精读课任课经历的教师（10 人）。2008 年的数据收集的对象为 2005 级英语专业学生（师范专业，91 人）和有精读课任课经历的教师（10 人）。所以选取 2003 级和 2005 级学生作为数据收集对象是因为 2003 级学生是交际法教学模式下培养出的最后一届学生，而 2005 级学生是“传统法与交际法融合”教学模式培养的第一届学生。

数据收集的形式有四种：①调查问卷（学生填写）；②精读课结业测试卷（学生作答）；③学生访谈；④教师访谈。

数据收集的内容主要集中在学生的知识准确度、表达流利度和思辨能力。知识准确度主要考查语音语调、语法和词汇三个方面；表达流利度主要从不冷场（time-filling）、语用连贯和地道表达三个维度进行区分；思辨能力则是指归纳、推理、反思、发现问题和解决问题的能力。调查还力图探求教学模式运行过程中遇到的问题。

2. 数据统计的结果

（1）调查问卷对比数据（问卷内容相同）。

学生提高百分比

	2003 级	2005 级
语音语调的准确	76%	82%
语音语调的流利	92%	90%
口语中语法的准确	72%	89%
口语中用词的准确	79%	88%
口语中用词的地道	80%	82%
能连续口语表达	96%	94%
写作中语法的准确	78%	87%
写作中用词的准确	82%	85%
写作中用词的地道	80%	82%

续 表

	2003 级	2005 级
写作的连贯与流畅	88%	91%
思辨能力的提高	91%	95%

从上表可以看出，与 2003 级学生相比，2005 级学生在语音语调的准确、口语中语法的准确、口语中用词的准确、写作中语法的准确和思辨能力的提高等项有较大提高，而在连续口语表达方面稳中有降。

(2) 精读课结业测试卷对比数据（试卷难度一致）。

年级平均答题准确率

	2003 级	2005 级
语法	74%	81%
词汇	83%	86%
完型填空	84%	83%
释义	82%	85%
翻译	78%	85%
阅读	77%	78%

从上表可以看出，与 2003 级学生相比，2005 级学生在语法、翻译两题中答题准确率高出较多，而在其他试题中差异不大。

(3) 学生访谈。2003 级学生对交际法教学模式基本持肯定态度，但也提出了一些问题，这些问题可以归纳为：教师对语法和词汇的强调不够，讲授时间稍短；学生碰到一些语言点时不敢较真，在讨论中提高了表述流利性，但逻辑思维能力并未明显提高。

2005 级学生对“传统法与交际法融合”的教学模式评价较高，他们很少有人提出 2003 级学生谈到的问题，而是提出了几个教学活动中的细节问题，如教师讲解与学生活动的时间配比问题及课后习题的处理问题等。

(4) 教师访谈。被访教师将不同教学模式培养下的学生作了纵向比较，他们普遍认为：与交际法教学模式培养出来的学生相比，“传统法与交际法融合”教学模式下培养出来的学生在口语表述的流利性方面大致相当，但语言输出的准确度和思想性方面更加优异。几位多年从事教学工作的教师指出：交际法教学模式下培养的学生对语言点的掌握比较模糊，而融合法教学模式下培养的学生对多数语言点不但自己掌握得比较扎实，而且能讲明白。同时，某些教师也指出了在新教学模式下英语精读教学遇到的一些难题，如教材篇目过多，习题量较大，在规定教学时数内讲完所有篇目难度很大；主教材中的多数语篇都突显了语言的结构性和意念性，但忽视了功能性。

五、反思与启示

在教学实践和师生反馈中，我们不难发现“传统法与交际法融合”教学模式提高了学生的知识准确度和表达流利度，增强了学生在思考问题时的连贯性和逻辑性，也培养了他们作为未来教师的风范，具有一定的应用价值。但在教学实践和调研活动中我们仍然发现了几个难题，其中最突出的是有限的教学时间和大量的教学内容之间的关系。经过反思，我们尝试以下做法，取得了一定成效，但仍需不断地探索和总结以求取得更佳效果。

对于任何一个专业而言，各门课所占的学时能体现该课程在专业教学中的地位。英语精读课作为英语专业学生必修的一门重要基础课与很多课程相比已经占有了较多的学时。因此，当教学量和教学时数发生矛盾时，解决的办法不是增加课时数，因为这会打破课程之间的平衡；解决的办法也不是减少对学生的信息输入量，因为少量的输入从信息上和语言上都构不成“i＋1”，因此我们尝试从优化教学环节和增强学生的自主学习能力着手。教材是教学活动的重要参照但不是唯一参照。因此，教师不必讲完教材中的全部内容和处理所有的课后习题，内容可增可减。但增减不是任意的，同年级的精读教师可以在“精”的前提下，围绕教学大纲、文章主题、核心知识点和疑难问题等方面统一确定讲授篇目和必讲内容。而教材中的剩余文章和课后练习则可以作业的形式让学生课下完成，再采取必要的考核和答疑，这样既可以优化课堂时间，又可以激发学生的自主学习能力。同时，我们还对精读课的教学目标进行了进一步细化，将其主要教学目标和次要教学目标进行切割，确定哪些内容是精读课应该集中讲授的，哪些内容是其他课程需要重点讲授的；哪些内容是一年级应该重点讲授的，哪些内容又是二、三年级应该主要突破的。以语音教学为例，我们一方面对发音不准的同学给予重点关注，在课堂上多给他们机会进行语音操练；另一方面建议学院对语音课进行小班授课，并给发音不准的学生专配语音指导教师，帮助他们尽早取得突破。

六、结　论

本文对传统法和交际法两类英语教学模式分别进行了理论梳理，对东北师范大学英语专业精读课的教学实践进行了回顾，提出了“传统法与交际法融合”的教学模式，并以我校英语专业精读课教学为个案介绍了这种模式的运行过程，归纳了数据统计的结果，分析了教学实践的效果，反思了模式运行中的疑难之处。

“传统法与交际法融合”的教学模式虽然在我校的英语专业精读课中得到了检验并取得了较好效果，但其应用时间尚短，被试范围有限，难免存在一些不足之处。课题组全体人员愿在业界同行的帮助下，在历届师生的建议下对其不断完善和发展。

参考文献

［1］戴炜栋，王雪梅．建设具有中国特色的外语教育体系．外语界，2006(4)：7.

［2］Howatt A P R. *A History of English Language Teaching*. Shanghai：Shanghai Foreign Language Education Press，1999.

［3］Richards J T，Rogers T. *Approaches and Methods in Language Teaching*. Cambridge：Cambridge University Press，1986.

［4］马丁·韦德尔，刘润清．外语教学与学习：理论与实践．北京：高等教育出版社，1996.

［5］束定芳，庄智象．现代外语教学：理论、实践与方法．上海：上海外语教育出版社，1996.

［6］Wilkins D A. *The Linguistics and Situational Content of the Common Core in a Unit/Credit System*. Strasbourg：Coucil of Europe，1972.

［7］Wilkins D A. *Notional Syllabuses：A Taxonomy and Its Relevance to Foreign Language Curriculum Development*. Oxford：Oxford University Press，1976.

［8］Hymes D. *On Communicative Competence*. Philadelphia，P. A.：University of Pennsylvania，1971.

［9］Halliday M. *Explorations in the Functions of Language*. London：Edward Arnold，1973.

[10] Widdowson H. *Teaching Language as Communication*. Oxford: Oxford University Press, 1978.

[11] Finocchiaro M, Brumfit C. *The Functional-Notional Approach: From Theory to Practice*. New York: Oxford University Press, 1983.

[12] Littlewood W. *Communicative Language Teaching-AnIntroduction*. Cambridge: Cambridge University Press, 1981.

[13] Kohonen V. *Experiential language learning: second language learning: as cooperative learner education. In Nunan, D. (ed) Collaborative Language Learning and Teaching*. Cambridge: Cambridge University Press, 1992.

[14] Krashen S. *Second Language Acquisition and Second Language Learning*. Oxford: Pergamon, 1981.

[15] Krashen S. *The Input Hypothesis: Issues and Implication*. London: Longman, 1985.

[16] Krashen S. *We acquire vocabulary and spelling by reading: additional evidence for the input hypothesis*. Modern Language Journal, 1989 (73): 44—64.

[17] Swain M. *Communicative competence: some roles of comprehensible input and comprehensible output in its development in Gass and Madden*. (eds) *Input in Second Language Acquisition*. Rowley, Mass.: Newbury House, 1985.

[18] Long M. *Tasks, group, and task-group interactions*. University of Hawaii Working Papers in ESL, 1989 (8): 1—26.

[19] 张绍杰．学习外语“三步曲”．英语知识，2003 (8)：1.

[20] 张绍杰．对舶来教学法说“不”：我国当今外语教学现状考察与反思．中国外语，2007，4 (3)：7.

[21] 王初明．论外语学习的语境．外语教学与研究，2007，39 (4)：193.

美术教师教育的思考与研究*

潘宏艳

摘　要：基于美术师范生免费教育实施以来的课程论证、美术教育研究文献的梳理与分析、美术课程标准的解读及基础教育阶段美术教育的现实观察，讨论了如何进行师范生角色定位，阐述了课程体系中的课程意图，进行了建立美术教师培养“联合体”、以“课堂行动”鼓励在“做”的过程中获得经验等“体验式学习”为核心的美术教师教育培养方式的思考与研究。

关键词：教师教育　角色定位　课程意图　体验式学习

在我的感受中，基础教育阶段的美术教育从来也没有像今天这样把其放在“关乎人的全面发展”的高度来认识，“艺术：让人成为人”已得到当今社会一定程度的认同。在20世纪90年代末和本世纪初相继颁布了国家《全日制普通高级中学艺术欣赏课教学大纲（初审稿）》、《全日制义务教育美术课程标准（实验稿）》和《普通高中美术课程标准（实验）》等。尤其是通过美术学院为师范生免费培养创建“美术教育系”及其课程计划的论证过程中一定数量的文献阅读，春季学期教育见习和秋季学期的教育实习中作为指导教师的实践调研，使我对美术教师的价值与意义及其现实需要都有了比较深入的理解，所以才能够就此进行教师教育方面一些问题的思考和研究。

国家美术课程标准首先提出了关乎人的全面发展的美术教育的价值及其目标，艺术教育的研究者们也从不同的角度指出了美术教育与人的个体和人的社

［作者简介］　潘宏艳，女，美术学硕士，东北师范大学美术学院副教授，研究方向为20世纪中国美术史、师范美术教育。

* 经费资助来源：校内项目“面向基础教育的高师美术课程改革与发展策略研究”。

会发展的必然关系。如果说人的个体发展主要体现在大脑、身心、人格的健全、健康和完善发展，那么人的社会发展则主要体现在人类生存环境的美化、人际关系的和谐以及文化建设的全面发展等方面。那么，实现人的这些方面发展的重要素质的培养就是美术教育的深刻内涵与价值所在。包括审美情感的陶冶，人性的升华，知识技能和创造能力的提升，图像素养、视知觉能力和求新意识的形成等。但当我们在教育实习中试图去了解和考察目前的美术课堂教学与课程标准的一致性程度时，呈现出了一个重要的问题——目前最缺乏的是能够使美术课程标准得到有效实施，能够让学生在感受、体验、参与、探究、思考和合作等学习活动的基础上，进一步学习基本的美术知识与技能，体验美术学习的过程和方法，形成有益于个人和社会的情感、态度和价值观的美术教师。从实习基地校对一节好的美术课程的热情评价及学生对一节喜欢的美术课的向往，到大多数美术教师面对"课程标准"和"目标"的茫然及渴望学习的热情中都可以感受到，这一问题是当前美术教师教育面临和亟待解决的重要课题。所以我试图从师范生的角色定位、课程设置及其意图、以"体验式学习"为核心的培养方式等方面对美术教师教育进行一些可能的探索。

一、帮助师范生完成自己的角色定位

上个学期末，我看到了一篇充满希望又不无担忧的文章，是我院一位非师范生针对自己所看到的一些现象为师范生写的。他在文章中这样对师范生说："在我看来，整个民族的精神教育和思想传输，都已注定背负于你们的身上，为何你们的步调却如此的轻盈！我怎能安心将我的孩子交付于你！难道你要传教于我的孩子你们的精神吗？懒惰、贪玩、还是磨灭意志妥协现实？你们不知道你们有多重要而我知道！你们不知道你们对社会有多重要而我知道！就算明天的我消逝了也无所谓，而你们不能！你们要比我努力，比我活跃，比我有激情的奋斗下去，因为你们是我们的未来，我们的希望！愿我在闭眼之时能感受到你们的崛起。"这段话，提出了一个重要的教师教育问题——师范生的角色定位与价值认同问题，正如阿波罗的神喻所言"认识你自己"。只有知道自己是谁，才能知道如何努力，为什么而努力。所以教师教育首先要解决的是基于价值认同的角色定位问题。我认为这也是需要通过诸多教育环节才能有效实现的问题。

（一）努力实现美术教育价值的认同

尝试通过指导性文本阅读、有影响力的名师讲座、主题对话等方式让美术教育的价值深入师范生的心中。蔡元培临终前说了八个字"科学救国、美育救国”，把美育和科学提到同样的高度，可见艺术教育对民族、社会发展的意义。也正因如此，蔡元培多次发表文章阐述“美育代宗教”等主张，我国20世纪初的美术教育先驱丰子恺、吕凤子先生也都有重要的论述。丰子恺在《艺术教育的原理》一文中区别了艺术和科学的不同，并认为“艺术教育的原理是因为艺术是人生不可少的安慰，有比社会大问题的真和科学知识的真更加完全的真，直接了解事物的真相，养成开豁胸襟的力量，确是社会极重要的事件”。[1]“吕凤子关于美育有着独特的思想，他认为‘美育的实施，就是穷己成己，穷异成异’，‘穷异即文化创造’，‘成异就是获致福利’，‘美育是就异成异，还人为人的非物教育，不是造就人上人的’。吕凤子把‘异’看成是美育的核心，‘穷’即穷理尽性，穷尽人生的精微，穷究美化人生的道理。这种存异成异的思想，就是培养人的个性和创造力，让人的自然创造力得以发挥，使人的身心得以正常发展”。[2]梁启超则从美术与生活的关系的角度论述了审美活动及其美术的价值，他在《美术与生活》中强调“审美本能，是我们人人都有的。但感觉器官不常用或不会用，久而久之麻木了。一个人麻木，那人便成了没趣的人；一个民族麻木，那民族便成了没趣的民族。美术的功用，在于把这种麻木状态恢复过来，令没趣变为有趣。换句话说，是把那渐渐坏掉了的爱美胃口，替他复原，令他常常吸收趣味的营养，以维持增进自己的生活健康。明白这种道理，便知美术这样东西在人类文化系统上该占何等位置了”[3]。这些论述与艺术心理学的研究达成了共识。美国艺术心理学家鲁道夫·阿恩海姆认为“直觉与理智并不各自分离地行使其作用，几乎在每一情形中两者都需要互相配合。因此在教育中，偏重某一面而忽略另外一面或将两者割裂开来都只会让我们试图使之完满的心灵变得残缺不全”[4]。而直觉是视觉、音乐等艺术所专有的，但偏见认为直觉是很难通过教育获得的，所以许多中小学的课表中，尤其是中学，占有突出地位的仍然是传授稳固知识的高、中考学科，学校只为美术课提供了最小限度的时间，即使每周极为难得的一两节课也可能被其他“重要”学科所占用，有的学校美术课似乎成了学校教育中可有可无的点缀，由此导致的是学校和社会美术教育的缺失，以及因此而使人们不同程度地被科学理性遮蔽了人性应有的光芒，少有艺术润泽的心灵体验而导致的个体生命的干涸。我们应该使学生感受和体会到艺术的这些生命价值，让学生有专业自豪感和学习乐趣。

（二）注重教师“角色魅力”的影响

通过大学、学院乃至教育见习与实习基地校每一位能给予师范生影响的教师的教育理念、价值取向、角色魅力的影响，使当一名优秀的教师成为师范生的理想与追求。今年的教育见习期间，我们的一些学生就是通过请来做模拟中学美术课堂的老师的教学魅力的影响，改变了一想到去中学当教师，艺术家的梦想就不能实现了，前途就完了的想法。对中学美术教师开始重新认识，并以此为目标和动力积极努力争取成为这样的教师。从教育见习到教育实习，在这段与学生接触和沟通比较多的时间里，我也切实体会到了教师对美术教育价值的深入理解，及其为实现其价值所进行的有效实践行动对学生的影响是极大的。同时还要使美术师范生知道和理解艺术家角色与教师角色并不是矛盾的，从事基础教育，同时也可以成为一名出色的艺术家，前面提到的丰子恺、吕凤子先生都是这样的代表。一名优秀的艺术家不一定是优秀的艺术教育家，但一位优秀的艺术教育家应该是优秀的艺术家。

（三）体验中认同教师角色

通过建立与中小学的长期联系，让师范生从大学一、二年级开始，就有机会体验美术教育的实施过程，在体验中获得经验和教训、信心与成就感，感受到美术教育对人的影响和自己的价值存在，认识到成为美术教育家的可能，以及作为一名教师的辛苦与乐趣，生命的价值与意义。让师范生因为发现职业的意义而有热情为之努力。

二、建构适合美术教育发展的教师教育课程体系及其课程意图

有效实施美术课程标准，使美术教育的价值能够最大化地实现的美术教育，是有质量的美术教育。有质量的美术教育需要有质量的教师来实施，有质量的教师需要有质量的教师教育，而有质量的教师教育的核心是课程的质量。所以合理的课程体系包括课程的理念、课程的设置以及课程的意图都是值得研究和思考的。美术教师教育课程体系主要包括三个领域，即艺术人文、美术学、教师教育。

（一）旨在形成艺术思维的艺术人文领域的课程

主要包括艺术哲学、文学经典、艺术社会学、中国当代艺术、西方现代艺术、后现代艺术思潮等课程。目的是从原来的注重培养掌握高水平专业知识的美术师范学生，转变为注重培养具有宽厚的人文精神与素养，能够创造性地实施美术教育并以此激发人的创造性潜能，润泽人的心灵的美术师范学生。全日制义务教育美术课程标准明确规定“美术课程具有人文性质，是学校进行美育的主要途径，是九年义务教育阶段全体学生必修的艺术课程，在实施素质教育的过程中具有不可替代的作用”。

（二）意在把握视觉方式的美术学课程

包括美术专业实践、美术史、美术批评与鉴赏等几个方面的课程。因为美

术教师既是美术的创造者和传播者，又是美术文化的理解者和阐释者，全面的美术教育又是由美术感知、创造性表现、历史和文化背景、审美评价等方面组成。所以美术专业实践课是这个课程领域的支撑与核心课程。课程特色应强调综合性。一方面是课程内容和安排上的联系及互渗、互补和互促等综合性，也就是既有循序渐进的课程先后排列，又有同一层面课程的空间并存；另一方面是课程设置的综合性。既有某个美术领域、某种语言与创作方式实现的空间，又有尝试多种语言材料进行综合艺术表现的可能，既让学生了解多种媒介、语言、方法，又可以通过专业发展方向选修课的强化，使学生在某一个专业领域有较强的艺术创造和表现能力。美术专业实践课由三个部分构成，即专业基础课、各画种、设计专业基本语言实践课、专业选修与创作课等。虽然面向全体中小学生的美术教育反对进行大量的技能训练，也不着眼于外显的表现性技能，但美术教育的独特性是以视觉的方式实施教育，美术技能仍然是美术创造能力培养的重要途径。尤其是对体现艺术素养的更深层次能力的培养，诸如感受力、视知觉能力、想象力、创造力、鉴赏与理解力等都有赖于教师的创造热情与创作能力的不同凡响，因为活跃的创造与表现能力是对学生最好的视知觉吸引，也才有能力和同学一起从事“化腐朽为神奇”般的艺术创造活动。所以对美术的感知与创造能力的培养是未来的美术教师能否创造性地实施美术教育的根本所在。而一名美术教师能有效地通过美术课堂培养学生参与美术创造的兴趣、培养创造力并润泽其心灵，除以上阐述的感知和创作能力外，还需要及时发现学生作品的价值并给予合适的评价的能力，对美术文化有比较深入的理解和阐释的能力，这些能力则需要在美术史与美术批评与鉴赏、美术馆教育等课程中获得。

（三）增强美术教育教学与研究能力的教师教育课程

包括一般教育理论与技能、美术学科教育理论与技能、教育实践三部分。美术教师是美术教育的研究者和实践者。美术学科教育理论与技能是进行有质量的美术教育的有效保障。尤其是美术教育学、中西方美术教育史、美术教育研究方法等课程，使学生能够了解美术教育的一般原理、历史与文化、研究的方法与前沿问题，为以后的研究奠定基础，也为美术课程设计与开发、美术课程标准与教材分析等课程作了学科铺垫。这两门课程同样应该在传统课程的基础上强调实践和体验的内容。比如“美术课程设计与开发”中的“开发”，“美术课程标准与教材分析”的“教材分析”等，这些研究性、实践性、体验性比较强的课程如果能有效地实施，将成为培养未来美术教育家的沃土。另外在第 6 学期的教育见习和第 7 学期的教育实习之前，应该有 2—4 周左右的“教育体验”，也就是前面谈到“角色定位”时说的大学一二年级应该有机会“体验美术教育的实施过程”，这将对学生“学习的自觉”带来积极的影响。

三、探索以“体验式学习”为核心的培养方式

“‘体验学习’乃是对‘学习’原始性质的恢复：恢复知识与身体、知识与情感、知识与活动的本原关系。”[5]这对美术学科及其教育尤为重要。首先是美术创作本身就是与身体体验、情感投入、游戏本质密切相关的创造活动；其次是美术教师教育中的培养方式将直接影响未来的美术教师的施教方式。所以美术教师教育的培养方式应该在保留一定的“接受式学习”的同时，更强调“在场”与“参与”的“体验式学习”。

（一）建立美术教师培养的“联合体”

我们可以考虑与一两所合适的中小学的美术教研组建立旨在进行教师培养与实施高质量美术教育的“联合体”或者是“共同体”，由大学教师和中小学美术教师共同提出研究课题，然后共同指导未来的美术教师进行“教什么”和“怎么教”的整体性、研究性学习与实践。这种培养方式在美国“教师专业发展学校”的“以校为本”的建立合作伙伴关系中可以找到相通之处。“美国的教师教育年鉴第七卷认为，教师教育发展学校是通过‘以校为本’的合作伙伴关系的建立，完善职前教师和在职教师教育的一场运动。”[6]通过对美国“教师专业发展学校”取得的成效、特点、发展情况的了解让我更坚定了这一想法。

（二）以“课堂行动”方式强调体验式学习

在所有课程中，不同程度地强调变“静态”的课堂教学为“体验性”的“课堂行动”。通过“课堂行动”，使教学时空的内涵和外延同时得到拓展，让学生在“课堂行动”中获得观察、发现、创造的真切体验。“课堂行动”既是使学生与美术世界乃至自然与社会建立起联系，获得艺术经验，也是使学生与美术教育世界建立起联系，获得美术教育经验的有效的教育方法。其学理上的依据可以追溯到美国著名教育家杜威的教育思想，杜威认为，“常语所谓‘从经验中学习’，就是在我们对事物有所作为和结果我们所享的快乐或所受的痛苦之间，建立前前后后的联结。在这种情况下，行动就变成尝试，变成一次寻找世界真相的实验；而经受的结果就变成教育——发现事物之间的联结”[7]。“课程行动”就是要求通过课程的实践行动，在学生已有的经验和未来经验之间架起桥梁。如人文类课程的课堂小课题研究与发表，教师教育类课程的与中学课堂、教育对象、教师角色的接触性考察与实践行动，美术专业实践课程的课堂综合体验与创作、民间美术的“田野课堂”等。

（三）鼓励在“做”的过程中获得经验

鼓励和支持引导学生积极参加大学生科研课题立项、各种艺术展览以及社会艺术文化教育服务等活动。在提出和研究课题的过程中学会研究和反思，养成观察、发现、思考、创作的习惯，这是成为美术教育家的必备素质；通过参加各类艺术展览，可以激发创作热情，活跃艺术思维，丰富艺术感觉，交流艺术感悟，同时还要自觉接受博物馆、美术馆教育。因为“真正意义的审美并不等于艺术品的‘精神化’或非对象化。极而言之，只有那种沉潜于艺术原作的氛围中的民族，才有那种靠得住的、升之愈高的审美品位”[8]。希望学生能有这样的感受，并把这种感受和理解带给学生的学生，实现自觉地让艺术品来占有身心的愿望，这样才能在艺术的陶冶中成长。最后是关于艺术文化教育的社会服务问题。每一位学生在大学期间都应有至少一次担任这样活动的志愿者经历，这是艺术教育意义最直接的实践活动和体验。

以上是我以国家美术课程标准为目标对美术教师教育进行的一点思考和研究。这些思考还需要进一步的研究和学术支持，更需要在实践中继续完善和拓展。

参考文献

[1] 丰子恺．艺术教育的原理．转引自：陈池瑜．中国现代美术学史．哈尔滨：黑龙江美术出版社，2000：180.

[2] 陈池瑜．中国现代美术学史．哈尔滨：黑龙江美术出版社，2000：175.

[3] 梁启超．美术与生活．转引自：顾森，李树声主编．百年中国美术经典（第 3 卷）．深圳：海天出版社，1998：2.

[4] 鲁道夫·阿恩海姆．对美术教育的意见．长沙：湖南美术出版社，1998：21.

[5] 高慎英．体验学习论．广西：广西师范大学出版社，2008：1.

[6] 经柏龙．美国教师专业发展学校 ABC. 教育科学，2008，24（5）：81.

[7] 杜威．民主主义与教育．杜威教育论著选．上海师范大学、杭州大学教育系编．1977：176.

[8] 丁宁．图像缤纷：视觉艺术的文化维度．北京：中国人民大学出版社，2005：355.

基于实践—反思取向的教师培训教材设计模式的构建*

张　恰

摘　要：当前我国教师培训教材设计存在的问题主要表现在，许多教师培训教材的编写者将教师培训教材与大中专院校的学历教材等同起来，照搬大中专院校学历教材的编写模式，仅仅满足教师对理论性知识的需求，而忽视甚至无视引发教师对实践性知识的反思。本研究认为，教师专业发展的实践—反思取向是解决教师培训教材存在上述问题的主要途径，基于实践—反思取向的教师培训教材设计模式应该以"疑—知—思—行"为基本要素，以"问题导入（疑）→理论阐释（知）→反思体验（思）→实践拓展（行）"为操作程序。

关键词：教师培训教材　教材设计模式　实践—反思取向

当前，教师培训教材在我国的教师继续教育活动中已经成为重要的知识载体，教师培训教材的使用量越来越大，培训教材的编写质量亟待提高。因此，教师培训教材的设计迫切需要有理论的研究和规律的引导。在这一背景下，教师培训教材设计模式的研究具有重要的理论和现实意义。

我国教师培训教材设计存在的问题主要表现在，许多教师培训教材的编写者将教师培训教材与大中专院校的学历教材等同起来，照搬大中专院校学历教

［作者简介］　张恰，男，东北师范大学教科院课程与教学论专业博士研究生，东北师范大学出版社副编审，研究方向为教材设计。

＊【基金项目】教育部人文社会科学研究项目"促进教师专业发展的教师培训教材设计研究"（项目批准号：06J880015）。

本文中的"教师培训教材"专指用于在职中小学教师进行培训的教材。

材的编写模式，仅仅满足教师对理论性知识的需求，而忽视甚至无视引发教师对实践性知识的反思。究其原因，他们缺乏对教师专业发展规律的全面认识，只是专注于教师专业发展理智取向的设计理念。理智取向的教材设计理念，是假设知识基础的获得是行为变化的基础，理论能够指导自己的实践，借助于理论的掌握和应用，教师能将学到的知识基础转化为良好的实践。为此，教师培训教材设计的重点就是为教师提供丰富的理论性知识，从掌握理论性知识入手，进而达成教师行为的变化。因此，本研究认为，教师专业发展的实践—反思取向是解决当前教师培训教材存在以上问题的主要途经。实践—反思取向的教师专业发展，主要目的并不在于外在的、技术性知识的获取，而在于通过这种或那种形式的“反思”，促使教师对于自己、自己的专业活动直至相关的物、事有更为深入的“理解”（understanding），发现其中的“意义”（meaning），以促成所谓“反思性实践”（reflective practice）为追求。[1]

迄今为止，教师培训教材设计的研究领域尚是一片处女地，教师培训教材设计还没有形成一个完整的理论体系，还有很多基本的理论问题亟待研究。而教师培训教材设计模式是其中最为重要的问题之一。基于实践—反思取向的教师培训教材设计模式应该是比较研究与行动研究的结果，它不仅借鉴了国外教师培训教材设计的成功经验，而且是在我国十多年的培训教材设计实践中逐步形成的。我国教师培训教材的设计不乏典型的、成功的实践经验和个案。教师培训教材设计模式的研究应该是立足其上，对这些实践经验和典型个案进行一定的理论提升，进行规律性的概括，构建能够指导我国教师培训教材设计实践的模式。毫无疑问，这一研究是为教师培训教材设计理论体系的完善作了基础性的奠基工作。

由于我国教师继续教育事业的全面推进，各地开发的教师培训教材呈现一派繁荣的景象。但是开发的数量众多，总体质量不高，这是一个不争的事实。教师培训教材的设计者们迫切需要取长补短、合作交流，并希望有一定的理论指导。培训教材设计模式的研究汇总了大量的具体设计模式，满足了教师培训教材设计者相互了解的愿望，同时，也为教师培训教材设计的实践活动提供了可资借鉴、可操作的方法和途径。

一、基于实践—反思取向教师培训教材设计模式的结构要素

教材设计模式可以是宏观的，也可以是微观的。由于宏观的教材设计模式规定了教材设计活动的主要任务以及它们之间的流程关系，一般只是系统方法的翻版，很难指导具体的教材设计实践。因此，本研究采用的是从微观层面上

去构建教师培训教材设计的模式，实质上是确定基于实践—反思取向的教师培训教材内容的呈现方式，即培训教材的内容将以什么样的思路和形式呈现给教师。教材内容的呈现方式直接影响学习者对该内容的理解和学习，进而对学习者的学习方式产生重要影响。

教师培训教材不是对教师学习内容的罗列呈现和陈述解释，而是教师开展学习活动、进行基于实践经验的反思学习的一个“映射”和“导向”。从促进教师主动学习的角度分析，教师培训教材设计模式的构建应注意以下两点：一是要以教师在教育教学中遇到的实际问题为切入点，从教师已有的教育教学经验出发，激发教师参与学习的积极性，体现“由实践到反思、再由反思到实践”的基本思路。二是要充分体现反思学习的基本过程和特征，引导教师主动地运用反思的方法实现隐性知识的显性化。

（一）理论假设

基于实践—反思取向的教材设计模式是基于以下三个理论假设来构建的：

第一，基于实践的反思是教师专业成长的核心手段。教师的专业成长需要不断地反思已获得的教学经验，没有经过反思的经验是狭隘的经验，至多只能是肤浅的知识。

第二，将问题解决作为教师专业发展的基础，认为问题解决的过程就是教师学习发展的过程。这是因为，当教师面对需要解决的实际问题时，学习是最有效的，当教师的学习与实际工作联系起来的时候，教师最清楚自己需要提高什么。

第三，教师作为成人学习者能够自我引导、自我驱动，他们明确自己的学习目的和学习需要；当教师个体进行自己计划的学习时，会出现更好的学习效果。

（二）结构要素

长期以来，我国对教师培训教材的设计问题一直缺乏较为系统、深入的研究，致使教师培训教材的设计工作很长时间处于一种盲目的、无序的状态，带有极大的主观性和随意性。教师培训教材或是以社会导向和社会要求简单演绎出教材内容，或是单纯地以学科知识及学科发展来构建教材内容，使教材的形式及内容难以同学习者的学习过程与学习特点结合起来。这些做法的最终结果必然导致舍本逐末，单纯追求知识传授，使教师培训的目标难以得到真正、完整的实现。

一个模式的构建首先要对其基本要素进行分析，厘清其内涵。本研究认为，基于实践—反思取向的教材设计模式应该以“疑—知—思—行”为基本要素。以“疑—知—思—行”为构成要素的教师培训教材设计模式，是对传统教师培训教材设计模式的一种修正与转型，是教师专业发展的实践—反思取向在教师培训教材设计中的一种具体体现。

基于实践—反思取向的教师培训教材设计模式，实际上要体现出“学起于思，思源于疑”的基本设计思路。这一模式以“疑—知—思—行”为构成要素，四个要素之间呈递进关系，在递进过程中实现“由实践到反思、再由反思到实践”的教材设计目标，如图1所示。

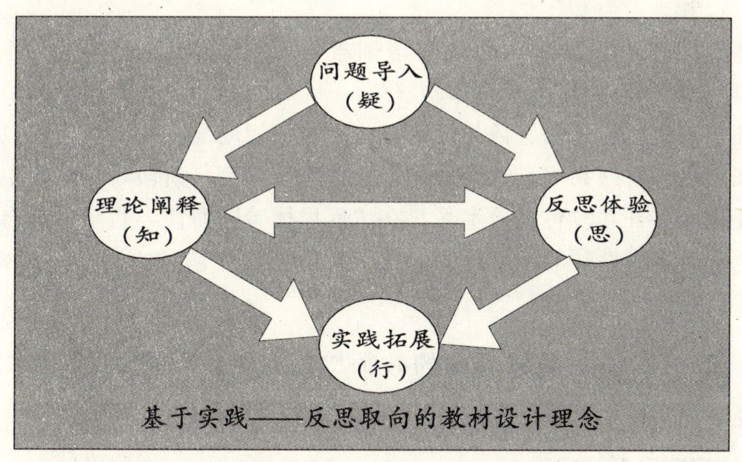

图1　基于实践—反思取向的教师培训教材设计模式

两个“实践”与两个“反思”的内涵是不同的，代表着两次不同的飞跃。

●问题导入阶段的“问题”来源于教师的教育教学实践，目的在于引发教师对实践问题的“疑”。因为教师培训教材的对象是教育实践的主体——教师，他们有着大量的、有待提升的实践经验，也存在大量的、有待破解的实践难题。通过问题导入的引领，培训教材能够帮助教师对教育现象产生探究的愿望，对自身的教育实践产生理论升华的内在需求。

●理论阐释阶段是基于“知识”层面的反思，是对教育实践的理论反思，重在引导教师对教育实践进行理性思考和理论剖析，其作用在于帮助教师找到理论与自身实践的结合点，有助于引导教师升华自身的实践经验。

●反思体验阶段是基于“自我”层面的反思，是在对教育实践进行理论反思的基础上，运用生成后的教育理论反思自己教育实践的过程。按照人本主义学习论的观点，可称之为是形成“意义学习”的过程。所谓意义学习，是指学习内容与学习者个人之间的关系，是指学习者作出的一种自主、自觉的学习，其中包含了价值、情绪的色彩。通过反思体验，促使教师学会运用教育理论有意识地指导自身的教育实践，感受教育理论的实践魅力以及对自身教育实践的价值。

●实践拓展阶段的“实践”，是在教师升华自身的教育理论、感受教育理论对自身教育实践指导价值的基础上，帮助教师将理论与实践的结合拓展并迁移到自身之外的实践领域，感受教育理论与教育实践结合的多样性和现实性。通过行为训练的方式，达到理性层面，从而实现教育理论对教育实践的科学指导。

将基于实践—反思取向的教师培训教材设计模式，确定为“问题导入（疑）→理论阐释（知）→反思体验（思）→实践拓展（行）”四个环节，实际上每一环节其核心均是知、情与行的变化。在“问题导入”阶段，可以引发教师的认知困惑、情感共鸣和行为困扰；在“理论阐释”阶段，重点是引导教师的认知变化，提升其教育理论水平；在“反思体验”阶段，将认知与自我的情感结合，进而变成教师的主动行为；在“实践拓展”阶段，目的是以知导行，提高其实践技能，促进教师的行为发展。

二、基于实践—反思取向的教师培训教材设计模式的操作程序

基于实践—反思取向的教师培训教材设计模式的操作程序如下：

（一）问题导入（疑）

英国学者雷格·列文在20世纪50年代提出“行动学习”的概念，当时在许多企事业单位的培训中得到了广泛的运用，流行至今。针对教学实践中的问题进行专业发展性的行动学习，很好地把实践和学习结合了起来，学习成为工作的一个部分，实践中的诸多问题又在学习中得到解决。因此，教师的学习就是基于问题的行动学习。行动学习涉及的问题往往是学校管理者及教师在日常教育教学工作中遇到的和亟待解决的实践性问题。这样的问题往往与学校自身以及教师的专业发展息息相关，其现实意义重大。

北京教育科学研究院张铁道教授认为，有效的教师培训应当是基于实际问题设计并开展的问题解决式学习过程。[2]因此，基于实践—反思取向教材设计模式的第一个环节就是“问题导入”。这类问题应该是教师在自己的教学实际工作中遇到的和亟待解决的问题。只有导入这些问题，教师培训教材才容易引起教师的学习兴趣，容易激发他们的学习动机，才会收到良好的使用效果。

（二）理论阐释（知）

20世纪60年代，英国学校委员会和拉菲尔德基金会联合发起了“人文课

程研究”的运动，以培养青年学生对人文课程的兴趣和爱好，斯腾豪斯（L. Stenhouse）担任指导中心的负责人。他在这次运动中提出了“教师即研究者”（teacher as researcher）的口号，力图改变教师在课程、教学和学习中原有的定位。时代呼唤教育研究工作者深入到教学实践中，时代也要求从事教学实践工作的教师不仅仅是教案的执行者，还必须是教学问题的研究者。作为研究者，教师必须具有正确的、适用的理论指引。

因此，基于实践—反思取向教师培训教材设计模式的第二个环节应该是“理论阐释”。“理论阐释”是对教师所关注的实际问题的理论解释和深层次的追问，是在理论层面满足教师的需要。“理论阐释”应注重帮助教师把握教育理论的精髓，提纲挈领地介绍相关教育理论的主要内容，以只概括介绍理论要点，不展开论述为宜。

（三）反思体验（思）

20 世纪 90 年代以来的研究，特别是情境学习理论的研究表明[3]，学习就是情境性的认知，“知什么”和“怎样知”是融为一体的。知识的学习离不开知识运用的情境，离开情境的知识学习，只能是记忆一些没有意义的呆滞知识，不可能和个人经验与现实社会产生联系，因此也不可能产生迁移和实际运用的效果。所以，基于建构主义的学习观认为，学习不是获得某种认知符号，而是参与到真实情境中取得活动。从这一角度看，教师的有效学习不是纯概念的识记和新理论的接收，而是在生动、鲜活的案例背景下的情境学习。

因此，基于实践—反思取向的教师培训教材设计模式必须具有“反思体验”的环节。在这个环节中，教师培训教材应该设计案例、游戏、讨论、思考和总结等活动，让教师在“做中学”、“学中思”、“思中做”，以促进教师的反思体验。其中，案例培训是教师培训活动中突破教学难点的最为有效的方法之一。它能使教师通过案例情境中问题的呈现、解剖、对比及直接参与问题解决方案的制定等，获得亲身体验，达到对案例现象较为深透的认识和整体性感悟，真正理解问题的实质，运用相应的解决策略，掌握解决问题的策略和方法，而不是仅限于对现象和问题肤浅的一般性认识。

（四）实践拓展（行）

理论的魅力在于对实践的指导，理论最终要与实践相结合。教师培训教材在为教师揭示新理念的同时，还应列举一些把理念转化为实践的行动策略，帮助教师将理念具体化。这一点体现在教师培训教材的设计模式上，就是要具备“实践拓展”的环节。

“实践拓展”应该注重践行教育教学理论，分析相关教育教学理论对教育教学实践的指导原则以及在教育教学实践中的具体运用，重在理论与实践的结合。“实践拓展”可以引领教师联系实际解决问题，或者形成解决问题的计划，或者产生针对问题的策略，也可以展示一些类似的问题，引领教师“举一反三”。这一环节主要是针对本问题的内容，列举一些思考性的问题，或者提出一些实践性的作业，从而促进教师进一步学习、思考与实践。

三、基于实践—反思取向教师培训教材设计模式的典型个案

——以《有效教学——小学语文教学中的问题与对策》为例

《有效教学——小学语文教学中的问题与对策》（东北师范大学出版社2005年第1版，以下简称《有效教学》）一书，在设计具体问题的呈现方式时，完整地体现了“问题导入——理论阐释——反思体验——实践拓展”设计模式的基本思路，合理地处理了“疑－知－思－行”构成要素之间的关系。因此，这本培训教材在实际使用过程中，受到了广大小学语文教师的欢迎。一位小学语文教师阅读后如此感言：“这本书摒弃了空洞的理论，少了难懂的语言，没有了一种‘仰视’的距离之感，直指我们每天的一线教学，读来那么熟悉，那么亲切。”[4]

《有效教学》的基本结构是以教学中的问题为切入点，分为描述问题、分析问题、提出解决策略、解决问题四个部分。教师根据学生学习中产生的问题，反思自己的教学，进而改变自己的教学方法。每一个问题都从学生的视角提出，从教师教学的行为中反思。该书不仅告诉教师如何处理问题，而且希望能提供给教师思考问题的视角，即思考问题的思路与解决问题的出路，这也正是教师教学学术研究的价值所在。

该书在设计方面主要作了以下几项工作：

（一）以教师关注的现实教学问题统摄全书

《有效教学》一书以教师关注的现实教学问题统摄全书，主要体现为三种思路：一是以问题做题目，二是问题追求思想性、典型性、系统性。这些问题的本身除了指向论述的内容外，还指向对本领域现状的反思，这些问题都是作者教学实践中发现、概括、提炼出来的；三是在对中观问题的论述中，分解出若干小问题，以引导教师反思并与作者共同完成对理论的建构。

该书的整体结构是这样设计的（表1）：依据一线语文教师的关注程度和需要进行问题提炼。以解决小学语文教师教学中的实际问题为主线，展开教材的内容。问题的来源涉及四个板块：识字写字教学、阅读教学、作文教学、口

语交际教学。每个板块又设计了小学语文教师关注的若干现实问题。

表1 《有效教学——小学语文教学中的问题与对策》的整体结构

一、识字、写字：起点、规范与功底
二、阅读教学：围墙的内与外
三、写作教学：作文与做人
- 问题1 写文章：生活与训练的争执？
- 问题2 “思想性”：缘何造就了虚情假意？
- 问题3 观察：思考与表达的起点？
- 问题4 议论文：小学作文教学的一道坎？
- 问题5 习作评改：这副担子该如何来挑？
- （以第三部分“写作教学”为例）

四、口语交际：老问题，新面孔

该书最大的特点是每一章的撰写均以教学中的具体“问题”作为分析对象。正如作者在该套丛书的编写方案中提到的那样：“问题的提炼最好能从学生的视角提出，它相对地反映了教师教学的行为需要改变。”问题提炼的具体做法是由南京市名师工作室的特级教师编制问卷，向学生发放、回收问卷整理而成。因此，提炼的问题是来自教学第一线中存在的真问题，不是假问题。这些问题经过作者的整理、筛选、归类，最终形成目前教材中所呈现的问题。

（二）以问题解决的内在逻辑顺序展开每个问题

《有效教学》一书中每一个问题的展开，完全是按照“问题导入（疑）——理论阐释（知）——反思体验（思）——实践拓展（行）”设计模式进行的。这样设计的结构既符合问题提出与解决的内在逻辑顺序，又能将理论与实践、过程与方法整合在一起，有一定的创新性。该书以当前小学语文教学中的问题为缘起，以原因分析和策略选择为旨归，最终通过优秀案例引导教师回到自身实践的反思中，这种结构契合了教师专业发展自身的逻辑。

正如该丛书主编彭小虎博士在前言中所说：“本套书的价值在于提出了值得教师思考的问题，并从不同的角度分析这些问题产生的原因，给出了解决问题的思路，期望读者自己在阅读过程中获得解决问题的策略和方法。”如此鲜明的以“教师为本”的教材设计理念，相信读者在阅读此书时，一定会体会到。

表2反映的是以书中“问题1：过早识字：纷争还是应对？”为例，基于实践—反思取向教材设计模式的构成要素与该问题具体内容的一一对应关系。

表 2　《有效教学》具体问题的设计个案

——以“问题 1：过早识字：纷争还是应对?”为例

模式的构成要素	具体内容
问题导入（疑）	●你遇到这个问题了吗？ 儿童教育的起点之争，已导致了幼儿教育小学化。这一现状带来的问题必然会波及小学教育，第一个受到冲击的将是识字教学。既然事实如此，就需要我们暂时放下该与不该的纷争，思考如何变革与应对？……
反思体验（思）	●让我们都来问问自己： 学龄初期学生的识字不是零起点，可我们的教学往往从零起点的假设开始。这种零起点的假设，表现在教学中，就是不调查、不了解学生的识字基础，不进行幼小衔接的研究，关起学校大门，依照教材的进程规规矩矩地教，勤勤恳恳地学，结果是好心办了坏事，不但效果不好，还伤及到学生的识字兴趣……
理论阐释（知）	●原来可以这么做！ 就像有人说的，如果我们改变不了现实，那么我们就改变自己，这是一种实事求是的态度。教学实际中，我们要正视学生过早识字的现实，并有效地加以利用和引导，调整和变革传统的教学思路和做法，以求取得好的教学效果……
实践拓展（行）	●能给您点启发吗？ 《小稻秧脱险记》教学片断

（三）以优质的案例实现理论与实践的对接

《有效教学》一书在每一个问题的【你遇到这个问题了吗?】、【原来可以这样做!】、【能给您点启发吗?】栏目中都选用了大量优质的案例，目的是以优质的教学案例实现理论与实践的对接，即提供适合问题情境的案例，并分析案例的有效或无效的方面，运用案例促使教师反思自己的教学行为，并提出解决问题的思路与策略。

案例本身不是目的，只是手段。优质而有效的教学案例隐藏着教师所需要的教学理论。该书引用案例的意图不仅用来分析和证明，主要是引导教师能将隐藏在案例中的问题提取出来，并在反思过程中，形成适合自己的教学策略。

表 3 是该书阅读教学中的“问题 1”选用案例情况一览表，由此可以看出该书作者在案例运用上的独具匠心，凸显了作者明显的实践—反思设计取向。

表3 “问题1 老师的问题：是‘桥’还是‘墙’?”选用案例一览表

栏目名称	选用案例情况
【你遇到这个问题了吗了?】	【案例】《黄继光》教学片段
【原来可以这样做!】	一、正确认识和利用教师的问题 【案例一】《李时珍》教学片断 【案例二】学习《三棵银杏树》一课时，有学生提出的问题…… 【案例三】学习《穷人》一课时，让学生自由地发表读书感受…… 二、教师应该问什么样的问题，如何问 【案例四】讲《太阳》一课时，一些看起来非提不可的问题…… 【案例五】《坐井观天》中的教学片段 【案例六】教学柳宗元《江雪》，我向学生提了这么一个问题…… 三、教师的提问要考虑学生的思维特点 【案例七】《平平在家里》的第一句话…… 【案例八】南京市游府西街小学查静老师《苹果里的“五角星”》(苏教版第八册)片段
【能给您点启发吗?】	【案例】关于《黄继光》的教学，经执教者与听课老师一起研究改进方案后，再次上课的课堂实录。

参考文献

[1] 教育部师范教育司．教师专业化的理论与实践[M]．北京：人民教育出版社，2001：11.

[2] 周南照，等．教师教育改革与教师专业发展：国际视野与本土实践[M]．上海：华东师范大学出版社，2007：336.

[3] 胡庆芳．教师的学习特征[J]．上海教育，2005(06B)．

[4] 彭小虎，等．有效教学：让中小学教师上一堂好课[N]．中国新闻出版报，2008-01-30.

高素质教师：来自于国际组织的认识

邓　涛　饶从满

摘　要： 近年来，一些国际组织先后对高素质教师的素质结构进行了阐发，这为我们理解什么是高素质教师提供了新的视角。综合分析联合国教科文组织，世界银行，国际培训、绩效、教学委员会等国际组织对高素质教师的认识之后认为，高素质教师的素质结构是一个综合的、全面的、动态的、均衡的复杂系统。

关键词： 教师　知识　能力　素质结构　国际组织

自2001年美国联邦政府在教育法令《不让一个儿童落后》（NCLB）中首次提出"高素质教师"（highly qualified teacher）这一概念以来，世界上许多国家都纷纷把培养高素质的教师作为本国教师教育改革的主要目标。当前，我国在教师教育改革中也明确提出，建设高素质、专业化的教师队伍是我们的主要努力方向。那么，什么是高素质教师？尽管这个问题已经得到了学界的广泛关注，但截至目前还没有令人满意的答案。因此，我们有必要转换视角，从国际组织近年来对高素质教师的阐发中，重新理解究竟什么是高素质教师，这对于我国当前的提高教师教育质量改革必然具有重要的实践指导意义。

一、联合国教科文组织关于高素质教师的认识

联合国教科文组织一直关注着教师培养和教师素质发展。1996年，联合国教科文组织国际教育局在《国际教育大会第80号建议书》中阐述了其对教师培养和教师素质发展的看法，认为当今的教师必须具有发挥其必不可少的作

［作者简介］　邓涛，男，教育学博士，东北师范大学教育科学学院讲师，研究方向为教师教育、比较教育；饶从满，男，教育学博士，东北师范大学教育科学学院教授，研究方向为教师教育、公民与道德教育、比较教育。

用的基本技能，这些技能主要涉及这样几个领域：

(1) 在职发展：掌握学科、概念、知识和教学技能，融合持续更新其专业资格的各种适宜态度，使他们能适应知识演进的过程和需要予以解决的教育问题的多样性。

(2) 小组工作：灌输鼓励与同事和各级教育人士进行合作与对话的态度，创造能指导教学活动的合作性专业化的必要条件。

(3) 革新和实验：发展科学观念和教育研究方法的基本培训，以及积极参与实验的评价。

(4) 尊重他人、人权、和平和民主：发展个人的信仰和专业能力，以教会学生共同生活，教导他们通过对话和协商消除冲突并拒绝暴力和宽容他人。

(5) 文化多元：在一种跨文化或多元文化的环境中促进文化的交流和理解。

(6) 尊重自然：广泛意识到我们的环境所面临的挑战，并发展专业能力以教育学生采取保护环境的个人行动和集体行动。

以上提到的各种教师素质，主要是依据当前变化了的现实社会环境（如多元文化）对于教师的要求而提出来的。该组织所强调的优秀素质主要包括学科知识、教学策略、终身教育、合作能力、职业道德、各种基本技能（指向在职专业发展、合作技巧、与学生相处等领域）。虽然这些素质对于界定新时代高素质教师来说还不充分，但却是不可或缺的必要成分。换言之，作为一个胜任21世纪教学的高素质教师，必须具备上述素质。

基于以上对教师素质的几点强调和认识，为了培养高素质的教师，此次大会所发表的《国际教育大会第45届会议的建议》对教师职前培养改革提出了很多建议，包括将掌握教师应该传授的知识同相应的教与学的方法联系起来，加强职前培养过程中教学实践的地位，教师职前培养应当发展教师发挥其必不可少的作用的基本技能，教师职前培养应特别注意教师鼓励学生的态度，即鼓励学生尤其是那些来自处境不利群体（身体、社会经济和地理区域等方面的不利群体）的学生以及不同于主流文化的其他文化背景下的学生成功地进行学习，重在数量和质量两方面培养教师。

很显然，透过联合国教科文组织的有关论述，教师职前培养应该重点关注：培养教师的教学策略和条件性知识，培养教师的各种基本技能（包括自我终身发展、合作、科研、处理师生关系，尤其是运用信息技术），培养教师的教学态度，充分注重教学实践。这些建议对于我们思考如何在新形势下改革我国的教师职前培养工作很有启发意义。

二、经济合作与发展组织（OECD）关于高素质教师的认识

经济合作与发展组织则从终身学习的视角对教师素质提出了自己的看法。作为终身学习时代的高素质教师，应该具备以下几方面的素质：[1]

（1）专门知识与技能。传统意义上好教师所具备的特征将不再是所需要的唯一特征，但不应因此低估它的重要性。

（2）教学法知识。在终身学习的架构中，教师必须善于传授各种各样的高级技能，包括学习动机、创造性和合作。

（3）对信息技术的了解。

（4）组织能力与协作。教师专业化不再被简单地视为个人的能力，而必须使这种能力成为“学习型组织”的一部分来发挥作用。

（5）灵活性。这是教师专业化直接与传统观念相矛盾的一个特点。教师必须接受这一点，即在他们的职业生涯中，对专业化的要求在不断地变化，不能将专业化作为反对变化的借口。

（6）流动性和开放性。新时期的教师不仅应当具备广泛的职业适应能力，还应当具备与家长和其他非教学人员进行合作的能力。

可见，在终身学习时代，人们对高素质教师有了新的理解和要求。具体地说，这种“新”至少体现在这样两个方面：其一，对于传统的好教师标准进行了新的诠释。例如，作为传统好教师的标准，教师掌握专门的知识和技能在今天仍然有必要强调，但是，教师所掌握的知识与技能应当是“活”的知识与技能，即是不断更新的知识与技能。那种仅仅掌握了一定数量的固定知识和狭隘教学技能的教师已经无法满足新时期人们对教师素质的期待，理想的教师必须具有自我更新知识的意识和能力，只有这样他们才能胜任终身学习时代的教学。再如，对于终身学习时代的高素质教师而言，必须对教学方法知识有新的理解。在传统认识看来，教师掌握教学方法的知识，就是为了确保其把一定数量的知识传授给学生。但是，在终身学习时代下，教师掌握教学方法知识的目的绝不能停留在有效地传递给学生固定的知识，更重要的目标在于发展其学生终身学习所需要的意识、能力与动机。其二，根据社会变化发展的要求，对传统的好教师标准进行了新的补充。例如，随着信息技术的发展，教师的素质发展必须作出有效的应答，好的教师必须具备良好的信息技术素养，并能在教学中有效地运用信息技术。其三，上述标准还提到了教师的专业合作能力及职业转换与适应能力等，都是根据社会的发展变化对传统的好教师标准的增补。

总之，经济合作与发展组织突出强调了优秀教师必须具备这样几方面的

素质：

（1）自我更新知识能力。

（2）教与学的方法论知识。

（3）信息技术应用。

（4）合作精神与能力。

（5）开放的心态和灵活应变的能力。

这种依据时代变化所提出的教师素质发展重点对于我们思考如何改革教师职前培养具有启迪价值。

三、世界银行对高素质教师的认识

2005 年，世界银行（IBRD）在《在知识社会中学习如何教学》（*Learning to Teach in the Knowledge Society Final Report*）研究报告中，对知识经济时代背景下的高素质教师进行了全新的诠释。该报告选取六个接受世界银行教育资助的国家（墨西哥、智利、塞内加尔、越南、柬埔寨）作为样本国家，对各国中的多种利益群体对于 21 世纪教师应该具有什么样的素质进行了调查与分析，并由此提出教师职前培养和在职培训的改革路径。该报告对于我们理解知识社会中高素质教师应该具备什么样的素质以及如何改革教师职前培养具有一定的启发意义。

（一）知识经济对教育及教师的挑战

当前，人类社会发展已经迈入了知识经济时代。在这种社会状态下，知识成为个人和国家发展的重要资本，人才成为国家之间竞争的重要决定因素。新型社会在知识、能力等方面对人才提出了新的要求。这些要求是否能够得到满足，在相当大的程度上取决于教育，进一步说取决于教师。

世界银行的报告认为，在知识经济的挑战面前，教师和教师教育都没有作好充分的准备，尤其是中学教师及其培养。所以这样说，是因为：其一，在很多发展中国家，中学教师的不合格率大于小学教师。其二，由于多数国家的中学教师主要是采用分科的方式培养出来的，因此，他们主要认同自己的学科专业，而不认同教育专业。其三，当前，不少国家的中等教育，已经由精英教育转向大众化教育，很多中学生缺乏学习动机，教师工作的复杂性大大增加，中学教师昔日的优越感和成就感正在逐步消失，其后果之一是中学教师的专业认同发生了危机，教学质量受到消极影响。为了有效地应对挑战，报告呼吁，必须从改革中学教师的培养做起。这需要明确当今教师究竟需要知道什么？能够做什么？并由此确定教师培养的课程设置。

（二）知识经济时代下教师的知识与能力素质发展

1. 高素质教师的知识素养

世界银行的报告认为，从在教学实践中知识产生和知识运用的关系来看，可以将教师知识区分为指导实践的知识（knowledge for the practice）、实践中的知识（knowledge in the practice）和实践本身的知识（knowledge of the practice）。从专业训练的角度，可将知识划分为事实知识（know-what）、原理知识（know-why）、策略/能力知识（know-how）和人际知识（know-who）四种类型。这些知识对于新时代的教师来说，都是必须具备的。然而很遗憾，教师职前教育阶段只对某些知识给予了充分关注，而对另外一些知识（如策略/能力知识、人际知识、实践应用性知识等）关注不够，这造成了许多新教师在走上工作岗位以后感到实践性知识严重缺乏。

那么，为了保证教师能够高质量地、创造性完成教学任务，教师究竟应当具备什么样的知识呢？对此，理论界一直存在着许多论争。世界银行在其报告中就高素质教师应具备的知识结构给出了一些较为合理的判断。

（1）关于学科内容的知识。首先，从数量上看，传统的观点认为，教师的学科知识“越多越好”，但也有一些研究者对此持否定态度，他们认为，过多的学科专业知识学习并不能给师范生的教学和他们未来学生的成绩带来积极的效果。为此，蒙克（Monk）等研究者认为，师范生的学科知识学习课程应该控制在4—6门以下为宜，且提出学科专业课程开设门数的“阈值效应”（thresholdeffect）概念，认为不同的学科都有特定的阈值，如数学为5门学科专业课程，体育则为4门学科专业课程。[2]世界银行在其报告中赞成一些学者的看法，并强调指出单纯地强调掌握学科知识的数量是难以养成高素质教师的，是不理智的。[3]其次，从质量上来看，关于教师需要什么样的学科知识，一些研究者认为，就教师所掌握的学科知识质量而言，教师的学科知识在“质”的方面必须具有独特性，这集中体现在它必须是简明扼要的和“自觉的”（self-conscious），是便于传授的（didactic）知识，这种知识体系在构建时必须遵循两个逻辑结构，即学科知识本身的结构和教育对象的认知规律，且后者更为重要。[4]世界银行在报告中强调了这种认识的正确性，并指出教师必须深刻理解任教学科的概念、定义、原则、学科本身的结构及其在学科林中的地位等，同时需要掌握任教学科的研究及其发展的知识与方法。[5]

（2）关于学科教学的知识（Pedagogical Content Knowledge，PCK）。这种知识最早是由舒尔曼（Shulman）提出的，之后在许多学者的努力推动下逐渐得到教师教育界的广泛认同。PCK既不仅仅是学科内容知识，也不仅仅是一般的教学法知识，而是学科内容知识和一般教学法知识的混合物，且与其他知识存在着密切的联系。就其性质来说，它偏向于教育学知识。其组成要素主要包括五个方面：教学定向知识（orientations toward teaching science），即关于特定年级的教育目的、教育目标等的知识；与课程有关的知识和信念；关于学生认知规律的知识与信念；关于学习评价的知识与信念；关于指导策略的知识与信念。基于 PCK 对于教师理解教学的重要性，世界银行的报告强调，未来的教师教育改革必须下大力气发展这种教师知识，使之成为教师知识结构的重心，其基本结构如图 1 所示：

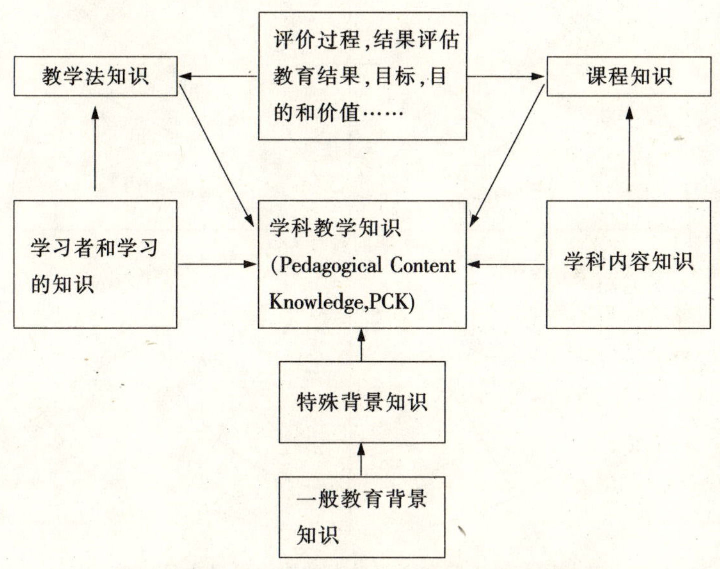

图 1　学科教学知识（PCK）与其他知识的关系[6]

（3）关于教育情境知识和学生知识。很显然，如果一名教师不理解自己所处的教学情境和所教的对象，不能由此选择适切的教学策略，那么，其教学就难以获得成功。因此，作为高素质教师，必须具备教育情境知识和学生知识。世界银行的报告认为，随着社会的变化发展，教育环境和学生需求越来越趋向复杂多样，教师掌握这种知识的重要性日益突显。

2. 高素质教师的能力结构

世界银行在上述报告中，对于知识经济时代下高素质教师的能力结构进行了大体勾勒。它把教师应该具备的各种能力（12 个种类）划归为三大领域——专业领域（professional domain）、教学领域（teaching domain）和学校领域（school domain），详见图 2。[7]世界银行的报告强调指出，所有这些能力都是教师职前教育、入职教育和在职教育应该关注的，但各自关注的侧重点有所不同。例如，对于教师职前培养阶段而言，它最需要关注的是教学领域的 7 种能力，其次才是学校领域的能力（2 种）和专业领域的能力（3 种）。这与前面述及的西方理论研究者所倡导的教师素质发展重点有吻合之处，即都强调教师素质发展应该是一个综合的结构，但中心是其教学知识与能力的发展，教师职前培养尤其如此。

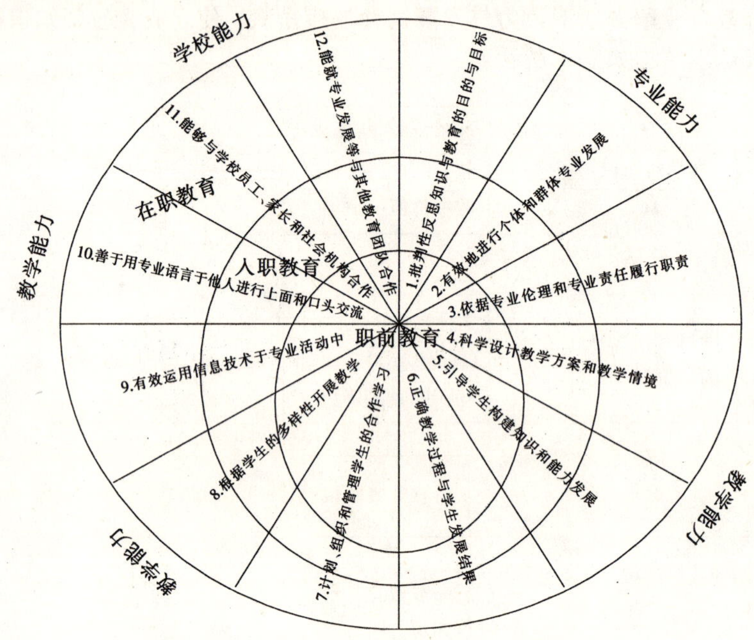

图 2　教师职前、入职和在职教育的能力发展项目与重点[8]

四、国际培训、绩效、教学委员会对高素质教师能力标准的认识

早在 1993 年，国际培训、绩效、教学委员（the Internet Board of Standards for Training，Performance and Instruction，IBSTPI）就已经制定了针对教师的专业化标准，该标准作为一个较为权威的国际教师能力标准，在出台之后的 10 多年来，已经成为全世界广泛接受并认可的教师标准，并被用来作为国际教师认证的基础。2004 年，考虑到教学实践和技术领域所发生的巨大变化，特别是在面对面教学的环境中已经融合了在线的教学传递系统，混合的教学传递系统已经非常普遍，该组织对教师标准进行了修订更新，以反映技术条件下的教学对教师的新的能力要求。目前，新的 IBSTPI 教师能力标准

（表1）已经通过了全球性确认。

表1 IBSTPI 教师能力标准（2004）[9]

能力维度	能力项目	具体能力指标
专业基础	能力1：有效地交流沟通	（1）根据受众、情境及文化背景，采用合适的语言。 （2）使用合适的语言及非语言符号。 （3）寻求并吸收多样的观点。 （4）根据不同的情境采取积极有效的倾听技巧。 （5）运用适当的技术进行交流。
	能力2：更新和提高自身的专业知能	（1）拓展有关学习原理和教学策略的知识。 （2）不断更新技术知识和技能。 （3）建立并保持专业联系。 （4）参加专业发展活动。 （5）建立个人工作文档备用。
	能力3：遵守已有的道德规范和法律条文	（1）认识教学实践中潜在的道德和法律问题。 （2）遵循组织和职业道德规范。 （3）确保公平对待所有学习者。 （4）尊重保密及匿名请求。 （5）避免冲突。 （6）尊重包括版权在内的知识产权。
	能力4：树立和维护职业声誉	（1）示范职业操守。 （2）尊重他人的价值观和见解。 （3）具备学科专业知识。 （4）对变革和改进持开放态度。 （5）将教学与组织背景及目标相联系。
计划与准备	能力5：设计教学方法和教学内容	（1）确定学习者、其他参与人员和教学环境的相关特征。 （2）设计或修改教学活动以适应学习者、教学环境和呈现方式的需要。 （3）明确目标、任务及次序。 （4）选择适合的教学方法、策略和呈现技巧。 （5）设计或修改课程内容、教师手册、评估根据和支持材料。 （6）根据需要创建或修改基于技术的资源。

续　表

能力维度	能力项目	具体能力指标
	能力 6：教学准备	(1) 对学习者的困难和问题进行预测并做好准备。 (2) 进行学习者分析。 (3) 确定关键知识点、相关实例、轶事及其他补充材料。 (4) 确认支持教学的后勤和物质保障。 (5) 确保所有学习者都能获取所需教学资源。 (6) 确认设备、技术和工具准备就绪。
教学方法与策略	能力 7：激发并维持学习者的学习动机和学习投入	(1) 吸引并保持学习者的注意力。 (2) 保证学习目标清晰明确。 (3) 培养良好的学习态度。 (4) 建立提高学习动机的策略。 (5) 帮助学习者设定合理的期望值。 (6) 为学生提供参与学习并获得成功的机会。
	能力 8：表现出有效的表达技巧	(1) 根据学习情境采用合适的表达方式。 (2) 采用多种方式表达关键概念。 (3) 提供案例，阐明含义。 (4) 让学习者参与表达过程。 (5) 根据学习者需要采用合适的学习方式。
	能力 9：表现出有效的促学技巧	(1) 利用所有参与者的知识与经验。 (2) 为全体学习者指明努力的方向。 (3) 使学习活动高度聚焦。 (4) 鼓励和支持合作。 (5) 引领学习活动及时终止。 (6) 监控、评估和适应动态环境变化的能力。
	能力 10：表现出有效的提问技能	(1) 提出清晰和恰当的问题。 (2) 有效根据学习者所提问题。 (3) 使用多样的问题类型和问题层次。 (4) 提出并重新引导到那些促进学习的问题。 (5) 用问题激发和引导讨论。 (6) 以回答问题来连接学习活动。

续　表

能力维度	能力项目	具体能力指标
教学方法与策略	能力 11：提供阐释和反馈	(1) 为学习者提供机会请求阐释。 (2) 使用多样的阐释和反馈策略。 (3) 提供清晰、及时、中肯和具体的反馈信息。 (4) 提供和接受学生反馈时保证开放与公平。 (5) 为学习者提供机会进行反馈。 (6) 帮助学习者提供和接受反馈。
	能力 12：促进知识和技能的巩固	(1) 将学习活动与已有知识联系起来。 (2) 鼓励学习者对概念和思想观点进行细化。 (3) 提供综合和整合新知识的机会。 (4) 提供实践教学技能的机会。 (5) 提供反思和回顾的机会。
	能力 13：促进知识和技能的迁移	(1) 提供与知识技能、运用环境相关的案例和活动。 (2) 示范知识和技能在真实情境中的运用。 (3) 提供在真实情境中的实践机会。 (4) 提供为未来的运用作出规划的机会。 (5) 和学习者一同探究可能促进或阻碍知识和技能迁移的情形。 (6) 提供自主学习的机会。
	能力 14：使用媒体和技术来加强学习、改进绩效	(1) 认识教学媒体和技术的潜能与局限。 (2) 运用媒体和技术开展最佳实践。 (3) 以多样的方式呈现内容。 (4) 为学习者使用媒体和技术做好准备。 (5) 发现并解决小的技术故障。
评估与评价	能力 15：评估学习和绩效	(1) 针对评估标准进行交流。 (2) 监测个人和小组绩效。 (3) 评估学习者的态度情感和反应。 (4) 评估学习结果。 (5) 提供自我评估的机会。
	能力 16：评价教学效果	(1) 评价教学材料。 (2) 评价教学方法和学习活动。 (3) 评价教师绩效。 (4) 评价教学环境和设备的影响。 (5) 记录与公布评价数据。

续 表

能力维度	能力项目	具体能力指标
教学管理	能力17：管理促进学习与改进绩效的环境	（1）预测并处理可能影响学习和绩效的情形。 （2）确保学习者能够获得所需的资源。 （3）与学习者共同制定基本规章和学习期望。 （4）在教学中运用时间管理原则。 （5）采取合适的方式与方法，及时阻止不良行为举止。 （6）及时并公正地解决冲突和问题。
	能力18：适当地使用技术管理教学过程	（1）使用技术支持教学管理功能。 （2）使用技术查找和共享信息。 （3）使用技术存储和重复利用教学资源。 （4）使用技术维护学习者个人的信息安全与隐私。

从上表可以看出，国际培训、绩效、教学委员会对教师从事教学所需要的各种能力进行了细化，并充分考虑了当前的信息技术对教师能力发展的新要求。该委员会在关于上述能力标准的应用问题时特别指出，该标准可以为培训部门、人事部门、大学项目，培训者培训项目、学习型组织项目等多种组织所应用。对于大学中的教师培养来说，可以结合上述教师能力标准，思考在教师教育项目中需要涉及哪些知识、技能和态度，从而为教师培养改革指明方向。概括而言，它对教师培养改革提出了三个方面的挑战：如何培养师范生（或准教师）的教学能力？如何培养他们的信息技术素养？如何培养他们的专业基础？

五、结　语

通过以上对若干国际组织关于理想教师的素质结构的考察，我们认为，所谓的高素质教师即是指那些在专业伦理、专业知识、专业能力和专业品质等方面达到了很高的发展水平，且能根据时代的变化发展及时地更新素质的教师。其素质结构的特征应该体现在这样几个方面：

（1）全面性。高素质的教师不仅在专业知识和专业能力方面具有较高的发展水平，同时在专业伦理（包括教师完善自身人格以及履行外部职责时所需要的各种优良品质）等方面也具有很高的发展水平。

（2）和谐性。高素质教师的各方面素质发展程度达到一种均衡、和谐的状态。这样说并不意味着教师各个方面的素质发展水平处于绝对平均的状态，而是指其各种素质发展的程度达到了一种相对均衡的理想状况。

（3）动态性和开放性。高素质教师本身就是一个历史的概念，每一个特定的时代和社会都有自己所定义的高素质教师。

因此，作为一个具有广泛适应性的高素质教师，其素质结构必须是开放的，这样才能不断依据时代变化和社会发展需要及时更新自己的素质。总之，高素质教师的素质结构是一个综合的、全面的、均衡的、开放的复杂系统。

参考文献

[1] OECD《教育政策分析 1998》[M]．北京：教育科学出版社，2002：38.

[2] Monk D H，King J. *Multi-level teacher resource effects on pupil performance in secondary mathematics and science*. In R. G. Ehrenberg（ED.）Contemporary policy issues：Choices and consequences in education. Ithaca，NY：ILRPress，1994：29—58.

[3] Suzanne Wilson，Robert Floden，Joan Ferrini-Mundy. *Teacher Preparation Research*：*Current Knowledge*，*Gaps*，*and reconmmendations* [EB/OC]. http：//depts. washington. edu/ctpmail/PDFs/TeacherPrep-WFFM-02-2001. pdf，2008 - 9 - 28.

[4] Kennedy M M. *The problem of evidence in teacher education*. In R. Roth（Ed.），The role of the university in the preparation of teachers. Pennsylvania：Falmer Press，Taylor and Francis. 1999：86—107.

[5] Learning to teach in the Knowledge Society Final Report 2005 [EB/OC]. http：//siteresources. worldbank. org/EDUCATION/Resources/278200—1126210664195/1636971—1126210694253/Learning _ Teach _ Knowledge _ Society. pdf，2008 - 9 - 29.

[6] [7] HDNED. *Learning to teach in the Knowledge Society Final Report* 2005 [EB/OL]. http：//siteresources. worldbank. org/EDUCATION/Resources/278200—1126210664195/1636971—1126210694253/Learning _ Teach _ Knowledge _ Society. pdf，2008 - 9 - 29.

[8] James D. Klein. 教师能力标准：面对面、在线及混合情境 [M]．上海：华东师范大学出版社，2007：18—23.

衡量理想教师的尺度

——若干国家的教师专业标准解读

唐泽静　邓　涛

摘　要：教师专业标准是衡量理想教师的尺度。美国的新教师入门资格标准、英国的合格教师专业标准和澳大利亚的教师专业标准国家框架等对于教师从业所需要的素质标准作出了全面、详细和科学的规定。对这些国家的教师专业标准进行考察和解读，对于正在进行教师专业标准开发和大力进行教师培养质量改革的我国来说具有重要的借鉴价值和实践指导意义。

关键词：教师　专业标准　美国　英国　澳大利亚

20世纪下半叶，许多发达国家与地区在法律、经济、政策等方面担当起推进教师专业化责任的同时，大多都重视教师专业标准的制定，意在通过建立教师专业标准加强教师队伍建设，提高教师质量，以指导教师专业化进程向着预期的目标发展。这些国家的教师专业标准都表达了社会对优质教师的期待与理想，也是设计教师职前教育、入职教育和在职教育的目标、课程等的直接依据。就本文关注的重点——教师培养质量标准来说，上述教师专业标准中与之直接相关的是美国的新教师入门资格标准、英国的合格教师标准、澳大利亚的处于毕业期的新教师的素质标准。因此，本文将主要对这些教师专业标准进行比较和分析，以期回答这样一些令人关注的问题：教师职前教育究竟应该培养什么样的教师？当前的理想教师（尤其是新教师）究竟应该知道些什么，究竟能做些什么？

［作者简介］　唐泽静，女，东北师范大学教育科学学院博士研究生，研究方向为教师教育、课程与教学论；邓涛，男，教育学博士，东北师范大学教育科学学院讲师，研究方向为教师教育、比较教育。

一、美国的新教师入门资格标准

经过多年的艰苦努力，美国目前已经建构了完整的教师教育质量保证体系，有学者形象地将此比作“三腿凳子”，即用教师教育项目认可标准、新教师的入门资格标准、国家优秀教师专业标准共同支撑和确保教师教育达到质量标准。

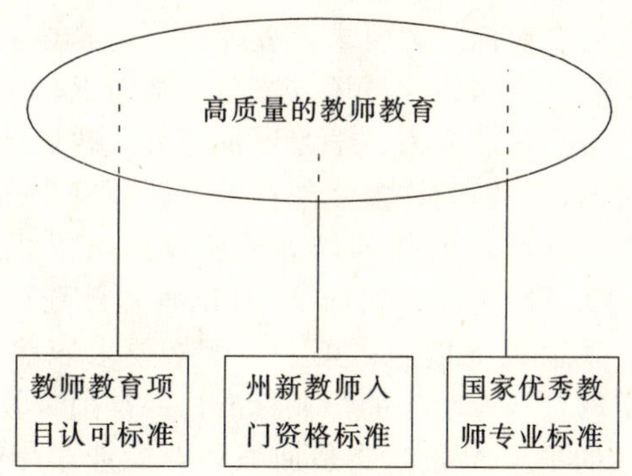

图1　美国教师教育质量保障体系：“三腿凳子”示意图

从上图可以看出，新教师的入门资格标准对于教师教育，尤其是教师职前培养，具有很强的支撑作用。换一个角度来看，要提高教师培养的质量，就必须紧紧围绕这根“指挥棒”，根据其对教师的素质要求来科学设计教师培养方案。

早在1992年，美国的“州际新教师评估援助联合会”（Interstate New Teacher Assessment and Support Consortium，INTASC）就21世纪美国新教师的标准，提出了这样的基本框架：需懂得教学理论和方法，并能创造学科教学所需的良好环境；懂得学生怎样学习，并能开展各种使他们全面发展的教学活动；懂得多元智能理论，并能提供发展各种智能的教学活动；需能使用多种方法来开发学生的智力；懂得能促进个别学生和整体积极交流的教学环境和手段；需用有效的语言和行为来促进教学环境；需根据学科知识、社会、学生基础和课程大纲来组织有效教学；需懂得各种评估方法来检查学生的学习进展；要善于经常反思教学效果和乐于参加专业进修；要能与同事、家长和社区组织保持良好的关系。[1]

在联邦政府的宏观指导和监督下，美国各州可以根据自己的实际情况制定本州的新教师入职标准。我们以威斯康星州的教师资格标准为例来予以说明。威斯康星州颁布的教师资格专业标准规定，教师申请人必须在十大标准方面展示其知识、技能和气质（disposition），其具体要求有十个方面：[2]（1）教师熟悉了解掌握所教专业。(2) 教师掌握儿童成长规律。(3) 教师理解儿童学习差别。(4) 教师掌握教学方法。(5) 教师具有管理教室的能力。(6) 教师具有良好的沟通能力。(7) 教师能够设计不同的教学计划。教师应根据所教专业知识，根据学生情况，根据社会特点及课程目标设计教学计划。(8) 教师具有测验学生学习的能力。(9) 教师具备评价自身的能力。(10) 教师应具备与其他教师及社会密切联系和通力合作的能力。

按照十大教师资格专业标准的要求，教师职前培养必须关注师范生的学科专业知识、学生与学习规律知识、教学方法与策略知识、备课能力、沟通与合作能力、课堂组织与学生管理能力、学习评价能力、教学反思能力等的发展。

类似于威斯康星州，美国的许多州都在国家教师专业标准的指引下制定了自己的教师资格标准，并就职前教师培养的质量提出了适当的保障措施。例如，宾州在 1997 年 12 月制定的《面向 21 世纪教师计划》中提出，为了提高职前教师培养质量，采取以下措施：第一，严格要求职前教育专业的择生标准。第二，严格规定教育专业学生的学业标准。一是削减教育学科或不把教育学科成绩记入师范生的平均积分。二是加强教育专业学生执教学科课程。第三，加强教育专业学生的教学实践。第四，严格控制教育专业毕业生质量（以师范生参加全国教师考试的成绩为准绳）。

二、英国合格教师专业标准：教师培养机构的办学依据和指南

1998 年 5 月，英国教育与就业部颁发了《职前教师教育课程要求》(Requirements for Courses of Initial Teacher Training)，其中包含了合格教师的标准，包括：(1) 知识与理解；(2) 计划、教学和班级管理；(3) 监控、评价、记录、报告和责任；(4) 其他专业要求等四个方面近 70 条标准。[3] 2002 年，英国教育与就业部对这一标准进行修改并简化，从专业品质与实践、知识与理解、教学能力等三方面对教师标准作出了规定。近年来，随着对教师素质的认识的全面深入和更新拓展，2007 年 2 月，英国颁布了重新修订后的合格教师资格标准和教师教育培养机构要求，并规定 2007 年 9 月正式实施新的《合格教师资格标准》和新的《教师职前培养要求》，我们可以将它们合在一起简称为《新标准与要求》。

为了体现确保《合格教师资格标准》应该是现实的和可行的这一重要指导思想，此次修订对标准的层次进行了全面的梳理，使之更为合理。所有规定性的要求均反映在 33 项三级指标中，二级指标（16 项）仅作为一级指标（三项，即专业素质、专业知识与理解、专业技能）涉及范围的说明。在指标的表述上，既避免了过于抽象笼统和难以准确把握在实践中验证的不足，也修正了现行标准对于一些指标的界定过于具体和繁琐的缺陷。

表 1　英国合格教师资格标准（2006 年 11 月修订后颁布）[4]

一级指标	二级指标	三级指标
专业素养	师生关系	1. 对学生具有高期望值，全力保证他们充分发挥教育潜能，与学生建立平等、尊重、信任、支持性和建设性的关系。 2. 具备积极的价值观、态度与行为。
	法律与政策	3. (1) 知晓教师的专业职责和工作的法律框架； (2) 知晓工作场所的政策与措施，共同承担责任。
	沟通与合作	4. 与学生、同事、家长和看护者进行有效沟通。 5. 承认并尊重同事家长、看护者对学生的发展、福祉和提高学生的成绩所作出的贡献。 6. 承担合作共事的义务。
	个人专业发展	7. (1) 反思并改进自身的实践，承担起确定和满足自身不断发展的专业需求的责任； (2) 确定入职培训阶段早期专业发展的重点。 8. 具备进行创造性和建构性批判的创新手段，善于调整自身的行为实践，从中改进并获益。 9. 能够根据建议和反馈改进教学，乐于接受指导和帮助。
专业知识与理解	教与学	10. 具备若干教学、学习及行为管理策略评价与监控学科与课程的知识与技能，了解如何运用及调整这些知识及技能，促进学习的个性化，为全体学生发挥潜能提供机会。
	监控与评价	11. 了解受训任教学科及课程领域的评价要求和安排，包括与公共测试和资格认定相关的内容。 12. 了解若干评价方法，知道形成性评价的重要性。 13. 了解如何运用地方和国内统计信息来评价自身的教学成果，监控学生的学习进展，提高学生的学业成绩水平。
	学科与课程	14. 具备所教学科及课程领域牢固的知识与理解以及相关的教学法，能对受训与任教年龄和能力范围内的学生进行有效教学。 15. 知晓相关的法定和非法定的课程，包括国家策略框架在内的学科及课程领域框架以及其他相关的适用于学生的改革措施。
	读写、计算、信息与交流技术	16. 通过读写、计算、信息技术与交流技术方面的职业技能测试。 17. 知晓如何运用文字、计算和信息交流技术方面的技能支持教学与其他专业活动。

续 表

一级指标	二级指标	三级指标
专业知识与理解	成绩与多样性	18. 知晓学生如何发展以及学生的发展和福利会受到成长、社会、宗教、种族、文化和语言方面的影响。 19. 知晓如何为那些包括以英语为第二外语，有特殊教育需要或残疾学生在内的各种学生设计有效的个性化教学，知道如何在教学中兼顾多样性，促进公平与包容。 20. 了解并理解承担特定责任的同事的角色，包括承担具有特殊教育需要、残疾及有其他个别学习需要的学生责任的同事的角色。
	健康与福利	21. (1) 了解有关保护学生和增进他们福利的现行法律要求、国家政策与指导措施； (2) 知晓如何识别和支持那些因个人环境的改变或困难而影响了进步、发展或福利的学生，并知晓何时告知同事，寻求专家的帮助。
专业技能	计划	22. 制定受训任教年龄和能力范围内的教学进度计划，设计有效的课程与系列课程的学习次序，具备牢固的学科及课程知识。 23. 为学生的读写、计算和信息交流技术等方面技能的发展提供机会。 24. 安排家庭作业或其他课外作业，促进学生的进步，扩充和巩固学生的学习。
	教学	25. 教学做到： (1) 应用多种教学策略和资源，包括电子化学习、顾及多样性，促进公平和融合； (2) 运用先前的知识，形成概念和方法，帮助学生运用新知识、理解和技能，达成学习目标； (3) 语言符合学生需要，清晰地说明新的观点和概念，并有效运用解释、提问、讨论和分组研讨； (4) 组织个人、小组和班级学习，调整教学以适应课的进程。
	评价、监督与反馈	26. (1) 有效应用多种评价、监督和成绩记录的策略； (2) 评估学生的学习需求以便设置挑战性的学习目标。 27. 提供关于学生成绩、进步和有待发展领域的及时、准确和建设性的反馈。 28. 支持与引导学生对学习进行反思，确定已有的进展和新的学习需求。

续 表

一级指标	二级指标	三级指标
专业技能	总结教学	29. 就教学对个体学生产生的效果进行评价，根据需要对计划和课堂实践加以调整。
	学习环境	30. 构建有助于学习的、目的明确及安全的学习环境，并为学生在校外的学习提供机会。 31. 构建清晰的课堂纪律框架以建设性地管理学生行为并鼓励学生自控和独立。
	集体协作	32. 把自身看做团队成员并为与同事共事提供机会，共享有效集体实践的进步成果。 33. 确保同事恰当地参与到对学习的支持之中，了解他们所要发挥的作用。

《新标准与要求》反映了近年来英国教育界对教师职业所应具备的专业素质结构和框架体系研究所取得的共识，它在以下几个方面体现出新意：[5]

(1) 突出专业性。标准中关于素质、知识与理解以及技能三个一级指标均冠以“专业”的界定，围绕这三个维度展开了对教师专业标准的规定性说明。三个一级指标是关于教师标准所要体现的领域的说明，既注重教师的态度和意向，也注重教师的专业知识和专业实践，这也反映了国际上关于教师标准共性的认识。

(2) 贯穿连续性。三个方面的指标界定贯穿所有阶段教师的专业标准之中。后续阶段的指标要求建立在前一阶段基础之上，是前面阶段要求的提升。

(3) 注重平衡性。专业素质、专业知识与理解、专业技能三者之间构成有机的整体。与现行的标准相比较，各个部分下级指标的数量比例较为适当，避免了出现过于具体的操作性说明。但无论是哪个指标，所关注的均是关于教师期望的结果表述（outcome statement），也就是以“教师应该知道什么”和“应该能够做到什么”为达标的主要依据。

(4)《新标准与要求》特别突出了以下几个方面的教师素质发展重点，即对学生的评价、学科知识、学生行为管理、课程设计的知识、专业发展、学生的特殊教育需要以及自我评价等。

英国在制定教师专业标准之外，还对中小学教师的培养课程质量标准专栏和教师职前培养标准进行了规定（由于篇幅所限，此处从略）。

三、澳大利亚的教师专业标准国家框架

1996 年澳大利亚教学委员会发布了初任教师能力框架，此后教师教育专业机构、政府注册机构以及学术界开始在全国范围内对教师工作的能力范畴展开讨论。2003 年 11 月正式颁布了全国教师专业标准框架。

（一）宏观透视：澳大利亚教师专业标准国家框架

1. 关于教师专业发展阶段的划分

澳大利亚全国教师协会认为，教师专业发展是一个持续不断的过程，教师从职前到职后共经历三个大的发展阶段，即教师的职前准备阶段、教师入职阶段和教师专业发展阶段。其中，教师专业发展阶段从毕业阶段（graduation）开始，逐步向胜任阶段（competence）、成熟阶段（accomplishment）和领导阶段（leadership）发展。

2. 国家教师专业标准的要素

澳大利亚全国教师专业标准框架规定了无论任何学科教师都必须具备的专业要素，以衡量教师的专业发展。澳大利亚教师专业标准全国框架的构成要素如下：

（1）专业知识。教师应该知道并且理解自己所教授学科的基本概念、原则以及学科结构。教师应该知道本学科和其他学科教学内容的相关联系，知道如何能够有效地教授学科内容。教师同样能够清楚地知道学生是如何学习并且怎样促进学生的学习，能够了解不同学生的社会、文化以及特殊的学习需要背景，并且知道自己该如何影响学生的学习。

（2）专业实践能力。教师拥有所要求的所有教学技术和教学策略，能够通过使用一系列工具和资源或开展活动使学生致力于学习；他们制定清晰的学习目标，有效地和学生交流，以合逻辑和有组织的方式选择和组织教学内容以达到学习目的；他们擅长于组织管理学生行为和班级发生的一系列状况，建立起重视学习，培养学习能力的可靠的学习环境氛围；教师规划整个学习过程，注意其所扮演的角色，同时使用一系列评估技术来评价学习；他们理解评价自身教学以及提供正式或非正式回馈给学生作为学习的激励的重要性。

（3）专业品质。教师致力于自身的专业发展，能够合理地分析、评估并且提高教师的专业实践。教师理解自己的工作情景是不断地变化，同时应该适应这些不断的变化。具有高尚的专业道德情操，能够尊重学生并重视其多样性，并且能与家长、同事密切联系。

（4）专业关系协调能力。教师在与不同社区的学生共同努力，为个体学生和学生团体设计、组织学习方案的过程中，能够通过与同事、教学专业机构、

其他专业人士以及更广阔的社区服务人员积极有效地合作，达到促进学生学习的目的；教师能够理解学校、家庭和社区紧密联系的客观性以及培养和学生之间相互信任、相互尊重关系的重要性并致力于建立这种关系。

（二）微观分析：澳大利亚国家教师专业标准对新教师素质达标的规定

这里所言的新教师即对应于上述标准中的“毕业阶段”（graduation）。澳大利亚国家教师专业标准允许教师教育机构毕业生进入教师行业。这一阶段和有些拿到教师资格证书进入该行业的教师有所不同，他们具有较多的学习经验而非实践经验。但刚毕业的教师只是刚刚开始他的职业生涯。他们获得了有关的知识技能价值观和态度，有能力开展持续的以专业发展为目的的学习。他们必须确定他们的专业发展需要并学会寻求同行的支持。他们需要把自己看做为了自己的学生的学习而努力的专业学习者。他们尽心承担支持学生的学习的责任，具有责任心、热情和人际交往能力来确立自己在学校中和相关的社区中的专业角色。

我们以澳大利亚的新南威尔士州（NSW）为例，来看看其教师专业标准中，对新教师的专业素质达标作出了哪些规定。[6]

（1）关于学科知识与教学法知识。主要包括学科知识、教育学知识、课程知识（NSW）、信息和交流技术知识。

（2）教师应当了解他们的学生并知道他们是如何学习的。这包括尊重不同社会背景、文化、种族、宗教信仰的学生的知识以及这些因素对学习的影响，学生自然的、社会的和智力发展特点的知识，学生不同学习方法的知识，学生技能、兴趣以及先前掌握的知识对学习的影响的知识，解决学生需求的策略的知识。

（3）为了有效教学而进行的教师计划、评价和汇报。包括计划和学习目标，教学和学习计划，教学内容的选择和组织，材料和资源的选择、开发和使用，与学习相关的评价，为学生提供反馈，评价和监控学生的进步并备存纪录，汇报，项目评估。

（4）教师与学生有效沟通。包括有效交流和课堂讨论，学生分组，教学策略。

（5）教师通过利用课堂管理技巧创造和保持安全的、具有挑战性的学习环境。包括创造一个尊重和融洽的环境，建立一个重视学习和学生的思想得到尊重的环境，顺利和有效地进行管理教室的活动，管理学生的行为，提高学生的学习责任心，保证学生的安全。

（6）教师不断地提高他们的专业知识和实践。包括分析能力，实践反思能力，从事个人和团体的专业发展，为专业团体作出贡献的能力。

（7）教师成为他们的专业以及更广泛团体的积极参与的成员。包括与父母和看护人沟通，学生家长和监护人参与教学，为学校和更大的团体作贡献，专业道德及操守。

不难发现，澳大利亚的教师专业标准具有不少值得借鉴和学习之处。其一，澳大利亚全国教师专业标准首先充分体现了以学生为本的精神要素，在标准的各专业要素中，对教师的要求都是围绕着提高学生学业成就而展开的。其二，全国教学标准显现了民主的特性。它的制定人员由来自不同州、区的一线教师、教育行政人员、政府官员、教师专业机构的工作者组成，进行讨论之后商定讨论稿，在全国范围内进行意见征集、意见反馈，最后才定稿，制定的过程本身就非常民主。而且，标准以框架的形式出现，给各区以很大的自主空间，这本身也是民主的再现。其三，标准的阶段划分划清了与教师入职标准和教师教育课程标准的界限。该标准明确教师专业发展从学生毕业进入教师行业开始，为规范教师职前要求扫清了道路，同时确定了教师专业发展的四个阶段，使有经验的教师可以直接按照相关要求对号入座。在每个阶段都有相应的四个要素方面的要求，确保教师在教学职业生涯中据此制定持续的发展规划。教师发展阶段的划分能够给教师树立明确的发展方向，了解在不同时期的发展目标，促进教师的可持续发展。其四，专业要素深化了教师的专业发展层次。标准中提出的教师“专业品质、专业关系协调能力”的内容，进一步拓展了教师的专业要素，教师教学不应该仅局限于教学内容、教学实践，而是应该学会高效地评估自己的专业教学实践，应具有反思能力和团队合作能力。而目前，我国教师专业培训主要集中在教师的基本功训练和学历培训，忽视了教师对教学情境的反思，澳大利亚全国教师专业标准中专业要素内容的增加，无疑具有很强的借鉴意义。

四、比较与总结

以上我们对若干国家的教师素质标准进行了考察和初步分析。在此基础上，我们可以归纳出一些共同性的要素。

首先，在理念上，上述标准（或认识）体现出这样几个共同之处：①“以学生为本”——以促进学生的学习与发展为教师标准的旨趣。②贯彻终身学习的理念。不仅强调教师要具备终身学习的意识与能力，而且要在教学中培养学生的终身学习能力。③强调理论与实践融合的教师培养。

其次，在具体的标准或认识上，体现出如下几个发展趋势：①横向上看，教师标准所涵盖的范围逐步扩大，突破了传统教师标准中仅仅强调教师知能发展的局限。上述国家和地区的教师专业标准都分成了很多领域或维度，涵盖了教师的专业知识、专业能力、专业精神、专业伦理，而且突出了教师的专业态度与价值观、专业品质的重要性，从而改变了它们以往不受重视的局面，也使教师专业标准真正具有了全面性的特点，教师素质中“软”的方面和“硬”的方面都得到了充分关注。②纵向上看，一些国家（地区）的教师标准充分考虑了教师专业发展的阶段性规律，并由此提出了“因人而异”的标准。例如，澳大利亚的四个阶段的教师专业标准就对新教师提出了不同于胜任阶段、专业领导阶段的教师的标准与要求。这些标准中关于新教师素质发展目标的规定为其教师职前培养提供了方向上的指引。这些标准不仅关注不同发展阶段的素质发展要求，而且关注教师素质发展的时代性内容，即将社会发展变化对教师素质发展的新要求（比如信息技术能力）及时地写进教师专业标准中。

须要补充的是，不同国家（地区）的教师专业标准都是在借鉴与创新的基础上形成的。因此，我们除了关注它们的相通之处，还要客观地看到，它们由于产生于特定的文化背景与教育环境，有着特定的“地域性”特征。因此，我们在借鉴和参照的同时，也要积极地立足于我国的国情，构建我国的教师专业标准。有了这样的标准，我们才可以为教师培养质量确立一个具有操作性的判断标准。尽管此项工作目前正在进行，我国的一系列教师教育标准（教师专业标准、教师教育课程标准、教师教育机构认证标准和评价标准等）还没有正式出台，但是，我们仍然可以通过学习国际经验，来思考如何提高我国的教师培养质量问题。

参考文献

[1] Interstate New Teacher Assessment and Support Consortium. (1992). Model Standards for Beginning Teacher Licensing, Assessment and Development: A Resource for State Dialogue [DB/OC]. http: //www. ccsso. org/intascst. html.

[2] 吴志功．美国威斯康星州中学教师资格认证 [J]．高等师范教育研究，2000，12 (4)：68—72.

[3] 教育部师范教育司．教师专业化的理论与实践 [M]．北京：人民教育出版社，2002：220—230.

[4] [5] 许明．英国教师教育专业新标准述评 [J]．比较教育研究，2007 (9)：73—77.

[6] New Institute of Teachers. Professional Teaching Standards Graduate Teacher. http: //www. nswteachers. nsw. edu. au/Main-Professional-Teaching-Standards. html.

论理想的教师素质结构
——基于理论研究者视角的考察

孔凡琴　邓　涛

摘　要：考察理想的教师素质结构，一个重要视角是理论研究者的观点。综合西方学者和我国学者对教师素质结构的认识，理想教师的素质结构应该是一个包括专业精神与专业伦理、专业知识和专业能力在内的综合的、一体化结构。

关键词：优秀教师　专业素质　结构　研究者

人们所期待的优秀教师应当是具备各种素质的教师。那么，教师究竟应该具备哪些素质呢？对此，无论在西方还是在我国，理论研究者都进行了详细的论述。本文将通过分析近年来中外研究者对教师素质的研究结论，来把握我国新时期的优秀教师应当具备的素质结构。

一、西方学者关于优秀教师素质结构的研究

（一）关于优秀教师素质结构的一般探讨

格莱因（Glenn）发表在《教育文摘》上的一篇文章认为，影响学校最重要的因素是教师的素质，优秀教师必须有助于学生成长，能提高教育质量，能熟练地掌握班级并能促使其不断进步。他还详尽地论述了优秀教师所应具备的素质：展示热情，精于专业，建立（班级）制度，积极投入，注意形象，建立成功的班级管理，具备与人相处的技巧，清晰地表达，有效地提问，给学生成

［作者简介］　孔凡琴，女，东北师范大学国际与比较教育研究所博士研究生，研究方向为比较教育、基础教育；邓涛，男，教育学博士，东北师范大学教育科学学院讲师，研究方向为教师教育、比较教育。

功的评价，提出教育要求，创造愉快的氛围，灵活的策略。[1]

艾略特（Elliott）认为，优秀教师的素质可以用一系列行为指标来表示，具体如下：

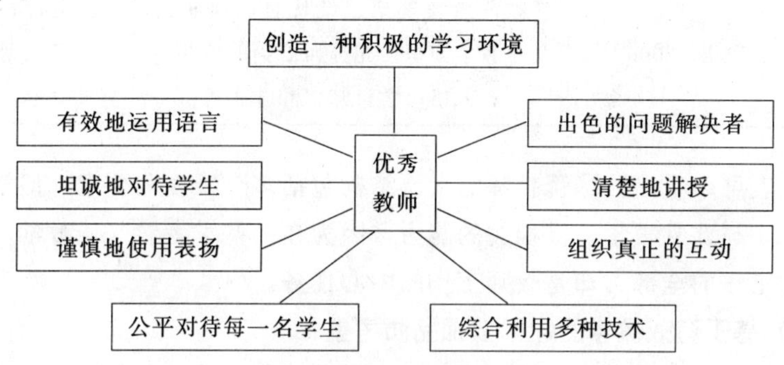

图1　理想教师的行为[2]

为了获得更多西方学者对于优秀教师素质结构的看法，我们以 effectiveteacher 和 teacher quality 为关键词，在英文教育资料数据库 ERIC 上进行检索，对学者们的观点进行列举：

表1　西方学者关于优秀教师素质结构的研究

学者与年代	优秀教师的素质结构
Cobb，Darling—Hammond，1995[3]	教学知识、学科内容知识、有效教学的技能和态度、深入理解人类成长与儿童发展、有效沟通技巧、高度伦理道德、更新和持续学习能力。
Hopkins&Stern，1996[4]	针对 OECD 10 个成员国所做的卓越教师特质的研究，发现六种重要的优秀教师特质：为学生尽心尽力，牺牲奉献；关爱学生；学科教学知识良好；使用多种教学模式；与同事合作规划教学，并且观察和讨论彼此的教学；对自己的教学不断地质疑和反思并加以改进。
Lynn C. Minor，2002[5]	1. 教学和管理技巧：有能力的教导者；以学生为中心；有效的课堂管理者和学生行为管理者。 2. 道德的、温和的行为：有道德的；专业的。 3. 掌握有关学科和学生的知识，并对学生和学科有热情：对教学有热情；有渊博的学科知识。
Teacher Training Agency TTA，2004[6]	学生的良好楷模；具有专业承诺；喜欢青少年；具有高度期望；喜欢教学；对教学专业负责；能够进行教学反思；通过教育实践持续学习和发展。

续 表

学者与年代	优秀教师的素质结构
Jeremy A. Polk，2006[7]	任教前教育理论成绩优良；沟通技巧；创造性；专业主义；教学知识；充分而恰当的学生评价；自我发展与终身学习；人格；学科知识和才干等。

从上表可以看出，尽管教师的素质结构包括多个维度和要素，但学者们更为强调的是与课堂教学直接相关的能力，因为在一些学者看来，教学活动虽然不是教师工作的全部，却是教师工作的中心任务。

（二）基于有效教学的优秀教师品质考察

还有一些西方学者虽然没有直接提出优秀教师应该具备什么样的素质，但是他们提出了什么是有效的教学，并据此提出了优秀教师应该具备的基本品质。因此，考察学者们对有效教学的理解及其对优秀教师品质的探讨也有助于我们理解高素质教师应当具备什么样的素质。

1996 年，丹尼尔森（Danielson C.）在美国课程开发与督导协会（Association for Supervision and Curriculum）的支持下，制定了“专业实践组成要素”（Components of Professional Practice）并在全美推行。这个标准包括四大领域（domain），22 个组成部分（component），以及 66 个要素。每一个要素又有“不合格”、“基本合格”、“熟练”和“优秀”四个层次的行为发展水平。这些要求和操作层次为提高教师专业能力提供了一个方向或者指南，每一位专任教师都能在这四个领域显示自己的才能。表 2 是丹尼尔森确定的有效教学标准。[8]

表 2 丹尼尔森的有效教学标准框架

领　域	组成部分
领域之一：计划与准备 (Planning and Preparation)	1a：掌握教学内容与方法 1b：了解学生 1c：选择教学目标 1d：利用资源 1e：设计教学 1f：评估学生的学习

续 表

领　域	组成部分
领域之二：教学环境 （The Classroom Environment）	2a：创设尊重与和睦的教学环境 2b：建立一种学习文化（Culture for Learning） 2c：组织与管理教学过程 2d：管理学生行为 2e：管理物理空间（Organizing Physical Space）
领域之三：教学 （Instruction）	3a：清晰准确地交流 3b：运用提问与讨论技术 3c：使学生参与学习 3d：为学生提供反馈 3e：灵活、迅速地作出反应
领域之四：专业职责 （Professional Responsibilities）	4a：教学反思 4b：保持准确的记录 4c：与学生家长保持交流与沟通 4d：服务于学校和社区 4e：专业成长与发展 4f：表现出职业（专业）风范

为了清晰地界定有效教学的标准，国外更多的学者进行了详尽研究。本研究以 effective teaching 为关键词，在英文教育资料数据库 ERIC 中进行检索，获得大量有关有效教学标准的研究文献，通过筛选和梳理，对国外学者认定的“有效教学标准”进行了汇总（此处从略）。基于对有效教学的理解，一些学者进一步探讨了教学行为有效性的个体品质特征。

巴贝里（Bably）认为，教师教学行为有效性取决于教师的 10 项个性品质，即同情心、仪表、谈吐（address）、诚恳、乐观（optimism）、热心、好学、活力、公正、严谨。[9]

克瑞克莎克（Cruickshank）等人则认为，教学行为有效性的个人性格特征包括热情、热心、幽默、可信任、对成功抱有很高的期望、激励、支持、有条理、灵活、适应性强、博学等方面。[10]

美国教育协会认为优秀教师应有 18 项品质，即健康而有活力，智慧，好学，情绪成熟及平衡，爱儿童，同情，对教学发生兴趣和爱好，乐观和幽默感，友善态度（friendliness），良好工作习惯，能与人合作，广泛的兴趣，容忍（tolerance），明快（good judgment），公正，良好的仪表和声音，讲解清晰的能力，人格（以上品质的综合及其他）。

2006年7月11日，日本中央教育审议会《关于今后教师培养和资格制度的应有状态》的咨询报告认为，根据社会的变化与发展（知识社会、全球化、信息化、少子化、高龄化、社会整体的高学历化）的趋势与要求，可以从这样三个方面来考虑教师究竟应该具备什么样的素质：(1) 无论哪个时代均要求的教师素质与能力包括：作为教育者的使命感，关于人的成长和发展的深刻理解，对学生的教育爱，关于执教学科等的专业知识，广博而又丰富的教养，以及以这些为基础的实践指导能力等。(2) 今后特别要求的教师素质与能力包括：立足于全球的视野行动所需的素质能力，关于地球、国家、人类等的适当理解，丰富的人性，在国际社会所必需的基本素质能力，生存于变化时代的社会人所必需的素质能力，与课题探究能力有关的素质能力，与人际关系有关的素质能力，适应社会变化所需的知识和技能。(3) 从履行职责角度看教师必须具备的素质能力，关于学生和教育的应有面貌的适当理解，对教育职业的热爱、自豪和认同，进行学科教学、生活指导等所需的知识、技能和态度。

总体来看，从西方学者对优秀教师素质结构及其品质的研究结论中我们可以看出，他们构建起来的教师素质结构涉及了多个维度和领域（如知识、能力、道德、心理素质等），而且列出了详尽的教师素质构成要素，这使得其研究结论在指导教师职前教育、入职教育和在职专业发展改革时，表现出较强的可操作性。同时，我们不难发现，西方学者更为强调优秀教师应该具备两个方面的素质。其一，教师必须具备开展有效教学所需要的种种能力，即教师必须具有一定的教学实践能力。例如，有效传授学科知识，有效地与学生沟通和交流，管理与评价学生等。其二，教师必须具备良好的个性品质。就教师的个性品质而言，西方学者比较注重教师的同情心、热爱学生、容忍、习惯和性格等人格因素，这对教育过程中重视人文关怀，尊重学生人格和个性发展无疑是值得借鉴的。

如果从纵向的时间角度来看，当前一些西方学者（或机构）对教师的认识正在逐步更新，即在肯定教师素质结构中一些不变因子的同时，及时地根据社会的变化要求对教师素质结构进行了增补，从而指明了当前教师素质发展的重点和方向。

二、我国学者关于优秀教师及其素质结构的研究

近年来，我国有很多学者从我国的教师传统以及当前日益变化的教育情境

来对教师素质进行新的理解和阐发。

林崇德教授对教师素质结构进行了深入的研究。他指出考察教师素质要在这样六个理论基础上进行：(1) 要切实体现教师这一职业的规律性，反映出教师独特的本质。(2) 对于教师素质的理解，要有深刻的理论背景，不能由研究者凭空设计。(3) 教学活动是教师工作的中心任务。(4) 反对那种元素堆砌的教师素质观，应该将教师素质看成一个系统的结构。(5) 教师素质是结构与过程的统一，发展性和动态性是其精髓。(6) 教师素质的含义应能为教育实践和教师教育工作提供理论指导，具有可操作性。由此，他围绕五个内容和三个方面论述了教师的素质。教师素质的五个内容：教师的职业理想是其献身于教育工作的根本动力；教师知识是其从事教育工作的前提条件；教师的教育观念或信念是其从事教育工作的背景；教师的自我监控能力是其从事教育活动的核心要素；教师的教学行为是其素质的外化形式。这五个内容可以概括为三个方面，即教师的师德（包括爱岗敬业、热爱学生、严谨治学、为人师表）、知识（包括本体性知识、文化知识、实践性知识和条件性知识）和能力（包括教育教学能力、自我监控能力、应用现代化信息技术能力、心理健康教育能力等）。[11]

顾明远教授从三个方面论述了教师素质：(1) 职业意识。愿意献身教育事业，热爱青少年儿童，不断提高自身业务水平。(2) 业务能力。善于把知识传授给学生，并在传授知识的同时发展学生智力。(3) 心理素质。包括教育理想、为人师表、善于处理人际关系。[12]

叶澜教授从时代发展对教师职业的专业化要求的角度，提出新型教师应具备五个方面的素质：专业精神，教育理念，专业知识，专业能力，专业智慧。

(1) 专业精神是教师做好本职工作的重要保证，它包括对教师事业价值的认识，责任感，崇高感和光荣感，敬业精神等。

(2) 教育理念是教师对教育工作的本质理解，在此基础上形成的关于教育的观念与信念：它有自我教育，继续学习为主旨的教育观，学生教育活动中学习主体的学生观，教师为学生主动学习提供评价、指导和帮助的教育活动观。

(3) 专业知识是教师从事教育工作的知识和技能保证，具有开放性和实践性。它由三方面构成：①较宽广的科学和人文素养，当代重要的工具性学科知识与技能；②1—2 门学科专业知识和技能，其中要增加学科发展史及趋势、学科科学家创造知识的活动、科学精神及人格力量等知识；③认识教育对象，开展教育活动和研究所必需的教育学科知识和技能，如教育原理、心理学、教育论、学习论、班级管理、现代教育技术等。

(4) 专业能力由三方面组成：①理解与交往的能力；②组织管理能力；③教育研究的能力，这是新型教师的又一个重要特征。

(5) 专业智慧。

上述诸方面要求在教师身上得到综合实现的产物，也是教师经验积累升华的结晶，它是教师在教育教学具体情境中解决问题的能力、机智、能力的集中表现。

我国更多学者关于教师素质结构的研究结论如下表所示。[13]

表 3 我国学者关于教师素质的研究

谢安邦	1. 职业道德和专业精神 2. 文化修养 3. 能力结构 4. 身心素质
彭森明	1. 普通素养 2. 专业知能 3. 专业信念与态度 4. 人格特质 5. 专业学科素养
教育部师范司	1. 专业知识 2. 专业能力 3. 专业情意
唐松林	1. 认知结构 2. 专业精神 3. 教育能力
教育大辞典	1. 良好的个人品德 2. 职业道德 3. 有比较广博的知识，精通所教学科知识 4. 教育理论素养 5. 语言素养 6. 能力 7. 身体健康
胡艳	1. 服务社会或人类的理想 2. 师德品质 3. 教育教学理论和实践能力 4. 文化素养和精深的学科专业知识 5. 研究和反省能力
孟万金	1. 专业理念 2. 专业智能 3. 专业情怀 4. 专业规范

正如有学者强调的那样，研究教师素质结构绝不能仅靠简单的元素堆砌，教师的素质应该具有符合逻辑的内在结构。在上表所提及的一些学者中，就有人对教师素质进行了结构化的分析。

谢安邦教授认为，教师素质是一个有机结合的整体，其结构包括三个维度，即真的维度、善的维度和美的维度。真的维度反映教师对世界及教育教学活动发展规律的探索、理解和认识，内容包括教师知识结构与教育理念；善的维度反映教师主体从事教育事业的价值追求和取向，其内容主要指教师的职业道德和个性品质；美的维度是在真与善的基础上产生的教师欣赏美和创造美的能力特征，是教师顺利实施各项教育活动并保证其效能的心理特征。

表 4　教师素质的整体结构[14]

教师任务	教师素质目标	教师素质结构的维度	教师素质结构的内容
教学生求知	“经师”目标	真（认知结构）	知识
			理念
教学生成人	“人师”目标	善（专业精神）	道德
			个性
“教”的有效性	“效能”目标	美（能力与技能）	实践能力
			临床技能（含艺术）

唐松林等人认为，教师的教育素质是一个三维一体的结构。[15]

（1）认知结构：它包括知识结构与教育理念，这是教育素质的第一维度。就知识结构而言，它包括教师拥有的知识结构系统，如当代人文、科学基础知识及专门化学科知识、教育专业知识及它们相应的技能技巧和方法系统。就教育理念而言，包括教师对教育的本质观、价值观、主体教育观及过程观等问题的理解以及在此基础上形成的教育信念，这是教师有效教育教学的理论基础和前提。

（2）专业精神：它主要包括教师的职业道德和个性心理品质，这是教育素质的第二维度。就职业道德品质而言，包括教师个体在教育教学过程中的道德品质，在与他人特别是与学生交往过程中的道德品质及教师对待自己的道德品质等；就个性心理品质而言，主要包括教师的创新精神、亲童心、责任感和合作精神等，这是有效教育的动力系统。

（3）教育能力：是教师能顺利实施各项教育活动并保证其效果的心理特征，这是教育素质的第三维度。它包括教育的实践能力、教育的临床技能、心理辅导能力和教育科研能力等四个方面。这是教师教育教学活动的保证系统。

有学者主张，为了能体现理想教师形象内容的多维性，同时也为了研究的方便，对于理想教师形象内容的分析可以采用要素分析和层次分析相结合的方法。将理想教师形象分为两个层次，即内在形象和外在形象。内在形象又包括观念、知识、能力等；外在形象包括由观念、知识、能力等所决定的，表现出来的语言和行为等。内在形象和外在形象共同构成了完整的理想教师形象。同时还认为，理想教师所需具有的教育观念、知识和能力，符合理想教师形象要求的言语谈吐和行为举止四个方面的标准构成了我国教师资格标准的基本框架。[16]

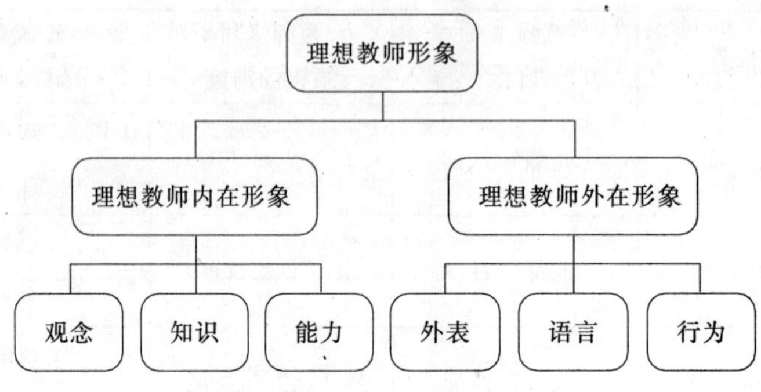

图1 理想教师形象框架图

此外，我国也有学者探讨了师范生（准教师）的素质结构。有学者认为，师范生的素质结构有三，即认知系统、情感系统、操作系统。在三类素质结构中，知识系统是教师从事教育和教学工作必需的知识储备，操作系统是静态知识的动态表达，是知识转化为实际的教育影响力的根本途径。三类构成要素中最能体现教师职业特点的是情感系统和操作系统。这是区别师范生和一般综合性大学学生的根本标志，也是评价教师培养目标实现与否的首要尺度。[17]

我国学者吴志功认为，高师大学生（师范生）的素质应为：根据高师大学生在校学习特点和自身特点，参照优秀教师的素质要求及21世纪社会对教师的要求，高师大学生在校应该掌握的知识、技能和从事教师职业应具有的各种基本必须要素的总和。高师大学生的素质可以从核心素质、基本素质、综合素质三个层面加以理解。他指出，在我国关于师范生的素质的研究中，有一种趋向须特别注意，即师范生的素质教育目标过于理想化、或过高过全，进一步说就是用优秀教师的素质标准来要求师范生，而忽视师范生本身的在校学习特点。他认为师范生的素质教育目标设计的根本应依据这样几个方面，即高师大学生的特点，优秀中学教师素质标准，21世纪社会对教师素质的要求，教师培养的期限等。[18]

总之，上述教育学者或教育机构描绘了一个丰富多彩的教师教育素质目标图景，并各有特点。就国外学者们的研究而言，他们倾向于研究教师个体的个性品质和注重研究活动本身的个性色彩。就教师的个性品质而言，比较注重教师的同情心、热爱学生、容忍、习惯和性格等人格因素。就我国学者们的研究而言，一般比较强调教师素质的社会性和完整性。如职业道德标准、知识结构、能力结构等，一般力求教师素质结构的系统化、整体化和面面俱到。缺点是对教师个性品质，特别是教育临床技能素质研究不多。

通过对中外理论研究者关于理想教师的素质结构的考察，结合我国当前的社会及教育的变化发展对教师素质的要求，我们构建了一个理想教师素质的基本框架（表5），不难发现，它应该是一个综合的、一体化的结构。因此，它可以作为我们提高中小学教师培养质量改革的行动标准和依据。

表5　我国新时期教师素质结构框架

维度	项　目	要　素
专业精神与专业伦理	敬业精神	（1）认同教师职业，并树立坚定的专业信念； （2）具有奉献精神，全身心投入教育教学工作。
	追求卓越的精神	（1）锐意进取精神； （2）开拓创新精神。
	责任与服务意识	（1）具有尊重学生、服务学生的意识； （2）社会责任感和使命感。
	平等意识与公正精神	（1）平等意识； （2）公正精神。
	合作精神	（1）正确对待竞争与合作，积极促进与同事之间建立相互信任和尊重、协同工作、共同发展的良好关系； （2）与家长、社区有效沟通，平等相待； （3）与学校管理人员和其他人员合作开展工作。
专业知识	教育理论知识	（1）一般教育教学知识； （2）教育政策法规知识； （3）教育科学研究知识； （4）现代教育技术知识。
	学科相关知识	（1）学科内容知识； （2）学科教学法知识。
	关于学生的知识	（1）关于学生发展的知识； （2）关于学生学习的知识。
	个人体验性知识	（1）教育教学情境知识； （2）教学策略性知识； （3）关于自我的知识。

续 表

<table>
<tr><th>维度</th><th>项 目</th><th>要 素</th></tr>
<tr><td rowspan="6">专业能力</td><td>教学能力</td><td>(1) 教学设计能力；
(2) 教学实施能力；
(3) 教学反思与自我改进能力。</td></tr>
<tr><td>班级与课堂管理能力</td><td>(1) 班级组织与管理能力；
(2) 课堂组织与管理能力。</td></tr>
<tr><td>教育研究能力</td><td>(1) 具有一定的研究意识；
(2) 掌握教育研究的基本程序与方法；
(3) 课程开发能力；
(4) 开展行动研究的能力。</td></tr>
<tr><td>运用信息技术能力</td><td>(1) 具有较强的信息技术教育意识；
(2) 合理使用各种信息技术；
(3) 善于将信息技术与学科课程结合。</td></tr>
<tr><td>教学评价能力</td><td>(1) 深入理解评价的基本原理，能熟练运用多种评价方法进行有效评价；
(2) 运用评价结果改进教学促进学生发展。</td></tr>
<tr><td>人际关系协调能力</td><td>(1) 与学生建立良好关系的能力；
(2) 与家长、社区的沟通与协调能力；
(3) 与同事之间的专业合作能力。</td></tr>
</table>

必须指出的是，上表虽然从总体上突出强调了教师的专业精神与专业伦理、专业知识和专业能力，这似乎涵盖了教师的所有能力范畴，但我们认为，在认识教师能力素质、构建我国的教师专业标准时，上表或许只能起到抛砖引玉的作用，我们仍然需要在一些二级甚至是三级指标上作更为细致、深入的研究。只有当我们真正确立了优秀教师应当具有什么样的素质结构，才能发现当今教师教育中存在的问题与不足，才能为未来的改革确立行动依据和奋斗目标。

参 考 文 献

［1］Glenn R E. *What teachers need to be*. Education Digest［J］. 2001 (67)：19—21.

［2］Elliott S H，et al,. *Educational Psychology*：*Effective Teaching*，

Effective Learning （3ds）［M］. Boston：The McCraw-Hill Companies，Inc，2000：8.

［3］Cobb V L，Darling-Hammond L，Murangi K. *Teacher preparation and professional development in APEC members：An overview of policy and practice.* （ERIC Document Reproduction Service No. ED383683），1995.

［4］简红珠．优质教学释义与启示［J］．教育研究与发展期刊．2006，2（2）：6.

［5］Lynn C Minor，Anthony J Onwuegbuzie，Ann E Witcher，et al. *Preservice teachers' educational beliefs and their perceptions of characteristics of effective teachers.* The Journal of Educational Research［J］，2002，96（2）：116.

［6］吴青山．提升教师素质之探究．教育研究月刊［J］．2004（11）：7.

［7］Jeremy A Polk. *Traits of Effective Teachers*［J］. Arts Education Policy Review. 2006，107（4）：23.

［8］Danielson，C.（1996）. *Enhancing Professional Practice：A Framework for Teaching*. http：//www. umatilla. k12. or. us/NCLB/Char _ Danielson. htm，2008 - 11 - 15.

［9］王连生．教育概念［M］．台北：五南图书出版公司，1988：276.

［10］Donald R Cruickshank，Dehorah L. Baiuer，Kim K. Metcalf. 教学行为指导［M］．时绮，等译．北京：中国轻工业出版社，2003.

［11］林崇德．教师素质结构与教师教育［A］．见：中国教育学会．新世纪教师专业化的理论与实践［C］．长春：东北师范大学出版社，2003：9—14.

［12］顾明远．提高教师的素质是迎接21世纪教育中的优先课题［A］．国家教委国家教育发展中心．未来教育面临的困惑与挑战［C］．北京：人民教育出版社．1999：101—102.

［13］谢安邦，朱宇波．教师素质的范畴和结构探析［J］．教师教育研究，2007，19（2）：1—5.

［14］唐松林，徐厚道．教师素质的实然分析与应然探讨［J］．高等师范教育研究，2000，12（6）：34—39.

［15］安春梅．理想教师形象与教师资格标准的研究［D］．南京：南京师范大学教育科学学院，2007.

［16］秦桂芳．师范生素质及其培养策略［J］．枣庄学院学报，2002（1）：99—101.

［17］吴志功．高师大学生素质教育目标设计［J］．广州师院学报：社会科学版．1999，20（11）：75—80.

美国高质量中学教师培养项目初探

于 杨

摘 要：本文通过对美国高质量中学教师培养项目的目标、类型、内容、实施等方面的介绍，分析当前美国高质量中学教师培养现状，揭示其未来发展动向，为我国高质量中学教师培养改革提供若干启示。

关键词：美国 中学 高质量教师 培养项目

伴随着社会的发展与进步，美国各级政府、社会各界对中小学教育水平高度关注，并对此展开多项调查研究。有研究数据表明，美国每年大约有1/3的教师在工作3年后离开专业教师队伍，5年后几乎有一半的教师离开。据此发展到2010年，美国将需要250万名新教师，平均每年需要量超过20万。另外，面对日益复杂的教育环境和多元的教育需求，全美只有不到一半的中学教师认为自己做好了应对各种问题的准备。有20%的教师认为自己不能自如地把教育技术融入到班级教学中；54%的教师或由于学生多样性，或是由于自身素质方面的原因，不能有效地教授英语；80%的教师无法满足学习有困难的学生的要求；近70%的教师不能够较好地使用现代教学技术；59%的教师不能够使用新的教学方法进行教学；64%的教师教学不能达到州或学区课程与实施标准的要求[1]。这些令各级政府、教育主管部门、社会紧张的数字，为美国中学教师的培养代来压力并提出了新要求。

基于以上提到的多种原因，2002年1月8日布什签署《不让一个孩子掉队》(*No Child Left Behind*)法案，该法案要求全美所有中小学校核心学术课程教师，在2006年底须成为高质量教师(highly qualified teacher)。法案提出成为高质量教师要满足三个条件：至少获得学士学位；获得本州所需的教师

［作者简介］ 于杨，女，东北师范大学国际与比较教育研究所博士研究生，研究方向为教师教育、高等教育。

资格证书；在所要教授的学科领域中、在即将任教的核心学术课程里充分展示自己的学术和教学能力。本文以美国加州大学等 20 多所美国公立大学* 为研究对象，以各大学中学教师培养项目目标、项目类型、项目内容、项目实施加以概述，以期对当前美国中学高质量教师培养现状有整体、客观的了解，并为我国中学教师培养提供借鉴与启示。

一、项目目标与任务

近年来，美国社会各界对摇摆不定、不适应社会发展的中学教育教学质量越来越关注。人们普遍认为中学教学质量下降的原因在于中学教师不具备适应现代社会需要的教育教学能力，尤其是新任中学教师不具备参与日益激烈的社会竞争的能力。自本世纪初开始，美国逐渐调整中学教师培养目标，以满足社会发展对高质量教师培养的需求。相应的美国高质量教师培养项目目标也发生了一些新的变化，更加注重培养参与项目学习的教师候选人的综合能力。

（一）美国高质量教师培养项目目标

虽然美国大学高质量教师培养项目目标设立各异，但综合来看，美国高质量教师培养项目目标是帮助本校所有学生（本科生、研究生）和校友成为具有专业教师资格的专业人员，通过提供各种各样的学术知识和专业技能，使学生成为具有反思专业能力的教师。为此，高质量教师培养项目为教室内外的所有参与本项目的学生提供了学习专业学术课程和在中学实习的机会，帮助学生建构专业知识，并把他们带入基于研究和专业能力的理论和专业知识学习之中。

---

* 加州大学伯克利分校（University of California-Berkeley），维吉尼亚大学（University of Virginia），加州大学洛杉矶分校（University of California-Los Angeles），密歇根安尔博分校（University of Michigan-Ann Arbor），北卡罗莱纳大学教堂山分校（University of North Carolina-Chapel Hill），威斯康星大学麦迪逊分校（University of Wisconsin-Madison），加州大学戴维斯分校（University of California-Davis），华盛顿大学（University of Washington），德克萨斯大学奥斯汀分校（University of Texas-Austin），佛罗里达大学（University of Florida），俄亥俄州大学哥伦比亚分校（Ohio State University-Columbus），乔治亚大学（University of Georgia），爱荷华州大学（University of Iowa），密歇根州立大学（Michigan State University），俄勒冈州大学（University of Oregon），华盛顿州立大学（Washington State University），肯塔基大学（University of Kentucky），科罗拉多州立大学（Colorado State University），堪萨斯州立大学（Kansas State University），阿肯色州大学（University of Arkansas），俄克拉荷马大学（University of Oklahoma），爱荷华州立大学（Iowa State University）。

一般而言，美国高质量教师培养项目目标从宏观维度来讲是指与大学合作、与社区中学合作，共同创建并保障一个专业网络，并为学区内的学生和教师带来利益；要求学生在项目学习中自然生成在班级教学中所应具备的能力；通过专业支持，帮助学生完成从大学到专业环境中的转换。从微观维度而言，该项目目标更加关注学生的发展，项目结束时，学生应成为高质量教师，满足本州教师标准要求；学生获得所教学科较完整的知识，并与其他相关学科领域建立联系；认识到人类经验的差异性，学生能够认识到通过创建多种教育机会可以使知识适用于各种学习者；理解交流技能、语言在人类经验传承中的作用；建立和保障积极的、交互的学习环境，鼓励学生自然的学习欲望；发展和使用多元的评价策略去指导和促进学生的学习，为学习者提供有意义的反馈；培养学生批判反思的习惯，鼓励他们寻找专业成长的机会；发展与学校同事、家长以及社区代表之间关系的重要性；传递一种教学热情，并通过自身现有的专业知识、教育学知识和科技发展水平发展自我导向性学习。[2]

（二）美国高质量教师培养项目目标特征

1. 重视学术性知识学习，颁发多种类型与层次的学位证书与教师资格证书

为适应经济、科技发展需要，美国中学教师培养更加注重学生的自由教育学科背景，而非职业技术教育背景；更加注重教师资格证书的学术性培养，并有颁发多种类型与层次的学位证书的趋势。例如，俄亥俄州立大学教师培养项目规定，所有参加中学教师培养项目的申请者，须达到以下要求：学术性课程成绩本科生申请者平均分不低于 2.75 分，研究生申请者平均分不低于 3.0 分；本科生与研究生申请者要提交三封推荐信，其中两封是对申请者学术能力的推荐，研究生还要提交自己的学士论文。[3]在培养过程中，也有明确的学分、课程内容等要求，密歇根州立大学五年制教师培养项目规定，本科生修得 102 学分，颁发理学或文学学士学位，达到 120 分颁发教育理学或文学学士学位。[4]

2. 培养目标呈现多样化

伴随社会发展的多元化，注重培养单一教学能力的培养目标弊端日益显现。例如，在加利福尼亚州操多种语言与持多样文化的学生比例越来越多，家长和学校不断要求寻找高质量的教育工作者，尤其是城市中学对高质量数学和科学教师的需要量越来越大，这些中学要求教师拥有多方面能力，尤其是沟通、协调、合作、参与竞争等方面的能力。

3. 关注本州、服务本社区，加强教育、工作和家庭三者联系

现代美国社会中，学校与社区、家庭之间的联系比以往任何时候都紧密。

人们注重发展学校、家庭和社区三者间的有效关系，并努力寻找某种资源，设计一种能够加强家庭和以教学工作为基础的学校之间关系的有效项目。过去十年间，这种联系与关注在大学中学教师培养中，体现在为未来高质量教师设计一体化课程上。这种一体化课程具有学术性与职业性并重，关照本国、本州、本社区需要的特点。同时社区和学校为大学高质量教师培养、生成、保存提供环境。[5]

4. 培养目标标准化

美国各州中学教师培养项目在具体实施细则上存在较大差异。现今各大学为使本校培养的教师候选人能够在任何州都能申请到教师职位，在教师培养目标设立上体现出较大的相似性，呈现出标准化的趋势。其标准化主要体现在：各大学均加强对学术性课程的要求，同时兼顾职业课程的学习；体现服务本地区，满足本州教育主管部门对新教师入职标准的要求；着重培养学生在多元文化背景下的工作能力；注重培养学生运用新教学方法及教育技术的能力；培养与同行进行沟通、合作的能力；强调任何学科的教师都要具备较强的口语、写作和计算机能力等。[6]

二、项目类型

综合美国多所公立大学高质量中学教师培养项目的设置情况，以项目培养主体类型（在校注册学生、校友）、被培养主体参与中学教师培养项目目标（获得学位与资格证书、获得资格证书）等依据，参照 2008 年秋季加州大学伯克利分校对本校中学教师培养项目培养类型的分类（学历与证书教育模式、返校与继续教育模式、国际申请培养模式），本文将美国高质量中学教师培养项目类型归纳为学位与资格证书类型和资格证书类型两种。

（一）学位与资格证书类型——以密歇根州立大学为例

目前，美国学位与资格证书型的高质量教师培养项目一般学制五年，学生用前面四年的时间完成主修专业和一些教育学课程的学习，在最后一年里集中学习教育学。该类型培养项目招收的学生一般为本科生和硕士研究生两种，修业结束后授予学士或硕士学位以及某一单一学科教师资格证书。自 1986 年至今全美大约有 300 所院校有资格为参与中学教师培养的学生授予学士学位和教育学硕士学位。1998 年，几乎所有公立中学里的教师都拥有学士学位，45％的教师拥有硕士学位，1％的教师拥有博士学位。[7]由于招收对象不同，在培养过程中申请、课程学习、考试和实习等培养环节也有所差异。下文以密歇根州立大学为例，具体说明学位与资格证书培养模式各培养环节及其关系。

密歇根州立大学中学教师培养项目为期五年[8]，该培养模式分为四个阶段。首先是申请阶段，密歇根州立大学对申请加入中学教师培养项目的学生有严格要求：本科阶段学业最低平均分 2.75 分，须通过密歇根大学组织的基本技能测试，申请具有竞争性。如果申请者本身是研究生即通过 GRE 考试的学生，在申请时还须要提交自己的学士学位论文以及专家推荐信。第二阶段为课程学习阶段，该阶段由课程学习、实习和考试三部分组成。课程分为学科学术性课程和教育专业知识课程，学术性课程包括必修课和选修课两种，必修课要获得至少 66 学分，选修课要获得至少 44 学分；教育专业知识课程要求在大学一年级和二年级通过教师教育 I、教师教育 II 课程，获得学分后，大学三年级方可继续学习高层次课程。第三阶段为考试，考试分为学术能力考试和实践能力考试。考试在学生实习前完成，通过后方可参加实习。第四阶段为实习，密歇根州立大学中学教师培养项目规定，学生必须满足以下条件方可进入实习阶段，即完成所有教育专业知识必修与选修课程学习、所有教师资格证书课程和大学学科学术课程，获得学士学位，大学学习阶段所有课程平均分 2.5 分以上，并且没有一门课程分数低于 2.0 分，达到教学技术要求，通过密歇根州立大学组织的中学教学实践测试。密歇根州立大学中学教师培养实习为期一年，这期间学生要深入到具体中学进行教学实践，同时也要进行课程学习，实习结束后，大学带队教师与中学教学指导教师联合为学生实习作出评价。学生通过实习测试后，向学校申请获得单科中学教师资格证书。[9]

（二）资格证书类型——以堪萨斯大学为例

资格证书培养模式主要是为大学毕业获得学士学位且在就业前的第一或第二年希望获得教师资格证书的学生或校友设立的，是学士后教育。这些同学在接受培养的过程中，修习硕士研究生课程并获得学分，该学分在其日后攻读硕士学位时亦可作为满足硕士学位的授予条件。这种中学教师培养模式培养中学教师的时间基本为一年以上，但不会超过两年。设计此种教师培养模式的目的是为学生的职业出路做打算，为学生树立正确的职业目标和培养他们未来从事教师职业的能力。下面以堪萨斯大学为例进行说明。

堪萨斯大学中学教师培养资格证书模式为四个阶段。第一阶段为申请阶段。堪萨斯大学中学教师资格证书培养项目目标致力于为所有学生无论其人种、宗教、国别、血统、性别、身份、性取向、残疾、婚姻状况、年龄等通过该项目培养，皆可获得中学教师资格证书。该种教师资格证书培养模式可以申请一年完成该项目，但申请者必须满足下列条件：提交申请信；须在研究生院备案；本科阶段课程表和学业成绩复印件两份，最低课程平均分为 3.0 分，

2.75—2.99 分的学生经过教师顾问的同意后也可以被允许试进入该项目；在所申请的学科领域中有坚实的学术基础，申请进入该项目的学生在之前的课程学习成绩中不能有 C；通过系列读、写、算的职前技能考试；三份来自雇主或者学院指导教师的推荐信；与所申请学科领域中的指导教师约定个人面试时间。第二阶段是课程学习阶段。课程内容包括教育领导和政策研究，健康、运动和训练科学，教育心理学研究，特别教育等四个领域。第三阶段是考试。由于参与此模式学习的学生都已获得学士学位，因此在对课程完成的要求上，堪萨斯大学中学教师培养项目规定，申请者只要完成必修课和选修课学习且成绩合格即可以进入教学实习阶段。第四阶段是实习阶段。申请者通过实习测试后，便可以申请获得某学科中学教师资格证书。

三、项目内容

为实现培养高质量中学教师的目标，美国大学高质量教师培养项目内容由课程和教育教学实践两个部分组成。课程内容兼顾通识课程和专业课程，教育教学实践由教育学专业课程与学生实践两方面构成。

（一）美国高质量中学教师培养项目课程内容

具体而言，高质量中学教师培养项目课程内容的实施分别由同一所高等教育机构内的不同院系，或者是不同的高等教育机构负责完成。通识教育课程由文理学院提供，专业课程（对非教育专业学生而言）一般由文理学院或科学学院提供。

1. 通识教育课程

通识教育课程是大学生入学阶段所接受的课程。一般情况下，大学所有院系的学生都会接受包括英文、历史、宪法等内容的课程，各个院系的差别不大，且都在大学一年级完成。但即便如此，大多数大学对加入中学教师培养项目的学生在通识教育阶段的课程学习成绩是有规定的，一般成绩都要求在 C 以上。另外一般参与美国中学教师项目的参与者的身份比较多元，除本校现有本科生或研究生外，还包括本校校友、交换生以及国际申请者等。因此针对不同申请者身份，准入条件、课程设置等皆有所不同。如某些大学要求非本校注册申请者提交本科阶段的课程表和成绩单，有的大学则要求申请者必须在本校修得某些与所申请中学教师资格证书相关专业的本科课程的学分。

2. 专业课程

高质量中学教师培养项目中，有关学科学术性与教育专业性课程比例之间的讨论一直非常激烈。中学教师在职前阶段究竟学习多少与本专业相关的学术性知识、什么类型的学科学术性知识对教师日后的工作更加有利？这一直是高质量中学教师培养的焦点问题。尤其现在，当美国政府郑重承诺，要让全美国任何一个孩子，无论其身处何地、他们是谁，都要接受高质量教师提供的高质量教育时，[10]高质量中学教师的培养工作被社会上下、学校内外高度关注。对此问题，美国有些研究报告的结论是，大学阶段接受更多学术性知识学习的教师候选人，其在现实教学中能更好地实现高质量教学。但是这样的研究结论并未得到肯定。一些研究者认为，这样的结论是在样本较少，且研究方法过于简单的情况下作出的，这种个体研究标本并不能告诉我们怎样推动高质量教师的培养，且学科学术性知识可以从多个领域内获得，而并非只在大学里，因此它只能偶尔在某个领域中给我们启示。但人们普遍认为大学开设的学科学术性知识和教育专业知识中，某些类型的课程对实际课堂教学有很大帮助。例如，在数学学科中，申请数学中学教师资格证书的同学，在大学学习时往往重视或易于选择数学程序和标准方面的课程，而忽略推理和数学概念课程的学习，但如果缺乏这种对数学深刻理解力的课程的学习会阻碍他们实现高质量教学。还有许多证据显示，有关方法论方面的课程对高质量教学的实现是有帮助的。综合各种研究结果，在中学教师培养过程中，为适应教育改革的需要，进行适当的课程方面的改变是必要的，但是对此问题的解决不是简单地增加或减少学科学术性课程，而是要复杂得多。

（二）美国高质量中学教师培养项目教育教学实践内容

高质量中学教师培养项目教育教学实践内容包括教育学专业知识课程和教学实习两方面。

1. 教育专业知识课程

综合美国中学教师培养情况来看，教学实践内容包括两方面，一是在校内进行的，由教育学院主持的教育专业知识课程，一般情况下它贯穿于整个教师培养过程的始终。几乎所有大学都要求，只有完成并通过所有规定的教育专业知识课程学习后，学生方可进行教育实习阶段；另一个是与校外中学合作进行教育实习。

在美国，素有重视教育教学实践能力培养的传统，经过多年的积累与实践，美国大学中学教师培养项目中的教育专业实践课程从课程设置、实施、验收等各个环节都更加完善了。如密歇根州立大学在最近一次修正的高质量中学教师培养项目中提出：中学教师培养不会只是从实践中学到东西，而是通过一系列的细致的准备（careful preparation）、良好的指导（good mentoring）、与同事的讨论（discussions with colleagues）以及精心设计课程（well-designed courses）的结合实现培养适应未来中学需要的高质量教师的目标。密歇根州立大学 2006—2007 年度中学教师培养项目，教育专业知识课程包括 8 方面内容：基础知识（employ a liberal education）、授课（teach a subject matter）、与学生个体交流（work with students as individuals）、组织班级（organize a class）、使用装备齐全的学校教室（use an equipped school room）、融入学校和教职之中（join a faculty and school）、与社区和学生监护人的交流（engage guardians and community）、作为专业和反思型学者的教师（teacher as professional and reflective learner）。[11]每一项教育专业知识课程都附有具体课程与明确的教学目标。如在与学生个体交流课程方面，要求通过课程的学习，使学生拥有尊重、关心、沟通，适应课程，使用多种策略，鼓励学生，因材施教，评价与帮助学生改正错误的能力；在班级组织方面，要求具有提升班级共享价值观，追求平等，组织民主调查，培养中学生的交流能力，设计易于参与的班级结构，评价与帮助学生的能力；在使用设备完善的教室方面，要求参与项目的学生拥有设计班级，使用多种方式，运用多种科技手段，用科技方法提高学生学习成绩，维护教室科技设备，评价教学科技手段的能力；在融入学校和教职方面，要求所有参与教师培养项目的同学具有参与学校政策研究制定，参与校本培训，培养中学生参与意识，培养学习型社区形成的能力；在与社区和学生监护人交流方面，要求所有参与项目的学生通过课程学习拥有保护学生福利意识，认识多元的家庭结构，与家长和监护人进行联系，与社区联络沟通的能力；在成为专业和反思型学者的教师方面，要求学生具有完整的教师职责认知，树立自我风貌，确定自我教学哲学，与他人交流，负责任的教学，评价与自我反思的能力。这些能力要求均以课程的形式体现出来，通常一门课程可以表现出多种能力的要求。在课程实施过程中根据课程的难易程度在不同的年级进行，学分也不同。例如，3 学分的学习反思课体现出对学生专业和反思能力的培养；3 学分的多元文化观下的多元学习者课程则追求对项目参与者基础知识、与学生个体交流、组织班级等方面的能力诉求；6 学分的专业教学实践课程体现出对学生基础知识、授课、与学生个体交流、组织班级、使用装备齐全的学校教室、融入学校和教职之中、与社区和学生监护人的交流等多种能力的培养。

2. 教育实习

美国大学普遍认为，教育实习是大学教授与中学指导教师之间的对话，通过大学与中学的努力合作，使所有参与项目的同学成为有能力对多样化的中学生进行教学的教师，成为有思想、有技能的教师，成为培养学习型社区和在公共教育改革中热心参与的教师。美国高质量中学教师项目对学生的教学实习特别重视，制定了严格的具有较强操作性的教育实习目标、教育实习带队教师职责以及教学评价标准等。

(1) 教育实习目标。高质量中学教师培养项目认为，教育实习的目的并不是期盼参与实习的同学单纯的、直接的进行为成为新任教师所需的教学经验的积累，而是通过教育实习，通过学生的观察，与他们的指导教师（Mentor Teachers）共同计划、合作去建构一个属于他们自己的扩展了的，包含责任与激情的教学能力储备。教育实习是一个从学生向专业教师转变的过程，在此过程中，他们必须保持作为学者的前瞻性，教育实习在高质量教师培养中发挥重要的作用。同时教育实习还担负着计划和交流、专业实践、个人学习等责任。

(2) 教育实习带队教师职责。美国高质量中学培养项目要求大学中选择经验丰富的教师指导学生实习。在教育实习过程中，带队实习教师被赋予明确的职责：教育实习带队指导教师负有计划与沟通、评价和支持实习环境的责任。如密歇根大学规定教育实习带队教师要支持学生实习学习、参与指导学生实习会议、根据项目标准与实习学校进行沟通、制定定期与学生沟通的时间表、提供对学生实习有帮助的资源、帮助学生确定具体上课的班级和时间、参与评价讨论会、在实习的中期和末期为每名学生书写两页的实习评价报告表、为学生的实习报告存档、与学生和实习指导教师就学生实习问题开五次会议、在整个秋季和春季学期里听学生五次课、定期与每位指导教师联系沟通、确定每位实习生实习计划与标准；确定实习的具体需要以及指导教师的要求、帮助实习者接收各种反馈，支持提供必须的音像材料、保持所有有关学生实习的纸质评价和专业发展计划等。

(3) 教育实习评价。教学实习成绩评定由带队指导教师和中学实习指导教师依据国家新任入职教师专业标准联合作出。成绩的批判应该反映出学生的专业水准。实习成绩的划定分为通过、未通过、延期三种。未通过教育实习的学生不能获得教师资格证书。

四、小　结

以上从项目的目标与任务、项目类型、项目内容等方面总结描述了当今美国高质量中学教师培养项目的总体情况。在此基础上对我国中学教师培养项目的构建提出建议：

(一) 注重中学教师培养项目结构性建设

美国中学教师培养过程呈阶段性，各阶段衔接紧凑、要求规范严格。程序化中学教师培养模式，使大学易于掌控中学教师培养质量，通过具有竞争性和淘汰性的培养过程确保教师培养的高质量。我国中学教师培养大多在师范大学里进行，一般情况下，只要考入师范大学的学生在毕业后无需经任何特殊的考核或选拔，即可同时获得学士学位和在中学进行任教的资格。因此，许多师范生学习积极性不高，甚至没有学习目标，综合性大学或者是师范院校里的非师范专业的同学，申请获得教师资格证书相对而言也是非常容易的，培养方式缺乏有效竞争。

（二）提高中学教师培养项目的准入资格

在美国申请参加教师培养项目，申请者需要满足项目提出的一系列有关学术水平、实践能力等方面的要求，并参与选拔。当学生参加教师培养项目后，学校强调学生应再次考虑自己的选择，以及自己未来的职业目标，使每个进入项目的同学都具有明确的学习目标、学习计划与职业规划。我国中学教师培养缺乏竞争性的入门选拔考核，培养过程中缺乏对学生学习态度、学习意愿的督促，缺乏职业指导与规划。

（三）丰富中学教师培养项目类型与层次

美国中学教师资格证书类型多样，可以满足社会不同人群对此的需要。人们可以通过多种学习方式（如校友项目、继续教育项目、国际交换学生项目、国外申请项目等）、渠道获得教师资格证书。美国中学教师培养过程中，将教师资格证书按学科门类进行规划，培养学生具有教授几门课程的能力。这样可以较好地避免某一学科教师过剩或缺乏的问题。我国中学培养教师培养对象只是在校大学生、研究生，还未关注到社会其他人员对此的需要，因此，培养类型与模式比较单一。而且获得教师资格证书的学生在中学里只具有教授一门学科的资格，有时会造成某些学科教师的激增或不足的现象，教师一旦被迫进行其他学科的教学时往往不能适应，导致教学质量下降，也不被学生和家长认可。

（四）确保中学教师培养项目师资配备质量

美国中学教师培养是收费项目，大学往往挑选最优秀的学科与教学临床经验丰富的教授和讲师担任教师。我国非师范生参与教师培养项目，申请获得教师资格证书也是收费的，但是额度相对较低。在师资上，一般不会配备最优秀的教师进行教学。课程设置上，一般由本校教育学院完成，不能跨学科、跨专业进行有效的课程学习，教师配备也只是各自学院的自我安排。我国中学教师培养缺乏相容互认的教学体系，教师培养与学位课程是脱离的，这样就浪费了有限的教育资源，也降低了教师培养的质量。

（五）增强中学教师培养项目的本土意识

美国中学教师培养除具有专业性、学术性，甚至是一些商业行为的特征外，美国中学教师培养还具有浓厚的本土意识，在教师培养目标设计上，体现出对本州、本地区需要的关注。我国大学在中学教师培养方面与本省市的联系较少，对本地区的需求关注不够，如此，大学与中学的互动与认同也受到影响，严重影响教师的培养质量。

参考文献

[1] Statistical Analysis Report. *Teacher Quality：A Report on the Preparation and Qualifications Of Public School Teachers* [M]. Boston：The Mc Craw-Hill Companies，Inc. 1999：2.

[2] Teacher Education Program. [EB/OL] http：//www. princeton. edu/～tprep/about. Htm goals. 2008 - 08 - 12.

[3] Teacher Education Program. [EB/OL] http：//ehe. osu. edu/academics/downloads/osu-at-a-glance. pdf. 2008 - 8 - 10.

[4] Teacher Education Degree Program. [EB/OL] http：//curry. edschool. virginia. edu/tedhandbooks/. 2008 - 7 - 30.

[5] Teacher Preparation Research：Current Knowledge，Gaps and Recommendations. [EB/OL] http：//depts. washington. edu/ctpmail/PDFS/Teacher Prep. pdf. 2008 - 7 - 29.

[6] Teacher Education. [EB/OL] http：//soe. ku. edu/prospective-students/teacher _ education. php. 2008 - 8 - 20.

[7] Eight Questions on Teacher Preparation：What Does the Research Say? A Summary of the Findings. [EB/OL] http：//ecs. org/html/education Issues/teaching quality/tpreport/home/summary. pdf

[8] Teacher Preparation Report Card：2006—2007. [EB/OL] http：//www. eiu. edu/ceps/title2/eiutitle2info _ 2006 _ 2007. pdf. 2008 - 8 - 20.

[9] Secondary Inter-Mentor Teacher Handbook. [EB/OL] http：//ed-web2. educ. msu. edu/team4/. 2008 - 7 - 29.

[10] Teacher Preparation Research：Current Knowledge，Gaps，and Recommendations. [EB/OL] http：//depts. washington. edu/ctpmail/PDFs/TeacherPrep-WFFM-02-2001. pdf. 2008 - 7 - 29.

[11] Second Field Instruction Handbook 2006—2007. [EB/OL] http：//ed-web2. educ. msu. edu/team4. 2008 - 8 - 3.

教师专业化背景下高师院校教师教育课程设置与实施改革研究

李　广　许伟光

摘　要：调查发现，我国高等师范院校在课程设置与实施上存在着课程目标定位不准、课程内容陈旧、课程结构趋同、课程文化落后等问题。基于教师专业化发展的理念，我国高等师范院校课程改革的目标应凸显师范性，彰显个性；课程结构应体现整体性，保持均衡性；课程实施应关注教育理论知识修养，重视教育实践知识积累；课程文化建设应重视对学生专业态度的培养，专业精神的塑造和专业身份的认同。

关键词：高等师范院校　教师教育　课程设置　课程实施

一、研究问题

高师院校教师教育课程设置及实施情况与职前教师培养质量密切相关。为了能够准确地把握高师院校课程设置及实施现状，发现存在的问题，我们对全国12所高师院校的培养目标、课程内容、课程结构、课程资源、课堂教学、校园文化进行了深入的调查研究。

二、调查研究过程

2008年6月30日—7月10日，我们对我国12所师范院校的课程设置及

［作者简介］　李广，男，教育学博士，东北师范大学教育科学学院副教授，研究方向为课程与教学基本理论、日本文化与教育、微格教学、中日语文课程比较；许伟光，男，东北师范大学教育科学学院硕士研究生，研究方向为课程与教学理论、教师教育。

实施情况进行了调研。其中八所学校派 1—2 名调研人员进行调查，调研人员以硕士研究生为主，其余四所以查阅相关文献获得研究资料。

（一）选取研究样本

本研究的样本选取遵循代表性与典型性的原则，选取以下 12 所师范院校作为本研究的样本：东北地区 7 所师范院校，华中地区 1 所师范院校，北京地区 2 所师范院校、陕西地区 1 所师范院校，云南地区 1 所师范院校。这 12 所师范院校在某种程度上可以代表我国师范院校的基本情况。因此，本研究以这 12 所师范院校为研究样本，对其课程计划进行文本分析，对其主管教学领导及部分师生进行深度访谈与问卷调查。

资料搜集：各师范院校教师教育课程计划（包括学校课程总计划及各院系课程计划）。

教育行政人员及专家访谈（包括学校教务处以及以教育科学学院为代表的各院系教育行政人员及专家）：各师范院校教师教育课程设置及实施情况，具体包括课程设置的特色与积累的经验，课程实施取得的成就，存在的不足与问题，原因分析与发展规划等。

问卷调查（包括各院系主管教学领导及普通教师）：各师范院校教师教育课程设置及实施情况，具体包括课程设置的特色与积累的经验，课程实施取得的成就，存在的不足与问题，原因分析与发展规划等。

（二）调查所获得的资料

八所师范院校为本研究提供了以“本科教学计划”为代表的文本资料 18 册，接受访谈的主管教学领导 8 人，收回调查问卷 51 份。

三、我国高等师范院校教师教育课程设置及问题分析

（一）我国高等师范院校课程设置状况调查分析

1. 八所师范院校教师教育课程培养目标

培养目标是课程编制与实施的灵魂和主线，培养目标制约并影响着课程的编制与实施。简言之，培养目标是课程的逻辑起点与最终归宿。因此，有必要对培养目标进行分析。

表 1　八所师范院校教师教育课程培养目标

院校名称	培养目标
华中地区某师范院校 A	为国家基础教育事业的发展培养德才兼备的高素质专业化的一流师资。毕业生职业走向以重点高中为主体，同时要求具备从事初中及小学教育教学的能力。

续 表

院校名称	培养目标
东北地区某师范院校 B	教学计划中没有对培养目标进行具体阐述。在其学校网页“学校简介”中有关培养目标的相关表述为：坚持为该省基础教育培养合格师资、为地方经济建设和社会发展培养合格人才这一基本方向不动摇。
东北地区某师范院校 C	培养具有创新精神、创业意识和实践能力，具有现代教育思想，掌握现代教育技术，适应素质教育要求的中学师资。
东北地区某师范院校 D	培养热爱教育事业，具有现代教育观念、基础扎实、知识面宽、能力强、素质高、富有创新精神、德智体全面发展的中等学校合格教师，并为其未来发展奠定良好基础。
东北地区某师范院校 E	1. 坚持当代中国化的马克思主义，坚定社会主义信念，具备合格公民基本道德素养，热爱教育事业，积极进取，健康向上，为人师表。 2. 具有宽广的学科专业基础知识、基本理论、基本技能，具有宽厚的文化修养，有知识转换与知识创新能力。 3. 掌握先进的教育理论知识与技能，具有科学的、前瞻的教育理念。 4. 具有较强的教师职业能力，班主任工作能力和一定的教育研究心理咨询能力。 5. 掌握一门外语，能阅读一般性外文资料，初步具有双语教学意识。 6. 有健康的体魄，热爱生活，具有良好的思想道德素质、心理素质和审美素质。
东北地区某师范院校 F	培养学生德智体美全面发展，具有创新能力、实践能力和创新精神，具备良好的人文素养和科学素质的中等学校师资和社会发展与经济建设需要的各类人才。
东北地区某师范院校 G	该校《章程》中有关培养目标的描述为第三条和第六条，其内容分别为：东北地区某师范院校 G 是实施本科教育和研究生教育的全日制综合性省属师范大学，以培养中等教育师资为主要任务，同时积极发展非师范类教育，为社会发展和经济建设培养专门人才；学校的任务是培养具有创新精神和实践能力的高级专门人才，发展科技文化，促进社会主义现代化建设。

续 表

院校名称	培养目标
东北地区某师范院校 H	引导和促进学生成为有见识、有能力、有责任感的自主学习者，培养其成为有理想、有抱负，德智体美全面发展，基础扎实且富有创新精神和实践能力的优秀中学教师，为其成为教育家奠定坚实基础。具体地说，要培养我们的学生，具有“高尚的师德修养、扎实的专业知识、高超的教育技能、宽阔的学术视野、先进的教育理念、独立的研究能力”。为实现师范专业学生的培养目标，学校确定了“宽口径、厚基础、精专业、强能力”的培养思路。

八所师范院校培养目标的共同特点是为基础教育培养师资，培养师范性的专门人才。不同点是层次不同，如在培养中小学师资、优秀师资、重点中学师资、教育家等方面各个学校有不同侧重，此外在具体要求与表述上也存在差异。

2. 八所师范院校教师教育课程比重

教师是一种“双专业”的职业。它不仅需要教师具有相关专业的素质，了解“教什么”，还需要教师具有教育教学的相关理念、知识和技能，知晓“如何教”，这就是对教育专业课程提出的要求。教育专业课程是教师专业化的标志性课程，它在整个教育专业课程体系中的地位是通过其所占学分比例来体现的。下面我们从教师教育课程所占学分分析一下八所师范院校的情况。

表 2　八所师范院校教师教育课程学分统计表

院校名称	总学分	教师教育课程学分	教师教育课程学分占总学分百分比
华中地区某师范院校 A	178	28	15.7
东北地区某师范院校 B	150	23	15.33（以数学学院为例）
东北地区某师范院校 C	163	18	11
东北地区某师范院校 D	168	16	9.5
东北地区某师范院校 E	155	13	8.39
东北地区某师范院校 F	155—165	未明确说明	
东北地区某师范院校 G	无资料		
东北地区某师范院校 H	145—160	25—30	17.2—18.7

由上面的统计结果可以看出，教师教育课程学分占总学分最多的是教育部直属的东北地区某师范院校 H，达到 17.2%—18.7%，最少的是东北地区某师范院校 E，占到 8.39%。由此概括出我国高等师范院校的整体情况：我国高等师范院校教师教育课程的学分占总学分的 14%左右。

下面我们通过查阅文献的方式看一下以下四所师范院校教师教育课程学分情况。

表 3 北京师范大学、首都师范大学、陕西师范大学、云南师范大学四所院校教师教育课程学分统计表[1]

院校名称	总学分	教育课程所占学分	教育课程所占比例
北京师范大学①	150—165	20	12.1%—13.3%
首都师范大学②	183—194	30	15.4%—16.3%
陕西师范大学③	160—180	23	12.7%—14.3%
云南师范大学④	160—170	26	15.2%—16.2%

（资料来源：雷军莉．教师专业化背景下高等师范院校教师教育课程设置探究．陕西师范大学硕士学位论文，2007.）

3. 八所师范院校教师教育课程的结构、类型、层次及内容

从结构上看，可以分为“教育理论课程”、“教育技能课程”、“教育实践课程”三个板块。

从类型上看，可以分为选修课与必修课两种类型。

从层次上看，可以分为“一般教育课程”和“学科教育课程”两个层次。

从内容上看，各学校参差不齐。下表是华中地区某师范院校 A 的教师教育课程设置及具体内容。

表 4 华中地区某师范院校 A 的教师教育课程设置结构及具体内容

课程结构	教育理论课程		教育技能课程		教育实践课程（全必修）	学科教育课程	
	必修	选修	必修	选修		必修	选修
课程门数及学分	2 门 6 学分	22 门 3 学分	3 门 4 学分	14 门 1 学分	见习 2 学分 实习 8 学分	1 门 2 学分	1—5 门 2 学分
课程名称	心理学基础、教育学基础	德育与班级管理、校本课程开发、教学活动设计等	教师口语、教师书法、现代教育技术	语文教学技能训练、数学技能训练、英语教学技能训练等	教育见习、教育实习	学科教学论	学科教材分析、学科课程标准研究等

下面我们通过查阅文献的方式再来看一下，以下四所师范院校教师教育课程设置结构及内容情况。

表5 北京师范大学、首都师范大学、陕西师范大学、云南师范大学四所院校教师教育课程设置结构、内容[2]

课程类型＼院校	北京师范大学	首都师范大学	陕西师范大学	云南师范大学
教育理论课	教育学、教育心理学、教育科学专题类、科学教育类、环境教育类、健康教育类、现代教育技术基础等	教育学引论、教育心理学、教育社会学专题、教育史专题、教育哲学专题、教育文化学专题、教育经济学专题、教育管理专题、课程与教学论专题、教育论文写作、教育专题研讨等	教育学、心理学、教育心理学、教育科学研究方法、教师职业道德、家庭教育学、教育政策和法规、经典教育文献选、外国教育发展专题、中国教育发展专题、现代教育思想概论、中国传统文化与教育、国际教育展望等	教育学、心理学、学科教学论、学习理论、教学管理、教育专题研讨、教育论文写作、中外教育思想史、教育经典名著选读、学校管理、中学生心理学、普通话等
教育技能课	现代教育技术类、教育教学技能类、教育科学研究方法类、学科教学论类等	行动研究实践、中学教育科研实践、教学设计、教育测量与评价、教育影视作品赏析、教育测量与评价等	普通话培训与测试、心理咨询与辅导、班级管理理论与实践、学校事故与法律责任、多媒体课件与制作、教案编写、新课程标准下课堂教学方法与技巧等	教师口语与演讲艺术、课堂观察与分析技术、课件制作与网上教学、教学论文写作技巧、教育法及其案例分析、板书板画艺术、书法艺术等
教育实践课	教育实习、见习	教育实习、见习	教育实习、见习	教育实习、见习

（资料来源：雷军莉．教师专业化背景下高等师范院校教师教育课程设置探究．陕西师范大学硕士学位论文，2007.）

表现出两个特征：

一是课程结构、类型、层次存在趋同，但具体课程内容有所不同。

二是从学分分配上看，教育理论课程学分较高，教育技能课程学分较低；必修课程学分较高，选修课程学分较低。

教师教育课程其目的是一方面保证学生具有将学科教学问题放在更宽广的背景中加以思考和审视的能力，同时保证学生具有较强的教学实施、教学研究、教学管理的实践能力，促使学生具有从事教育教学改革与创新的能力。

4. 八所师范院校教育实践课程设置类型与特征

表 6　八所师范院校教师实践课程设置状况

院校名称	教育见习		教育实习		教师教育课程总学分
	学分	学期	学分	学期	
华中地区某师范院校 A	2	5—7	8	7	28
东北地区某师范院校 B			8	5—7	23
东北地区某师范院校 C			6	7—8	18
东北地区某师范院校 D	1	6	8	7	16
东北地区某师范院校 E			8		21
东北地区某师范院校 F			6	7	未说明
东北地区某师范院校 G					无资料
东北地区某师范院校 H	1	6	5	7	25—30

下面我们通过查阅文献的方式再来看一下以下四所师范院校教师教育实践课程设置及情况。

表 7　北京师范大学、首都师范大学、陕西师范大学、云南师范大学四所院校教师教育实践课程学分统计表[3]

院校名称	教育实习所占学时	教育实习所占学分	教育实习所占学分比例	时　间
北京师范大学	6 周	6	3.6%—4%	第七学期
首都师范大学	10 周	10	5.1%—5.4%	第七学期
陕西师范大学	11 周	6	3.3%—3.7%	第七学期
云南师范大学	9 周	6	3.5%—3.7%	第七学期

（资料来源：雷军莉．教师专业化背景下高等师范院校教师教育课程设置探究．陕西师范大学硕士学位论文，2007.）

从以上统计可以看出，我国高等师范院校教育实践课程有如下三个特征：一是教育实践课程类型单一，只有教育见习与教育实习两种类型；二是教育实践课程实施肤浅；三是教育实践课程学分偏低。

（二）我国高等师范院校教师教育课程存在的问题分析

从11所师范院校教师教育课程设置结构及内容来看，主要存在以下问题：

1. 培养目标定位不准，课程体系混乱

我国高等师范院校的培养目标定位不准。一是层次上的定位不准，表现为小学、中学学校层面模糊不清，合格师资、优秀师资、教育家培养目标模糊不清。二是师范性的模糊不清，表现为对师范性认识上的不清，以及师范性与非示范性之间的模糊不清。由于培养目标定位不准，导致了课程体系的混乱。

2. 课程内容比较陈旧，课程分布失衡

从部分师范院校的课程名称及类别结构来看，课程内容显得过于陈旧，缺乏时代感。另外课程分布有些失衡，表现为内容选择上的失衡、时间分布上的失衡、课程类别上的失衡及价值取向上的失衡。

3. 课程以教师为中心，学生主体地位缺失

从课程结构及类型来看，课程设置表现出了明显的教师中心主义倾向，学生的主体地位没有得到相应的尊重。

4. 课程学术性过强，缺乏主动适应基础教育的意识

高师院校课程没有表现出主动适应基础教育课程改革的意识，学术性过强，无法满足基础教育课程改革的需要，更没有起到引领基础教育课程改革发展的作用。

5. 课程结构模式僵化，课程资源单一

高师院校课程结构模式僵化，基本上由理论课程、技能课程和实践课程三大模块构成，这既是高师院校课程结构的特征，也是高师院校课程结构僵化的表现。课程资源均源于文本、教室与学校，是典型的“书本、教室、教师”三中心。

6. 教育技能课程封闭，教育实践课程单一

教育技能课没有突出“训练”的本质，没有遵循技能形成的身心规律，将技能作为知识进行传授式的课程进行封闭式的设计。教育实践课程类型单一，除了教育见习与教育实习外不见别的类型，甚至有的学校只有教育实习一种类型。

7. 学生创新与实践能力的培养没有受到重视

从师范院校的课程结构及设置来看，学生的创新能力与实践能力培养没有

得到应有的重视，这与时代精神要求背道而驰。

8. 高等师范院校课程文化浅薄

这主要表现在以下方面：一是课程的师范特色不鲜明；二是师范院校的隐性课程资源没有得到充分的开发（师范生的职业精神、职业定向、发展方向、毕业去向有赖于隐性课程的滋养）。

9. 师范院校课程结构趋同、缺乏个性

师范院校的课程一般由通识教育课程、专业教育课程和教师教育课程组成。从整体上看，我国师范院校的课程结构存在趋同，缺乏个性化。

四、我国高等师范院校教师教育课程实施状况调查研究

（一）《我国高等师范院校教师教育课程设置及实施状况调查问卷》结果整理

本研究编制的《我国高等师范院校教师教育课程设置及实施状况调查问卷》共由 10 个问题组成，每个问题内由若干子问题构成。该问卷共发放 230 份，收回有效问卷 51 份。问卷整理结果如下：

表 8　课程实施中存在的问题与不足

问题	请简要评述贵校（院系）在课程实施中存在的问题与不足。
典型回答	1. 专业选修课总量不足，选修人数过多，影响研究性教学实施。 2. 师资总量不足，课程质量参差不齐。 3. 专业性和学科教学与课程论的统合有待进一步提高，专业课教师对基础教育现实认识不足。 4. 多个实践环节的连接还需改进。 5. 专业实践不够，动手能力有待进一步提高。 6. 总课时量不足，关键课程学时不够。 7. 学生考研、找工作占用大量时间，大四不能正常教学。 8. 学生课外活动太多。 9. 一年级学生公共必修课较多，二三年级专业课压力较大，实践课效果差。 10. 教师缺乏经验。 11. 课程资源有待进一步丰富。 12. 师资队伍科研能力有待进一步提高。 13. 缺乏与外界沟通交流。

表 9　各类课程开课率

问题	请您评述一下贵校（院系）各类课程的开课率。
典型回答	1. 专业课开课率在 95%以上。 2. 教师教育课程以必修为主，选修课较少。 3. 专业选修课开出 80%以上，其他如数开出。 4. 基本能按计划开出。 5. 除少数课程因选课人数过少而未开外，其余基本都能开出。

表 10　信息技术课程开课及实施情况

问题	请您简评贵校（院系）信息技术课程开课及实施情况。
典型回答	1. 开设了现代教育技能、数据库等课程。 2. 两门。 3. 3 门。 4. 5 门（计算机基础、C 语言、教育技术、多媒体技术、数据库知识）。

表 11　教育见习、教育实习情况

问题	请您简评贵校（院系）教育见习、教育实习情况。
典型回答	1. 落实情况并不理想，尤其教育见习尚缺乏严格监管。 2. 无教育见习。 3. 教育实习时间太短。

表 12　当前基础教育课程改革对课程实施的影响

问题	请您简评当前基础教育课程改革对贵校（院系）课程实施的影响。
典型回答	1. 目前影响不大，但正在显现出来。 2. 影响很大。 3. 正在与基础教育接轨。 4. 在提高学生科研能力方面有促进作用。

表 13　校园文化活动开展情况

问题	请您简评贵校（院系）校园文化活动开展情况。
典型回答	1. 有特色，但也有流于应景的弊端。 2. 活动丰富多彩。 3. 活动太多，影响学生学习和思考。 4. 通过开展活动，促进学生专业发展。

（二）《我国高等师范院校教师教育课程设置及实施状况调查》访谈结果整理（限于篇幅，此部分具体内容略去）

（三）我国高等师范院校教师教育课程实施问题分析

根据《我国高等师范院校教师教育课程设置及实施状况调查问卷》结果及《我国高等师范院校教师教育课程设置及实施状况调查》访谈结果，可以将我国高等师范院校教师教育课程实施中存在的问题概括为如下几个方面：

1. 教师主体方面

师资水平问题：地方院校表现为师资水平低、数量不足；部署师范院校表现为大师级人才的培养、聘用与引进。整体上表现为缺乏基础教育实践经验。

师德修养问题：教师自身修养有待提高；师范院校学生师德培养有待加强。

2. 学生主体方面

学生人文素养偏低；科研能力较差；教师职业技能训练不足；学校对学生个人的发展支持不够，学生学习的主动性及潜能没有得到有效激发。

3. 课堂教学方面

形式主义严重，部分教师无心教学，全程使用多媒体课件，像放电影一样速度超快；理论脱离实际；教学形式单一，教师只管讲课，不管课堂秩序及出缺席情况。

4. 课程设置方面

课程设置不能满足学生实际需要；实践技能课过少。信息技术课程没有受到应有重视。

5. 课程资源方面

图书资源贫乏，参考书少，版本陈旧；自习室满足不了学生的学习需要。

6. 课程内容方面

与基础教育联系不够紧密；时代性不强。

7. 课程管理方面

选课时缺乏对教师进行必要的介绍；对教师教学质量的检查监督不够；本科生导师制有名无实；教务秘书、辅导员缺乏专业性，没有给学生必要的指导。忽视教育见习，教育实习效果不理想。

8. 校园文化活动方面

活动过多、过乱，缺乏师范特色。

9. 课程文化建设方面

缺乏师范特色；隐性课程开发与资源利用意识不强（三字一画练习、讲课练习、一专多能、职业精神等方面的文化没有建构起来)。

五、教师专业发展与我国高等师范院校教师教育课程改革

针对我国高等师范院校在课程设置及实施方面存在的问题，依据教师专业化发展方向提出以下四方面建议：

(一) 课程目标：突显师范性，彰显个性

当前我国高等师范院校的师范性尚需加强，应进一步通过提高教师教育课程地位，改革教师教育课程结构，更新教师教育课程内容，加强与基础教育实践的联系等突显其师范性。另外，由于我国经济等发展不平衡，高等师范院校数量众多等客观实际情况，可以通过政策保证、理念引导、物质条件提供等措施，鼓励师范院校彰显个性，形成各具特色，优势互补的高等师范院校体系。

(二) 课程结构：体现整体性，保持均衡性

课程应综合考虑自然、社会、人生三个领域的内容，构建包含艺术、道德、科学三个维度的课程结构，使教师教育课程体系具有整体性。同时要保证内容选择、时间分配上的均衡性。

(三) 课程实施：关注教育理论知识修养，重视教育实践知识积累

构建体现师范院校特色的课程实施模式：理论讲授—案例分析—情境模拟—实践训练—指导反馈。既关注学生教育理论知识修养，同时也要重视学生教育实践知识的积累。将公共知识转化为学生的实践性知识。

(四) 课程文化：培养专业态度，塑造专业精神，形成专业身份

高等师范院校的课程改革本质是一种新的课程文化的建构，这种课程文化应有助于培养学生的专业态度、塑造学生的专业精神、形成专业身份意识。

关注教师的专业成长已成为当前教育研究与改革的热点。高等师范院校的课程改革应从教师专业发展的角度着眼，从课程目标的调适、课程结构的调整、课程实施的改进以及课程文化的建构等方面系统着手，探寻教师教育规律，为促进我国教师教育专业发展提供理论支撑与实践指导。

参考文献

[1] [2] [3] 雷军莉．教师专业化背景下高等师范院校教师教育课程设置探究．陕西师范大学硕士学位论文 [D]，2007：15—18.

实习生与指导教师专业知识发展状况的调查研究

李广平　回俊松　李月菊　马英武

摘　要：提高实习指导教师学科专业发展水平与实习指导能力，完善实习生的学科知识结构，是保障与提高教育实习成效的两项重要工作。本研究对实习生和指导教师的专业知识发展状况进行了问卷调查，结果表明，除了教育理论知识与一般性课程知识之外，实习指导教师在学科课程知识、学科知识以及学科教学法知识上的得分率都高于实习生。但实习指导教师和实习生专业知识的发展水平都不够理想。

关键词：实习指导教师　实习生　专业发展　教师知识

一、问题的提出

教育实习指导教师的专业发展水平直接影响对实习生的指导能力，影响到实习的成效。而决定实习指导教师专业发展水平的重要因素之一就是他们专业知识的发展状况。因为教师知识是教师成功教学的基本前提和保障。因此，美国国家教育研究会（National Society for the Study of Education，USA）早在1902年出版的年鉴中就明确提出：改善教育的主要方法就是对教师知识的建构和发展进行研究。但是，由于研究方法与手段的局限，特别是随着行为主义心理学的兴起及其在教学研究中居于统治地位，教学的研究主要关注教师的人

[作者简介]　李广平，男，教育学博士，东北师范大学教育科学学院教授，研究方向为教师教育；回俊松，男，东北师范大学教育科学学院硕士研究生，研究方向为高等教育、教师教育；李月菊，女，东北师范大学教育科学学院硕士研究生，研究方向为高等教育、教师教育；马英武，女，东北师范大学教育科学学院硕士研究生，研究方向为教师教育。

格特征以及教师的教学行为与方式，而教师知识则一直游离于教学研究的大门之外。随着认知心理学的勃兴和教师专业化运动的推进，学者们逐渐认识到，“行为背后起决定作用的是知识体系。教师知道什么以及他们如何在教学中表达这些知识对学生学习与教师的教学至关重要”[1]。到了20世纪80年代以后，特别是舒尔曼（Shulman）于1986年提出“学科教学法知识”（pedagogical content knowledge，PCK）概念之后，教师知识的研究才真正登上教学研究的殿堂，并随即成为教师教育研究的热点与核心问题之一。

国际上关于教师知识的研究主要可以分为两大类别：一是关于教师教学的知识基础研究，即教师知识的主要构成成份及其在教师教学中的作用研究；二是关于教师知识的生成与优化的研究，这一方面的研究除了从教师总体的视角来阐述教师的知识尤其是教师实践性知识的生成过程与机制外，更多的是采用个案研究、叙事研究、民俗志研究等方法对具体学科教师的专业知识，特别是学科教师的实践性知识进行研究，探讨教师实践性知识的现状、来源与发展机理。我国对教师知识进行系统研究要追溯到20世纪90年代，1992年马超山、张桂山根据教育教学的实践提出教师的知识分为三大类，即科学文化基础知识、学科专业知识、教育学科知识；申继亮等人于1995年提出教师知识的四大分类，即教师本体性知识、教师条件性知识、教师实践性知识、文化知识。到了21世纪，教师知识的研究成为我国教师教育和教师专业化研究的热点问题。[2]叶澜等人通过分析舒尔曼、伯利纳、格罗斯曼、考尔德黑德、博科和帕特南等人关于教师知识构成的论述之后，从教师的普通文化知识、专业学科知识、一般教学法知识、学科教学法知识和个人实践知识等方面来分析教师知识的发展与能力的培养；[3]陈向明对教师实践性知识的特征、价值与发展等作了深入的理论分析；[4]刘清华在中外教师知识研究的基础上，构建了由八种知识成份构成的教师知识模型，即学科内容知识、课程知识、一般性教学知识、学生知识、教师自身知识、教育情境知识、教育目的及价值知识和学科教学知识，并通过对在职教师的问卷调查，提出教师“自身的教学经验和反思”以及“和同事的日常交流”是教师教学知识的重要来源。[5]我国学界除了对教师知识基础进行理论分析与调查研究之外，近年来也开始运用实证的研究方法（主要是调查研究）对学科教师的知识状况、价值及形成途径等进行研究。申继亮、李琼运用教师职业知识问卷调查了不同教龄小学教师的条件性知识和实践性知识；[6]李渺等对小学、初中和高中数学教师的知识状况及特征也进行了系列的研究；[7]刘颖芬对新课程改革下初中数学教师的专业知识进行了调查；[8]彭凤琴运用叙事研究的方法对一位小学语文教师的知识构成与发展进行了研究；[9]贺登川通过知识测查与问卷调查的方式对甘肃省张掖市初中中青年语文教师的专业知识状况及来源进行了研究；[10] 2008年马云鹏、赵冬臣等对中学语文、数学和英语三科教师以及师范院校中文、数学、英语大四学生的教育理论知识、课程知识、学科知识和学科教学法（PCK）知识状况进行了问卷调查，对两类人员的知识发展状况进行了对比分析。[11]

我国对教师知识的实证研究主要是以数学教师为研究对象，对语文和英语教师知识的研究相对较少；对在职教师知识状况的研究较多，而对师范生的知识成长研究较少，对参加教学实习生知识准备情况的研究则更少。因此，本研究运用马云鹏等开发的中学教师知识状况调查问卷，对参加教育实习的师范生以及他们指导教师的学科知识发展状况进行对比研究，以求探讨：(1) 实习生和他们指导教师的专业知识（从教育理论知识、课程知识、学科知识、PCK四方面考察）发展状况如何？(2) 实习生与他们指导教师专业知识的发展存在哪些方面差异？

二、研究方法

（一）抽　样

实习生的选取，是以某部属师范大学在辽宁和吉林两省建立的5个实习基地县为取样单位，将在这5个实习基地县的初中学校实习的师范生作为研究对象，即中文专业实习生21人、数学专业实习生38人、英语专业实习生19人。

实习指导教师的选择，也是以某部属师范大学在辽宁和吉林两省建立的5个实习基地县的初中实习学校为取样单位，从这些初中学校的语文、数学、英语三科教师中选取49名语文教师、52名数学教师、56名英语教师（这一取样不仅包括正在指导实习生的教师，也包括这三个学科中的其他任教教师，因为在下一次或以后的实习中他们也可能成为指导教师）。

（二）研究工具

本研究所使用的调查问卷是以马云鹏等人开发的“中学教师专业知识状况调查问卷”为基础，进行部分项目的修改而形成“教师专业成长与知识状况调查问卷”和“实习生专业成长调查问卷”。每类调查问卷又分为语文、数学、英语三科，这样就形成六个调查问卷。调查问卷的编制都是以舒尔曼(L. S. Shulman）对教学知识的分类为基础，即以一般教学法知识、课程知识、学科知识、学科教学法知识（Pedagogical Content knowledge，PCK）作为教师专业知识的核心要素。[12]本研究中的一般教学法知识主要是测查教育理论知识，具体指教师具有的教育基本原理、一般教学法、教育心理学的知识。课程知识主要是指教师具有的关于任教学科的课程目标、学习内容、知识体系的知识，具体表现为对课程标准的理解以及对教材的把握；课程知识又具体分为一般性课程知识和学科课程知识，一般性课程知识是关于基础教育课程改革的整体性知识，学科课程知识则具体到学科之内。学科知识是指教师所具有的关于执教学科的概念、原理、理论、方法等的知识，也就是语文教师具有的中文知识。PCK 是指如何利用教学法知识将学科知识转化为易于学生理解、接受的知识。本研究的两类调查问卷对上述四类知识的测查题目都是相同的，以此来比较实习生与指导教师的知识发展状况。但在知识来源与现状的自我评价上两个问卷有所不同。

（三）测查与评分

测查方式为集中测试。测查时间以保证测查对象能够完成测查为准。问卷回收后，剔除回答不认真和缺失值过多的问卷。客观性测试问题的评分由一名教师根据标准答案来进行，主观性问题的评分由两名中学相关学科高级教师独立评定，两人评分的一致性系数在 0.80 以上时，评定结果有效，并取两人的平均分为最后评定分数；如果低于 0.80 则请另外两名教师进行重新评定，直到一致性系数达到 0.80 为止。评分前对评分人员进行了培训，以保证评分质量。

三、结果与讨论

调查结果的数据统计分析采用 SPSS 16.01 for Windows 来进行。在差异性检验时，直接运用各类知识题目的测试平均分和标准差来进行，用独立样本 T 检验考查实习生和指导教师在各类知识上是否有差异。但为了更直观地看出实习生与指导教师各类知识的发展状况，在对四类知识作描述性统计分析，主要参考得分率这一指标评价测查对象的表现。例如，某类知识题目总分为 10 分，测查对象得 6 分，则得分率为 60%。

（一）实习生与指导教师教育理论知识状况

三个学科的实习生在教育理论知识上都要好于他们的指导教师，英语专业师范生与指导教师的差异则更大。这种差异的原因一方面可能是由于实习生学习教育理论的时间较近，另一方面可能是由于近年来教师教育中教育理论方面的课程内容较以前更系统，也更为重视，而指导教师学习教育理论的时间较久，当时的课程内容以及对教育理论知识的重视程度都不如现在，因而实习生与指导教师在教育理论知识方面出现明显的差异。但是，无论是实习师范生还是指导教师，他们在教育理论知识上的平均得分率都没有达到 50%，实习师范生也只是刚刚超过 40%，这说明实习生与指导教师对教育理论知识的学习与掌握还不够理想。

表 1　实习生与指导教师教育理论知识状况对比表

调查对象		总分值	平均分	标准差	得分率（%）	差异检验
语文	实习生（$n=21$）	8	3.45	1.29	43.13	$t=2.338^{*}$
	指导教师（$n=49$）	8	2.93	1.76	36.63	
数学	实习生（$n=38$）	8	3.31	1.34	41.38	$t=2.172^{*}$
	指导教师（$n=52$）	8	3.02	1.58	37.75	
英语	实习生（$n=19$）	8	3.37	1.41	42.12	$t=3.425^{**}$
	指导教师（$n=56$）	8	2.76	1.85	34.50	

注：* 表示 $0.01<P\leqslant 0.05$，差异显著；** 表示 $P\leqslant 0.01$，差异极其显著。下同。

（二）实习生与指导教师课程知识状况

课程知识的试题由一般性课程知识与学科课程知识两部分组成。语文、数学、英语三门学科一般性课程知识的测查题目是相同的，而学科课程知识则是各自独立进行的题目，因此，在分析课程知识时，将一般性课程知识状况与学科课程知识状况分别进行分析。

1. 一般性课程知识状况

一般性课程知识共 3 道题。实习师范生的得分率都在 50%以上，而语文学科的指导教师则达到 64%，数学和英语学科的指导教师得分率也都在 50%以上，而且多数实习生和指导教师的个人得分率都超过 60%，说明两类群体在一般性课程知识状况上相对较好。

表 2　实习生与指导教师一般性课程知识状况对比表

调查对象		总分值	平均分	标准差	得分率（%）	差异检验
语文	实习生（$n=21$）	3	1.79	0.94	59.67	$t=-1.572$
	指导教师（$n=49$）	3	1.93	1.35	64.33	
数学	实习生（$n=38$）	3	1.68	1.12	56.00	$t=-1.237$
	指导教师（$n=52$）	3	1.75	1.64	58.33	
英语	实习生（$n=19$）	3	1.57	0.89	52.33	$t=0.926$
	指导教师（$n=56$）	3	1.51	1.73	50.33	

2. 学科课程知识状况

从三个学科课程知识测试结果来看，实习生的学科课程知识得分在30%左右，说明实习生对初中课程很不熟悉。这一方面是由于在大学学习，特别是实习前的准备期间，实习生没能真正认真地研究自己学科的中学课程，在他们的意识中感到中学课程很简单，一看就会，不需要提前准备什么；另一方面是在教育实习过程中，他们也没有意识到研究与把握学科课程的重要性，将知识与教学片断化，教什么就准备什么，缺乏对知识和教学进行系统的、相互联系的理解与准备。指导教师在学科课程知识的了解与掌握上要明显好于实习生，语文学科指导教师的课程知识达到72.11%，即使是最不理想的英语学科指导教师的得分率也接近60%，这一结果也好于指导教师的一般性课程知识和教育理论知识，但还不能由此得出指导教师的学科课程知识比较完善的结论，因为所测试的学科课程知识是实施课程、开展教学的基础，作为教师至少应达到良好水平才行。

表3　实习生与指导教师学科课程知识状况对比表

调查对象		总分值	平均分	标准差	得分率（%）	差异检验
语文	实习生（n=21）	9	2.87	1.13	31.88	t=−12.475**
	指导教师（n=49）	9	6.49	2.26	72.11	
数学	实习生（n=38）	15	4.27	1.04	28.47	t=−15.843**
	指导教师（n=52）	15	9.25	2.77	61.67	
英语	实习生（n=19）	6	1.91	0.94	31.83	t=−9.774**
	指导教师（n=56）	6	3.43	1.32	57.17	

（三）实习生与指导教师学科知识状况

1. 语文学科知识状况

语文学科知识考核的是中文各门专业课程的基本知识，分别是现代汉语、现代文学、文艺学、古代汉语、文字学、外国文学、古代文学等知识，这些问题基本涵盖了语文学科各领域的知识。

表4　语文学科实习生与指导教师学科知识状况对比表

调查对象		总分值	平均分	标准差	得分率（%）	差异检验
语文	实习生（n=21）	43	25.61	5.78	59.56	t=−7.835**
	指导教师（n=49）	43	30.28	5.43	70.42	

从表 4 可以看出，语文指导教师的学科知识状况明显好于实习生，两者得分率相差 10.86%。具体分析各类题目的得分情况，可以发现指导教师的字词及相关知识的辨析能力较强，而阅读理解能力相对较弱，这或许是因为这些指导教师大部分都有 10 年以上的教龄，他们上学时语文的学习比较重视词汇和语法等基础知识，重视文章段落的划分与主题思想的归纳，而阅读理解方面的练习较少，另一方面也可能是由于指导教师在教学中注重词汇与语法等基础知识的讲授，这方面的知识就更扎实一些。实习生对文学作品及其常识性的知识有较好的掌握，但对语言基本知识掌握不够扎实，这说明实习生的阅读面较广，对文学作品的涉猎较多，但对基础知识的辨识与掌握还不够。

2. 数学学科知识状况

表 5　数学学科实习生与指导教师学科知识状况对比表

调查对象		总分值	平均分	标准差	得分率（%）	差异检验
数学	实习生（$n=38$）	32	10.69	6.23	33.41	$t=-4.539^{**}$
	指导教师（$n=52$）	32	16.44	7.84	51.38	

从数学学科知识得分率来看，指导教师的得分率明显高于实习生的得分率，具体分析简单题、难题、开放题的得分率可以发现，两者在简单题上的得分情况没有太大差别，都在 3.50 分左右，在难题和开放题上的得分却有较大的差异，指导教师的成绩远远好于实习生。究其原因，一方面可能是因为指导教师都有多年的初中数学教学经验，特别是近年来应试教育所导致的题海战术使指导教师能够见识到各种各样的难题，而且面对开放性问题时也能从多个角度去思考。而实习生在大学学习的主要是高等数学知识，对初中数学的知识主要依靠自己读初中时的积累，这就使他们无法与指导教师抗衡。与语文学科知识相比，数学学科的实习生和指导教师的学科知识得分率都比较低，实习生仅仅是 33.41%，而指导教师也只达到 51.38%，没有达到及格水平。这可能是由于数学学科知识测试题中难题和开放题的比重较大、难度较高造成的。

3. 英语学科知识状况

英语学科知识包括语法词汇、阅读理解和翻译。语法词汇部分主要考查调查对象对基本词汇和语法的识记、理解和运用；阅读理解分为普通阅读和快速阅读，既考查调查对象理解信息，进行假设判断、分析归纳、推理检验等逻辑思维能力，又考查其快速捕捉有效信息的能力；翻译部分主要考查调查对象对语言的实际应用能力。

表 6 英语学科实习生与指导教师学科知识状况对比表

调查对象		总分值	平均分	标准差	得分率（%）	差异检验
英语	实习生（n=19）	23	18.36	4.96	79.83	t=10.644**
	指导教师（n=56）	23	12.47	6.64	54.22	

实习生在英语学科知识的得分率接近 80%，明显好于指导教师，这可能是由于英语学科实习生经过大学英语专业的三年多培养，解答中学水平的英语测试题不感到困难，而实习的初中学校处在县城或乡镇，这些处于基层的学校长期以来就缺乏英语教师，在岗的英语教师有些是非英语专业毕业的，经过在职的短期培训而上岗，即使是英语专业毕业的，他们的学历层次也主要是中师或大专，他们在英语学科知识上存在缺陷是可以理解的。具体分析各类知识的得分情况可以发现，实习生在词汇、语法、阅读理解和翻译上较为均衡，而指导教师阅读理解能力较好，但在翻译、词汇与语法方面比较薄弱。

（四）实习生与指导教师学科教学法知识（PCK）状况

学科教学法知识（PCK）是指知道在教学中如何以最佳方式呈现特定的学科知识，了解学生学习过程中可能遇到的困难和可能出现的问题，从而将学科知识以易于理解和接受的方式教给学生。回答这部分试题不但要明白所涉及的知识本身，更需要知道如何将这些知识转化为适应学生的思维方式、易于被学生所理解的知识。三个学科指导教师基本上能根据学生的知识基础和特点来设计教学，发现学生理解上的误区，他们学科教学法知识的得分率比实习生好很多。实习生由于缺乏教学经验，缺乏对学生的了解，往往从知识本身的角度来设计教学，不能从学生的视角来准备教学。指导教师与实习生的这一差异，说明指导教师经过多年的教学锤炼，学科教学法知识得到了一定的发展，实习生在教育实习的过程中需要向指导教师请教，不断学习与建构自己的学科教学法知识，因为这一知识是教师教学的最重要知识基础。

表 7 实习生与指导教师学科教学法知识（PCK）状况对比表

调查对象		总分值	平均分	标准差	得分率（%）	差异检验
语文	实习生（n=21）	20	8.96	3.77	44.80	t=−3.428**
	指导教师（n=49）	20	12.53	4.13	62.65	
数学	实习生（n=38）	36	13.21	8.45	36.69	t=−12.354**
	指导教师（n=52）	36	20.46	7.48	56.83	

续　表

调查对象		总分值	平均分	标准差	得分率（%）	差异检验
英语	实习生（$n=19$）	10	3.87	0.96	38.70	$t=-6.657^{**}$
	指导教师（$n=56$）	10	5.26	1.42	52.60	

四、结　论

（一）实习指导教师的学科知识发展水平总体上要好于实习生

调查结果表明，实习指导教师除了在教育理论知识上不如实习生，在一般课程性知识方面与实习生没有本质差异之外，在学科课程知识、学科教学法知识上都明显好于实习生，语文、数学两个学科实习指导教师在学科知识上也好于实习生，而英语指导教师的学科知识则不如实习生。

（二）实习生与指导教师的学科知识发展水平不够理想

在教育理论知识、课程知识、学科知识和学科教学法知识这四类专业知识上，实习生与指导教师的发展水平都不够好。在教育理论知识方面，两者的得分率都不到50%；一般性课程知识的得分率也只是在50%—60%；在学科知识和学科教学法知识方面虽然指导教师大都明显好于实习生（英语学科课程知识则是实习生好于指导教师），但成绩最高的语文学科指导教师的得分率也只是刚刚超过70%，数学和英语学科指导教师的得分率则是在50%—60%，这样的发展水平与较好地完成教学任务所要求的知识准备是有一定差距的。实习生的情况则更令人不满意。

五、建　议

（1）建立实习指导教师遴选制度。实习指导教师作为教育实习成败的关键人物，其重要性是不言而喻。但当前实习指导教师的确定，没有相应的规范性标准，大多是由其所在学校领导制定，这样就难以充分考虑其专业发展水平和辅导能力，这需要引起我们的重视。为了选拔专业素质较高、指导能力较强的有经验的教师来担任师范生的实习指导工作，建议在实习基地的建设过程中，要开发与建设实习指导教师的专业标准，通过科学的遴选手段，让符合标准、有资格的教师来担任实习生的指导工作，保障实习的指导质量。

（2）师范大学要把促进实习指导教师的专业发展作为实习基地建设的一项重要任务来抓。实习指导教师的专业成长与发展，直接受益者是本人，间接受益者则是实习生、实习学校以及教师教育培训机构。高师院校在县、乡学校开展教育实习，有助于实习生获得更多的实践机会，但实习指导教师的专业发展水平与城市重点学校的教师相比可能会有一些差距，因此，师范大学在建设实习基地时，要抓好实习学校骨干教师的专业发展，为他们提供进修学习的机会以及促进专业发展的书籍资料，提升他们的专业素质；同时，也要对实习指导教师的指导能力进行培养，因为自己从事教学与指导实习生教学是两件不同的事情，指导师范生实习不仅仅是作出教学示范，而要成为实习生的合作伙伴，在与实习生讨论、交流与互动过程中帮助和促进实习生的成长。

(3) 强化师范生对教育理论、中学课程以及学科知识的学习与研究，帮助他们积累和建构学科教学法知识，以较好的学科知识准备来迎接教育实习。高师院校的学生一般都重视对学科专业课程的学习，因为很多人认为这是接受高等教育的根本所在，但对教与学、心理学以及教材教法等课程的学习则不太重视，一方面是认为这些课程枯燥，没有实用价值，另一方面是认为这些知识比较简单，无需投入太多的精力，而且对这些知识的学习通过实际教学中的积累要比在大学课堂中的学习更有效。这些不恰当的认识在一定程度上影响了师范生教学知识与能力的发展，师范院校需要采取切实的措施扭转这一局面。

参考文献

［1］F. Michael Connelly，D. Jean Clandinin. *Teachers' Personal Practical Knowledge on the Professional Knowledge Landscape*［J］. Teaching and Teacher Education，1997 (7)：665—674.

[2] 李广平，杨兴军．教师知识研究的兴起背景分析 [J]．中小学教师培训，2005 (9)：13—15.

[3] 叶澜等．教师角色与教师发展新探 [M]．北京：教育科学出版社，2001：233—241.

[4] 陈向明．实践性知识：教师专业发展的知识基础 [J]．北京大学教育评论，2003 (1)：104—112.

[5] 刘清华．教师知识的模型建构研究 [D]．重庆：西南师范大学博士学位论文，2004.

[6] 申继亮，李琼．小学数学教师的教学专长：对教师职业知识特点的研究 [J]．教育研究，2001 (7)：61—65.

[7] 李渺，喻平，唐剑岚，等．中小学数学教师知识：对数学教学的影响之比较研究 [J]．上海教育科研，2007 (5)：11—15.

[8] 刘颖芬．新课程改革下初中数学教师专业素质的调查研究［J］．教学与管理，2007（21）：30—31.

[9] 彭凤琴．对教师个人实践知识的叙事研究：以一位小学语文教师为例［D］．广州：华南师范大学硕士学位论文，2005.

[10] 贺登川．张掖市甘州区初中中青年语文教师专业知识素质现状及培养策略研究［J］．兰州：西北师范大学硕士学位论文，2003.

[11] 马云鹏，赵冬臣，韩继伟，等．中学教师专业知识状况调查研究［J］．东北师大学报：哲学社会科学版，2008（6）：57.

[12] Shulman，L. S. *Those Who Understand*：*Knowledge Growth in Teaching*. Educational Researcher［J］. 1986（2）：4—14.

师范院校实习生教学关注状况的调查研究

李广平　回俊松　李月菊

摘　要：研究师范院校实习生的教学关注是了解实习生对待教学的态度、认识、动机与思维等的重要途径，也是了解实习生专业发展状况的重要手段。本研究对某部属师范大学中文、数学、英语三科共78名实习生进行教学关注的问卷调查，结果发现，从整体上来看虽然实习生在教学中主要关注于如何完成教学任务，即仍处于任务关注阶段，但他们已经能从多维的视角和目的出发来认识和对待教学事项与问题，而且他们也能根据本学科知识特性的不同而使自己的教学关注有所侧重，这表明他们已经具有一定的专业成熟度。

关键词：实习生　教学关注　调查研究

一、问题的提出

教师的专业成长与发展，不仅体现在专业知识的丰富与完善，体现在教学技能的提升，更体现在对教学的认识、态度、动机与思维上，因为它们是影响教学行为及其效果的重要因素。因此，早在1969年，美国学者富勒（Fuller）就编制了教师关注问卷（Teacher Concerns Questionnaire），通过对教师关注的研究揭开了教师发展阶段研究的序幕。富勒的研究发现，随着教育经验的积累，准教师将经历四种教学关注水平[1]：

(1) 无关关注（unrelated concerns），在教师教育开始时，准教师关注的是那些与教学无关的问题，这种关注经常出现在那些没有教学经验的准教师

[作者简介]　李广平，男，教育学博士，东北师范大学教育科学学院教授，研究方向为教师教育；回俊松，男，东北师范大学教育科学学院硕士研究生，研究方向为高等教育、教师教育；李月菊，女，东北师范大学教育科学学院硕士研究生，研究方向为高等教育、教师教育。

当中。

(2) 自我关注（self concerns)，这种关注出现在准教师刚接触教学工作时，他们表现出一种具有自我中心主义倾向的关注，如关注自己教学的能力和角色的扮演是否称职、关心自己能否胜任改革的要求等。

(3) 任务关注（task concerns)，这种关注出现在准教师已经熟悉了教学工作之后，他们关注的是诸如备课、教师之间的协调与教学日程等问题。

(4) 影响关注（impact concerns)，在关注发展的最后阶段，教师的关注焦点转移到对学生产生的影响（如学生的学习历程）以及如何使自己的教学更有效率（如自己是否能激发学生的学习动机、满足学生的个别需求、引发学生学习的潜能等)。

继富勒之后，很多学者开始关注于“教师关注”的研究。20 世纪 70 年代初至 80 年代中期，以美国学者霍尔（G. E. Hall）为首的一批研究者运用富勒的教师关注研究框架，对课程改革和实施进行了大量研究，提出了“关注本位采用模式”(Concern-Based Adoption Model，CBAM)。霍尔等人认为教师对课程改革的关注会经历一个由低到高的发展过程。这一过程包括以下 7 个阶段[2]：

(1) 低度关注：对改革很少关注，或很少涉足改革。

(2) 信息：有兴趣了解改革的实施特点。

(3) 个人：教师开始关注改革对自己的要求。

(4) 管理：教师关注的是资源、管理和效率等管理方面的问题。

(5) 后果：教师关注改革对学生产生的近期影响。

(6) 合作：关注在实施改革时与他人的合作和协调。

(7) 再关注：教师开始考虑一些能够替代现有改革的更佳措施。

1995 年，科利蒙特（Clement）探讨了教师专业性与教师关注之间的关系，发现教师关注在教师的专业发展和教育创新中扮演着重要的作用。1999 年，科瑞俄寇和斯蒂芬（Kyriacou and Stephen）等对实习生的教学过程的关注事项进行了研究，发现实习生主要的关注事项是如何正确地准备课程，如何正确地教学等。进入 21 世纪以来，很多学者都对实习生的教学关注进行研究，探讨了实习生对不同教学事项的关注，以及这些关注与实习生的情感、焦虑及专业认同的关系等。[3][4]我国学界已开始对教师关注进行理论探讨和实证研究，但还没有对实习生的教学关注进行实证性研究。[5][6]而了解实习生在教学活动中关注的事项是什么，有助于了解实习生知识的储备情况以及专业发展情况，有助于了解实习生的教学观念和教学动机，有助于了解实习生的教学活动计划与组织，也有助于了解实习生在实习教学过程中的思维与决策活动等，因此，本研究拟对实习生的教学关注进行调查，以求探讨：(1) 实习生在准备与实施教学的过程中，对哪些教学事项与问题给予了更多的关注？(2) 从教学关注事项来看，我国实习生的专业发展处于怎样的水平？

二、研究方法

1. 抽　样

实习生的选取，是以某部属师范大学在辽宁和吉林两省建立的 5 个实习基地县为取样单位，将在这 5 个实习基地县的初中学校实习的师范生作为研究对象，即中文专业实习生 21 人、数学专业实习生 38 人、英语专业实习生 19 人。

2. 研究工具

实习生教学过程关注的调查工具是由作者在麦莱克·凯克麦克（Melek Cakmak）[13]实习生教学关注调查问卷的基础上，结合我国实习生教学的实际情况编制而成的。问卷由 12 道题目组成，从课程知识关注、学科教学法知识转化关注、教学技能与时间管理关注、对学生学习动机和方法的关注、对学生品德与个别差异的关注等维度来考察实习生的教学关注情况。教学关注的测量由实习生对相关事项进行利科特五点计分评价来进行，最后通过计算样本的平均值来比较实习生对教学事项的关注情况。

三、结果与讨论

表 1　实习生教学关注事项评价表

调查对象 / 关注事项	中文专业		数学专业		英语专业	
	平均值	排序	平均值	排序	平均值	排序
A. 准确把握课程的知识与结构	4.714	1	4.474	4	4.263	5
B. 使课程知识更易于学生理解	4.667	2	4.605	2	4.632	1
C. 举出有趣的例子	4.381	4	4.131	8	4.579	2
D. 课程内容的呈现方式和顺序	4.238	5	4.368	5	4.526	3
E. 讲课中的时间分配和进度	4.190	6	4.263	6	4.053	7
F. 了解学生不懂的地方和原因	4.095	7	4.579	3	4.421	4
G. 维持课堂纪律	3.619	12	3.974	9	3.947	8
H. 调动学生学习的积极性	3.809	10	4.237	7	4.211	6

续 表

关注事项 \ 调查对象	中文专业		数学专业		英语专业	
	平均值	排序	平均值	排序	平均值	排序
I. 适应学生的不同情况和特点	3.714	11	3.734	11	3.892	12
J. 培养学生的品德和人格	3.952	9	3.579	12	3.474	11
K. 培养学生的学习方法和习惯	4.408	8	3.921	10	3.684	10
L. 引导学生思考	4.523	3	4.684	1	3.895	9

从实习生对教学事项关注的评价结果来看（见表1），实习生对所调查的教学事项都能给予一定程度的关注，绝大多数实习生对各调查事项的关注都在3分以上，平均值最低的关注事项也在3.5分左右，这说明实习生在教学准备与实施过程中，不是从单一的视角来考虑与对待教学的事项和问题，而能够从多元的视角和多维的目的出发来思考和认识教学问题，表现出一定的专业成熟度。三个学科的实习生对如何使课程知识更易于学生理解、对准确把握课程的知识与结构、对课程内容的呈现方式和顺序等事项给予了更多的关注，说明实习生十分重视如何完成教学任务以及如何更好地实施教学，这与富勒的研究所提出的实习生任务关注基本一致。而且本研究中的实习生对教学技能性的时间管理的关注超过了对培养学生学习方法和习惯、培养学生的品德和人格、适应学生的不同特点等有关学生影响事项的关注，也说明实习生还是把完成课程的讲授作为重要的任务来看待，而对学生差异的区别对待、对学生动机的激发等还没有精力给予更多的关注，这进一步说明本研究中实习生的教学关注主要还是处于任务关注阶段。实习生主要关注教学任务的完成，而对教学影响以及对学生个别差异的关注还很不足，这可能是由于实习生的专业发展水平还不是很高，他们关注的视野与处理教学问题的能力还很有限，因而只能将焦点集中于如何扮演好自己的教师角色；也可能是因为实习生在实习之前对教育实践的接触比较少，当面对复杂而不确定的课堂教学时，实习生感受到一定的紧张与焦虑，因而把完成教学任务作为第一要务，而无暇顾及其他方面；还可能是因为师范院校在教师教育课程的教学中，更注重师范生对学科知识的掌握与理解，而对教学过程中如何促进学生的各方面发展以及如何应对学生的个别差异等教学过程的细节性与深入性问题没有给予应有的重视。无论何种原因，都需要师范院校对教师教育进行变革，转变师范生的教育理念与教育认识，增加他们接触教育实践的机会，增强他们应对教学问题的信心与能力。

与国际上有关实习生教学关注研究中所发现的实习生比较关注于课堂管理的情形不同，本研究中的实习生对维持课堂纪律的关注给予了较低的评价，这并不能说明我们的实习生不关注课堂纪律或者在处理课堂纪律方面的能力已经有了较好的发展，而可能是因为：一方面我国基础教育中的教学方式大都是以讲授为主，学生自主与互动的空间较小，课堂纪律与课堂管理就相对较容易一些；另一方面可能是我国基础教育阶段班主任对班级的管理都制定了严格的纪律，如果学生在实习生的课堂上有违反纪律的现象出现，也会受到班主任教师的批评，因而学生比较容易服从实习生的管理。因此，师范院校不能因为实习生在课堂管理上没有遇到很大困难就忽视对师范生课堂管理能力的培养，而应培养师范生独立管理课堂的能力、处理应急问题的能力以及调动学生学习积极性的能力。

三个学科的实习生在关注事项上也有很大的差别，如语文和数学学科的实习生都对引导学生思考给予较大的关注，而英语学科的实习生对这一事项的关注则差很多，语文和英语学科的实习生对举出有趣的例子给予较大的关注，而数学学科的实习生则相对差一些。这些差异可能是由于不同学科知识状况与教学状况的不同而造成的，如英语学科的实习生不太关注引导学生思考，这可能是由于英语学科主要是以记忆和练习为主，学生的思考在英语学习与教学中的地位不如在语文和数学学科中那么重要；而英语和语文学科与生活的联系比较紧密，生动、有趣、贴切的生活事例不仅有助于调动学生学习的积极性，也有助于学生的理解，因此这两个学科的实习生更关注举出有趣的例子，而数学更多的是一种抽象思维，不一定必须与生活相联系，即使是与生活相联系的事例，最终也要通过抽象的运算或论证来解决问题，因此数学学科的实习生就更关注于引导学生的思考，而对举出有趣例子的关注就相对差一些。

四、结　论

(1) 从整体上来看，实习生的教学关注仍处于任务关注阶段。三个学科的实习生对如何使课程知识更易于学生理解、对准确把握课程的知识与结构、对课程内容的呈现方式和顺序等给予了更多的关注，而对培养学生学习方法和习惯、培养学生的品德和人格、适应学生的不同特点等事项的关注则差一些，说明实习生还是把完成教学任务的完成作为关注的重点，这与其他国家对实习生教学关注研究的结论基本一致。

(2) 实习生已经能从多维的视角和目的出发来认识和对待教学的事项和问题。绝大多数实习生对各调查事项的关注都在 3 分以上，平均值最低的关注事项也在 3.5 分左右，这说明在教学的准备与实施过程中，实习生已经能够从多元的视角和目的出发来思考和认识教学问题，从而表现出一定的专业成熟度。

(3) 三个学科实习生在教学关注事项上有一定的差别。三个学科的实习生都能够依据本学科知识特点的不同而使自己的教学关注点有所侧重，如语文和数学学科的实习生都对引导学生思考给予较大的关注，而英语学科的实习生对这一事项的关注则差很多，语文和英语学科的实习生对举出有趣的例子给予较大的关注，而数学学科的实习生则相对差一些。

参考文献

[1] Fuller F. F. *Concerns of Teachers: A Developmental Conceptualization* [J]. Review of Educational Research, 1969, 6 (2): 207—226.

[2] 王文岚，尹弘飚. 新课程实施中教师关注阶段的个案调查 [J]. 上海教育科研，2007 (6): 32—35.

[3] Melek Cakmak. *Concems about Teaching Process: Student Teachers' Perspective* [J]. Educational Research Quarterly, 2008, 31 (3): 57—77.

[4] MariaPoulou. *Student-Teachers' Concerns About Teaching Practice* [J]. European Journal of Teacher Education, 2007, 30 (1): 91—110.

[5] 叶澜，白益民. 教师角色与教师发展新探 [M]. 北京：教育科学出版社，2001: 256—275.

[6] 唐悦. 教师关注与课程实施 [D]. 上海：上海师范大学硕士学位论文，2005.

东北师大教育实习指导教师工作状况的调查研究

侯 恕

摘 要： 教育实习指导教师是教育实习工作的实习先行官、关系协调者、民主管理者、教学指导者、行动反思者和发展评价者，对教育实习效果起关键外因作用。本研究采用调查法通过实时实地采集信息，对东北师范大学2008年度教育实习中指导教师的工作情况进行了调查分析，针对东北师范大学教育实习指导教师工作情况，分析指导教师在教育实习中的角色和作用，为进一步完善教育实习指导教师团队建设提供实地信息和工作建议。

关键词： 实地调研　指导教师　角色定位　工作建议

一、问题提出

为适应信息化社会和创新型国家发展需求，教育改革正在浪潮，教师教育改革成为重要一环。教师教育的重要基地——东北师范大学，为落实教育家培养工程，以国家师范生公费教育为契机，努力探索创新教师教育的人才培养模式，从理论上建构了（3＋0.5＋0.5＋2）东北师大教师教育课程体系，提出“师范大学—地方政府—中小学合作”的教师教育实践模式，并进行了积极的实践探索，取得了显著的工作成效。我校从2007年陆续与东北三省政府签订“东北师范大学教师教育东北创新实验区”协议，开始了“师范大学—地方政府—中小学合作”教师教育创新实践区建设，为师范专业教育实习搭建了很好的实践平台。教育实习方式由“学科建组”变为“混合编队”，教育实习地点

［作者简介］ 侯恕，女，物理课程与教学论专业硕士，东北师范大学物理学院副教授，研究方向为物理课程与教学论、中学物理教育。

由城市中小学转向县城中小学，教育实习时间也逐步延长，教育实习成为教育家培养工程理论与实践的首个结合点。

为了东北师范大学教师教育实验区建设及免费师范生培养（实践教学）方案的研制，必须了解师范专业本科生的实习情况。为此，我校设立专项重点课题，连续两年对东北师范大学的教育实习进行调研。2008 年 9 月至 11 月，"东北师范大学教育实习调研"课题组在吉林、辽宁和黑龙江三省，通过实时实地采集我校师范专业本科生教育实习状况信息，对东北师范大学 2005 级师范专业本科生教育实习情况进行了深入调研。调研采用实地调研方式，运用实地考察、问卷调查、访谈、集体座谈、课堂观察等研究方法，对教育实习相关人员（实习生、基地学校指导教师、实验区及基地学校管理者、我校指导教师、实习学校学生）的所想、所做、所感进行了调查，获得了一批实地调研数据。[1][2]

在调研中，笔者被我校指导教师的工作深深感动，于是以实地调研信息为基础，针对东北师范大学教育实习指导教师的工作情况，分析指导教师在教育实习中的角色和作用，为进一步完善教育实习指导教师团队建设提供实地信息和工作建议。

二、师大教育实习指导教师的角色定位

（一）教育实习的先行官

实习生进入实习学校（简称进点）前，实习生的生活（交通、食宿）、实习任务安排、教学准备工作等问题是小组带队指导老师一一落实的，带队指导教师是教育实习的先行官。

1. 解决交通问题

实习指导教师 H1："首先是解决交通问题，因为 XX 中学是所有实习基地中路程最远的一所中学，要让几十个人方便安全的抵达是第一个要面对的问题，经过讨论，我们和学生达成统一意见——雇车！学生的交通补助是有限的，为了能尽量让学生们少花些钱，我找了好几家旅游公司，但是都因为要价太高没有成交。最后费了不少周折和口舌才确定了这家性价比让我们满意的车队。他们的服务也确实让我们满意，这第一件事情我解决的不错。"

2. 与实习学校沟通协商解决食宿、实习任务安排问题

绝大多数指导教师都通过电话与实习学校沟通，了解协商解决食宿问题和实习任务安排问题，还有的老师亲赴实地联系。

指导教师 J1 在实习生正式下点前，先到实习所在单位 JTX 中去了一趟，

找到学校主管教学的XX副校长和教导主任XXX，就我校实习生的具体安排进行了磋商，落实了实习年级、所用教材及实习生的食宿问题。

黑龙江省LD实验区主管领导反映："为了了解LD实习点的基本情况，给实习生一个满意的答复，东北师大带队的SHY老师在实习生没来之前，自己自费先来LD一次，了解了实习生的食宿安排情况及课程安排情况，并把讲课教材收集全背了回去，为实习生的实习工作奠定了坚实的基础。"

3. 对小组实习生进行进点准备教育

指导教师J1："从JTX中回来后，我立刻召集这个实习点的同学开了个会，首先强调实习的重要性和必要性，并介绍我校今年教育实习工作的新状况：一是时间长，由以往的一个月首度改为45天；二是地点一律在外地；三是改变以往各院各自为政的带队模式，采用相近学科混合编队。""介绍了JTX中的情况及实习安排"。"由于实习是从九月中旬到十月末，正是天气逐渐转冷的季节，我反复强调了保暖问题，让学生充分做好下点儿准备。"

4. 对小组实习生进行教学准备与训练

实习生G1："在实习前的培训周里，我们实习小组按照学校的相关要求，曾经组织召开过两次会议和两次实习培训。指导教师妥善地安排实习前的具体事宜以及实习期间的具体要求和相关准备。"

带队指导教师认真负责，在实习生进入实习学校前，与实习基地学校协调沟通，一一落实实习生的交通、食宿、实习任务安排、教学准备工作等问题，为实习生进点解决了后顾之忧。

（二）关系协调者

2008年9月15日至17日，以小组为单位由指导教师带队，实习生统一进入各实习基地学校。尽管有前期的沟通，但进入现场后，还有很多细节问题需要沟通协商，这时师大指导教师是关系协调者。

对实习生："学校的安排我觉得挺好，但是学生还是不满意，比如说水、电的问题，这就要我们做大量的思想工作。"

对实习基地学校："我到那里刚开始困难挺大，住宾馆，远、脏；……多次与学校协商调到学校宿舍"。"这个基地不关心实习情况，他们更关心的是自主招生等问题。""刚去，校长明确地说，我们学校一般都不让实习生讲课，但你们是东北师大的，就讲1—2节课吧。……拿出协议协调……越处越好……最后，新课能保证4—6节，大部分都完成了6节课，平均课节讲起来都是十多节课，多的也讲到20多节。"

对平行实习学校："我带队去的学校，有6个实习心理教师，另外一个学校却一个心理教师都没有，而他们非常需要心理教师，就像这个问题是我们自己后来解决的。”“他找到负责教师，负责教师再找到我，然后再作出相应的调整。”

（三）民主管理者

师大指导教师在教育实习中有着“权威的”管理权。这次实习中，他们与学生既是师生，又是伙伴，是民主管理者。

本次教育实习所有实习指导教师都与实习生食宿一致，在共同生活中建立了亲密的伙伴关系。“带队老师和我们吃住在一起，丝毫不搞特殊。”

实习生C1在实习总结中写到：“L老师——一位在我心目中高尚伟大的老师。在那段日子里老师全心全意地为同学服务着，鞍前马后跑来跑去，为我们大家操来操去的心，时刻尽自己最大的可能为我们解决困难。要说我们实习基地住宿简陋，我们L老师的住宿条件才是真正的苦，一间没有门的房子里窗户呼呼的进着小风，伴着小风敲打窗户嘣嘣响的小屋里面，住着我们可敬的老师。每当想起我们吃饭时候的场景，想起老师要我们女生坐下吃饭而他和几个男生站着吃饭的身影，心里时时有种酸酸的感觉涌上心头……L老师有时候真的好想告诉您：老师辛苦了！虽是一句很俗气的话，但是有时候真正的内心体会那才是真实的写照。”

也有个别出现师生矛盾。因为住宿钱的问题“互相攀比，给我们弄的很被动”；个别实习生“三天两头跟我请假，……绝对不能请假我不给假”出现矛盾冲突。

（四）教学指导者

试讲指导是实习生课堂教学的重要保证。指导教师针对实习生试讲中出现的问题调整建议，认真把好上课关，为实习生顺利进行课堂教学提供关键性指导，这种多次反复试讲，是指导教师的耗时耗心之作。“在备课方面，我听从指导老师的建议，认真研读课程标准，根据课标的要求钻研教材，认真地完成了教学设计，并在指导老师审阅后进行了多次试讲。”

听课指导是指导教师的核心工作，所有指导教师都听了所指导学生的试讲和新授课。JH实验区的W老师听学生讲课超过80节。

引导实习生争取实习基地学校教师的指导。“要是他指导不够，咱们去学就是学他的教学经验去了，但是没学到，这是个问题。”

参与校本教研指导。S实验区的WXH老师对实习基地学校校本教研进行指导，得到高度评价：“我们这里就像是一潭死水，总是一片波澜不惊的，直到您来，就像丢了一颗石子，才在校内引起思想从上到下的撞击。”

也有指导“乏力”的情况：“我是学日语的，听不懂英语，只能指导一下教态。”指导教师对非本专业“学科知识把握指导不了”。一部分指导教师对基础教育新课程不甚了解，也为指导带来困难。

（五）发展评价者

师大指导教师对实习生的教育实习全过程给予评价。

但也暴露一些问题：“很多同学都参与班主任工作了，有的做得不好，给了他 90 分，但是有的实习点，根本没有做班主任工作，仍然是 100 分，在评价的时候，做了和没有做的反而是做了的分更低，做了的才能暴露出问题，没做的反而没有问题。”“实习成绩，我们给的成绩，效度有多大，……有的同学说我们给的成绩不算数，实习成绩是他们院里给。这样就不好管理了。”

（六）行动反思者

师大实习指导教师在教育实习指导实践中的体验与反思，对我校教育实习工作提出了中肯的建议。[3]

1. 双“混合编队”方式

不但学生是“混合编队”，建议指导教师也混合编队。“一个县城的每个学校都有一名指导教师，但是要文理搭配，混合编队，进行小范围巡回指导”；“学校位置很偏僻，交通很不方便，这时可以配备两名指导教师（一文一理）。”

配备一名学科课程与教学论方面的专家教师，方便与实习学校的老师进行沟通、交流等。“我的想法是：要使可行性最好，每一个片（区域）得有个搞教法的专家。”

2. 实习成绩评定

班主任实习成绩评定有问题：“做了和没有做的，反而是做了的分更低，做了的才能暴露出问题，没做的反而没有问题。”而实习基地学校成绩过高，“当地学校对学生的实习成绩评定普遍偏高，而且高的吃惊”。而个别的“咱们的指导老师都给优”，给最终成绩评定带来困难，很难保证优秀率 30%，建议评优比例“应该给到 40%—50%的优秀率。”

3. 实习时间的矛盾

第七学期实习，存在和保研、就业的冲突。“教育实习的时间弄得比较乱。‘十一’之前是保研，保研就耽误实习，你说带队老师给不给假，不给假吧耽误前途，给假的话下面那个考研的同学就觉得怎么让他走，不让我走。还有就是，考研的时间和找工作冲突，就是学生总想着工作，跟就业中心协调，就业中心又推不掉，这样我们还得做思想工作，协调，还得听课。”“因为他真闹心，找不着工作他着急。他也是一种矛盾心里，他想实习。但是那边在招聘会，在就业，同学们有的在哪找到工作了他没找着，他是这种心理。”

将实习调到第六学期，也有问题。“实习时间的问题，有很多教师想把实习改在第六学期，但是第六学期，人家实习学校的学生正面临中考或者高考，可能重点就不再放在我们这了。所以我们也要为人家学生考虑一下。”“要把时间提前到大三下学期，但是不好串时间啊，涉及一系列问题，最大的难题就是课程设置。”

4. 实习生活条件

“食宿的问题，确实是一个问题，因为毕竟关系到学生的健康和安全问题，这个问题我感觉从关注人的角度，应该首先给予考虑。就是做工作应该首先考虑这个问题。实习是他自已提高的过程，但你吃饭吃出病来，这就是个最大的问题了。你连身体都保不住，其他的你还考虑什么啊。所以吃饭和住宿，应该提到最重要的地位上来考虑。”

5. 指导教师考核问题

对指导教师的考核要合理。“对带队教师的工组应该有个非常合理的评价。对于教师的评价应该全面一些，包括师德、责任心、指导成果等。”“对带队教师在实习校呆的时间问题，学校通过对学生的调查来了解带队老师的情况，这使带队老师感觉不被尊重。”

6. 建立数据库的建议

希望我们学校能建立两个数据库，一个是实习基地数据库，“包括实习基地地点、班级、能容纳的实习生人数、吃饭住宿情况等方面”，另一个是教师数据库，“实习学校能有多少个指导老师及其学科，指导老师能带的实习生人数等”，建立这样的数据库也有利于我们今后对实习地点、学校和教师进行双向选择。

三、思考与建议

(一) 充分准备是保证实习工作顺利进行的前提[4]

教育实习指导教师的准备工作包括：教师自身方面要了解基础教育课程改革状况，研究教育教学方法，从大学观点分析中学学科知识；对于实习生，要了解他们的专业水平、发展需求和心理动态，对实习提出基本原则和要求，讨论形成考核制度，布置学习有关实习的资料和用具，并进行分组与责任分工；对实习基地学校，了解学校基本情况，与相关人员协调实习基地学校指导教师配备、实习班级安排，落实课程进程。根据实习计划要求和实习学校、实习生具体情况，制定以周为基本单元的工作计划；对实习基本生活情况要充分调研，与实习学校沟通协商安排好实习生的食宿。

（二）认真而有创意地进行实习指导是决定教育实习成效的关键

实习指导教师要全面掌握教育实习情况，与实习基地学校指导教师协商配合，以周计划落实为目标，帮助每位实习生建立行动计划，落实各项实习活动，对实习生应进行政治思想和组织纪律教育，督促实习生严格遵守实习生守则，全面关心实习生的思想、工作、生活和身体健康，加强同实习学校各方面的联系，反映实习生的合理意见和要求，协调和处理各方面的关系，同时自身率先垂范，为人师表。在各具体环节中应注意的问题有：在教学实习环节，组织讨论并指导实习生如何听课，规定周听课节数并有听课笔记，帮助与组织实习生讨论分析学生和教材，进行教学设计，双方指导教师共把教案关；本着对实习生和实习学校学生发展负责的态度，高度重视试讲，采用讨论与示范相结合的评课方式，从理念先进性、目标导向性、知识科学性、方法多样性、媒体优化性、过程合理性等方面给予指导，纠正实习生教学基本技能不到位的地方，经过双方指导教师同意后（以教案签字为准）方可进入课堂；指导教师深入课堂，认真观察每一位实习生的每节课堂教学情况，下课及时反馈和指导解决问题，帮助实习生进行行动研究，逐步提高教学水平和教学质量。在班主任工作环节，指导实习生制定班主任工作实习计划，要求实习生了解、分析班级和学生情况，尊重实习基地学校和原班主任意见，并与实习学校班主任协商解决实习工作中出现的有关问题，协助开展班级日常管理工作，对学生进行德育教育和思想方法指导，协助开展班级文体活动协助组织主题班会。在教育研究环节，了解中学教学改革的实践经验，密切结合中学实际情况，指导实习生选择一个教育问题调查研究，保证质量并检查研究情况。

（三）指导总结反思是提升教育实习质量的重要手段

指导教师要指导实习生进行教育教学实践反思，指导实习生完成“四个一”：设计一个典型教案，上好一堂教改实验课，主持一次主题班会，完成一篇教育调查报告。指导教师要通过评议会，包括周会、试讲、评课、小组民主评议等，形成民主管理氛围，实习结束时组织实习总结和汇报交流工作，对优秀教育调查报告、优秀教案、优秀实习总结、优秀实习日记等要给予充分肯定。参考实习学校任课教师和班主任教师的意见，按照师大相关规定要求，严格、公正地评定实习成绩，写出评语。

四、结束语

实习生是教育实习的主体，指导教师是实习生教育实践能力提升的关键要素。探索如何开展优质高效的教育实习指导策略具有重要理论价值和积极的实践意义。

参考文献

[1] 侯恕．东北师范大学 2008 年度教育实习调研报告之二：基本情况报告．

[2] 王秀红．东北师范大学 2008 年度教育实习调研报告之七：实习故事．

[3] 调研组．东北师范大学 2008 年度教育实习调研报告之八：座谈会报告．

[4] 侯恕．对教育实习指导教师工作的认识．东北师大校报，2008 - 5 - 31：4.

师范专业教师职业教育课程与教育实习实践问题探讨

伊亮亮　侯　恕

摘　要： 为了推动优秀教师的培养，东北师范大学对2008年在“教师教育创新东北实验区”进行的本科教育实习活动进行了实地调研。调研中发现师范大学开设的教师职业教育课程对实习生的教育实习实践是有很大帮助的，但同时也出现一些困境。针对这个问题，本文作了初步探讨。

关键词： 教育实习　实习生　教师职业教育课程　访谈法

为了推动优秀教师的培养，东北师范大学2007年12月与黑龙江、吉林、辽宁三省教育厅签署协议共同建立“教师教育创新东北实验区”。2008年东北师范大学从本科生教育实习和教师培训入手，采取“师范大学——地方政府——中小学合作”的教师教育新模式，大学首先与当地的教育局签订协议，选定当地的几所学校作为实习基地校，基地校的老师在大学生顶岗实习期间由东北师范大学安排到长春进行免费考察学习。东北师范大学派出了6个调研小组深入实习基地，通过问卷、访谈、录像等方式搜集了大量的教育实习第一手资料，进行实地研究。在参与此次调研活动过程中，有一个问题，即师范大学开设的教师职业教育课程对实习生的教育实习实践是有很大帮助的，但同时也出现一些困境，针对这个问题，本文作了初步探讨。

［作者简介］　伊亮亮，男，理学学士，东北师范大学教育科学学院硕士研究生，研究方向为物理课程与教学论；侯恕，女，物理课程与教学论专业硕士研究生，东北师范大学物理学院副教授，研究方向为物理课程与教学论、中学物理教育。

一、教师职业教育课程对教育实习有积极作用

东北师范大学对参加此次实习的 2005 级师范专业本科生实行的是大一和大二学年只开设学科的专业课，大三学年开设教师职业教育相关课程，大四学年进行教育实习的培养模式。在大三学年里，学校为学生开设了青少年心理学、学校教育心理学、教育研究方法等公共必修课，各学院还根据学科特点开设了学科课程与教学论、课标解读、教学设计、教育技术、教育见习和微格训练等专业必修课，目的是在学生进行教育实习前，完成教师基本技能和教育基本理论的教学，从而保证学生在教育实习中能够完成基本的教学和管理等任务。

通过访谈，我们得知学生对实习前开设的教师职业教育课程非常感兴趣，认为在课堂上学到的知识对教育实习很有帮助。

实习生 D2 认为：虽然不是特别喜欢看理论方面的书，但是通过一些理论课的开设，确实了解了一些现在的课改形势，现在的教学思路已经跟以前完全不同了，注重的是学生的主体等这些新的课改理念。

实习生 D6 认为：教育课程理论课就是关于怎么上课，怎么导入的，上去练习怎么讲课，那个算平时成绩，真要多练练。

实习生 D5 觉得：今年新增加教育见习，挺有必要的，因为长春的一些高中毕竟是示范性很强，而且一般都是教育质量很好的，去他们那边听课，听一些很有名的老师来讲课，对我们来说是很有帮助的，是很重要的一个经验。另外，学校现在上微格课，还包括教育见习时我们小组成员内讲课，包括老师指导怎么写教案什么的，我觉得这些都是挺有必要的，对我们到学校来实习都是很好的基础。

实习生 D6 也认为(教育见习) 非常重要，作用特别大，通过见习可以了解真正的课堂，然后听一下那些教学特别有经验的老师讲课，我可以吸收很多经验，然后通过微格呢，我在教学思路上，或者设计一堂课的思路上受到很大启发！

实习生对微格训练课的评价最高，实习生 D7 认为：微格训练是非常重要的，否则到实习前只是听课，然后突然让自己去上课的话可能很难把教师和学生这个角色转变得比较好，通过微格训练学习怎样写教案，对现在的工作都有非常好的帮助。像现在已经比较熟了，在大三下学期的时候，刚开始接触觉得非常生疏，写的时候不上手，但是现在感觉非常顺利。也有学生对第一次微格训练印象深刻，实习生 D8 表示：微格教学属于自己第一次登上讲台的教学工作，能够发现自己在教学实践中的不足，如教态，教学用语，以及对课堂节奏

的把握等，都能发现自己的不足，对今后的实习工作带来很大的改进。实习生D3表示：那时候是讲20多分钟，但是很管用，但真的是站在上面去讲，下面都是学生，我觉得对我帮助挺大的，至少是确立了信心。

从实习生访谈的资料中我们可以看出这些教育教学课程给他们带来了很大的帮助，增强了教育教学的技能。我认为这些话是可信的，从教师访谈的一些片段中我们可以得到印证。下面是来自教学一线实习指导教师们的反映。

实习生指导教师C说：非常认真、非常积极。专业能力相当好。师范大学的学生和普通师院的学生不能放在一起对比。前者的优势很多。语言简练但是不简单。教态很自然，很像一个经验十足的教师。基本功还是比较扎实的。

实习生指导教师E说：通过考察某某和某某的讲课以及一些其他工作，我觉得他们的综合素质非常高，板书、表达都挺好，跟学生沟通能力比较强。

实习生指导教师A说：我觉得这些刚毕业或是即将毕业的师范生实践能力、教学能力相对要差一些。但是，在和我指导的实习生还有其他的实习生接触过程中，我发现他们的理论基础还是不错的。对于一个实习生来说，做到这样已经不错了。

二、教师职业教育课程实施中存在的问题

实习生在实习过程中不仅仅发现了自己的进步，同时也发现了自己在教育教学中存在的诸多不足。在反思自己不足的过程中，实习生除了把原因归结为自身的主观原因之外，还将客观原因的矛头指向了教师职业教育课程的设置和实施。

（1）教育理论课与教学实践结合不紧密。历史专业的实习生D9认为：在讲课的时候就会发现大学所学理论课与中学教学实际存在不怎么衔接的问题，尤其是现在新课改以后，比如高二就开文化史，文化史中有很多涉及物理学方面的知识，还有生物学发展的历史，这些都是理科的，我们平时都很少接触，这些基本的知识还是比较匮乏的。我们现在学的知识都是比较经典的那些，像现在比较前沿的知识可能就是接触比较少，像我们讲课的时候可能就需要上网下载大量的资料，然后阅读大量的历史文献啊或者是现在的一些新闻报刊之类的，然后来增加我们的知识。真是应了那句“书到用时方恨少”。指导教师T1也提出了相似的建议，他感觉在师范大学里的教学应该多搞些基础教育，包括初中、高中等。注重理论和实践的联系。师范大学开设的课程和他们要从事的教学内容连接得不太紧密。应该多关注一些初中、高中的教学，这样可以获得更好的效果。

新课改后的教材采用了新的架框和呈现方式，增加了许多新的知识，但在教育理论课的教学中学生并没有了解到这些，而是在教学一线的应用中对此才有所了解。这是教学理论课与教学实践脱钩的有力证明。增加教育理论与基础教育实践的联系是必要的。

(2) 学生接受微格训练的机会少。实习生 D4 说：我们的设备也都安好了，也用过了，但是设备还是少。如果每个人都用微格教学的设备讲一轮的话，一个月过去了，而我们没有那么长时间，顶多也就是每个人不会讲得特别长。实习生 D15 表示：大三上学期接受过微格训练，但是次数很少，也就一两次，而且教科院的心理专业没有微格训练。实习生 D11 也表示：我们虽然开过微格课，但是特别短，特别简短的，一周只有一小节，一小节有三个同学讲，然后讲完一点评，就感觉练的机会很少。实习生 D2 甚至说：微格教学帮助特别大，就是课太少了，只安排了一个学期，而且都是大课，每次课都有一二百人参加，很少有机会上台演讲，并不是每个同学都有机会上台。

由此可见，不同专业开设的微格训练课会有很大的差异，但相同点都是训练机会少。微格训练课是一门实践性很强的课[1]，希望通过几次训练达到这门课程的要求是很困难的。

(3) 模拟学生对微格训练有负面影响。实习生 D12 告诉我们，现在微格教学都是自己学院听自己学院的，那就存在一个问题，比如说我提出一个问题，下面同学就很顺畅地答出来了。虽然这个答案是正确的，也是你想要的，但不一定是教学实习中就能有的答案，对吧。这种未知的现象很多，你不知道学生有什么样的答案，而听你课的大学同学都是经过 4 年或是 N 年的训练的。所以我想，以后的微格教学可不可以这么改一下呢，比如化学的同学讲课，能不能找一些中文的来听课，如果能让非专业的听众听懂的话，那算你的本事。如果他们提出的问题你能很好地解答，那我认为你的教学目的就很好地达到了。实习指导教师 T3 也认为，你们的教学毕竟是一个虚拟的过程，你们面对的不是一个真正的学生，而你们在教学实践中需要真实的面对学生，学生和学生是不一样的。

这的确是一个问题，这会减弱教师对课堂突发情况的应对能力。指导教师 T5 在听课过程中就遇到了这样的问题，他说：有时候学生一问问题，老师的脸一下就红了，学生把问题提出来，大家的焦点都集中在她身上了，她有时候就把自己讲懵了。这种情况还会削弱师生之间的交流和互动。指导教师 T6 就说：咱们这个基础知识还是不错的，但是你这个知识怎么样能让咱们同学能够接受，能懂，这是最重要的，我们自己毕竟是做老师的，这些知识咱们自己懂，但是怎么讲出来让同学们懂，这是咱们当个老师搞好教学的重要环节啊。

(4) 实习生的教学基本功不扎实。实习生 D13 认为：当老师最基本的就是自己的基本功吧，可是自己的粉笔字写得不好，按我自己的话就是黑板字不行。因为我大四快毕业了，以后慢慢再去练黑板字的话估计时间上可能不够。还是希望学校开设这种课程，基本功的这种课程就好。实习生 D5 也认为：应该加强基本功，比方说黑板字，一来了之后根本上不了台面，完了还有钢笔字、粉笔字有待加强。实习指导教师 T7 明确指出：实习生上课不知道怎么跟学生交流；讲话的时候眼睛看着黑板或别处不看学生；交流上存在问题，交流不太多；实习生方言比较重，学生听不太清楚，普通话不过关，有的实习生一节课错好几个地方。指导老师 T9 也指明：还有一个板书的问题，听了几节实习生的课，对于主板书和副板书的问题感觉还是叫的不太准，像那个主板书放在中间是吧，副板书吧还是不擦，整个都是放在黑板上显得特别乱。

实习生 D8 提出：希望学校再开设一些让学生掌握教师基本功方面的课程。现在有许多同学都用多媒体，不去用黑板了，但是像今天早晨出现的问题，多媒体用不了怎么办，还是要用黑板的。用黑板，我的字实在太丑了，不想写但是没办法，还是要写的是吧，所以我还是硬着头皮写下来了。所以说我们学校还是应该开一些那样的基本功吧。像有的南方的同学，虽然有口音，有方言的影响，他们肯定就是普通话不是很好，他们总是说我是南方人我是怎么怎么，然后我就说我说你们南方人还有播音员主持人啊怎么能说那么好的普通话，所以我觉得这些基本功还需要加强。

师大的学生综合素质都很好，但如果在教学基本技能这个细节上处理不好，会影响整体的教学效果，增加教学基本功训练的课程是改变这一现状的最好方法。

三、问题的分析

(一) 教育理论课与教学实践脱节的原因

教育理论课与教学实践脱节的主要原因是教育理论课没有按照实习生的学习能力制定相应的教学内容和采用合适的教学方法。实习生 D4 认为：有些空泛的理论性的知识，在教学中几乎是用不到的。教学理论的重要性是毋庸置疑的，但是实习阶段的学生还处于简单的模仿阶段，不具备将系统化的教育理论应用于教学实践的能力，现有的教育理论课无法满足学生模仿的需求。

另一个原因是许多大学教师从事的是教育理论方面的研究，很少有机会接触基础教育一线的教学实践。只有了解教学实践，才有可能去尝试理论与实践的结合，但教师对教学实践并不了解，势必造成教育理论课与教学实践的脱节[2]。

（二）制约学生微格训练次数的因素

通过微格训练培训师范生教学基本技能必须要有足够的训练机会，仅有两三次培训显然是不够的。通过对实习生访谈资料和东北师范大学微格训练课程实施情况的分析，我发现制约因素主要有以下两点：

（1）微格课堂训练课程的课时数太少。现阶段各专业的微格训练课只开设一个学期，每周只有一节课，而师范生人数多，设备有限，学生人均训练次数少。

（2）微格设备利用率低。微格教室每年基本上都有半年的闲置时间，设备使用率低；各个学院独立管理微格教室，没有做到资源的优化配置。

（三）模拟学生对师生交流产生负面影响的原因

在传统的微格训练中扮演学生角色的都是准备进行微格训练的师范生，他们对教师教学活动的反应与真正学生的反应差别很大，很难训练教师与学生交流的能力。产生这种反应差异的原因有：

（1）进行微格训练的师范生具备专业的学科和教学知识，很难模拟中学生的思维，配合教师进行探究、讨论、回答问题等活动。

（2）模拟学生与授课教师是共同学习多年的同学，彼此之间过于熟悉，交流过程中容易笑场，打断授课教师思路。

（四）影响教学基本技能培养的因素

影响师范生教学基本技能培养的因素主要有以下几点：

（1）教学基本技能培养的课程设置不合理。教学基本技能的培养不是一朝一夕就能实现的，而师范类的学生只在大三的时候通过微格训练课程中得到了一些有关教学基本技能方面的指导，无法满足教育实习的需求。

（2）缺少教学基本技能训练的场所。出于管理方面的原因，我校有许多教室在没有教学安排的情况下是不对学生开放的，学生找不到合适的训练场所，无法进行这方面的训练。

（3）学校对实习生的教学基本技能培养不够重视。由于学校缺少对实习生教学基本技能方面的考核，实习生错误地认为教学基本技能不重要，从而放松了这方面的训练[3]。

四、解决问题的建议

（一）改进教育理论课教学内容和教学方法的建议

（1）教育理论课的授课教师以实习指导教师的身份参与每年的教育实习，深入基础教育一线，了解教学现状。

（2）针对实习生在教育实习中经常出现的问题充实教学内容，采用研究型的教学方法，与学生一起发现问题、讨论问题，充分发挥学生的主体作用，使教学内容与教育实习的实践有机结合。

（3）收集和整理教育实习中的经典案例，适当采取案例教学的方法进行教学，为学生提供初级的“模仿”的素材，帮助学生学会如何将教育理论应用到教学实践中。

（二）增加师范生微格训练次数的建议

（1）在不改变微格教学课时的基础上增加微格训练课程的人均训练次数。由于师范生总的课时是有限的，增加微格训练课程的课时数就必须减少其他课的课时数，可行性较差。为了充分利用教学资源，各专业内部可以采用分时授课的方法，即将一个专业分成两部分，一部分人第一学期开设微格训练课，另一部分在第二学期开设微格训练课。这样一来单个学生的课时数虽然没有增加，但接受微格训练的机会增加了一倍，同时又将微格设备的利用率增加了一倍，而付出的代价仅仅是增加指导教师的课时费用。

（2）优化资源配置，最大限度地利用微格教学设备。使用“分时授课”的方法后，微格教室的利用率增加了一倍，但还没有达到充分利用微格教室的程度。由于各学院对微格教室的需求存在差异，存在有的微格教室满负荷使用，有的微格教室有大量的闲置时间。打破院系间的门户界限，由学校统一调配微格教室的使用，最大限度地利用现有设备，也是解决学生微格训练不足问题的一种有效的方法。

上述两种方法都是在不增加微格教学设备的前提下通过增加微格教学设备的使用率来提升师范生微格训练的人均次数的，投入少，效果明显，具有较强的可操作性。

（三）改进微格训练中师生交流的建议

既然找不到真正的学生，那就找最像学生的人来充当模拟学生，大一的新生最合适。原因有三：

（1）大一新生刚上大学，角色定位上与中学生相近，思维方式和想法也相似。

(2) 大一新生没有学过教育教学相关的理论，没有教师与学生双重角色的困扰，对教师教学活动的响应更积极。

(3) 大一新生与授课教师之间并不认识，更符合教师与学生交流的实际。

具体的实施方案是：

(1) 利用互联网公告板等公布每周微格训练课的时间、地点、授课内容、需要模拟学生的人数等信息。

(2) 规定每名大一新生在大一学年至少做 n 次微格训练课的模拟学生（n 要根据师范生的数量而定）。

(3) 必须参加本专业以外的微格训练课（使模拟学生与真实学生的情况更接近）。

(4) 实施严格的考勤制度，对大一新生参加微格训练课的活动进行详细记录，并将达标结果与其大三学年的微格训练课的成绩挂钩。

利用大一新生作为模拟学生对进行微格训练的师范生是有很大帮助的。师范生可以像对待真正的学生那样去对待模拟学生，从而使师范生制定更贴近真实学生的教学设计，更好地培养组织教学、组织学生讨论和探究、与学生平等交流等能力，逐步达到新课程的要求。

而对于充当模拟学生的大一新生也在教学过程中体验到了新课程教学的理念，通过指导教师的点评，大一新生还能学习到基本的教学技能，对未来的微格训练也有一定的帮助。因此，这是一种双赢的模式。

(四) 增强教学基本技能培养的建议

(1) 充分利用低年级学生专业课少，课余时间多的有利条件，在大学低年级开设教学基本技能的培训课程，使学生有足够的时间进行训练。

(2) 开放微格教室，为学生提供训练教学基本技能的专用教室。

(3) 制定严格的教学基本技能考核制度，对学生的训练结果进行考核并将考核结果与奖学金评定挂钩，督促学生进行教学基本技能方面的训练。

五、结　语

“教师教育创新东北实验区”的建设才刚刚起步，在这个过程中出现一些这样或那样的问题是难免的。我们相信经过此次调研，实验区的建设将会更加完善。要想做到这一点，需要经过许多人的共同努力才可能完成，希望我对教育实习前的教师职业教育课程所做的研究与分析能对“教师教育创新东北实验区”的建设和完善有所帮助。

参考文献

[1] 王烈琴．普通高等师范院校微格教学的现状及建议［J］．商洛学院学报，2008（1）：74.

[2] 吴长山，李亚杰，聂白彦，等．教育实习分析与对策［J］．内蒙古民族大学学报，2008（2）：164.

[3] 严苏凤，付俊贤．新课程背景下高师教育实习的新理念［J］．西安社会科学，2008（2）：85.

教育实习班主任工作状况研究报告

杨　明　鲍淑洁　侯　恕

摘　要：为了了解我校学生的教育实习情况，改善班主任工作的实习效果，笔者使用了问卷、访谈的调研结果和实习故事中的内容，并搜集了有关班主任工作的大量资料，为改善实习班主任工作提供了事实依据。通过该项调查分析，可以看到我校实习生能够重视实习班主任工作，但是在某些方面，班主任工作的实习情况并不乐观。

关键词：班主任工作　实习生　问卷　访谈

一、引　言

2007年国务院确定在教育部直属六所师范大学实行师范生免费教育。在这种新的历史条件下，我校秉承以往的办学方向——“为基础教育服务，为经济和社会发展服务”，响应国务院的决定，积极推动教师教育改革。从2007年开始，我校的本科实习生到县城中小学进行教育实习，并开始了本科生教育实习的调研工作。而这些工作的展开，就是为了更好地掌握基础教育的实际情况，为免费师范生铺设更好的平台，培养大批优秀的教师，促进教育的和谐发展。

本科生的实习分为教学实习、班主任工作和教育科研三个部分，因此调研工作也十分关注这几部分内容。教育实习对于师范生而言是综合运用所学知

［作者简介］　杨明，女，理学学士，东北师范大学物理学院硕士研究生，研究方向为物理课程与教学论；鲍淑洁，女，理学学士，东北师范大学物理学院硕士研究生，研究方向为物理课程与教学论；侯恕，女，物理课程与教学论专业硕士，东北师范大学物理学院副教授，研究方向为物理课程与教学论、中学物理教育。

识、技能解决实际问题的过程，是角色的转换过程。由于班主任不仅是一个班学生品德、学习、健康和生活等方面的教育者、组织者和指导者，也是班级教育活动的主要实施者和各种教育力量的协调者。[1]所以在教育实习的过程中班主任工作可以让实习生更近距离地接触到学生，接触到教育的育人本质。因此本文就本科生教育实习的班主任工作调研结果进行研究与分析。

二、研究方法

班主任工作的调研方法比较丰富，不仅有学生、实习生和指导教师三方面的问卷调查，也有对学生、实习生和指导教师的访谈。另外，在实习故事中也有很多学生和教师写了班主任工作中的故事和自己的感受。调研样本选取有代表性的县域块，这些县域块遍及辽、吉、黑三省，以吉林省为主；每县域块所包含学校层次分布较全，既有重点中学和一般中学，也有初中和高中；我校的实习生在这些县域块的学科分布也是比较均匀的。

（一）问卷调查

实习生问卷的调研样本为所有调研学校的所有实习生（共 309 人），实习学校指导教师问卷的调研样本为县域内实习学校的所有实习学校指导教师（共 238 人），实习学校学生问卷的调研样本是每个县域块内各选择一所初、高中学校（共 1238 人），每校抽取两个班级（不同年级，有实习生工作的班级）。通过广泛的收集数据和系统的数据处理，研究分析此次教育实习中班主任工作的效果与存在的问题。

（二）访谈法

实习生访谈样本为每校选择 3 至 5 名不同专业实习生（共 84 人），实习学校指导教师访谈样本为每校有班主任指导教师在内的 2 至 3 名指导教师（共 64 人），实习学校学生访谈样本为每校选择 6 至 8 名学生进行访谈（共 70 人）。通过访谈者针对班主任工作的内容提出具体问题，反映出被访谈者在班主任工作中取得的成绩以及对这项实习内容的意见与建议。

（三）实习故事

实习故事是指定的学生和带队教师在实习过程中所记录的深有感触的故事。在众多实习故事中，有很多都是在班主任工作中遇到的事迹，这些故事的讲述对教育实习的调研工作有很大的参考价值。

三、研究结果与分析

通过对问卷调查、访谈和实习故事这三个方面调研材料的整理，总结出以下几个方面的调研结果，并进行分析。

(一) 对实习班主任工作的认识程度

在实习生问卷中反映出的情况是我校的实习生普遍认为班主任工作的实习是教育实习中较为重要的一部分，仅次于教学实习。

8. 在教育实习中，您认为下列实习任务的重要程度是（　　）。

A. 教学实习　1　2　3　4　5

B. 班主任工作　1　2　3　4　5

C. 教育科研　1　2　3　4　5

S8	1	2	3	4	5	加权平均值	缺失值
A	2	1	18	48	236	4.69	1
B	2	10	52	131	111	4.11	0
C	14	38	134	75	45	3.32	0

东北师范大学附属小学实习小组的实习报告总结中提到："在注重教学工作的同时，我们也一直在努力做好实习班主任工作。"从以上实习生问卷和实习报告的调查结果中可以看出，我校的实习生还是很重视实习班主任工作的。

(二) 班主任工作的班级管理情况

虽然学生比较重视实习班主任工作，但是我校的实习生参与班级管理的程度还不够，并且有很大一部分学生在班主任工作的实习上只是见习。

31. 您的班主任实习情况是（　　）。

A. 参与班级管理　　B. 部分参与班级管理

C. 只是见习　　D. 没有被安排班主任实习

S31	A	B	C	D	缺失
频数	74	112	37	80	3
百分比	24.18%	36.60%	12.09%	26.14%	0.98%

从以上对实习生问卷中这一个问题统计，可以看到有38%的学生回答实习期间只是见习，或者没有被安排班主任实习，约有60%的实习生参与或部分参与班级的管理工作。而在指导教师的问卷中，问到相同问题时，参与班级管理的比例有所增加。

5. 您所指导的实习学生________。

① 经常下班参与辅导、班级管理工作　　② 有时会参与

③ 很少参与　　④ 从没有参与

T5	①	②	③	④	缺失
频数	185	46	5	0	1
百分比	78.06%	19.41%	2.11%	0.00%	0.42%

从上面对实习学校指导教师问卷中这个问题回答情况的统计，可以看到相同问题的回答比例相差近40%。指导教师表示参与辅导和班级管理工作的实习生约为97.5%，很少参与的仅为2.11%。

8. 你的实习老师监过你们自习课吗？

①经常这样　②有时这样　③很少这样　④从来没有

X8	①	②	③	④	缺失
频数	539	341	108	229	21
百分比	43.54%	27.54%	8.72%	18.50%	1.70%

从上面对实习学校学生问卷中这个问题的统计看，约有71%左右的实习生管理过班级的自习课，18.5%的实习生从来没有看过自习课。在学生问卷中问到相关实习生班主任工作数量问题时，回答所得数据和实习生问卷数据较为吻合。

综合三份问卷的数据，不难看出，班主任工作的实习情况并不乐观，有20%左右的实习生很少得到或得不到班主任工作的实习机会，真正能够下到班级参加日常管理的也仅为40%左右。

（三）班主任工作的组织活动情况

32. 您在班主任工作实习中，设计组织班/团会或其他课外活动的次数是（　　）。

A. 0　B. 1　C. 2　D. 3　E. 4个以上

S32	A	B	C	D	E	缺失
频数	138	68	52	21	13	14
百分比	45.10%	22.22%	16.99%	6.86%	4.25%	4.58%

从上面对实习生问卷中这一问题的统计，可以看到有45%的实习教师没有组织过教学以外的班级活动。

10. 你的实习老师组织过班会（或者其他课外活动）吗?

①组织过3次以上 ②组织过2次 ③组织过1次 ④还没有组织过

X10	①	②	③	④	缺失
频数	173	119	211	707	28
百分比	13.97%	9.61%	17.04%	57.11%	2.26%

从对学生问卷中这个问题的统计，可以看到实习学校学生反映有57.11%的实习生没有组织过班会活动。

对比两组数据，我们可以推断有半数的实习生缺少组织班会等课外活动的锻炼机会。

（四）实习生对班主任工作的认识

15. 对班主任工作，下列各项重要程度是：很不重要 很重要

A. 学生的个别差异 1 2 3 4 5

B. 学生的已有知识基础 1 2 3 4 5

C. 学生的身体发展特点 1 2 3 4 5

D. 班级中的同学关系 1 2 3 4 5

E. 班级中的师生关系 1 2 3 4 5

F. 学生的接受能力 1 2 3 4 5

G. 学生的情绪状态 1 2 3 4 5

H. 学生的人格特点 1 2 3 4 5

S15	1	2	3	4	5	加权平均值	缺失值
A	3	5	35	102	159	4.35	2
B	2	2	66	138	96	4.07	2
C	1	7	72	119	105	4.05	2
D	1	7	42	120	134	4.25	2
E	0	1	30	103	169	4.45	3
F	1	9	48	131	115	4.15	2
G	2	6	29	114	152	4.35	3
H	2	5	34	92	169	4.39	4

从上面对实习生问卷中这一问题的统计，可以看到实习生认为对于班主任工作而言，学生的已有知识基础和学生的身体发育特点的重要程度最低，学生的人格特点和个体差异的重要程度最高。说明实习生很注重学生的个体差异，但对于学生自然情况对学习和生活的影响认识不足。

（五）实习教师与学生的交流

33. 您与实习学校学生交流的方式是（　　）。

A. 上课提问　　B. 谈话　　C. 共同活动　　D. 心理咨询

E. 网上聊天　　F. 其他

S33	A	B	C	D	E	F	缺失
频数	238	225	122	25	17	8	0
百分比	77.78%	73.53%	39.87%	8.17%	5.56%	2.61%	0

从上面对实习生问卷这一问题的统计，可以看到实习生与学生的交流基本以上课提问和谈话为主，两部分分别为 77.78% 和 73.53%，通过共同活动与学生交流只有 39.87%。实习生与学生的交流方式比较单一。

9. 你和实习老师课下交流的多吗？

①经常交流　　②有时交流　　③很少交流　　④从来没有

X9	①	②	③	④	缺失
频数	454	434	160	182	8
百分比	36.67%	35.06%	12.92%	14.70%	0.65%

从上面对学生问卷的统计中可以看到，与实习教师课下有过交流的学生占 84%，说明与实习教师交流的学生还是很多的。

（六）班主任工作的收获

安达组的学生访谈中有学生提到："我觉得变化很大，我以前是很内向的人，但不知道为什么就想当老师，来这之后，我第一次上课是开班会，开班会时心里很忐忑，心想上去就行，上去之后，先不说自己讲得怎样，但是敢跟学生交流了，不怕自己讲得不好，或者说错了。"九台组的实习生访谈中有实习生谈到："通过一段时间的教育实习，不仅教学能力有所提高，而且班级的管理能力也有所提高。"桓仁组的实习生访谈中有一个实习生在帮助学生免受排挤树立信心的过程中也为自己树立了信心，还有学生说："从实习班主任的角度、从管理班级方面渗透情感态度价值观，想给学生放部影片让学生学会感恩，学会自立自强。”双阳组的实习生访谈中也反映，我们的实习生被指导班主任教师认真负责的工作态度所感动。

A实习生在实习总结中提到：“从实习中我学会的不仅是讲课与控制课堂能力的锻炼，更多的是与学生心贴心的交流，只要从他们的角度为他们着想，就能从心灵上收获一种巨大的财富。”B实习生在他的文章《实习故事——XX中体罚学生见闻》中，讲述了一个关于体罚的故事，并且说出了自己的收获：“我国从有私塾的时候开始就有了体罚，是我国的传统。鲁迅先生也提过三味书屋里的戒尺，但是我一直都不赞同，在柳河九中实习后，我觉得体罚并不能全部否定，得看怎么罚……体罚也是一种教学方法，老师要把握控制好这个度，过激了可能会给学生留下一生都不可磨灭的阴影，适当的处罚可能会让学生一辈子感激老师对他的教导。”

另外，T带队老师在他的《每一朵小花都有绽放的希望》的故事一中写到关于运动场上裁判老师让学生退赛的事情，评论道：“细节反映本质，教育离不开爱；停留在口号上的不是真爱，对学生的爱更要落实在每一次师生互动中。”在他的故事二中又提到了我们的师生帮助一个要退学的女孩重拾信心返回课堂的故事，通过这件事，他的学生们找到了自己工作的方向，不仅要教学生知识，还要关心他们的心理，教会他们学习的方法和奋斗的决心。

实习班主任工作使我校学生的工作态度更加正确，工作能力有了很大提高。在班主任工作中，实习生被指导教师们认真负责的工作态度所感动，带队教师的“细节反映本质，教育离不开爱”对他们的工作态度有深远影响；实习生的班级管理能力有所提高，他们学会了怎样与学生贴心交流，关心他们的心理，教会他们学习的方法，奋斗的决心，帮助不自信的学生树立自信，教育学生学会感恩，等等。

（七）班主任工作的遗憾之处

九台组的实习生访谈中有学生提到：“不满意的地方就是管理能力上没有感觉，班主任老师不愿意让我进班；有些遗憾的地方是有些班级活动没有参加，这可能是学校管理上的原因，基本上就没有这样的机会。”

这种情况并不是特例，从问卷调查的统计中可以看到有45%的实习生没有组织过教学以外的班级活动。有近一半的实习生由于指导班主任教师或实习学校不放心而没有实质性地参与班级管理。

（八）实习班主任工作对以后的读书影响

教育实习使我校实习生发现了自身的不足，找到了提高的方向。九台组的实习生访谈中有学生提到会看一下或是了解一下青少年心理学课程，然后关注一下如何管理班级，如何做班主任等。

（九）班主任工作的参与态度

在安达组对实习学校的指导教师的访谈中有教师谈到，我校的实习生参与班主任工作非常认真。

T1：“像我带的这个实习生他跟我实习班主任还有实习教学……在自习课的时候，通常都能深入班级。帮助班级维持纪律，有的时候还给学生讲讲题。第二点呢，好就好在咱们好多同学都利用中午休息的时间，给我们几名后进的同学补了很多课，沟通比较不错，关某是一名男同学，经常出入男生宿舍，跟大家聊天，一起探讨学习方法，曾经利用一堂自习课讲了一下自己在高中的学习经历及学习经验和方法。”

T2：“实习班主任我们是从这周开始的，她非常敢抓，我们班有的学生在课下给父母打电话，我们是不提倡用手机的，现在是我们学校的规定，非常严格，她就敢抓，她就把小女生的手机拿回来了。然后我们考试，有一个学生刚转来的，前段时间没上学，不懂他就翻书，她就把他的书收上来了，我就觉得咱们的实习生实习班主任非常敢抓敢管，这是非常不错的。我们每天是六点上晚自习，她不到六点就进班级，与我们班学生交流，或者单个交流。”

桓仁组的实习学校学生访谈中，有的学生反映实习生很关心他们的学习状态和班级的学习气氛，在学校或者班级有活动的时候实习生也是尽可能地让学生发挥自己的特长，给大家提供一个展示自己的舞台。“我们老师经常说，学习成绩好的你不一定在每个方面都好，同样成绩差的也不一定在所有方面都不优秀。比如像我就是跳舞比较好嘛，军训的时候，其他班文艺表演基本上都是成绩好的去跳舞，但是我们老师就是让我来组织这方面的工作，我觉得很感动。”

实习生在做班主任工作时，能深入班级，帮助维持纪律，管理有力度；利用中午休息时间给后进的同学补课；与学生交流，鼓励他们发挥自己的特长。可见实习生对班主任工作是认真负责的。

（十）班主任工作中的感动

C实习生曾写到：“开运动会时，我班的一个孩子受伤了，嘴一直流血。当时我的心呀，都痛死了，情愿伤的是我自己。可是，他却笑笑说，老师不要担心，我没事。有点含糊不清，很痛，但是他坚持安慰我。”可见实习生与实习学校的学生有着很深的感情。

从以上的研究中可以看到，我校实习生的班主任工作是十分认真的，他们用自己的爱心与热心和学生交流，帮助学生发展，也在这种不断的努力中被学生与老师所感动。我校的实习生在这种锻炼、交流与感动中取得了成绩，锻炼了意志，提高了能力，找到了自己今后的努力方向。我校带队指导教师和实习学校的指导教师对实习生的实习班主任工作很满意，认为有的实习班主任像真的班主任。但是我们发现班主任工作的实习并未使每名实习生都得到了锻炼，有些实习生并没有得到实习班主任工作的机会。

四、结　论

通过整理调研的材料，能够看到我们的实习生对班主任工作的实习还是非常重视的，并且实习生在班主任工作的实习中非常努力，得到了很多收获与感动，但我们也能够从中发现在班主任工作中存在的一些问题。具体分析如下：

（1）实习生对实习班主任工作都很重视。我校实习生很重视班主任工作的实习，脚踏实地，得到了当地学生与教师的认可。正是由于我校实习生的这种努力，也使他们的班主任工作能力得到了锻炼与提高。

（2）实习班主任工作提高了实习生的班级管理能力。我校实习生将在课本上学到的理论知识真正运用到实际工作中来。他们参与班级管理及辅导；工作有力度，敢管敢抓；利用休息时间跟学生沟通，进行学法指导，使自己的能力得到了真正的发挥与提高。

（3）实习生都学习过教育学、心理学和教学论等方面的理论课程，为实习生的班主任工作奠定了良好的基础。尤其是心理学和教育学的学习，更有利于实习生在实习时和学生的交流有的放矢，遇到一些问题也都能沉稳面对。并且，这些课程的学习为我校实习生在最初进入教师角色时，就给予了很正确的引导，使他们有意识地成为一个有师德的，以身作则，爱护学生，关心学生的教师。

（4）实习班主任工作使学生更接近教师角色的内心。实习学校的指导教师的认真工作使我们的实习生认识到教师的工作不仅在于课堂之上，还有课下的交流。要关心学生的心理，从他们的角度思考问题，理解学生。

（5）实习生的实习班主任工作的参与度不够。虽然我校实习生重视实习班主任工作，但是并不是每个实习生都有机会参与班级的管理，得到锻炼的机会。

五、建　议

根据以上班主任工作调研的结论，提出以下建议：

第一，注重心理学和教育学的教学。不仅进行理论教学，还应该在教学的过程中，多设置一些情境，提高学生处理具体问题的能力。

第二，提高教育实习中班主任工作的力度。实习班主任工作是教育实习中不可缺少的一部分，而且“只有老师真正了解和喜欢学生，才能因材施教”[2]，因此想要我们的实习生真正了解教育教学，就应该多给学生一些实习班主任工作的机会，也只有这样我们的实习生才算是较为完整地进行了教育实习。

第三，学校应多组织一些可以使更多学生参与、交流的活动，使更多的学生在活动中锻炼自己的能力，尤其是组织能力、协调能力和人际交往能力。

参考文献

[1] 郭毅．班级管理学 [M]．北京：人民教育出版社，2002：55.
[2] 刘丰．打包中国教育 [M]．北京：时事出版社．2005.

师范生教育实习*课堂教学实地研究

李　广　许伟光

摘　要：通过对实习生课堂教学的实地观察研究发现，我校实习生学科基础知识较为扎实，善于利用课程资源组织教学，能够胜任课堂教学工作，有些学生表现出了作为优秀教师的潜质，但从整体的课堂教学情况来看，课堂教学中还存在缺乏新课程理念指导，教学方法、手段单一，普通话欠标准，板书设计和书写不够规范等问题。基于对教师教育改革的整体考虑，学校应建立实习生"见习——实习——研习"一体化的教育实习体系，完善教育实习相关制度，充分利用学校资源提高学生教师基本技能，进一步完善课程设置，回应新课程改革和中小学教学实践，提高实习生课堂教学能力，为实习生将来成为高素质教师打下良好基础。

关键词：实习生　课堂教学　实地研究　存在问题　解决策略

一、研究背景

教育实习作为提高师范学生教育实践能力的主要手段，是教师教育的核心环节，对实习生教学进行课堂观察、课堂教学录像分析是研究实习生总体实习状况的一个重要方面，实习生课堂教学实地研究主要是了解学生在教学实践能力方面存在的问题，并分析原因提出相应的解决策略，也为后续的实习工作打

[作者简介]　李广，男，教育学博士，东北师范大学教育科学学院副教授，研究方向为课程与教学基本理论、日本文化与教育、微格教学、中日语文课程比较；许伟光，男，东北师范大学教育科学学院硕士研究生，研究方向为课程与教学理论、教师教育。

* 进行教育实习的师范生通常称为实习生，因此在行文中均用实习生这一概念。

下良好的基础。并为免费师范生教育实习方案的研制提供事实与数据支持，进一步探索师范生的教育实习模式，为提高教师教育质量提供理论支撑。

二、研究样本、方法的选择

（一）研究样本的选取

本研究的样本遵循随机性抽样原则，根据每个实习基地的“混合编队”情况，确定课堂教学录像学科，在8个实习基地的28所学校中，根据424名实习生的课堂教学进度安排不分年段的随机课堂观察、课堂教学录像，这也保证了实习生在没有特别准备的情况下，所进行的课堂教学录像与其他课的教学情况基本保持一致。以此为样本将有助于全面了解和掌握实习生课堂教学情况。

（二）研究方法的选择

本调查为全面了解实习生的课堂教学状况，主要采用课堂观察和课堂教学录像分析的研究方法，并辅以课前实习生访谈和课后学生访谈、指导教师访谈和实习生访谈，同时，收集了实习生所授课的教案作为文本材料加以分析，各种方法综合运用，进行三角互证，从而保证研究结果的客观性和有效性。

1. 课堂观察

采用课堂观察中的非参与性观察，非参与性观察是指研究者不介入被观察者的活动，而只是作为一个旁观者置身于他所研究的课堂情境之外进行的观察。[1]课堂教学录像人员在进行录像的同时，对实习生的教学用语、教学体态、板书、师生互动和学生参与课堂情况等方面进行初步观察，形成整体印象，为后期进行课堂录像分析打下基础。

2. 课堂教学录像

此次调研的课堂教学录像学科包括语文、数学、英语、政治、历史、地理、生物、物理、化学、微机、心理、教育共12门学科，基本涵盖了初、高中所有学科，同时包括实习生试讲课、指导教师指导课和实习生新授课三类课型，样本覆盖小学、初中和高中三个阶段，因此，此次样本的选取能够较好地代表实习生整体情况。

3. 深度访谈

访谈包括课前的实习生访谈和课后的学生访谈、实习学校指导教师访谈、师范院校实习指导教师访谈和实习生访谈。访谈内容主要是师范院校实习生教学设计（说课）、师范院校实习生教学反思（自我评价）、师范院校实习指导教师对实习生的评价、实习所在学校指导教师对实习生的评价和实习所在学校学生对实习生的评价，从而更加全面客观地了解学生的课堂教学现状，找出存在的问题及相应的解决策略。

4. 文本收集

收集了实习生上课的教案，作为课堂教学录像分析的参照文本。

5. 调研人员的组成及调研时间

此次课堂教学录像人员皆为教育科学学院硕士研究生，具备相应的教育理论基础，并且都经历过教育实习。

2008 年 10 月 8 日：7 名录像人员共同前往永吉实习基地进行预调研，主要学习课堂教学录像技术，掌握访谈技巧。

2008 年 10 月 9 日：进行预调研总结，进一步培训课堂教学录像技术，明确课堂教学录像中应该注意的事项，收集课堂教学录像后所需标注的信息（姓名、学院、所教学科、课题、实习学校、所教年级、班级、录像时间、录像者）。

2008 年 10 月 11—15 日：7 名录像人员分成 6 个实习工作调研小组，分别到 6 个实习基地进行课堂录像采集。

2008 年 10 月 29 日：由 1 名录像人员到长春 XX 小学对实习生小学四年级数学课进行课堂教学录像。

6. 最终获得的研究资料

课堂教学录像资料：共采集语文、数学、英语、政治、历史、地理、生物、物理、化学、微机、心理 11 门学科的课堂录像 45 节（原定 12 个学科，因其没有教育学科，所以课堂录像取消），其中新授课 34 节、试讲课 6 节、指导课 5 节，新授课中高中占 19 节、初中 14 节、小学 1 节。

深度访谈资料：共获得深度访谈资料 32 份。其中课前实习生访谈资料 5 份、课后学生访谈资料 15 份、课后实习学校指导教师访谈资料 5 份、课后师范院校指导教师访谈资料 2 份、课后实习生访谈资料 5 份。

文本资料：实习生上课教案 25 份。

三、课堂教学录像分析过程

（一）制定课堂教学录像分析量表

课题组自制了《实习生课堂教学录像分析量表》（详见附录），《实习生课堂教学录像分析量表》共由 8 个部分组成，包括表头、实习生基本信息、观察分析要求、观察分析指标、量化等级、质化分析、综合分析报告和分析者基本信息 8 个部分。

（二）解释、研讨课堂教学录像分析量表

2008年11月8日指导教师向课堂教学录像分析人员[①]讲解了课堂教学录像分析量表中的相关术语，并明确了课堂教学录像分析的相关要求，尽量保证课堂教学录像分析的客观性和科学性。最后分配了相应的课堂教学录像分析任务，尽量由课堂录像人员分析自己所采集的课堂教学录像。

（三）依据课堂教学录像分析量表进行评定

课堂录像分析人员至少需要看3遍才能依据课堂教学录像分析进行评定，第一遍是对实习生的课堂教学情况进行整体感知，形成一个初步的判断，第二遍则从二级指标、三级指标入手进行微观分析，第三遍又回到一级指标进行宏观判断。最后对11项一级分析指标分别进行量化等级评定和质化分析。

（四）撰写综合评价报告

课堂录像分析人员在依据课堂教学录像分析量表进行评定的基础上，撰写实习生课堂教学录像分析综合评价报告，首先对11项一级指标分别分析，然后在分析基础上进行综合判断，并指出问题，进行原因分析，提出解决策略与设想。撰写综合评价报告时要注意语言的规范性、逻辑性、准确性和学术性，严守学术规范，尊重学术道德。

四、研究结果分析

分别从11项一级指标入手，统计每一项指标量化等级的百分比，并辅以质化分析资料和访谈资料，最后对实习生课堂教学的整体情况进行评价（分析过程及各课时分析报告略）。

五、基本结论

实地的课堂教学是实习生教育实习的核心内容，是实习生提高课堂教学实践能力，积累课堂教学经验的主要手段。通过本次对8个实习基地的29所实习学校的34节实习生课堂教学的实地观察研究，我们得出如下基本结论：

（一）实习生课堂教学中的亮点

1. 学科基础知识扎实、学术视野宽阔

我校实习生无论是在课上还是课下都表现出了很好的学术素养，学科基础知识扎实、全面，得到了实习学校指导教师的一致认可。例如，有的指导教师

---

① 课堂教学录像分析人员共14名，均为教育科学学院的硕士研究生，其中有6名为课堂教学录像人员。

说："在学科知识上，有时候我们需要向他们请教，从知识这个角度来说，我们很难指导他们，只是他们还缺乏一线的教学经验，我们主要对这方面进行指导，经过一段时间的磨炼，他们都能成为好老师。"

2. 能够利用所学充分发挥课程资源作用，创设精彩课堂

东北师范大学目前在城镇及部分农村学校建立了教育实习基地，其中有些学校教学资源相当有限，没有相应的教学设备，有些学校即使有教学设备，也是闲置不用。但就在这样有限的教学条件下，实习生充分利用现有的教学资源，保证了课堂教学质量。

（二）实习生课堂教学中存在的问题

通过对实习生课堂教学的实地观察和 34 节新授课的课堂教学录像分析，我们发现，实习生课堂教学过程中还存在以下几方面的问题：

1. 教学理念：新课程理念缺失，素质教育理念体现不到位

通过对《实习生课堂教学录像分析报告》统计得出，74%的实习生能很好地体现新课程改革提倡的教学理念和实施素质教育的要求，但也有部分实习生课堂教学中缺乏新课程倡导的教学理念指导，素质教育精神体现不到位。

新课程的教学理念倡导在教学过程中要充分发挥学生的主体性，强调学生的自主、合作、探究式学习。但许多实习生对学生主体性理解缺失，忽视学生个性的培养，在课堂教学中学生还是处于被动的接受地位，充当知识的容器。部分实习生根本不了解目前新课程和素质教育所倡导的教学理念。韩立福等人对全国六所高等师范学校教育实习现状调查报告的结果也充分证实了这一点，他们的问卷中有一道题是"您了解基础教育新课程改革吗?"调查结果显示：认为"非常了解"的学生仅占 1.8%；认为"了解"的学生仅占 10.13%；认为"基本了解"的学生占 32.8%；认为"不太了解"的学生占 44.81%；认为"不确定"的学生占 10.46%。本数据表明：约 44.73%的学生对基础教育新课程改革表示"基本了解"；约 55.27%的学生对基础教育课程改革表示"不太了解"或"不确定"。有些实习生新课程改革的相关内容都不了解，就更谈不上在课堂教学当中体现新课程理念了。

2. 教学目标：过分重视知识、技能目标，忽视甚至缺失过程与方法目标及情感、态度、价值观目标

通过对教案和课堂教学录像的分析，我们发现，实习生在进行教学设计时，虽然教学目标表述上还不够规范，但都能够考虑教学目标的三个维度①。

① 教学目标的三个维度包括：知识与技能目标、过程与方法目标和情感、态度、价值观目标。

在实际的课堂教学过程中，强调知识、技能目标，且都能很好地实现这一目标，但忽视甚至缺失了过程与方法目标和情感、态度、价值观目标。

3. 教学过程：忽视课堂导入的作用，结尾缺少点睛之笔

从整体来看，实习生都能够很好地把握整个教学过程，节奏恰当，时间分配合理。但每节课的开头和结尾重视程度不够，没有意识到其重要性，好的导入能够起到吸引学生注意力，引起学生听课兴趣的作用，但在初中特别是高中上课的实习生，导入新课时通常只是简单的一句话："我们这节课学习……"，没有认识到导入的重要作用，进而也没有精心设计导入环节。一节课结尾部分的课堂总结能够起到巩固知识，为下节课打下伏笔的作用，是一节课的点睛之笔。但实习生一般布置完作业就直接下课了，缺少点睛之笔。

4. 教学重、难点：文科师范生、理科师范生表现各有不同

实习生在进行教学设计时都能够抓住重点、找准难点，但在课堂教学过程中，文科实习生在重、难点的处理上，表现为挖掘过于深入、广泛，完全超出了教学要求和学生现有的知识水平，而理科生在教学重、难点处理上则表现为，对于重、难点突破不够，有些个别知识点讲解不清或不够深入，导致学生不能透彻地理解所学内容。

5. 教学方法单一，教学手段运用欠佳

通过对 34 节课堂录像分析，我们发现实习生课堂教学主要运用四种方法，讲授法、讨论法、演示法、练习法。实习生在授课时，教学方法大多以讲授法为主，很少放手让学生自主、合作、探究，在文科的课堂上主要表现为学生没有自由讨论、自主表达的机会，理科的课堂上则表现为学习方式单一，鲜见让学生发现问题、探究问题、解决问题的过程。传统的被动、单一的接受式学习方式仍居主导地位，机械操练、反复练习、熟能生巧的观念和做法仍在实习生的头脑中根深蒂固，还有实习生在进行演示教学时，因为准备不足，在操作过程中出现不当。

6. 教学基本技能需要进一步提高

首先，教学语言不规范。许多实习生普通话不标准，口头语过多，语速过快，声音过小。

其次，板书书写不规范，字迹不工整，缺少精心设计，不能反映教学重点、难点和整堂课的教学思路。

第三，导入技能、提问技能、练习技能等方面的问题表现为，设计上缺乏目的性且过于单一。例如，初、高中的实习生在讲课时，提问方式单一，"好不好"、"是不是"、"对不对"，充斥整个课堂教学，有效的交流较少，不能激

发学生思考。

（三）实习生课堂教学问题解决策略

1. 回应新课程改革需要，树立现代教学理念

高师院校课程设置要回应基础教育课程改革的需要，反应素质教育倡导的教育理念，在课程设置中应增加新课程改革的相关内容，让学生紧跟课程改革步伐，这样才能够在课堂教学中体现新课程理念，以新课程理念为指导进行课堂教学。

2. 强化教师职业课程，增强学生课堂教学实践能力

（1）在课程设置方面要明确培养目标，改革教师培养课程结构，建立新型教师教育课程体系。

（2）增加教师职业课程比例，与当前中小学教学实践内容相联系。

3. 加强微格教学训练，全面提高实习生教学技能运用水平

首先，应充分发掘我校课程资源，加强微格教室管理，全天开放，为学生提高教学技能提供便利条件。

其次，建立指导专家库和教学资源库。整合全校教法专业教师资源，建立师范生教学实践指导专家库，搜集优秀教学课例、教学评论等建立教学资源库。让师范生可以通过合适的多媒体教学资源配合教学进程，将理论与鲜活的教学课例相结合，更深入地体会教师行为对教学影响的微妙之处。多组织学生和一线教师进行沟通交流。

第三，在教师方面，可以请一线名师走进大学课堂与我校教师相互配合，共同对学生进行微格教学训练，从而培养学生的教学技能，提高课堂教学能力。

4. 开展丰富多彩的校园文化活动，树立从教意识，培养从教技能

学生处、团委、教务处等学生服务组织，可以相互联合，充分发挥学生会、社团作用，组织与学生密切相关的校园文化活动，培养学生的能力。例如，成立书画协会、演讲协会、教师技能协会等，同时定期开展各种评比活动，如演讲比赛、书法比赛、朗诵、辩论比赛、教师基本技能大赛等活动，帮助学生树立从教意识，养成从教技能。

5. 加强实习指导教师队伍建设，提高实习生教育实习质量

学校可以根据我校实际情况，为每个实习团队配备两名指导教师，一名是学科专业指导教师，一名是教育、心理、课程、教法方面的指导教师，两名老师相互配合，共同指导。

6. 进行实习生实习教育，增强实习意识

学校应该提早对学生进行实习教育，让学生懂得教育实习对于培养教育实践能力的重要意义，了解我校在实习方面所作的多方面努力，也可以让已经实习的学生讲述他们的实习经历、感受和心得，让即将去实习的学生珍惜教育实习过程中所上的每一节课。这样学生才能在平时的学习过程中自觉训练教师基本技能，关注教育理论知识和一线教学实践，对教育实习有足够的重视和充分的准备。

7. 调整教育实习时间，保证实习质量

(1) 调整教育实习所在学期。将教育实习从大四上学期调整到大三下学期。一方面大四上学期学生正忙于找工作、考研，学生很容易分心，实习时间无法全面保证。另一方面大四上学期正是实习学校新生开学阶段，实习学校一般不愿意让实习生带新生，而初三和高三面临中考、高考，所以大部分实习生都集中在二年级，这也是导致很多实习生课堂教学时间无法保证的一个原因。将实习时间调整到大三下学期，这些问题就能得到很好的解决，实习生能够保证充分的课堂教学时间。但学校的课程设置也需要随之进行相应的调整。

(2) 调整教育实习时间长度。实习生进行教育实习是不是时间越长越好？多长时间最有利于学生发展？如何确定科学的教育实习时间长度，还有待于我们进一步研究。

8. 教育见习——教育实习——教育研习一体化的教育实践体系

教育见习主要是让学生更好地了解中小学的教学情况及班主任工作等，并有针对性地进行学习，但目前我校还没有组织学生进行教育见习，出于时间和经费的考虑，笔者认为我校可以选择长春附近的学校，进行学生分批的教育见习。在教育实习方面，我校已经做了大量工作，学生的教育实习质量有很大提高。在教育实习之后，还要有针对性地开展教育研习，让学生对教育实习中的优点和不足有一个很好的反思与提高。教育实践能力的培养不能单纯依靠一系列形式上的教学实践活动，还必须辅以师范生对实践活动的反思。[2] 虽然我们的学生也有一些个人的反思，但还不够系统、全面。因此，在课程设置方面还需要增加教育研习的内容。

参考文献

[1] 郑金洲，陶保平，孔企平．学校教育的研究方法［M］．北京：教育科学出版社，2003：104.

[2] 邓涛，饶丛满．论高素质教师及教师职前教育改革［J］．东北师大学报：哲学与社会科学版，2008（6）：56.

附　录

实习生课堂教学录像分析量表（李广编制）

<table>
<tr><td>姓名</td><td></td><td>性别</td><td></td><td>院系</td><td></td><td>学科</td><td></td><td>课题</td><td></td></tr>
<tr><td>课型</td><td></td><td>地点</td><td colspan="5"></td><td>时间</td><td></td></tr>
<tr><td>观察分析要求</td><td colspan="9">1. 请至少对教学录像看 3 遍后再进行分析（整体感知—微观分析—宏观判断）。
2. 看过教学录像后，请在适当等级上画“√”号。
3. 运用简练的语言对实习生课堂教学录像中的突出优点及明显不足进行质化描述，各至少两点（包括技能表现、教学特色、手段运用、师生互动、教学效果等）。</td></tr>
<tr><td colspan="4">观察分析指标</td><td colspan="4">量化等级</td><td colspan="2">质性分析</td></tr>
<tr><td>一级指标</td><td>二级指标</td><td colspan="2">三级指标</td><td>优</td><td>良</td><td>中</td><td>差</td><td>突出优点</td><td>明显不足</td></tr>
<tr><td rowspan="6">一、教学理念</td><td rowspan="3">1. 素质教育</td><td colspan="2">（1）基础性</td><td></td><td></td><td></td><td></td><td rowspan="6"></td><td rowspan="6"></td></tr>
<tr><td colspan="2">（2）全面性</td><td></td><td></td><td></td><td></td></tr>
<tr><td colspan="2">（3）全体性</td><td></td><td></td><td></td><td></td></tr>
<tr><td rowspan="3">2. 课程改革</td><td colspan="2">（1）学习方式</td><td></td><td></td><td></td><td></td></tr>
<tr><td colspan="2">（2）能力培养</td><td></td><td></td><td></td><td></td></tr>
<tr><td colspan="2">（3）信息技术意识与能力</td><td></td><td></td><td></td><td></td></tr>
<tr><td rowspan="5">二、教学目标</td><td>1. 知识技能</td><td colspan="2">（1）知识技能为主线</td><td></td><td></td><td></td><td></td><td rowspan="5"></td><td rowspan="5"></td></tr>
<tr><td rowspan="2">2. 过程方法</td><td colspan="2">（2）过程与结果相统一</td><td></td><td></td><td></td><td></td></tr>
<tr><td colspan="2">（3）方法的掌握与灵活运用</td><td></td><td></td><td></td><td></td></tr>
<tr><td rowspan="2">3. 情感、态度与价值观</td><td colspan="2">（4）情感体验、态度养成、价值观升华</td><td></td><td></td><td></td><td></td></tr>
<tr><td colspan="2">（5）三维目标的统一</td><td></td><td></td><td></td><td></td></tr>
</table>

续 表

观察分析指标			量化等级				质性分析	
一级指标	二级指标	三级指标	优	良	中	差	突出优点	明显不足
三、教学重难点	1. 突出重点							
	2. 突破难点							
四、教学方法	1. 方法与内容的匹配性							
	2. 方法对学生的适切性							
	3. 方法与教师的适应性							
	4. 方法对目标实现的助益性							
五、教学手段	1. 手段与内容的匹配性							
	2. 手段对学生的适切性							
	3. 手段与教师的适应性							
	4. 手段对目标实现的助益性							
六、教学内容	1. 科学性							
	2. 逻辑性							
	3. 深刻性							

续 表

观察分析指标			量化等级				质性分析	
一级指标	二级指标	三级指标	优	良	中	差	突出优点	明显不足
七、教学对象	1. 一般特点的了解							
	2. 具体特征的掌握							
	3. 心理教育							
八、教学过程	1. 逻辑性							
	2. 连贯性							
	3. 节奏性							
九、教学技能	1. 语言技能	(1) 教学口语：准确、流畅、生动						
		(2) 肢体语言：站位恰当、走动自然、表情亲切						
	2. 板书技能	(1) 工整、流畅、美观						
		(2) 结构合理，有助理解、记忆						
	3. 演示技能	(1) 选择恰当、摆放合理、出示时机恰当						
		(2) 操作规范、有助于认知						
	4. 教学机智	(1) 动态生成						
		(2) 灵活自然						
	5. 导入技能	(1) 目的明确，自然入题						
		(2) 引起兴趣，与教学内容密切相关						

续 表

观察分析指标			量化等级				质性分析	
一级指标	二级指标	三级指标	优	良	中	差	突出优点	明显不足
	6. 讲解技能	(1) 准确性、科学性、生动性						
		(2) 启发性、感染性						
		(3) 灵活性、逻辑性						
	7. 提问技能	(1) 启发性、全体性、针对性						
		(2) 层次性、渐进性						
		(3) 积极性、参与性						
	8. 强化技能	(1) 时机恰当、自然						
		(2) 真诚、灵活、有效						
		(3) 方式多样						
	9. 练习技能	(1) 深化教学内容						
		(2) 重在能力培养						
		(3) 方法掌握						
	10. 结束技能	(1) 教学过程的升华						
		(2) 突出要点						
		(3) 产生成功感、引起期待						
	11. 组织技能	(1) 良好习惯养成						
		(2) 方法灵活						
		(3) 尊重与严格要求相结合						
十、教学反思	1. 反思的意识							
	2. 反思的内容							

续 表

观察分析指标			量化等级				质性分析	
一级指标	二级指标	三级指标	优	良	中	差	突出优点	明显不足
十一、教学效果	1. 自我评价							
	2. 双方指导教师评价							
	3. 学生评价							
	4. 专家评价							
十二、其他方面								
综合分析报告 要求：1. 首先依据12项一级指标分别分析；2. 在分析基础上进行综合判断；3. 指出问题，并对问题原因进行分析；4. 提出解决问题的策略与设想；5. 注意语言的规范性、逻辑性、准确性、学术性；6. 严守学术规范，尊重学术道德；7. 字数不限。								
分析人姓名：		联系电话：				电子信箱：		

实习生[*]课堂教学技能状况调查研究

许伟光　李　广

摘　要：通过对实习生课堂教学技能的量化等级统计和质化分析整理，发现实习生的教学语言技能、板书技能、演示技能、导入技能、讲解技能运用较好，达到良好和优秀者在70%以上，其中语言技能和讲解技能，实习生运用得最好，优秀和良好的学生将近80%，且结果呈现出一致性。实习生的教学机智、提问技能、强化技能、练习技能、结束技能、组织技能还存在较大问题，其中个别技能有将近一半的学生运用水平较为一般。在对实习生课堂教学进行实地研究的基础上，笔者针对实习生课堂教学技能现状，进行了分析和讨论并提出了四点建议。

关键词：实习生　课堂教学技能　分析指标　量化等级　质化分析

一、问题的提出

从目前的研究状况和高师院校课程设置情况来看，对师范生课堂教学技能关注较少，对其现状认识不清。本研究旨在弥补这一不足，通过实地的课堂观察和课堂教学录像分析，了解实习生课堂教学技能现状，探求解决策略。

［作者简介］　许伟光，男，东北师范大学教育科学学院硕士研究生，研究方向为课程与教学理论、教师教育；李广，男，教育学博士，东北师范大学教育科学学院副教授，研究方向为课程与教学基本理论、日本文化与教育、微格教学、中日语文课程比较。

* 本文指师范院校大四的学生。

二、教学技能的含义及分类

教学既是一门科学，也是一门艺术，一名合格的教师不但要具有扎实广博的专业知识，还要有熟练的教学技能。没有扎实广博的专业知识，教学只能是照本宣科地生搬硬套；没有熟练的教学技能，教学就会支离破碎、难以进行。

（一）什么是教学技能

技能（skill）是指掌握和运用专门技术的能力，通过练习获得的能够完成一定任务的动作系统，包括动作技能和智力技能两种。例如，教学过程中板书布局设计与智力技能有关，但书写的工整与否则与动作技能的熟练程度有关。

由于人们研究教学技能的视角不同，产生了众多的教学技能定义。澳大利亚的 Cliff Turng 认为："基本教学技能是指在课堂教学中教师的一系列教学行为。"莫里逊和马肯塔尼亚则认为，"教学技能是为了达到教学上规定的某些目标所采取的一种极为常用的，一般认为是有效果的教学活动方式"。由国家教委师范司组织编写、李克东主编的《教师职业技能训练教程》一书则认为，"教学技能是在课堂教学中教师运用专业知识及教学理论促进学生学习的一系列教学行为方式"等。[1]

综上所述，笔者认为教学技能是经过一定训练后所形成的熟练化的教学行为方式，是为实现教学目标，有效组织学生进行学习的活动方式。

（二）教学技能的类型

国内外的专家和学者对教学技能有不同的分类。

美国斯坦福大学的艾伦和瑞安从构成教学技能的多要素中抽出 14 种要素设定为普通教学技能：①刺激多样化；②导入；③总结；④非语言启发；⑤强调学生参与；⑥流畅提问；⑦探索性提问；⑧高水平问题；⑨分散性问题；⑩确认（辨析专注行为）；⑪图解的范例应用；⑫运用材料；⑬有计划地重复；⑭交流的完整性。[2]

英国学者按照信息交流模式不同分为讲解、提问、组织、听和反应等五类。按照从促进师生相互作用方面，可以分为变化、导入、强化、提问、例证、说明等六类。

我国原国家教委 1994 年颁发的《关于高等师范学校学生的教师职业技能训练大纲试行本》规定，教师技能包括五个方面：①教学准备技能；②教学媒体使用技能；③课堂教学技能；④组织和指导课外活动技能；⑤思想政治课教学研究技能。其中课堂教学技能主要包括：①导入技能；②结束技能；③语言技能；④讲解技能；⑤提问技能；⑥板书技能；⑦演示技能；⑧变化技能；

⑨强化技能；⑩组织技能。

张学敏在其《课堂教学技能》一书中将课堂教学技能分为四个方面：

（1）课堂教学基本技能；课堂教学目标与教学方案设计技能；课堂教学导入技能；课堂教学讲授技能；课堂教学基本技能。

（2）课堂教学问答技能；课堂教学板书技能；课堂教学演示技能；课堂教学基本技能。

（3）实验课教学技能；活动课教学技能；学生学习指导技能；课堂教学基本技能。

（4）教师课堂形象设计与体态语言运用技能；课堂教学管理技能；学业检查与评价技能；现代教学媒体及运用技能。[3]

本研究主要了解高师院校实习生课堂教学技能现状，针对实习生课堂教学特点并结合以上各种教学技能分类标准，笔者确定了 11 项实习生课堂教学技能分类指标，并进一步确定了每项指标的不同观测点。

三、实习生课堂教学技能分析

（一）课堂教学技能分析指标

本研究以自制的实习生课堂教学录像分析量表为调查工具，课堂教学技能指标是实习生课堂教学录像分析量表中的一部分，在课堂教学技能方面主要考察学生 11 项基本课堂教学技能，包括：①语言技能；②板书技能；③演示技能；④教学机智；⑤导入技能；⑥讲解技能；⑦提问技能；⑧强化技能；⑨练习技能；⑩结束技能；⑪组织技能。每项技能下面分别有不同的评价指标，如语言技能又包括教学口语和肢体语言两项指标，教学口语要求准确、流畅、生动；肢体语言要求站位恰当、走动自然、表情亲切。

（二）课堂教学技能分析过程

由 7 人进行实地课堂教学观察和课堂教学录像，然后由 14 人对课堂教学录像进行分析。在课堂教学录像分析之前，首先是对课堂教学录像分析人员进行相应培训，然后将 34 节实习生新授课①进行分配，每位分析者分析 2—3 节课，课堂录像分析人员至少需要看 3 遍才能依据课堂教学录像分析量表指标进

① 34 节新授课覆盖语文、数学、英语、政治、地理、历史、化学、生物、物理、心理、微机 11 个学科，其中语文 4 节、数学 4 节、英语 2 节、政治 4 节、地理 3 节、历史 3 节、生物 3 节、化学 3 节、物理 3 节、心理 1 节、微机 2 节。新授课中高中 19 节、初中 14 节、小学 1 节。

行评定，主要包括量化等级评定和质化分析，量化等级有优、良、中、差四个级别，质化分析包括优点和不足两个方面，最后撰写每课的课堂教学综合评价报告。

（三）课堂教学技能分析结果

在 34 节实习生课堂教学录像分析报告①的基础上，对实习生课堂教学技能状况进行了量化等级统计和质化分析整理。

1. 实习生课堂教学技能状况量化等级统计

实习生的课堂教学基本技能共有 11 项，每一项分为优、良、中、差四个等级，并不是每节课都会用到所有技能。例如，34 节课中有 24 节课运用了演示技能，10 节课未应用此项技能，包括语文 2 节、数学 1 节、政治 3 节、英语 1 节、微机 1 节、生物 1 节、地理 1 节。但是语言技能、导入技能、结束技能是每节课都会用到的。具体的各项课堂教学技能优、良、中、差百分比详见表 1。

表 1　实习生课堂教学技能状况量化等级统计表

教学技能	优	百分比	良	百分比	中	百分比	差	百分比	未应用此项技能课节数
语言技能	7/34	20.5%	20/34	59%	7/34	20.5%	0	0	0
板书技能	9/33	27%	15/33	45%	9/33	28%	0	0	1
演示技能	9/24	38%	7/24	29%	7/24	29%	1/24	4%	10
教学机智	5/31	16%	12/31	39%	13/31	42%	1/31	3%	3
导入技能	10/34	29%	14/34	41%	10/34	29%	0	0	0
讲解技能	9/33	27%	17/33	52%	7/33	21%	0	0	1
提问技能	7/33	21%	15/33	46%	11/33	33%	0	0	1
强化技能	5/33	15.2%	14/33	42.4%	14/33	42.4%	0	0	1
练习技能	7/33	21%	14/33	42.4%	12/33	36.4%	0	0	1
结束技能	2/34	6%	14/34	41%	16/34	47%	2/34	6%	0
组织技能	6/32	19%	10/32	31%	16/32	50%	0	0	2

依据表 1 实习生课堂教学技能状况量化等级统计表，制作了实习生课堂教学技能状况图表（图 1），配合量化等级统计表，更加直观。

① 篇幅所限，34 节实习生课堂教学录像分析报告略。

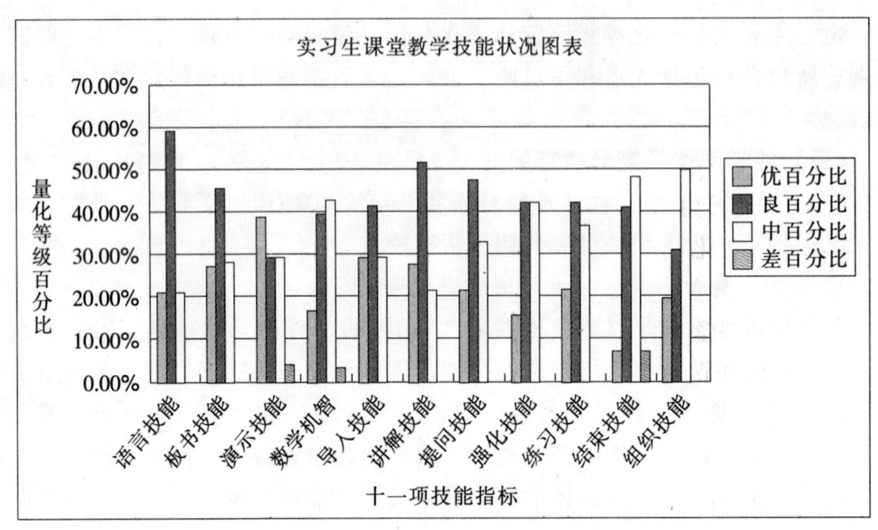

图 1　实习生课堂教学技能状况图表

从上面的统计结果可以看出，在各项课堂教学技能中均有运用非常优秀的学生，但在演示技能、教学机智和结束技能方面个别同学运用较差。从整体来看，实习生的语言技能、板书技能、演示技能、导入技能、讲解技能运用较好，良好和优秀的人数达到 70%以上，其中语言技能和讲解技能运用最好，优秀、良好者约占 80%，且结果呈现出一致性。板书技能的运用方面良好的比率达到 45%，优秀和中等的比率较为接近，分别是 27%和 28%。在演示技能的运用方面优秀率最高达到 38%，但也有个别学生演示技能运用较差。

实习生的教学机智、提问技能、强化技能、练习技能、结束技能、组织技能还存在较大问题，其中个别技能有将近一半的学生运用的较为一般。例如，结束技能、组织技能有将近一半的学生运用得一般，这会严重影响教学效果。在结束技能和教学机智方面个别学生运用较差。

2. 实习生课堂教学技能状况质化分析结果整理

实习生课堂教学技能状况的质化分析包括优点和不足两个方面，依据每项基本技能的不同观测点，剔除 34 节课质化分析重复的部分，结果整理详见表 2。

表 2　实习生课堂教学技能状况质化分析结果整理

教学技能	优　点	不　足
语言技能	1. 口语表达准确、生动、流畅，普通话标准。 2. 语言幽默风趣，激起了学习兴趣。 3. 肢体语言大方得体，站位自然得当，穿着得体。 4. 表情自然，微笑面对学生。	1. 普通话不标准，语言表达不流畅，组织混乱，个别字语音不准。 2. 口头语过多，语速过快。 3. 讲课内容不连贯。 4. 经常低头看课本，对内容掌握不熟练。 5. 表情紧张、不自然，走动过于频繁，站位不恰当。 6. 手势过多，说一句话手抬起一次，学生的视线受干扰。
板书技能	1. 设计层次清晰，能准确地反映重、难点。 2. 布局合理、美观，比较工整。 3. 字迹工整，书写漂亮。 4. 英语板书书写非常漂亮，设计美观、工整，书写流畅，在知识结构上表现了逻辑性、系统性和生动性，有助于学生对于知识的系统理解与记忆。	1. 书写有待加强，不够工整。 2. 个别板书有错别字出现。 3. 字迹太轻，字号太小。 4. 书写中用手涂抹，不够美观。 5. 个别字笔画书写有误。 6. 板书书写姿势不当。 7. 布局不合理，内容选择过于随意，没突出重难点。 8. 板书内容过少，甚至没有板书。
演示技能	1. 教具与本课所讲内容相符，运用恰当。 2. 出示时机恰当，摆放合理。 3. 操作熟练、规范。	1. 教具操作不够熟练、规范。 2. 运用目的不明确，演示过快，学生没有看懂。 3. 教具使用过多，操作不够熟练。
教学机智	1. 处理突发问题富有技巧，处理得当。 2. 能够用机智幽默的语言来化解尴尬的局面，灵活自然。 3. 可以洞察课堂上学生的学习状态并进行及时调整。	1. 缺少解决课堂突发问题的应变能力。 2. 解决方式单一，缺乏灵活性。 3. 过度紧张，面对突发情况反应不自然。

续 表

教学技能	优 点	不 足
导入技能	1. 导入目的十分明确。 2. 激起了学生学习的兴趣，起到了吸引注意力的作用。 3. 导入形式新颖，有趣。 4. 导入与教学内容密切相关。	1. 导入欠缺趣味性，没能吸引学生注意力。 2. 导入时间过长。 3. 导入目的不明确，与教学内容关系不大。 4. 导入情境过于空泛，不能激发学生兴趣。
讲解技能	1. 讲解思路清晰，具有良好的启发性和灵活性。 2. 讲解内容科学、准确，富有逻辑性。 3. 讲解富有生动性、感染性，能够唤起学生的注意力及学习热情。	1. 语言不够生动。 2. 个别知识点讲解不够透彻。 3. 讲解时出现口误。 4. 讲解时出现“启而不发”的尴尬局面。
提问技能	1. 问题设置从浅易出发，有层次，有梯度。 2. 问题具有启发性，能够面向全体学生。 3. 问题激发了学生的积极性，有利于学生参与。	1. 提问针对性不强，有的提问是叫起回答的同学之后提出的，这样的提问不利于全班同学的积极思考。 2. 无效问题过多，好不好？是不是？对不对？等等。 3. 问题缺乏启发性，不能引起学生思考。 4. 个别问题表述不够清楚。
强化技能	1. 强化方式灵活多样。 2. 强化及时，增强了学生的学习积极性。 3. 积极使用正向强化，增强学生自信心。 4. 及时纠正学生错误、强化得当。	1. 强化方式单一，效果不明显。 2. 强化不够自然。 3. 强化时机不当。
练习技能	1. 习题类型设置丰富，能够深化教学内容。 2. 练习中强调了教学难点、重点。 3. 强调学习方法的掌握。 4. 练习目的明确，选题恰当。	1. 习题讲解不够深入细致。 2. 选题过于随意，缺乏目的性。 3. 习题量过大，有重复性内容未使学生产生期待。 4. 练习方式单一。

续 表

教学技能	优 点	不 足
结束技能	1. 结束语有感染力，引起对下节课的期待。 2. 达到了巩固所学知识的目的。 3. 学生总结，教师补充，起到了画龙点睛的作用。	1. 结束语表达过于平淡，没有引起学生共鸣，升华不够。 2. 总结没有突出要点。 3. 总结没有达到巩固所学的目的。 4. 总结过于简单。 5. 没有总结，直接下课了。
组织技能	1. 组织方法灵活，能够与学生很好地交流和沟通，并维持正常的教学秩序。 2. 课堂纪律较好。 3. 尊重学生，宽严适度。 4. 课堂气氛活跃，教师组织得当。	1. 小组讨论时缺乏必要的组织，讨论秩序有些混乱。 2. 组织方法单一，无法达到组织课堂教学的目的。 3. 组织教学时，没有向学生提出明确的要求。 4. 没能帮助学生养成良好的学习习惯。 5. 忽视了个别学生的听课状态，缺乏对课堂的控制能力。

实习生课堂教学的优缺点是相互对应的，有的同学可能某些教学技能掌握较好，但另一些同学在此方面存在较大问题，而其他教学技能运用较好。表2已详细列出了实习生课堂教学存在的优点及不足，在此不再复述。

四、讨 论

（一）实习生课堂教学技能现状及可能的影响

良好的教学技能是实习生课堂教学成功的必要保证，从总体来看，实习生基本能够运用所学的课堂教学技能完成课堂教学任务，但要想成为一名合格、优秀的教师，还需要继续提高教学技能。每项教学技能运用不当都会影响整堂课的教学效果。例如，结束技能，一堂好课要做到“善始善终”，既有好的导入，又有好的结尾，良好的结束是一节课的画龙点睛之笔，教师通过归纳、总结、提升等活动使学生对所学的新知识、新技能进行及时的巩固、概括、运用，不仅使学生头脑中留下深刻的印象，而且使学生获得掌握知识成功的喜悦，进一步激发学习的兴趣，为下一步的教学打下良好的基础。[4]但从实习生运用结束技能的现状来看，有将近一半的学生没有很好地掌握结束技能，这可能会严重影响实习生的课堂教学效果，并进而影响实习生课堂教学信心和从教信念。

（二）板书技能表现较好的原因分析

学校并没有设置专门的课程对学生进行书写训练，但从调查结果来看，学生在板书技能方面表现较好。有以下三个方面的原因，首先是对实习生的书写要求工整即可，讲求的是实用，而不是都达到书法家的水平，第二是板书技能方面除了要求书写工整之外，还有其他的观测点，例如，布局合理，突出重、难点等。这就削弱了单独书写的评价标准。第三是学生针对自身的不足进行了相应的练习。

（三）结束技能、组织技能、强化技能、教学机智表现一般的原因

从表1我们可以看出40%多的同学这四项技能运用水平一般，从调查情况来看原因主要有两个方面，一是缺乏相应的训练，但这四项教学技能的运用水平明显不如其他几项技能，更主要的是因为这四项技能与教学经验的积累密切相关，单一的理论学习和训练很难直接转化为实践能力，需要经过实践教学，逐步积累经验，提高这些技能。例如，教学机智，只知道什么是教学机智，了解了面对突发事件应该怎么办？在实践教学过程中还是会手足无措，它需要在实践教学过程中，面对各种突发事件，不断地积累相关经验，才能做到游刃有余，即使有的成手教师，当他面对没见过的突发事件时，也有可能导致教学中断。因此，进行教学实践，积累教学经验是非常重要的。

五、建　议

实习生课堂教学技能中，有些教学技能的形成需要较长的时间。例如，“三字一话”技能的形成，需要学生进行较长时间的练习才能达到好的效果。但有些教学技能只要教师稍加点拨，就会达到一个很好的效果。如板书技能中如何进行板书的布局、板书中应该选择哪些内容等，只要稍加练习就能学会。还有导入技能、结束技能等，除了教学经验的积累外，主要是让学生具有相应的技能意识，课前要有充分的准备，精心的设计，要明确课堂导入目的、结束的方法，这些在短期内都是完全能掌握的。

下面针对实习生课堂教学技能方面的不足提出以下四方面建议：

（一）调整课程设置，增加书画课、口语表达课，提高学生“三字一话”能力

“三字一话”是教师的门面，良好的口语表达，一手漂亮的字，能在瞬间将所教的学生折服，令其“亲其师，信其道”，但“三字一话”技能学习需要较长的时间，一方面需要教师课上的指导，同时也需要学生课下的大量练习，这就需要我们为学生提供练习的环境，如粉笔、小黑板、固定教室等。

（二）加强微格教学，进行专项教学技能训练

首先，微格教师本人要擅长教学技能，他不仅传授教学技能知识，同时也应是学生学习的榜样，可以引进一线优秀教师与我校教师对学生共同进行指导。其次，要充分利用现有的课程资源，我校已建立了设备先进的微格教室，但据学生反应，利用情况并不好，学生平时很难用微格教室进行技能训练，这就需要建立相应的微格教室使用制度，并将学生分组，相互监督、相互交流共同提高。第三，可以针对每项教学技能存在的问题，进行专项训练，这样更有针对性，学生的训练目标更加明确、具体，容易达到好的训练效果。

（三）彰显师范性，构建特色校园文化

学校应加强校园文化活动引导，构建特色的校园文化，形成具有师范特色的学习氛围。例如，可以组建各种教师技能协会，如书画协会、演讲协会、教师技能协会等；可以开展各种教学技能大赛，如教学基本功大赛、演讲比赛、课堂教学模拟大赛等活动，从而形成具有师范特色的校园文化。

（四）教育见习——教育实习——教育研习一体化的教育实践体系

教育见习主要是让学生更好地了解中小学的教学情况、班主任工作等，并有针对性地进行学习，但目前我校还没有组织学生进行教育见习，出于时间和经费的考虑，笔者认为我校可以选择长春附近的学校，进行分批的教育见习。在教育实习方面，我校已经做了大量工作，学生的教育实习质量有很大提高。在教育实习之后，还要有针对性地开展教育研习，让学生对教育实习中的优点、不足有一个很好的反思与提高。教育实践能力的培养不能单纯依靠一系列形式上的教学实践活动，还必须辅以师范生对实践活动的反思。[5]虽然学生也有一些个人的反思，但还不够系统、全面。因此，在课程设置方面还需要增加教育研习的内容。

参考文献

[1] 李春密，王丽芳，李多．新课程理念下中学物理教师对教学技能需求情况的调查研究［J］．课程·教材·教法．2006（9）：67—68.

[2]［3］张学敏．课堂教学技能［M］．重庆：西南师范大学出版社，2004：9—11.

[4] 孙文杰．小学数学微格教学教程［M］．北京：科学出版社，2000：209—210.

[5] 邓涛，饶丛满．论高素质教师及教师职前教育改革［J］．东北师大学报：哲学与社会科学版，2008（6）：56.

实习指导教师心理教育素质发展状况的调查研究

秦红芳　刘晓明

摘　要：采用调查法对237位实习指导教师的心理教育素质发展状况进行调查分析。问卷涉及教师心理教育素质中引导学生学习的能力，理解学生心理发展的能力，把握教学目标的能力，进行心理沟通的能力和应对问题行为的能力等五大领域。结果显示，在引导学生学习能力上，主要以学习过程的指导为主，理解学生心理发展的能力较低；在把握教学目标的能力的发展上，强调认知目标，忽视情感目标、过程与方法目标；在心理沟通方式上，以单向沟通和无沟通为主，缺乏有效应对问题行为的能力。结果表明，实习指导教师的心理教育素质亟待提升。

关键词：实习指导教师　心理教育素质　调查研究

一、调查背景与目的

教育实习是师范类院校教学的一个重要环节。实习生在实习中有着双重角色，对指导教师而言，实习生是“学生”，对初高中生来说却是“教师”。学科指导教师的课堂教学、课堂管理理念、教学方式方法、对学科知识的理解、教学目标的设定及实现等会对实习生产生潜移默化的影响。Applegate and Lasley (1982)[1]认为，指导教师往往会下意识地假设，师范实习生在做中学得最好。[2]指导教师对于自身在实习中的作用准备不足，尤其是认识上的不足，

［作者简介］　秦红芳，女，东北师范大学发展与教育心理学博士研究生，延边大学师范学院助教，研究方向为动机心理、教师教育；刘晓明，男，心理学博士，东北师范大学教育科学学院教授，研究方向为教育心理、心理教育。

对于实习生的“做中学”他们更多地依赖自己作为实习生时获得的经验和体验，来指导实习生实习实践。[3]因此，指导教师提供给实习生的指导策略大多数来自指导教师自身的“惯习”。惯习不是习惯，不能仅仅看做一种教学行为习惯。惯习更多反映的是教师“内在地蕴含‘个人教学信念’，是积淀于个人身体的一系列历史的关系所构成的，其形式是知觉、判断和行动的各种身心图式[4][5]。这种在受教育、提供教育过程中形成的“个人教学信念”或图式其实质是教师心理教育素质。

教师心理素质由两大部分构成，一是教师的一般心理素质，二是教师的心理教育素质。前者是教师应具备的一般心理品质，其构成成分表现为认知、情感与行为三种内在的心理品质，按照其发展水平又可分为发展性、适应性与障碍性三种不同层次的心理机能状态；后者为与教师职业有关的心理素质，体现为教师职业对教师心理素质的客观要求，是职业发展的外在需要在教师心理素质方面的集中体现，其构成成分由教师所承担的社会角色决定，由引导学生学习的能力、把握教学目标的能力、理解学生心理发展的能力、与学生进行心理沟通的能力以及应对学生问题行为的能力构成，按照其发展水平又可分为新手、熟手和专家三种层次的心理机能状态。

宏观上，教师心理教育素质是以教学为载体，以心理教育为工具，达成学生“人性”的发展，提高学生生命质量的一种教学理念。生命是一切教育的基础，心理教育是为了提高人的生命质量而进行的活动，是学校心理教育的基础与核心。[6]托宾·哈特（2007）[7]从认知的角度把现代教育和后现代教育结合起来，教育即是从信息到知识、从知识到智力、从智力到理解、从理解到智慧的转化的教育。这种转化类似于我们文化传统中的“转识成慧”，既是个体意识（认知）的进展，也是个体存在的进展，还是一种为了人的意识、性格和文化的明确发展的教育理论，鼓励深入学科内部和学生内在自我。新课程改革的基本理念和目标与托宾·哈特的教育观有着异曲同工之处。新课程改革目标强调走向“完人教育”，致力于人的自然性、社会性和自主性的和谐健康发展，以培养具有完善人格的人。[8]无论是托宾·哈特的教育观，还是新课改的理念与目标都倡导教育对象的整体性，教育的最终目的是促进其精神生命的成长，而心理健康是精神成长的核心内涵。

微观上，心理教育能力的集合构成教师个体的心理教育素质。素质与能力关系的厘清：能力必须以素质为基础，素质的特点是“内凝”，是人在其活动过程中非对象化的结晶；而能力是“外显”，是人在其活动过程中对象化的呈现。[9]故此，教育情境中素质的体现更多地表现在对各种能力的运用上。不是说教师具备良好的心理素质、学科知识水平很高就一定能胜任教学工作。教师还必须具备教育教学能力，尤其是心理教育能力。[10]教师具备了较强的心理教育能力，才能把教学工作做到学生的心坎上。[11]

综上所述，实习指导教师在教学实习环节中起着举足轻重的作用。了解指导教师的心理教育素质，对于我们形成和完善实习实验校“东北实验区”有重要作用，可对免费师范生的实习提供借鉴意义。了解指导教师的心理教育素质也会对师范院校的课程设置以及教学能力培养提供指导。

二、调查方法与对象

采用问卷调查法，对我校实习实验基地校“东北实验区”进行了抽样调查。调查涉及东三省 6 个县市（吉林省九台、舒兰、双阳和公主岭，辽宁省桓仁、及黑龙江省安达）共 26 所中学，初、高中各 13 所，回收有效问卷 237 份。《东北师范大学实习校指导教师心理教育素质问卷》考察指导学生学习的能力（对学习过程、对学习能力智力因素、对非智力因素的指导及无指导）、理解学生心理发展特点的能力（心理发展特点、知识基础、成长环境、思想道德发展、适应能力）、理解教学目标的能力（学科知识、社会发展、身心发展、无有效目标）、心理沟通能力方式（单方面、互动式和无沟通）、课堂教学心理沟通的能力（尊重、移情、真诚、自我中心）与管理中心理沟通的能力（倾听、移情、真诚、尊重、价值干预）、教学环节（不予处理、非言语线索、侧面提示、直接制止）及管理中应对问题行为的能力（不予处理、道德教育方式、法制教育方式、家—校联动方式、心理教育方式）等方面。反应方式采取教师主观等级排序，求出各选项排序频次，计算二级维度指标的秩，求出每个指标的权重。

三、调查结果与分析

（一）调查结果

表 1 指导教师心理教育素质中能力二级指标权重分配

一级维度	二级维度	权重	一级维度	二级维度	权重
1. 指导学生学习	学习过程	0.46	5. 心理沟通（教学）	尊重	0.26
	智力因素	0.28		移情	0.26
	非智力因素	0.25		真诚	0.25
	无指导	0.01		自我中心	0.23

续 表

一级维度	二级维度	权重	一级维度	二级维度	权重
2. 理解学生心理发展	知识基础	0.25	6. 心理沟通（管理）	倾听	0.26
	成长环境	0.22		移情	0.23
	心理发展	0.18		真诚	0.17
	思想道德发展	0.18		尊重	0.17
	适应能力	0.17		价值干预	0.16
3. 理解教学目标	学科知识	0.28	7. 应对问题行为（教学）	非言语线索	0.30
	身心发展	0.26		侧面提示	0.26
	社会发展	0.24		直接制止	0.23
	无有效目标	0.23		不予处理	0.22
4. 心理沟通	单方面沟通	0.49	8. 应对问题行为（管理）	家—校联动	0.22
	互动式沟通	0.27		心理教育	0.21
	无沟通	0.24		法制教育	0.20
				道德教育	0.19
				不予处理	0.18

从结果来看，指导教师在日常教学和管理中采用的相关心理教育能力在各个维度上的二级指标权重都比较低，说明教师心理教育素质亟待提高。

（二）分析与讨论

1. 指导学生学习的能力

结果显示对学习过程的指导权重为0.46，对学习能力智力因素的指导权重为0.28，对学生非智力因素的指导权重为0.25，无指导仅占0.01。

对学习过程指导所占比重最大，说明教师更多关注的是学生对知识的掌握，着重点在于应试教育。知识点掌握当然是无可厚非的，这种仅以书面信息为导向，培养的是以成绩为导向的动机，也是有用的。但是其用处是有限的，会模糊了以学习为导向的动机，而这种动机是最深沉的，也是最能自我持续的动机取向。[12]尽管教师们认为对学习过程的指导是很重要的，但教师对学生学习过程的指导多数比较简单。学习智力因素方面，调查项目也显示类似“给学生介绍一些增强记忆力的方法”这样蕴含着心理学的基础知识的选项，教师选择却处于低等级水平。反映了教师们对学习策略、知识的认知加工程序、陈述性知识及程序性知识如何学习等类似方法了解不甚深入，更不用说提升到能力运用的水平。

学习和教学是多维的相互作用。非智力因素广义上包括智力因素以外的一切心理因素，其作用主要表现在动力、导向、调节、强化四个方面，能够直接强化为学习动机，成为推动学习的内在动力；能帮助确定学习的目标，引导主动自觉的学习。指导教师重视学生学习的非智力因素，仅侧重于端正学习态度和有无情绪波动影响到学习。教师惯常采用的说教式方法停留在教育表层的关注，丝毫没有认识到学生都是独特的个体，拥有独特的能力和兴趣，独特的背景和经验，独特的价值观和目标。而不是调动学生自身内在的情绪情感和兴趣，忽视情感兴趣的教育价值作用。情感能促进学习和记忆。[13]尽管所有教师都认为对学生学习能力的无指导是最不可取的策略，事实上，他们的指导对学生学习的促进作用是微乎其微的。

2. 理解学生心理发展特点的能力

知识基础权重占 0.25，成长环境权重占 0.22，理解学生心理发展特点占 0.18，思想道德发展权重占 0.18，适应能力发展占 0.17。知晓学生的知识基础和家庭环境依然排在了对学生心理发展特点和学生心理适应性发展把握前，思想道德发展与心理发展特点的权重等同。由此可见，教师们秉持的依然是传统教学观念。观念的固着无疑会影响教学能力在实践中的运用。

教师只看重一种知识，即科学知识或学科知识，要求学生尽可能地加以积累和吞噬，教师的角色中“经师”比重依然最大。忽视学生心理发展特点的教学无异于在沙滩上建筑高楼大厦。中学生心理发展呈现出特定阶段的特征，包括认知发展、观察力发展、记忆发展、情感发展、社会性发展等方面。教育工作者要想取得预期的效果，必须了解学生的心理发展特点以及个别差异，从而使教育活动与学生心理发展特点相适应，才能取得良好的教学效果。

3. 理解教学目标的能力

传统的课程目标首先强调的是知识的学习，其次是能力的培养，最后是情感态度的形成，而新课标更注重兴趣、态度、方法、习惯的培养。我们的调查结果显示教师在实践教学中认为学科知识（权重 0.28）第一位，其次是学生身心发展（0.26）和社会发展（0.24），甚至教学中的无有效目标比重占到 0.23，体现了教师对于新课改目标把握的模糊性。教师们仍然强调认知性目标，忽视情感态度价值观的培养，轻视过程与方法，忽视教学目标在教学中的灵魂作用和发展功能。

新课改把教学中的情意因素和过程与方法提高到了一个新的层面。[14]情感、态度、价值观作为情意的三个构成因素，是一个由低级到高级的心灵连续体，组成了学生感性世界和理性世界完整的画面。过程与方法无论对于哪门学科而言，都具有教育价值，学科知识的学习、技能的形成只有和相应的探究过程及方法结合起来，才能使学生的理智过程和精神世界得到发展和提升。教师过度强调知识的获得并未导致学生有意义的学习，反而是对高分的重视导致了更多的“为考试而教”，为了知识而学习被当做了教育目的本身。具备良好心理教育素质的教师应该是注重在单纯积累事实的基础上培养学生心智的发展，这是一种“长小而不是长大的教育”，是一种表现和具体化的教育，既强调特定知识的积累，也强调认知的动态发展，强调深入学科内部和学生内在自我，以促进学生生命成长和人性发展为终极目标。[15]

4. 心理沟通能力

师生关系就是教学质量。良好师生关系的标志之一就是师生心理的沟通。教师心理沟通能力在形式上体现为有无良好的沟通方式，内容上表现为教师课堂教学和日常管理中有无恰当的沟通技巧。

(1) 心理沟通能力的方式。单方面个体 0.49，互动式沟通 0.27，无沟通 0.24。这样的结果说明日常教学中指导教师不注重与学生的沟通，教学中教师依然是绝对的主体。单方面沟通和无沟通，抛弃的是课堂形式的生动、多样，也闭塞了学生学习过程中多种分析器官参加活动的通道，是典型的“填鸭式”满堂灌。

互动式沟通 0.27 的权重值得我们关注和了解有效沟通的效用及其对教学的促进。研究表明教师在教学和学习情境中的有效沟通通常包含以下几个方面：①教学中要达到清晰准确的沟通，沟通过程和语言必须与学生的年龄、兴趣和背景相吻合；②具备提问技巧和引导学生有效讨论的技巧：通过提问和讨论使所有学生都积极参与探讨学习内容，开阔学生知识面，利于学生积极质疑，加深思考，使学生相互支持，提问时留出适当思考时间等；③使用有效策略调整沟通，沟通直接性、解释和沟通的效果有益于加强学生的理解；④针对特殊教学目标和不同情境选择恰当的沟通技术和人际交往技巧。[16]教师在课堂上应与学生保持一种融洽的互动互学的友谊关系。[17]适当的互动和良好的技巧可以达到加速双边活动进程的效果。

(2) 教学环节及管理中教师心理沟通能力。教学环节调查教师心理沟通能力结果显示：尊重学生权重占 0.26，真诚占 0.25，移情权重 0.26，自我中心 0.23。班主任管理学生心理沟通能力结果为移情 0.23，尊重学生 0.17，真诚 0.17，倾听 0.26，价值干预 0.16。尽管教师们比较看重尊重、真诚、移情、倾听理念和技巧在与学生沟通中的作用。但教学中的自我中心和对学生的价值干预所占权重可以与以上几种相抗衡，那就意味着教师要做到真诚对待学生、尊重学生，根据学生的心理发展特点看待学生的可能性还是不太大。结果说明班主任的心理沟通能力也相对比较差。

布伯认为“理解”的字面含义是“立于当中”，意味着跨越“置身事外”的内在界限走向亲密与共情。当我们与别人有同感，认同别人，并暂时把自己的冷漠和自我分离搁在一边时，理解就产生了，这是一种主客不太分离的现象经验论。[19]培育理解的心灵要通过共情、欣赏、开放、容纳、服务、聆听和爱等方法，其核心点就是真诚。

要做到真诚，教师在与学生个体交往时采取的支持性非言语行为，如微笑、点头、眼神等，都可以透露出教师的真诚；交往中不过分强调自己的教师角色、权威或地位，对待学生时言语、行为和情感要真诚平等；不造作、虚假；适度向学生开放和自我暴露。怀着真诚的态度教师才能无条件接纳学生，尊重学生的独特性、价值性，认为学生是存在改变潜能的人，才能为学生创造安全、温暖的氛围，使学生积极表达自己、参与课堂，获得自我价值感，尤其是对学业不良的学生而言。真正的价值中立是指教师要对学生的情绪、认知和行为给予心理学层面及社会文化层面的理解。移情可以在主体和客体之间建立一座桥梁。教师做到移情，就会沉浸于他想了解的学生观点和情感中，感受学生的情绪情感，促进教师的教学积极性。

倾听是在真诚、尊重和移情构建的师生关系骨架中，促进关系良好运行的交往技巧。倾听是班主任与学生心理沟通最简便易行的方法。[19]“倾听”的表面含义似乎是被动的接纳学生说话的内容，实际上它包含着非常主动的，对整个信息的整体知觉过程。把我们听到的信息反馈回去是训练基本的倾听技能的有效方法。当我们把自己的反馈内容与他人相比时，就开启了主体间的对话。教师只有通过与学生的心理沟通，才能为其减轻心理压力，让他们在快乐中学习、成长。

5. 课堂教学及管理中应对问题行为的能力

调查结果显示课堂教学中教师处理问题行为的能力，侧面提示权重占0.26，直接制止占0.23，是最为“粗暴”效果最差的方式，非言语线索占0.30，不予处理占0.22。侧面提示和非言语线索有着一定的效用，但也可能会失去改变学生的最佳机会。对问题行为的不予处理或“冷处理”，反映了教师潜意识中隐藏的执行性而非生成性的教学过程观。班主任工作中应对问题行为的能力：道德教育方式0.19，家—校联动方式0.22，法制教育方式0.20，不予处理0.18，心理教育方式0.21。结果显示班主任在处理学生问题行为时，传统的道德教育、反馈给家长、法制教育、不予处理和心理教育方式彼此不分伯仲。

驾驭课堂、管理课堂能力是教师心理教育素质的重要外在表现之一。不同的外化处理方式既反映教师核心教育理念，也蕴含教师心理教育素质在“特殊”教育情境、教育对象上的运用能力。教师们所以采取直接制止、侧面提示或不予处理或道德教育方式，甚至法制教育方式的缘由，取决于教师对学生区别对待的错误认知。社会标签理论认为，教育中标签出来的学生的问题行为，几乎是一种人为的主观事件。学生在学习和生活中表现出来的某种行为所以成为问题，这其实是社会中的重要他人，如他们的教师、父母、朋友等给学生贴上了一定的标签。倘若学生在学校生活中被教师或其他重要他人贴上了某个标签，这个标签就会对学生产生两种心理效应[20]：一种是形成难以改变的烙印，另一种是自我形象的修正。所以教师首先应该排除对“问题学生”的常见和偏见，排除课堂行为分为“正常与非正常”的思维定势，树立一切学生都是平等的，一切行为都有其产生的根源的正确观念。

课堂管理和学生日常管理是饱含心理学知识的教育艺术。教师要善于敏锐地察觉学生细微的变化，随机应变地解决教学过程中出现的各类偶发事件。敏锐的洞察力和灵活的应变建立在对学生整体阶段心理特性、个体差异性了解的基础上。

四、建　议

从调查结果与分析来看，我们可以得出这样的结论，指导教师的心理教育素质相当弱。可以借助师范类高校的优秀资源，加强中小学教师职后培训。在调研的基础上提出以下参考建议：

（一）切实转变教师的教育教学观念

送课下乡，到中小学实习基地，由我校专家通过系列主题讲座形式，把现代教育理念结合实际深入浅出地传授给中小学教师。使其首先树立起正确的教育教学观念。

（二）选拔指导教师，强化指导教师指导身份认同

身份认同对实习教师的专业成长具有启迪作用，即指导教师只有将真实生活和课堂的本真自我表现与指导工作完全交融，才能达到实习生范式学习和心灵感染的目的。指导教师和实习生能够平等对话，能够加深双方对教育教学的理解和教学实践能力的提高。

（三）强化指导教师心理教育素质的培训

1. 系统心理教育知识培训学习

首先得借助我校师资力量，与中小学实习基地合作，让实习校教师系统学

习心理教育教材。有的教师想学习心理学，但心理学书籍理论性强，抽象难懂，往往学习效果不佳。授课时要理论联系实际，通过实例、作业及思考题或案例等针对性强的形式，使中小学教师学以致用。系统学习心理教育基本知识，能提高教师的心理学知识水平和应用能力，是奠定提高教师心理教育素质的必备基础。

2. 技能强化

借助我校优秀的师资力量，开发出心理教育素质培养的参与式课程系统。使学习者技能掌握更具备反思性，培训效果更具备实效性。技能强化还可以在情境教学中，通过小组观摩讨论，直观上使教师了解心理教育能力在教学各个环节中如何发挥作用，小组成员在真实的教学情境中，通过微格教学对自我心理教育能力进行反思。

3. 教学情境中技能实践

心理教育素质必须与学科教学紧密结合，才是心理教育素质提高的直接途径。要在学科教学中、在班级活动课和团队活动中加强心理教育能力的基本形成，在培养学生个性和特长发展等方面揣摩技巧，教师就必须参与学科心育和活动课心育，探索心育规律，组织经验交流，在教学情境中培养技能。

参考文献

［1］Applegate J，Lasley T. *Cooperating teachers' problems with preservice field experience students*. Journal of Teacher Education，1982，33(2)，15—18.

［2］Anthony Clarke. *The nature and substance of cooperating teacher reflection* [J]. Teaching and Teacher Education，2006 (22)：910—921.

［3］Knowles G J，Cole A L. *Developing* practice through field experiences. In F. B. Murray (Ed.)，The teacher educator's handbook：Building a knowledge base for the preparation of teachers (p. xv). San Francisco：Jossey—Bass. 1996.

［4］［法］皮埃尔·布迪厄，等．实践与反思．李猛，等译．北京：中央编译出版社，1988：17，165.

［5］柳夕浪．教学惯习·教学专业·学会教学．教育科学研究，2004(9)：5—8.

［6］刘晓明．心理健康·道德健康：论心理教育目标的价值地位．江苏教

育学院学报：社会科学版，2002 (4)：28—30.

[7] [13] [15] [18] 托宾·哈特．从信息到转化：为了意识进展的教育．彭正梅译．上海：华东师范大学出版社，2007：5，2，25，77.

[8] 杨九俊主编．基础教育课程改革新教师读本．南京：南京大学出版社，2008：30—31.

[9] 陈金芳．知识、素质和能力的辨证关系．教育双周刊，2005 (11)．

[10] 郑和钧．论教师心理教育能力的培养．教育研究，1998 (11)：25—30.

[11] 刘丽容．论教师心理教育能力的培养．法制与社会，2008 (14)：230.

[12] Linnenbrink E A，Pintrich P R. *Achievement Goal Theory and Affect*：*An Asymmetrical Bidirectional Model*. Educational Psychologist，2002 (37)：69—78.

[14] 何圣德．关于教学目标的再思考．当代教育论坛：学科教育研究，2008 (6)：9—10.

[16] MELANIE M. MAY，B. A. *Teaching is communicating*! A handbook for student teachers. A thesis in communication studies submitted to the Graduate Faculty of Texas Tech University in Partial Fulfillment of the Requirements for the Degree of MASTER OF ARTS December，2004.

[17] 赵惠美．加强师生心理沟通提高英语教学质量．各界：科技与教育，2008 (6)：70—71.

[19] 赵敏．班主任与学生心理沟通方法探析．辽宁师专学报：社会科学版，2008 (3)：121—129.

[20] 曾智．社会标签理论及其在学生“问题行为”转化中的应用．教育探索，2007 (3)：98—99.

调查研究：从学生的视角看教师心理教育素质的发展状况

张昊智　刘晓明

摘　要：本文通过对实习生所在学校的983名初高中学生进行调查，以期从学生的视角出发，对教师心理教育素质的发展现状进行研究。问卷涉及引导学生学习的能力，把握教学目标的能力，理解学生心理发展的能力，与学生进行心理沟通的能力以及应对学生问题行为的能力等五个方面的教师心理教育素质。结果显示：教师指导学生学习的维度，其指导仍停留在传统知识的层面；教师目前已经逐渐重视学生的心理发展特点；教师仍然以知识为本位确定教学目标；日常教学中以单方面沟通为主，但能够尊重学生；教师处理问题行为的方式，主要以侧面提示和直接制止为主，但开始意识到运用心理教育方式。表明在学生的心目中，教师的心理教育素质已经逐渐由传统教育向新型教育理念转变。

关键词：实习学校学生　心理教育素质　调查研究

一、调查目的

教育实习是师范教育的重要组成部分，是师范教育贯彻理论与实践相结合原则的体现。东北师范大学被誉为“人民教师的摇篮”，基于多年来为基础教育服务的理论与实践，学校提出了面向新世纪的“尊重的教育”理念。强调要尊重受教育者，尊重他们的人格人性，尊重他们的学习兴趣和个性发展。除了

[作者简介]　张昊智，女，东北师范大学教育科学学院应用心理学硕士研究生，研究方向为学校心理健康教育；刘晓明，男，心理学博士，东北师范大学教育科学学院教授，研究方向为教育心理、心理教育。

要教会学生必要的知识外，还必须培养学生生活的勇气、向上的精神、创造的激情和社会的责任感，这与教师的心理教育有着共同之处，因此特别强调教师的心理素质问题。

心理素质是个体心理的综合性机能状态，是人们在特定社会生活实践中，通过与内外环境的相互作用而形成的相对稳定的心理特质。教师的心理素质，可以界定为教师在教育教学活动中形成的、影响教育教学效果的自身相对稳定的心理特质，由两大部分构成，一是教师的一般心理素质，二是教师的心理教育素质。前者是教师应具备的一般心理品质，其构成成分表现为认知、情感与行为三种内在的心理品质；后者为与教师职业有关的心理素质，体现为教师职业对教师心理素质的客观要求，是职业发展的外在需要在教师心理素质方面的集中体现，其构成成分由教师所承担的社会角色决定，包括：

（1）引导学生学习的能力。纵观现在国内的学习指导，其基本目标是一致的，主要是解决学生“能学、愿学、会学”的问题。一项对苏北地区农村小学教师的调查表明，在关注和研究课堂教学改革的教研人员中，能够“充分发挥学生的显能，并有效开发学生的潜能”，“充分调动学生的积极性、主动性、引导学生主动学习”的教师，分别占16.3%和22.4%。[1]另外还有研究发现，在学习过程中，学生更感兴趣的是教师如何教会学生学习、记忆、思维的方法，而不只是单纯地传授。[2]因此，教师指导学生学习的能力是考察教师心理教育素质的必要方面。

（2）理解学生心理发展的能力。教师把握学生心理发展的能力需要作为教师教学能力发展的一个基础和前提，可以说教师任何一项能力的充分发挥都是建立在对学生心理发展把握能力基础之上的。因此，关注教师把握学生心理发展的能力具有重大意义。

（3）把握教学目标的能力。教学目标是教学活动的灵魂，它贯穿于整个教学过程的始终。教学方法的选择和运用，学生活动的设计和安排，教学环节的组织和实施等都必须围绕教学目标进行。[3]因此，教师必须具有正确把握教育目标的能力，有目的地培养学生的心理发展。

（4）与学生进行心理沟通的能力。新时期的教育要求教师由传统的知识传授者向学习活动的参与者、引导者和合作者转变。而要真正成为学生学习活动的参与者、引导者和合作者，一个关键性的前提就是创建和谐的师生关系。[4]无论是在课堂教学中还是在课后活动时，教师必须以适当的方法适时地引导、沟通师生间、学生间的情感，使彼此产生良好的情感体验，才能有利于教学工作的顺利进行，使教与学形成一体化结构。

(5) 应对学生问题行为的能力。所谓问题行为，是学生在成长发展过程中出现的偏离行为[5]，包括课堂问题行为（发生在课堂上的与课堂行为规范和教学要求不一致并影响正常课堂秩序及教学效率的课堂行为[6]）及日常问题行为（包括逃学、早恋等）。学生的问题行为是一种普遍现象，是一种包括学生心理健康方面的不可忽视的综合性问题，因此，教师能否正确解读学生的问题行为，并采取行之有效的措施，也是教师心理教育素质所包括的重点方面之一。

学生眼中的教师是否具有良好的心理教育素质，这一问题值得我们认真思考。而从学生的角度可以更为直接、更为真实地反映教师心理教育素质的现状。

二、调查方法

采用问卷调查法，对我校实习实验基地校“东北实验区”进行了抽样调查。调查涉及了东三省 6 个县市，其中包括吉林省的九台、舒兰、双阳和公主岭，辽宁省的桓仁及黑龙江省的安达，共 26 所中学，初、高中各 13 所，对每个学校随机抽取 2 个班级发放问卷。回收实习学校学生问卷 1238 份，删除缺失值及无效问卷，剩余 983 份，有效率 79．4%。问卷采用自编《东北师范大学教育实习工作调查问卷——实习学校学生用》，设置了引导学生学习的能力、理解学生心理发展的能力、把握教学目标的能力、与学生进行心理沟通的能力以及应对问题行为的能力等五大方面教育情境，每个情境后都列出 8—11 个可能采用的方式供实习生选择，并让其将自己所选项目按照使用频率或重要程度排序。根据各指标的重要程度给出不同的顺序号，利用数学计算公式求得每个二级指标的权重。

三、调查结果与分析

(一) 调查结果

反映方式采取教师主观等级排序，求出各选项排序频次，计算二级维度指标的秩，求出每个指标的权重。

表 1　实习学校学生评价的教师心理素质中能力二级指标权重分配

一级能力指标	二级指标及权重				
指导学生学习	过程指导 0.42	智力因素 0.23	非智力因素 0.28	无指导 0.07	
理解学生心理发展	知识基础 0.24	成长环境 0.20	心理发展 0.31	思想道德 0.14	适应能力 0.11
理解教学目标	学科知识 0.26	身心发展 0.31	社会发展 0.09	无有效目标 0.34	

续 表

一级能力指标	二级指标及权重				
心理沟通能力					
沟通方式	单方面 0.50	互动式 0.26	无沟通 0.24		
教学沟通	尊重 0.22	真诚 0.31	移情 0.20	自我中心 0.18	
管理沟通	尊重 0.23	真诚 0.23	移情 0.35	倾听 0.35	价值干预 0.11
应对问题行为					
课堂教学中	侧面提示 0.33	直接制止 0.35	非言语线索 0.17	不予处理 0.15	
管理中	道德教育 0.13	家—校联动 0.12	法制教育 0.14	心理教育 0.49	不予处理 0.11

从结果来看，现实情况下的教师心理素质与学生理想中的情况基本一致，学生心目中的教师心理素质发展较好，教师在理解学生心理发展，设置教学目标，师生沟通和应对学生问题行为方面均会考虑到发展学生的心理潜能。

（二）分析与讨论

1. 引导学生学习的能力

结果显示教师对学生学习过程的指导权重为 0.42，对学习智力因素的指导权重为 0.23，对学生非智力因素的指导权重为 0.28，无指导占 0.07。

通过调查结果可以发现，教师首先重视对学生学习过程的指导，主要解决的是学生会不会学习的问题，这说明教师指导学生学习仍停留在传统的教育层面，实行“缺什么补什么”的方法，较多集中在对学习环节的指导上，如怎样预习、复习这些外显的具体方法上，而对学生学习能力的智力因素和非智力因素关注仍不够。

学习能力的智力因素包括观察力、记忆力、思维力、注意力等的培养，主要解决的是能不能学的问题，非智力因素包括学习需要、动机、兴趣、毅力、情绪等方面，主要解决愿不愿意学习的问题[7]，教师应该理解，传统的指导学习只满足于让学生学会知识经验，而缺乏让学生形成自身的认知结构，而现代的学习观要求学生不仅要掌握学习方法是什么和如何运用，还要让学生培养自身学习的能力，建构自己的学习体系，这个过程需要从教师到学生逐步迁移，因此教师的主要任务是激发、支持和影响学生学习的思考过程，教学的最终目标是“授人以渔”，而非“授人以鱼”。学习者要由过去接受知识的被动者转变成建构知识的主动者[8]，因此教师应更多的把动机、情绪、意志当做影响学习的因素，强调从教师的角度出发，如何去激发、调节学生的这些非智力因素以促进他们的学习。

2. 把握学生心理发展的能力

根据教师把握学生心理发展的结果得到知识基础权重占 0.24，成长环境权重占 0.20，理解学生心理发展特点占 0.31，思想道德发展权重 0.14，适应能力发展 0.11，这说明学生心目中的教师目前已经逐渐重视学生的心理发展特点。

学生是学习的主体，是教师工作的对象，教师的一切教学工作，都是围绕着学生进行的。而学生心理的发展又是一个连续不断变化的过程，因此，教师不仅要具备“教育教学”层面的能力，还应当具备把握学生心理发展的能力。教师在传统的教学过程中更多关注学生在学习活动中的直接表现以及对教学起直接决定作用的学习者特征，很少探究学生的心理发展特点。有一项国内调查结果显示：教师普遍重视学生在学习前表现出来的学习状态，但忽视对学生学习过程中的状态分析和判断；重视学生学习过程中的行为表现，但忽视其行为表现的根源和出现的条件；重视对教学决策活动有直接支持作用的学习者特征，但忽视学生在人际交流方面的特征。[9]本研究调查结果显示，在教育体制改革的良好发展下，目前教师已经注意并重视学生的心理发展特点，在此基础上，应加强对学生适应能力的培养，发展学生生活自理能力及学习适应能力。

3. 把握教学目标的能力

教学目标是指在具体的教学活动中所要达到的教学结果，表现为对学生学习成果及终结行为的具体描述，或对学生在教学活动结束时其知识和技能等方面变化的说明。学生的不同类型知识习得的内外条件不同，因此需要针对不同类型的知识设计不同的教学目标。因此，需要教师更好地理解与设计教育目标。

调查结果显示，学生认为教师在实践教学中学科知识权重 0.26，学生身心发展权重 0.31，社会发展只有 0.09，甚至教学中的无有效目标比重占到 0.34。有 36%的学生选择“我能够理解每堂课所学的知识概念与主要内容”排在第一位，说明目前教师仍然以传统的课堂教学即以知识为本位确定教学目标，教师关注的仍是如何使学生接受知识、记忆知识，但是这种方法也是以学生简单的识记为主，至于学生能否举一反三，将知识点融会贯通，在教学过程中并没有得到体现。而学生身心发展权重为 0.31，排在第二位，说明有部分教师注重从学生的情感、态度、价值观方面来理解教学目标，新课改把教学中的情意因素和过程与方法提高到了一个新的层面。情感、态度、价值观作为情意的三个构成因素，情意因素是维持、完成学习活动的重要保证。过程与方法无论对于哪门学科而言，都具有教育价值，学科知识的学习、技能的形成只有和相应的探究过程及方法结合起来，才能使学生的理智过程和精神世界得到发展和提升。“改变过去注重知识传授的倾向，强调形成积极主动的学习态度，使获得知识与基本技能的过程同时成为学会学习和形成正确价值观的过程，使学生得到全面发展”是确定教学目标的出发点。[10]而对于教学目标中的社会发展权重仅占 0.09，说明教师目前对学生是否能够适应社会需要的关注亟待提升，学生学习的目的是成为一个社会人，能够将自己学习到的知识在社会实践中运用自如，能够适应社会，因此教师在理解教育目标的时候应注重学生适应社会的能力。

4. 与学生进行心理沟通的能力

在传统的教育理念下，沟通方式多为教师教、学生听的灌输式，师生关系也基本停留于教师主动、学生被动的单向传递上，师生间缺乏和谐有效的沟通。在新课程改革推动下，教师必须尊重和发展学生的主体性，相信他们的发展潜能，使他们成为学习的主人，从而促使其心理发展。

（1）与学生心理沟通的方式。调查结果表明单方面个体 0.50，互动式沟通 0.26，无沟通 0.24。这样的结果说明目前日常教学中仍然以单方面沟通为主，教学中教师依然是绝对的主体。课堂上仍然是以教师讲课，学生听讲为主要模式。自古以来，给教师的定位就是“师者，传道授业解惑也”，这种教育观念严重影响了师生在教学活动中的平等交流，因此，我们要创设一种新型的师生关系，教师在教学活动中既做老师又做朋友，师生共同做新知识、新经验的探索者，努力创造一种平等、宽松、和谐的教学氛围，这就需要教师构建以学生为主体的课堂教学模式，采用讨论式、研究式、学导式等多种教学方法，精简课堂讲授时间，注重培养学生的参与意识，使学生积极参与到课堂教学中来。要从学生的学习主体地位出发，不断改进教学方法，培养学生主动参与、主动学习、自我完善的自主意识，实现课堂上互动性的沟通方式。

而互动式沟通的权重占到 0.26，说明目前也有部分老师在课堂教学中采用师生互动的沟通方式，教师和学生在教学过程中是互相交流的过程，过去教学大多是教师问学生答，学生大多处于被动的地位，而学生是学习的主体，因此，应允许学生随时随地提出问题，教师需要及时给予解答，让学生形成质疑和思考的习惯；除此之外，课堂教学不能光讲不练，教师要安排好练的内容，让学生都参与到教学活动中。事实证明，在课堂上展开竞赛活动，会最大限度地提高学生参与学习活动的内驱力，更加积极主动地参与到教学活动中来。

（2）教学环节与学生进行心理沟通的能力。教学环节调查教师心理沟通能力结果表明：尊重学生权重占 0.22，真诚占 0.31，移情权重 0.20，自我中心

0.18。教学过程不仅仅是一个信息交流的过程，而且是一个情感交流的过程。在教学过程中，师生情感的交流直接影响学生的认识活动，师生关系的和谐、亲密可以使学生为维护与教师的良好关系而努力学习。课堂教学是在师生的合作下，共同完成教学任务，实现教学目标的活动。因而教师必须树立新型的师生观，建立民主平等、互相尊重、互相信任、互相合作的师生关系。在这道题中40%左右的学生认为教师能够真诚地对待他们，尊重他们，能够包容和接纳学生的独特见解，而在学生回答错误时，教师也会产生移情，站在学生的角度考虑问题。

课堂教学中，要建立良好的师生关系，首要一条是要真诚地对待学生，教师在与学生沟通中，应放下所谓教师的架子，让学生了解你是真诚可靠的人，学生也乐于将内心的情感与你分享。其次，要尊重学生，理解学生，更好地关注学生的需求，发挥学生的潜能，并且尊重学生的兴趣，最大限度地发挥学生的学习潜能，才能取得更好的教育效果。[11]移情权重占到0.20，说明教师能够做到换位思考，这也是有效沟通必须的，优秀的教师是善于运用移情方法的，只有站在学生的立场考虑问题，处处从学生出发，以学生为本，才会真诚地对待学生。

而自我中心的权重占0.18，说明仍有部分教师存在与学生沟通不良的情况，说明建立良好的师生关系的观念仍需要进一步深入。

(3) 班主任管理中与学生进行心理沟通的能力。班主任管理与学生进行心理沟通的能力结果为移情0.35，尊重学生0.23，真诚0.23，倾听0.35，价值干预0.11。从结果能够看出班主任比较看重尊重、真诚、移情、倾听理念和技巧在与学生沟通中的作用。班主任主要是承担学生的组织管理和思想教育工作，他们整天和学生打交道，与学生有大量的交流，这就需要具备一定的心理沟通能力，掌握良好的心理沟通方法。在班主任与学生的沟通中，学生认为班主任能够倾听自己所言。倾听是教师与学生沟通的基本技巧，也是在沟通中认识与了解学生的第一步，同时倾听还能增加对学生的了解，减少教师与学生的误会和冲突，及时获得学生的反馈，加深与学生的感情。移情的权重等同于倾听。班主任在倾听的同时，了解学生的内心世界，随时随地同学生“心理换位”，想学生所想，再晓之以理，导之以行，才能真正成为学生生活中的益友。而尊重与真诚的权重均为0.23，班主任需要真心关怀学生，尊重学生，公平地对待每一位学生。而价值干预的权重为0.11，虽然排在最后，但仍表明有部分班主任没有做到尊重移情的师生良好沟通方式，对于这方面的素质仍需提高。

在现代教育理念下，教育应当是师生的对话、交流和沟通，是互教互学的过程，改变传统的师生沟通方式，构建良好和谐的师生关系，是现代教师必须具备的心理素质。

5. 课堂教学及管理中应对学生问题行为的能力

课堂教学中如何对学生的问题行为进行调控？这是大多数教师十分关心的问题。所谓课堂问题行为，一般指发生在课堂上的与课堂行为规范和教学要求不一致，并影响正常课堂秩序及教学效率的课堂行为。这样的行为不仅影响学生的身心健康，而且常常引起课堂纪律问题，影响教学质量。

调查结果显示，课堂教学中教师处理问题行为的能力，侧面提示权重占0.33，直接制止占0.35，非言语线索占0.17，不予处理占0.15。直接制止所占权重最高，通过数据可以发现虽然教师采用直接制止的方式，但是方式也较为和缓，如轻敲桌面提醒等方式，少有教师严厉批评学生或让其罚站。其次是侧面提示，学生选择较多的侧面提示方式是老师会提问该生，请他回答，使用的是授课进行过程中的侧面提示方法，还有28%的教师较常使用的是非言语线索，用眼神盯着捣乱的学生，或是边讲课边走到捣乱学生旁边，暗示其认真听课。对于学生课堂中的问题行为，应以预防为主，引导和促进学生端正学习态度，帮助学生适应课堂环境，逐渐减少问题行为的发生。

班主任工作中应对问题行为的能力：道德教育方式0.13，家—校联动方式0.12，法制教育方式0.14，不予处理0.11，心理教育方式0.49。班主任对于学生日常问题行为的应对方式，较多地采用心理教育方式，让学生认识到自己的优点和潜能，说明现在的教师意识到心理教育的重要性，会从正向积极的角度来应对问题行为。其次，道德教育、家—校联动、法制教育权重接近，教师会向学生讲述一些社会上的青少年由于不良行为触犯法律最终自毁前途的事例，采用法制教育的手段来警示有问题行为的学生，道德教育过程中教师会反复向这些学生说教，告诉学生这么做是不对的。可见，班主任还有待加强与学生家长的沟通，实现家—校联动方式，与家长互通信息，共同配合，采取有效措施纠正学生的不良行为，促进学生积极行为的发展。

四、结　论

（1）教师引导学生学习能力方面主要重视对学生学习过程的指导，停留在传统针对知识漏洞补习的阶段。

（2）目前教师已经开始注重把握学生的心理发展特点。

（3）把握教学目标维度教师仍以知识为本位，从学生角度来看，教师仍主要关注学生能否接受知识，记忆知识为主，对学生能否举一反三，实际应用的重视仍有待加强。

(4) 目前课堂依旧是以教师讲，学生听的单方面沟通为主，在与学生沟通过程中教师能够尊重学生，站在学生的角度真诚对待学生的问题。

(5) 在应对学生问题行为方面，教师多以侧面提示和直接制止为主，方式较为和缓，并且能够意识到运用心理教育的方式。

五、建　议

根据本次调查结果，对教师心理教育素质的发展提出几点建议：

(1) 进一步加强教师寻求学生成绩不良的内部原因，增进学生学习兴趣，加强学生非智力因素方面的引导，以期更有效地提高学生的学习成绩，加强其自主学习的能力。

(2) 教师要转换观念，转变角色，改变教师与学生“教”与“学”的简单关系，做学生学习的激励者、合作者、引导者。

(3) 教师要重塑心智模式，教师需要改变其固有的阻碍他们对新课程改革的认识与理解的认知模式，建构适应新课程要求的心智模式。教师的角色定位、教育行为的转变以及良好的师生关系的建立都根植于教师心智模式的重构上。

(4) 加强教师心理教育素质的培训。创设相关课程与情景模拟训练，以提高教师心理教育素质的水平。

参考文献

[1] 彭效田，苏北地区农村小学教师教学能力素质现状及建构模式．徐州教育学院学报，2003 (18)：111—113.

[2] 郭春凤．教师角色行为对高中生外语学习兴趣最具影响因素的调查．东北师范大学硕士学位论文，2005：1—3.

[3] 冯善斌．新课程理念下的教师教学能力．河北教育，2006 (01)：4—5.

[4] 尹淑华．课堂教学中如何沟通师生间的情感．辽宁教育行政学院学报，2007 (4)：173—174.

[5] 金顺姬．课堂教学中学生问题行为的处理．延边教育学院学报，2007，21 (5)：68—69.

[6] Kenneth Shore. 如何应对学生的课堂问题行为. 曹绍炼编译. 教育科学研究，2005 (5)：58—60.

[7] 刘晓明，迟毓凯. 学习策略研究与学法指导内容的重构. 中国教育学刊，1999 (1)：49—51.

[8] 付天海. 外语自主学习、内部动机和教师指导的辩证关系研究. 辽宁行政学院学报，2007 (2)：140—141.

[9] 王玉江，陈秀珍. 农村小学教师教学设计能力调查与提高的建议. 教育探索，2007 (05)：58—59.

[10] 何圣德. 关于教学目标的再思考. 当代教育论坛：学科教育研究，2008 (6)：9—10.

[11] 刘晓明. 和谐师生关系的心理构建. 北京：世界图书出版公司，2008：1—2.

访谈研究：从学生的视角看教师心理教育素质的发展状况

冯墨女　刘晓明

摘　要：心理教育素质是教师职业对教师心理素质的客观要求，是职业发展的外在需要在教师心理素质方面的集中体现，教师心理教育素质如何直接关系到学生的发展。本文通过对实习生所在学校的初、高中学生进行半结构化访谈，从学生的视角出发，对教师心理教育素质发展的现状进行研究。结果表明，从学生的角度看，目前教师最为关注的还是学生的学习问题，对其他方面，如身心发展、师生沟通等关注相对薄弱。总体而言，教师心理教育素质有待提高。

关键词：学生　教师心理教育素质　访谈研究

一、引　言

教师的心理素质，是教师在教育教学活动中形成的、影响教育教学效果的、自身相对稳定的心理特质。教师的心理素质由两大部分构成，一是教师的一般心理素质，二是教师的心理教育素质。前者是教师应具备的一般心理品质，由认知、情感和行为三种内在心理品质构成；后者为与教师职业有关的心理素质，体现为教师职业对教师心理素质的客观要求，是职业发展的外在需要在教师心理素质方面的集中体现，包括引导学生学习的能力，把握教学目标的能力，理解学生心理发展的能力，与学生进行心理沟通的能力及应对学生问题行为的能力。从心理教育素质的发展水平来看，一般教师的心理机能状态处于

［作者简介］　冯墨女，女，东北师范大学教育科学学院应用心理学硕士研究生，研究方向为学校心理健康教育；刘晓明，男，心理学博士，东北师范大学教育科学学院教授，研究方向为教育心理、心理教育。

熟手教师层次与专家教师层次之间。

指导学生学习的能力是教师心理教育素质的重要组成部分，主要是指对学习过程的各个环节进行指导，开发学习潜能，培养学习兴趣，解决学生“能学、愿学、会学”的问题。教学目标是教学进行的基础和前提，教师能否准确、合理地把握教学目标是保证教学有效进行的关键。《新课程标准》明确提出“知识与技能”、“过程与方法”、“情感态度与价值观”的三维教学目标体系[1]，这一目标的提出要求教师具有更高的心理教育素质来应对学生心理发展的需要。此外，新课程的实施与“双基”的落实更加注重以学生为本的理念，强调学生的主体性地位，这就要求教师在处理学生问题时首先要考虑学生的身心发展。然而，无论是对学习的指导，对教学目标的把握还是对问题行为的处理都是建立在了解学生心理发展特点基础上的，教师只有了解学生的心理状况，才有可能对学生作出准确的评价与判断，才能有针对性的思考和解决学生出现的各种问题。沟通既是了解的基础也是了解的方式和途径，只有建立良好的师生沟通，才能建立相互信任、尊重和真诚的关系，才能更好地开展教育教学活动。

从学生的角度谈教师，这既是学生的教师观问题，也是教育评价中的一个重要课题——教师评价。对教师进行评价，学生无疑是最重要和最有发言权的“裁判”。范龙堂（2002）在南阳市对307名城市、县城和乡镇中学进行的问卷调查显示：中学生喜欢的理想教师应具有朋友式的师生关系、复合型的知识结构、生动幽默与因材施教的教学方法和严格管理与关心爱护相结合的教学管理方式。[2]

本研究采用质化的方法，对东北师范大学本科实习生所在学校的初、高中学生进行半结构化访谈，希望可以从学生的角度了解当今教师心理教育素质发展的现状。

二、对象与方法

（一）材　料

研究针对教师心理教育素质的五个方面分别从现状、效果、期望三个角度设计了访谈问题，具体访谈提纲见附录。

（二）方法过程

与12名学生进行访谈，时间为15—25分钟。访谈中，简要记录受访者的回答及反应，并根据具体情况及时调整访谈策略。同时，在征得对方同意的情况下，对访谈过程进行录音，便于日后资料的整理。

访谈完成后，进行资料整理。首先对访谈录音进行转录，然后对其进行编码，方法是：

（1）阅读被试的回答记录，列出所有的表述方式，对这些表述方式进行编码。

（2）划分维度，对编码结果加以分类、概括和归纳。

（三）被　试

采取目的取样的方法，选取实习学校的12名学生，被试自然情况见表1。

表1　访谈对象的自然状况

性别	学校类别	地区	年级
女	初中	桓仁	初二
男	初中	桓仁	初二
女	高中	九台	高一
女	高中	营城	高二
女	高中	安达	高一
男	高中	安达	高一
女	初中	双阳	初二
女	初中	双阳	初二
男	初中	公主岭	初一
女	初中	公主岭	初三
男	初中	舒兰	初一
男	初中	舒兰	初一

三、结　果

（一）教师对学习的指导

从访谈对象对于“在日常的学习中，老师都是怎么帮助你学习的？”这个问题的回答中，总结出6个主题，结果见表2。

表2　教师对学习的指导方式

指导方式
对不会题目的讲解
对差生的指导和厌学学生的启发
方法技巧的运用
对知识的预习和总结
好帮差
让学生讲题

访谈对象对各主题的解释如下：

12 名访谈对象在谈到教师指导自己学习的时候都认为，主要指导方式就是对不会题目的讲解。成绩好的学生一般很少找老师问题，因为基本上老师讲授的知识他们都能当堂理解，也有个别成绩差的同学提到，有时候他们去问老师题，老师讲过后自己能理解，但是有时候还是不明白，不过碍于面子也不好意思再问，通常老师问：“明白了吗？”他们就点点头。

被访谈者还提到通常教师在讲完每一节课的时候都会问大家：“有没有不理解的地方？”如果大多数同学都理解了，那就继续往下进行。对于个别有问题的学生老师会利用课间或者晚自习的时间给予个别指导，同学们都觉得老师这样做效果还不错。有的老师也会让成绩好的学生对成绩差的学生进行辅导，希望大家可以互相帮助。

通常每个班级都会有一部分学生成绩相对差一些，对于这些学生，老师也会在课堂上多关心、多提问，一些简单的问题老师就找他们回答。对于那些在学习上缺乏积极性的学生，老师会在课堂上多叫他们回答一些问题，也会适当给予他们一些表扬和鼓励来激发他们的学习兴趣。有学生谈到：“我刚学语文的时候，作文只能答 20 多分，后来老师给我讲了一些关于语文学习方面的知识和一些在作文中能用得上的小故事，我挺喜欢听的，时间长了发现这些对写作文帮助很大，现在作文能得 70 多分。”

12 名访谈对象都谈到在学习新知识的时候老师会采取课前预习、课后复习的方法，据访谈者反应，这样的效果还不错，但关键还在于学生自身有没有自觉性，能不能按照老师的要求去做。

访谈中有 2/3 的对象提到老师在讲解习题的时候比较注重方法和技巧的运用，能够让学生触类旁通，举一反三。

访谈中有 1/3 的学生谈到，老师偶尔会让学生讲课，让学生自己编排一些短剧进行表演，然后对学生的表现给予总结和评价，并对不足之处加以完善，这种方法在同学中反响不错，同学们都觉得这是一个锻炼和提高自己能力的机会。

（二）教师对学生的关注层面

从访谈对象对于“通常老师都比较关注你哪些方面的问题？你希望在哪些方面得到老师更多的关注呢？”这个问题的回答中，总结出 5 个主题，结果见表 3。

表 3　教师对学生的关注层面

关注层面
学习状态
生活及家庭
爱好兴趣
同伴关系

访谈对象对各主题的解释如下：

在教师对学生各方面的关注中，成绩是被提及次数最多的。如果某些学生成绩出现下滑，老师就会及时地找他谈话，对于那些不爱学习的学生，老师会经常给他讲明学习的重要性。每周一次的班会也多以学习为主题，交流一些好的学习经验和方法。对于同学们的学习状态老师也很关心，如最近学习的积极性是不是很高，班级的整体学习氛围怎么样，等等。

本次访谈选取的学校大多是寄宿制学校，结果显示在学生的生活问题上老师也花费了比较多的精力。访谈中一位同学特别谈到："有一次我衣服湿了，老师就给我借了件衣服，让我把湿衣服换下来，挺感动的，感觉老师对我们挺好，挺关心的。"有的时候个别同学出现情绪上的波动老师也会及时找他谈话，问明情况。对于同学们的家庭状况老师一般也很了解，有时候会和家长进行电话沟通。

访谈中有 1/2 的学生谈到品德问题。其中一名同学提到他们班老师要求每周写一篇道德日记，记录一周以来都做了什么事，在老师的教导下同学们也逐渐意识到了品德的重要性。

访谈中有将近 2/3 的学生认为老师还是比较了解自己的，通常老师对于每个学生的性格、爱好、特长及同学关系等都有一定的了解。在学校或者班级有什么活动的时候老师也是尽可能地让学生发挥自己的特长，给大家提供一个展示自己的舞台。一位同学举例："我们老师经常说，学习成绩好的不一定在每个方面都好，同样，成绩差的也不一定在所有方面都不优秀。比如我就比较喜欢跳舞，军训的时候，其他班文艺表演基本上都是成绩好的去跳舞，但是我们老师就让我来组织这方面的活动，我很感动。"

（三）教师与学生的沟通方式

从访谈对象对于"课堂或者课后老师都是怎么和你们沟通的？你对老师的这种交流方式满意吗？"这个问题的回答中，总结出 4 个主题，结果见表 4。

表 4 教师与学生的沟通方式

沟通方式
课堂提问
课后谈话
写日记
开班会

访谈对象对各主题的解释如下：

教师与学生的沟通交流主要有课堂和课下两种。通过访谈我们发现，教师和学生的课堂沟通主要体现在课堂提问上。教师通过提问进行反馈，检验大家对知识的掌握情况。课堂上教师提问也具有一定的“技巧”，比如简单一些的问题老师可能就会叫成绩稍微差一点的学生回答，给他们一些展示自己的机会，对于个别上课溜号的学生老师也会适时地提问他，以此唤起他的注意。在回答问题的时候难免会出现答错或者答不上来的情况，通常老师也不会批评，而是启发和鼓励。

12 名访谈者一致认为谈话是课下老师与学生沟通的主要形式，特别是在成绩下滑和犯错误的时候被老师找去谈话的可能性很大，谈话的主题大多数是关于学习成绩和班级纪律的。老师通常都会把同学叫到办公室进行单独谈话，很少会当着全班同学的面批评人，主要也是考虑到学生的自尊和面子。通常大家对于老师的批评教育还是很服气的，当然偶尔也会觉得老师小题大做，但是只要老师给指出来错在哪了，也就心服口服了。不过一般被老师叫去谈话后都会有些失落，觉得自己在老师心目中的形象破坏了，在同学面前也会有些不好意思。

访谈中有一名同学提到他们班老师要求大家每周写一篇成长日记，把一周以来自己做过的事情及自己的想法等通过日记的形式向老师汇报，老师都会很真诚地给大家回信，通过写日记的方式与学生交流。访谈中还有一名同学提到他们班老师要求大家每周写一篇道德日记，以此来了解同学们的思想动态。此外，访谈者还谈到班会也是老师和学生沟通的一种主要形式，不过在班会上讨论的主题大多数还是学习，也有关于班级纪律的，至于其他方面目前涉及的还比较少。

访谈中有的同学对老师与自己的沟通方式很满意，也有同学存在一些看法，比如因为一点小事就找家长，同学们还是挺反感的。谈到沟通的问题时，同学们都一致认为在这一点上实习老师做得就比较好，跟他们有一种特别亲近的感觉，能处得像朋友一样。虽然老师对自己也很好，但就是觉得有一种高高在上、不可侵犯的感觉，有时候总觉得老师说话的口气就是在训斥小孩儿，偶尔也会发脾气，样子挺吓人的，所以很多事情特别是个人的“私生活”就不会和老师谈。

（四）课堂行为问题处理方式

从访谈对象对于“在课堂上有的同学溜号了或者不听课，扰乱课堂纪律，老师都会采取什么样的方式来处理?”这个问题的回答中，总结出 4 个主题，结果见表 5。

表 5　课堂行为问题处理方式

处理方式
忽略
暗示
点名批评
课后谈话

访谈对象对各主题的解释如下：

在谈到对课堂行为问题的处理这一问题时，12 名访谈者的回答比较一致，这说明目前教师对于课堂行为问题的处理手段也是大同小异。在课堂上对于那些溜号的学生，老师一般就是让他们回答个问题提醒一下，至于上课说话的同学如果不影响课堂教学，老师也就忽略了，或者给予一些暗示，如走到他身边站一会儿，注视他，或者提个问题。对于那些问题行为比较严重的学生，老师课下就会单独找他谈话，给他们讲一些道理，说服他们要好好学习。有时候也会询问上课不听课的原因，最近的学习状态怎么样等。

（五）对教学目标的要求

从访谈对象对于“一堂课下来，你通常都能学到些什么？从你个人角度讲，你都希望学到些什么?”这个问题的回答中，我们总结出 3 个主题，结果见表 6。

表 6　教师对教学目标的要求

目标要求
知识点的掌握
理解与运用
做人的道理

访谈对象对各主题的解释如下：

12 名访谈者都认为，在课堂上学到最多的还是知识，一般在讲课的时候老师都比较注重知识与技能的掌握。课堂上的大多数时间是老师在进行知识的讲授，同时也比较注重学生对知识的理解与运用。至于方法和过程可能还是实习老师讲课的时候注重的多一些，实习老师的课堂相对能更活跃一点，不像老师讲课那么死板，边讲边启发，同学们都不太拘束。谈到课堂气氛一名同学还举例："最理想状态就是电视剧《十八岁的天空》里的古越涛老师，打扮得像学生，但是他讲课很有方法，下课和学生交流的也多。下课与学生打成一片，但上课还是老师那样。他上课给同学一种很有活力的感觉，课堂上也是让学生积极发言，不会的下课就问。特别向往这样的教学方式。"

同学们同样谈到，在老师的课堂上学到的不仅仅是知识，还有做人的道理。在讲课的时候老师会在其中渗透一些情感方面的教育，如讲一些做人的道理和为人处世的方法等，老师常常强调知识很重要，但是做人也很重要。并且，教师会根据课程进度调整道德情感教育的比重。学生普遍认同这种方式，觉得对自己的人生成长具有很大帮助。

（六）学生对老师的期望

总结 12 名访谈者的资料，得出学生对老师的 6 点期望，结果见表 7。

表 7　学生对教师的期望

期望
知识的延伸，考试的指导
课堂气氛
对品德的关注
公平公正
多沟通交流
老师的仪态仪表

12 名访谈者一致认为目前的教学方法缺少一定的灵活性，如果课堂气氛轻松的话，学习也会变得轻松，效果也会更好，相反要是老师比较严肃，学生就会高度紧张，在回答问题的时候也不能畅所欲言。在这一点上同学们对实习老师就比较满意，觉得实习老师的课堂没有压力，很活跃，可以和老师互动得很好，甚至在娱乐中就把知识学会了。在学习方面同学们也谈到，希望老师可以在课堂上把知识延伸的范围扩大一些，开阔一下他们的视野，此外多给他们介绍一些考场的应试技巧。

在访谈中有个别同学提到老师的公平公正问题，有的老师在某些问题的处理上可能存在偏心，比如成绩好的学生犯错误可能就不会批评的太狠，而对于成绩差的学生批评的就要严厉些，甚至不考虑其个人感受，当着全班学生的面就大发脾气，让一些学生心理上很不平衡，他们期望老师能够一视同仁。此外，个别同学也谈到自己班级学生的整体素质不高，班级经常有说脏话，男女生打闹，甚至个别同学私拆别人信件的现象，希望老师能在这方面给予更多的关注。

访谈中有 3/4 的学生认为目前和老师之间的交流还不是很多，他们对老师总有一种敬畏感，觉得和老师之间总是有着不可拉近的距离。特别是对于那些态度严肃，整天西装革履的老师，让他们觉得缺少亲和力。

四、讨 论

通过访谈，我们发现学生对老师的工作总体上还是比较满意的，特别是在教学方面得到了学生的充分认可。教师在处理问题的时候也会考虑学生的心理因素，如自尊、性格等，但是与教师的专业教学技能相比，教师的心理教育素质能力相对薄弱，存在的问题主要有以下几个方面：

（一）成绩为主的应试教育

从访谈的结果来看，目前大多数教师在教学中实践的还是应试教育，对于学生的品德发展、心理发展教师也有一定程度的关注，但是更多的还是在课堂学习中的渗透，他们能意识到品德和情感教育的重要性，但是面对升学的压力，他们无法摆脱应试教育的束缚。

我们提倡素质教育，但是在现实的教育中很难将其落到实处，应该说这不仅仅是教师个人心理教育素质能力缺乏所造成的，更是整个教育体制的不合理和不完善导致的。教育是培养人的事业，如何教学生做一个真正的人，这既是教育的出发点，也是教育的过程，更是教育的归宿，离开了培养人这一点，教育也就不复存在。因此教育必须在“尊重、理解、关心和信任”的基础上进行，才能真正实现教育的目的，即发现人的价值、发挥人的潜能、发展人的个性，使孩子们成为和谐的人、完整的人、全面发展的人。

（二）课堂教法过于单一

新课程的实施与“双基”的落实更加注重以学生为本的理念，强调了学生的主体性地位。从本次访谈的结果我们也可以看出，当今的教育教学活动正在从以教师为主向以学生为主转化，然而转化的结果并不能令人十分满意，访谈中所有的学生都认为目前现有的课堂教学方法缺乏一定的灵活性，不能很好地调动学生的学习动机。尽管当今的课堂已经改变了传统教学中以教师为中心，教师牵着学生走的状况，但仍然缺少学生的参与，其实从学生的角度而言，他们是很愿意参与到课堂活动中的，但是因为课堂时间有限，所以教师不得不采取以讲授为主的形式，这不利于学生的潜能开发和身心发展。

通过访谈，我们还发现教师在课堂上更多注重的是知识技能的掌握，至于方法和过程相对关注较少，而实际生活中，教给学生科学的思考方法比简单的传授知识更重要，方法可以使学生受用终身。教育不是灌输，不是表演，应该是以学生发展为本，让学生学会学习、学会创造、学会生活，形成可持续发展的教育。教师应该改变与学生之间“教”与“学”的简单关系，做学生学习的激励者、合作者和引导者。

（三）课堂气氛紧张压抑

从学生的角度讲，他们都希望教师能给自己创造一个轻松愉悦的学习环境，特别是在课堂上，他们希望能与老师有更多的互动。目前的课堂主要还是一个以教师讲授知识为主的课堂，这种教学方式给学生的感觉就是教师永远是站在讲台上的威严者，是凌驾在自己头上的教导者。其实很多时候教师的一个眼神、一个手势或一句温馨的话语都可能给学生带来深刻的启示。目前很多教师也意识到了这个问题，但是由于每节课的任务量都比较大，所以大多数情况下为了完成教学目标，教师不得不采取这样的教学方式。

（四）师道尊严思想的束缚

师道尊严思想的束缚主要体现在师生沟通方面，学生在自己的内心深处渴望与老师进行心与心的交流，渴望和老师做朋友，渴望真诚，渴望平等。然而在实际的学习生活中他们却不可能做到与老师畅所欲言，甚至有些个人的“私生活”问题他们会尽量回避老师。

教师是教育的权威，这并不是说教师就要天天板着一张脸，这样学生才能惧怕，与其高高在上不如把自己的心态放平，多与学生在课下交流，和他们一起活动，这样就会拉近和学生的距离，学生也会在课堂上与教师产生情感及思维上的共鸣。

此外，访谈中还有个别学生谈到公平公正的问题，教育是爱的事业，教师是爱的传播者，只有“爱”字当头，才能赢得学生。要将每一名学生都放在平等的地位，尊重学生的人格，视学生为朋友，在传授知识的同时教会他们如何做人，正如陶老先生所说：“捧着一颗心来，不带半根草去。”这才是教师的最高境界，才是学生心目中期盼的理想老师。

五、结　论

(1) 学习成绩和知识目标的掌握是目前教师关注的重点，而对于学生的情绪情感及身心发展相对关注较少。

(2) 课堂提问和课后谈话是目前师生沟通的主要形式，偶尔也会辅之以书信和班会，沟通的主题多以学习为主。

(3) 对于学生学习的指导主要是对题目的讲解，有课堂和课下两种辅导方式。对课堂问题行为的处理教师多采用暗示或课后谈话的形式。

(4) 总体而言，学生对教师的评价还是充分肯定的，但其中也存在一些问题，如教法缺乏灵活性，课堂氛围紧张，师生之间缺少互动等。

(5) 由于被试的取样具有一定的目的性，研究中我们发现成绩好的学生对教师的评价及满意度要优于成绩差的学生，而地区、性别及年级因素对教师的评价无显著影响。

参考文献

[1] 郭利兵．高中思想政治教学三维目标整合策略初探．现代中小学教育，2007，157 (3)：18—21.

[2] 范龙堂．当代中学生理想教师的标准．青年探索，2002 (5)：11—13.

[3] 曾拓，李黎．教师教学能力研究综述．绍兴文理学院学报，2003 (01)：102—105.

[4] 申继亮，王凯荣．论教师的教学能力．北京师范大学学报，2000 (01)：64—71.

[5] 王宪平．课程改革视野下教师教学能力发展研究．华东师范大学．2005.

附　录

访谈题目及维度

维　度	访谈题目
引导学生学习的能力	在日常的学习中老师都是怎么帮助你学习的？（现状） 这样的方法对你帮助大吗？（效果） 你希望老师如何改进自己的方法？（期望）
把握学生心理发展的能力	通常老师都比较关注你哪些方面的问题？（现状） 你觉得老师了解你吗？（效果） 你希望在哪些方面能得到老师更多的关注呢？（效果）
与学生进行心理沟通的能力	课堂或者课后老师都是怎么和你们沟通的？（现状） 你对老师的这种交流方式满意吗？（效果） 除了现有的沟通方式，你还希望老师能采取什么样的沟通方式？（期望）
应对问题行为的能力	在课堂上有的同学溜号了或者不听课扰乱课堂纪律，你们老师都会采取什么样的方式来处理？（现状） 这种处理方式效果怎么样？（效果） 你有什么更好的建议吗？（期望）
把握教学目标的能力	一堂课下来，你通常都能学到些什么？（现状） 你觉得课堂上学到的这些知识对你来说用处大吗？（效果） 从你个人角度讲，除了老师在课堂上教给你的知识，你还希望学到些什么？（期望）

实习指导教师心理教育素质发展状况的访谈研究

孙蔚雯　刘晓明

摘　要：采用半结构化深度访谈，对来自东北三省五个县市地区的十名实习指导教师进行访谈研究，旨在探索实习指导教师心理教育素质的现状、成因及对策。结果显示，指导教师开始全面理解、实施完整的三维目标，但仍以知识目标为主；能有效实施学习指导，但尚不完整；关注学生心理发展的状况，但缺乏系统性、自觉性；师生沟通和处理问题行为时注重从心理教育的角度出发，但实践中依然存在知识本位、行为控制等传统教育理念。结果表明，指导教师需要进一步转变观念、强化理论学习，从而提升心理教育素质。

关键词：实习指导教师　心理教育素质　访谈研究

一、引　言

教师的心理素质是教师在教育教学活动中形成的，影响教育教学效果的自身相对稳定的心理特质，由一般心理素质与心理教育素质两部分构成。教师的心理教育素质体现着教师职业对教师心理素质的客观要求，是职业发展的外在需要在教师心理素质方面的集中体现，包括把握教学目标的能力，引导学生学习的能力，理解学生心理发展的能力，与学生进行心理沟通的能力以及应对学生问题行为的能力。从心理教育素质的发展水平来看，指导教师的心理机能状态处于熟手教师层次。

［作者简介］　孙蔚雯，女，东北师范大学教育科学学院应用心理学硕士研究生，研究方向为心理教育；刘晓明，男，心理学博士，东北师范大学教育科学学院教授，研究方向为教育心理、心理教育。

首先，把握教学目标的能力是教师实现有效教学的前提与关键。《新课程标准》明确提出了一个以“知识与技能”为基础与载体，“过程与方法”为中介与核心，“情感态度与价值观”则是根本与升华的三维教学目标体系。[1]

第二，指导学生学习的能力是教师心理教育素质的重要组成部分。国内研究认为，学习指导主要是解决学生“能学、愿学、会学”问题[2]，即学习能力的开发，学习目标、动力的培养，以及对学习过程各个环节及其方法的指导。

第三，教师只有准确了解、判断、掌握学生的心理状况，才有可能对学生作出准确的评价，并针对不同的问题采取不同的策略，有的放矢地使每一名学生实现最大限度的发展。

第四。良好的心理沟通能力是和谐师生关系得以建构的行为基础，课堂上的师生沟通既是联结教与学的中间环节，也是实现教学目标的重要手段。[3]高质量的师生沟通要求师生之间建立相互信任、尊重，真诚，彼此接纳、理解的关系。

第五，新课程改革要求教师转变课堂和班级管理目标、方式和手段，提升教师应对学生问题行为的能力。学生问题行为除包括扰乱性的（如破坏课堂秩序、不遵守纪律、不道德等）以外，还包括心理性的（如退缩、抑郁、神经过敏等）和情绪问题，以及社交不成熟的问题行为。

本研究在对十名指导教师心理教育素质访谈的基础上，深入探索了熟手教师心理教育素质五方面具体能力的发展现状、成因及对策。

二、对象与方法

（一）材　料

研究针对教师心理教育素质的五个方面（理解教学目标的能力，引导学生学习的能力，把握学生心理发展的能力，与学生进行心理沟通的能力以及应对学生问题行为的能力）分别从现状、原因、对策三个角度设计了访谈提纲，为深入了解教师心理教育素质提供较为丰富的材料，具体的访谈问题见附录。

（二）访谈实施

指导教师心理教育素质的访谈由五名访谈员完成，每名访谈员分别与两名指导教师进行了面对面的半结构访谈。访谈员经过统一培训，访谈问题具有结构，访谈对象的回答为开放式，每次访谈时间为20—40分钟。访谈中，简要记录受访者的回答、反应及出现的问题，并根据具体情况及时调整访谈策略。同时，在征得对方同意的情况下，对访谈过程进行录音，便于日后详细整理资料。

全部访谈完成后，进行资料的初步整理。首先对访谈录音进行逐字逐句的转录，然后对其进行编码，方法是：

（1）阅读所有被试的回答记录，列出所有的表述方式，对这些表述方式进行编码。

（2）划分维度，对编码结果加以分类、概括和归纳。

（三）被　试

采取目的取样的方法，选取吉林省九台市、公主岭市、双阳市、辽宁省桓仁市以及黑龙江省安达市十所学校的十名实习生指导教师为研究对象，其中包括一名男教师和九名女教师，初、高中教师各五名。

三、结　果

（一）理解教育目标的能力

1. 指导教师对教学目标的认识

访谈对象对“您如何理解和设计教学目标”的回答结合了新课改三维目标，并自觉体现到教学目标的设计上。“先看课标，达到什么层次，然后再结合教材，按照现在新课程的三维目标去考虑。”其中，八名访谈教师首肯知识与技能目标的重要性。“高中更注重升学，任课教师还是注重知识目标。情感方面班主任做得多一些。课上的情感教育比较少。”一些访谈教师逐步注重情感态度价值观方面的目标。“我认为情感目标最重要，其次是知识技能。”但也有教师反映：“德育渗透在数学中很少能体现。”过程与方法方面的目标较少，有教师特别谈及，“不管过程方法怎么样，最终要掌握的还是知识，要检验的还是成绩”。

2. 教学目标的实施

（1）知识与技能目标的实施。实现知识目标首先要“完成教学任务，重点、难点，知识点”。三位访谈教师强调实施中应结合学生理解的情况、前后知识点相贯通，“教参上列为重点难点的学生理解可能并不难；有的知识点很简单，但学生理解起来很困难，在教的过程中要看学生的反馈……后面的知识可能就会先拿来讲，前面的东西有必要也会复习”。

（2）过程与方法目标的实施。访谈对象在不同程度上重视调动学生的课堂参与，包括师生对话、体验、探究、讨论、实验动手等方式。例如，“课堂回答，通过回答的反馈，让他反思”，“注意学生的心理感受在课堂上体现为让学生参与、学习，体味参与的快乐，体味思想教育的目的”，“小组讨论，之后分别有学生发言”，“尽可能地渗透一些关于实验的设计、观察、分析、解决、讨论的方法和模式”。

(3) 情感、态度、价值观目标的实施。部分教师在教学中十分重视情感目标，“政治课的目的不只是知识传授，更重要的是从情感态度价值观方面加入思想道德教育，把这些东西贯穿到课程的重点、难点中”。但也有教师设置情感方面目标主要是为迎合大纲要求。

3. 理解教学目标的困难与提升

三名教师指出了自己在把握教学目标上的困难，包括个别目标难以挖掘、转变观念难以及学生基础薄弱阻碍目标实现。“纯理论的东西情感体验比较困难”，“朝新课改方向前进，但今年才第二年，需要一个过程”，“学生原来在初中的基础就差，很多知识对他们而言都是有难度的”。

五名访谈教师阐述了有关提升把握教学目标能力的见解，包括结合学生情况，结合实践，注重新旧知识的贯通，以及培训和学习进而转变观念、提升理论认识。“继续挖掘教材，挖掘跟生活的联系，贴近学生可感知的东西”；“一边研究新课改的内容，一边关注教学中要渗透哪些目标”；“培训前后，感觉真不一样，教师的观念需要先转变”。

(二) 指导学生学习的能力

1. 指导教师学习指导能力的现状

(1) 学科知识的指导。4/5 的访谈教师指出，会针对知识性不足给予相应的帮助，包括帮学生选择难度适宜的题目，薄弱环节再讲解，选择适宜的教学方法，鼓励家长督促配合。“把拔高题拿给聪明的学生做，给中等学生留具体题目，做典型题”；“个别问题一对一辅导”；“帮助他们分析试卷、找出错的原因”；“课程要讲透、讲清，目的明确”；“告诉家长怎么指导孩子学习”。

(2) 学习目标、动力方面的指导。所有访谈教师阐述了相关见解，包括针对学习目标、学习兴趣、学习态度与学习动力的指导。“心动方能行动，自己有了目标和追求，就会自觉去做”；“不太愿意学习的，得培养他的学习兴趣”；“让他觉得老师对他充满希望，他自己也会有信心”；“考上大学以后才有可能有好工作、好生活”；“引导他们通过学习知识改变命运”。

(3) 学习方法的指导。督促、指导学生复习，促进良好学习习惯的形成，监督完成课后练习及具体学习策略的指导等方式也是学习指导的主要内容。“睡前把当天的知识点回顾一遍”；“有的同学爱搞小动作，要把问题指出来并多加关注”；“成绩中等的学生就得多督促，让他把该做的练习都做完；对于聪明的学生得多检查作业”；“发现有的学生方法不对，就要教他学习方法”。

2. 学习指导中的困难

两位访谈教师反映，学生基础差，学习指导时收效慢，“效果有，但是不能完全实现我们的愿望，毕竟有些学生在初中阶段就是断档的”。有时，教师努力激发兴趣、督促检查，但学生的学习劲头始终提不起来或无法持久，“跟他们谈谈也能有点启发，但意志力太差，好两天半就又不行了”；“有的学生还是不敢问问题，害羞，调动他们的积极性很难”。部分学生抗拒听从教师要求，使得学习指导难以展开，“学生对你的说法不理解，就需要时间与他进行情感的沟通和交流”。

两名访谈教师反映，农村家长不重视子女学习，不及时监督、鼓励，无助于学生良好学习习惯的养成或学习动力的挖掘，“父母不督促，再加上农村的活多，有的学生不学习也得帮家里干活”。

三名访谈教师提到学校及自身存在的问题，“有时候过于急躁，‘恨铁不成钢’”，“学校安排的时间比较满，学生预习的时间没有多少”，“时间很紧张，找不出单独辅导的时间”。

3. 学习指导能力的提升途径

五名教师表示，会从了解学生、对学科欠缺的学生给予单独辅导、提升认识、盼望专家指导等方面注意提升。“需要多去了解，抓住问题的根本，找到提高学生学习劲头的方法”；“条件许可的情况下，教师可以针对这些中等生就某个较差的科目进行单独辅导”；“教师就是活到老学到老，不断总结”；“和老教师学习；还得大量做题，找出考点”；“希望教育学、心理学的专家作一些讲座，在一个科学理论的指导下进行教学等工作”。

（三）了解学生心理发展的能力

1. 指导教师了解学生心理发展能力的现状

在回答“您在工作中都会了解学生的哪些方面”这一问题时，以下七个方面是访谈教师在工作中会特别关注的。

五名访谈教师注重了解家庭情况，“家里条件怎样，有没有负担”，“单亲或者是留守儿童、外来务工人员的子女，都得了解”。这是进一步理解学生内心的“前提”。

四名访谈教师关注学生个性、态度和内心需要，“都有什么爱好，性格是内向还是好动”，“他们的个人观点和生活态度”，“希望老师怎么样和他接触”。

三名访谈教师特别关注青春期学生的内心波动，“思想波动情况，有没有给异性同学写信”。

五名访谈教师会特别关注学生内心的苦恼，“有没有什么情绪波动”，“去年那届50%左右的学生都是单亲，孩子心理健康状况特别不好”。

三位访谈教师会关注学生交往方面的问题，“和同学之间不太融洽的”，“学习以外的生活、活动、人际交往等，尤其是人际交往的圈子一定要关注，所谓‘近墨者黑’”。

四位访谈教师关心学生的品行方面，“学生的品质很重要，会影响他的一生，甚至决定一个人的发展”。

七名访谈教师表示会主动了解学生的学习情况，包括学习成绩、状态和程度，“学生的知识含量、基础怎么样，对知识的接受能力”，“每天的学习状态怎样，哪些学科偏科，哪些学习方法是错的，要加以改正”。

2. 把握心理发展的途径

访谈教师把握学生心理发展的途径主要包括观察、直接沟通与侧面了解。四位访谈教师提及通过平日观察学生的精神状态、情绪行为等来洞察学生的心理发展。“因为他们都是小孩儿，心里有压力，脸上就能看出来。”七名访谈教师表示会直接和学生沟通，“跟他多交流，他觉得你是坦诚的、关心他的，就会向你敞开心扉”。直接沟通存在困难时，五名访谈教师反映会从侧面去了解，例如，“性格内向的就不能直接问，可以通过别的同学侧面了解”。

3. 了解学生心理发展的动因

访谈教师关注学生心理发展的动因包括六个方面。

希望了解学生心理发展的阶段性特征。三位访谈教师表示，处于青春期的中学生普遍敏感、逆反，容易萌生恋爱，教师需要关注其心理、思想动向。“进入青春期，某个同学说句什么话，他都很在意，所以这种思想工作总得做。”

有助于指正学生个性、态度上存在的偏差。一位访谈教师指出，“有些学生个性比较突出，性格上有偏差，得额外给予指导”。

学生心理困扰，需要教师疏导。五名教师指出，学生感到烦恼时，教师有必要给予帮助。“没有妈妈的孩子很难得乐观阳光，一定得多关心他”；“我就跟她父母沟通，不要再给她压力了，鼓励的效果会更好。”

防止粗暴对待造成不良后果，“了解的越多越细越真实，工作起来就能越接近于他的心理特点，不然引起他的心理逆反，老师得付出几倍的努力才能改变他的印象”。

十名访谈教师都指出，要帮助学生及时调整影响学习的思想状态与行为，使其把精力集中到学习上，“我们要了解他和同学之间有没有什么矛盾，因为这些外在的东西很容易影响他在课堂上听课的状态”。

五名访谈教师指出培养良好的个人道德素质的重要性，“学生要学坏或是学好，就是一刹那，所以老师对他内心的发展或者是动向应该能了解大半”。

4. 了解学生心理发展能力的提升

两名教师谈到了在把握学生心理发展方面，存在尚需要提升的地方。“有时明知道她心里搁着事，但就是问不出来，所以希望与经验丰富的老师进行座谈，使自己得到提升。”“多读一些书，还得把握一下理论上的东西。”

（四）与学生心理沟通的能力

1. 课堂师生沟通的方式与质量

教师课堂沟通方式包括课堂提问、讨论、观察等，其中提问最常见。“沟通主要还是通过一些问题，组织学生讨论”；“有时除老师点拨以外还要求学生自己准备、讨论，通过各种形式调动学生积极性”；“老师得有眼神、有肢体语言的交流，还得观察学生的表情。”

就课堂沟通的质量而言，教师可能普遍忽视沟通中的共情，“让学生回答问题，没答上来就坐下，让他听听别人是怎么答的”。两名访谈对象提到教师在课堂上应当保持“威严”，“你必须得在他眼里有权威，否则有些学生感觉你不厉害，上课就不好好听”。另一位教师表示，“上课时，学生跟我就是朋友的关系，都不怕我”。

2. 课外师生沟通的质量

（1）尊重与价值干预。五名访谈对象表示会尊重学生自己的想法，维护其尊严。“高中生自尊心特别强、爱面子，如果直接批评他，可能反倒更逆反了。”说服教育也要在尊重的基础上进行价值引导，“你很聪明，进入高中应有所转变，要用知识改变命运，有所作为”。部分教师遇到有悖于教师角色价值观的情况时，难以包容学生，要求学生的绝对服从。

（2）真诚。多数访谈对象在与学生进行沟通时，可以做到一定程度的真诚相待，能及时指出学生的不足之处。“不对的地方就明确告诉他，甚至连自己在背后和其他老师都怎么谈论他都告诉他，真诚很重要”；“用肺腑之言感化他，他也把真心话说出来”；“学生有什么毛病，对他有好处的就得说”。也有访谈对象没有做到以诚相待，只是出于教师角色的要求对学生进行规劝，“作为老师也就只能是开导开导，跟他讲学习的重要性，劝他别总想与学习无关的事”。

（3）共情。两名访谈教师指出，教师常常需要换位思考，“刚开始学生也不信任老师，很多事情需要换位思考，特别是当他遇到困难或者不被理解的时候，更需要老师的关心和理解”。但也有访谈教师不注重共情，更多的是单方面规劝。

(4) 师生关系。四名访谈教师强调师生之间应该像朋友一样，彼此平等、亲近。“相互尊重，以朋友的方式来沟通”；“课上，师生关系；课下，朋友关系。让学生知道，老师有威严的一面也有温柔的一面”；“既严厉又和蔼可亲，让学生感觉到既像严父又像慈母”。

3. 师生沟通中的阻碍因素

四名访谈教师认为，师生沟通中的阻碍来自学生和教师两方面。

学生方面，有的学生内心闭锁、个性固执、逆反心理严重或者不良习惯长期形成，都给沟通带来了困难。“学生从心里不愿意跟你沟通，自身就排斥老师；有些学生觉得老师偏心，则无法沟通。”

教师方面，教师的沟通方式、态度、观点也会影响师生沟通的顺利进行。“有时候一旦学生犯错了，心情也挺着急的，态度也会过于强硬”；“老师一般都认为自己的观点很正确，其实有时候会有不足”。

4. 促进师生沟通方法

两位访谈教师指出责任心与爱心是沟通顺畅的前提。“不管是高压政策还是怀柔政策，对待这样的学生，还是以鼓励为主，发掘他好的一面。”年轻教师还需要多查阅相关素材、资料，积累经验。

(五) 应对学生问题行为的能力

1. 指导教师课堂管理的方式

访谈教师管理课堂纪律的方式包括五个方面。

两名访谈教师表示会采用批评或罚站的方式处理。“如果暗示他还没反应，课堂教学实在没法进行了，就只能停下来维持纪律，罚他站三五分钟。”

两名访谈教师会强调纪律，提示学生注意听讲。“一般就是提醒学生，强调一下纪律，课堂都能安静下来。”

两名访谈教师推崇提问方式。“有学生溜号了，通常就是叫起来回答个问题。”

四名访谈对象表示在课堂上会利用眼神、动作等非言语提示学生认真听课。“能示意的话就给个眼神、给个动作，有时不能大吵大嚷伤他自尊，但也不能姑息放纵。”

五名访谈教师指出，问题严重的会在课后找学生谈话。“如果课上解决的效果不太好，课下就单独找他们谈话。”

2. 应对学生问题行为的方式

在课堂之外，访谈教师应对学生问题行为的方式包括以下五大类，其中，传统说服教育方式最为常见，多种形式的心理教育方式也被一些教师所推崇、重视。

(1) 传统说服教育方式。八名访谈对象列举了相关例子。“单独把他叫到办公室，用很严厉的语气跟他说，这么做是不对的”；“(处理‘早恋’问题时)老师需要对孩子讲道理”。有时还需要长期督导，“班级检查时多去关注他，适当点一点，他就会注意了，反弹的时候，再稍微点一点，像哄孩子一样”。

(2) 心理教育方式。四名访谈教师会主动了解问题行为背后的原因，和学生一起分析行为中不合理之处，建立正确的行为方式。“男女生交往，就分别找他们谈话，问问是怎么想的，再谈现在阶段的任务是学习，不适当的男女生交往会带来不良影响。”

两名访谈对象会将说理与榜样、事例结合，告诉学生遇到类似的情况怎样处理才合理。“跟他们讲早恋的危害，然后再以过来人的身份告诉他们怎么处理，因为这是人生发展过程中很正常的。”

一名访谈对象注重移情与无条件的积极尊重，指出学生本身仍具有发展的潜力。“有时学生并不是自主的捣乱，他可能是听不懂才抓耳挠腮的，我也挺理解他们的。”

(3) 联合家长。四名访谈教师会争取家长的配合来共同应对学生的问题行为。“高一开始我们学校每次召开家长会，都会强调我们要把学生培养成什么样，家长要配合。”

(4) 法制教育。两位访谈教师提及法制教育的重要性。“初中生进入青春期了，血气方刚的、不顾后果，所以对他们进行法制教育也特别重要。”

(5) 师生关系。四名访谈教师谈及良好的师生关系对于班级日常管理的积极影响。“班级不是靠硬压硬管来管理的，要让他们从内心明白自己的人生追求”；“难管，但是也好管，教师跟学生关系好，班级就好管理，他们不怕别的，就怕老师伤心生气”。

3. 提升与教师期望

三名访谈对象谈及自己日后在班级管理方面需要注意的地方，以及对于家长、学校乃至社会的期望。“需要更多的耐心，学生毕竟还是孩子，思想还没成熟，老师得理解他”；“经验上不如老教师，应该多向她们请教”；“教育不是老师单独能完成的，家庭社会各个层面都要有指导的”。

四、讨　论

随着新课程改革的推进，教师心理教育素质的发展也在进一步提升。例如，教师能够全面考量、实施完整的三维目标、开始注重把握学生心理发展的状况，并在沟通与处理问题行为时注重从心理教育的角度出发。

然而，由于普遍缺乏系统的心理教育理论培训、对新课改理念理解有限，受传统学生观、教育观、沟通观的束缚，导致心理教育仍存在缺乏自觉性，时常有失偏颇，包括“重知识，轻方法、情感”；学习指导不完整；缺乏对学生心理发展、心理沟通重要性的认识；应对问题行为仍以说教为主。

因此，教师一方面需要提升理论素养，树立现代的学生观、教育观，还需要在实践中有意探索研究；学校与教育管理部门应当针对教师的不足提供相应理论与技能培训，特别是补充心理健康教育、心理咨询、发展心理学、教育心理学等方面的专业知识，推动教师的专业化发展。

五、结　论

仍需通过转变观念、理论学习等方式，进一步提升熟手教师的心理教育素质。

参考文献

[1] 郭利兵．高中思想政治教学三维目标整合策略初探．现代中小学教育，2007，157（3）：18—21.

[2] 钟祖荣．我国中小学学法指导的经验总结．教育理论与实践，1994，（2）：42—46.

[3] 孟瑜．论课堂教学中的师生沟通．天津教育，2004（10）：26—29.

附　录

访谈问题及其维度

维　度	访谈题目
理解教学目标的能力	您如何理解并制定教学目标？（现状、原因） 您在课堂上是如何实施教学目标的？（现状） 您在理解教学目标方面存在哪些困难和不足，需要怎样提升？（对策）
引导学生学习的能力	您平时是如何指导学生学习的？包括哪些方面？（现状） 您选择学习指导方式或进行这方面学习指导的依据是什么？（原因） 您在指导学生学习的过程中有哪些方面的困难，应该如何提升这方面能力？（对策）
把握学生心理发展的能力	您在工作中会去了解学生哪些方面的情况？（现状） 您为什么关注学生这一方面的发展？（原因） 您希望自己在把握学生心理发展方面得到怎样的提升？（对策）
与学生进行心理沟通的能力	您在课堂教学中是如何与学生沟通的，为什么？（现状与原因） 您在课下是如何与学生进行沟通的，为什么？（现状与原因） 您在与学生进行沟通的过程中遇到过怎样的困难，如何提升师生沟通的能力？（对策）
应对问题行为的能力	您会采用怎样的方式来管理课堂，为什么？（现状与原因） 您应对学生问题行为的方式有哪些，为什么这样处理？（现状与原因） 您希望自己在应对学生问题行为方面得到怎样的提升？（对策）

实习生心理教育素质发展状况的调查研究

王　娇　刘晓明

摘　要：采用调查法对303名实习生的心理教育素质情况进行调查。问卷涉及引导学生学习的能力、把握教学目标的能力、理解学生心理发展的能力、与学生进行心理沟通的能力以及应对学生问题行为的能力等五方面。结果显示，在教师心理教育素质的五个维度上，只有应对学生问题行为的能力发展较好；在指导学生的学习时，忽略了学习能力、学习过程的指导；在理解学生发展特点和把握教学目标两个维度上，只重视学生的知识基础及学科知识的传授，忽略了学生的身心发展和社会适应能力的培养；在与学生进行沟通的时候，主要采取单向沟通的方式。结果表明实习生的心理教育素质亟待提升。

关键词：实习生　心理教育素质　调查研究

一、调查目的

现代社会是一个科技飞速发展、竞争日益激烈的社会，迫切需要培养同现代化要求相适应的高素质人才，中小学生良好素质的培养主要通过学校教育来完成，教师则是教育过程的主导，教师心理素质的高低直接关乎教育的质量和效果。

心理素质是个体心理的一个综合性机能状态，是人们在特定的社会生活实践中，通过与内外环境的相互作用而形成的相对稳定的心理特质。教师的心理素质，可以界定为教师在教育教学活动中形成的、影响教育教学效果的自身相对稳定的心理特质。教师的心理素质由两大部分构成：一是教师的一般心理素

[作者简介]　王娇，女，东北师范大学教育科学学院应用心理学硕士研究生，研究方向为心理教育、教师心理；刘晓明，男，心理学博士，东北师范大学教育科学学院教授，研究方向为教育心理、心理教育。

质，二是教师的心理教育素质。前者是教师应具备的一般心理品质，其构成成分表现为认知、情感与行为三种内在心理品质，按照其发展水平又可分为发展性、适应性与障碍性三种不同层次的心理机能状态；后者为与教师职业有关的心理素质，体现为教师职业对教师心理素质的客观要求，是职业发展的外在需要在教师心理素质方面的集中体现，其构成成分由教师所承担的社会角色决定，由引导学生学习的能力、把握教学目标的能力、理解学生心理发展的能力、与学生进行心理沟通的能力以及应对学生问题行为的能力构成（分别对应着：学生学习的引导者和促进者、心理发展的协调者、人际关系的调节者、心理健康的维护者），按照其发展水平又可分为新手、熟手和专家三种层次的心理机能状态。

师范院校学生是未来中小学教师队伍的主力军，师范教育的根本任务，就是要为基础教育培养合格的教师，教师缺乏心理教育素质，不能算是合格的教师。因此，调查师范生的心理教育素质现状，对于加强师范生的职前心理教育，提高师范生自身心理素质，培养他们的心理教育意识和心理教育能力具有十分重要的意义。东北师范大学作为实行师范生免费教育的试点学校之一，在2007年广泛调查实习生实习情况的基础上，2008年又以实习生教育实习为契机，再一次开展了实习生实习情况调研工作。本报告为此次调研的实习生心理教育素质问卷调查部分，旨在调查实习生的心理教育素质现状，并探讨其在教育教学中的实践运用情况，为今后制定师范生心理教育素质培养方案奠定理论与实践基础。

二、调查对象与方法

本调查主要采用问卷调查的方式，并结合半结构式访谈的相关内容，探讨实习生的心理教育素质现状。

问卷采用自编的实习生心理教育素质调查问卷，包括引导学生学习的能力、理解学生心理发展的能力、把握教学目标的能力、与学生心理沟通的能力以及应对学生问题行为的能力等5个维度。通过设置5方面8个具体的教育情境，让实习生判断出现该情况的时候会采用怎样的方式应对或处理，每个情境后都列出8—11个可能采用的方式供实习生选择，并让其将自己所选项目按照使用频率或重要程度排序，反映方式采取教师主观等级排序，求出各选项排序频次，计算二级维度指标的秩，求出每个指标的权重。通过这5个维度的测量，可以从多个侧面反映实习生心理教育素质的观念及现实状况。

调查对象分布在辽吉黑三省26所城镇及农村实习学校，其中初、高中各

13 所，共发放问卷 306 份，回收有效问卷 303 份，回收率为 99%。调查数据经 SPSS13.0 统计软件分析处理。

三、调查结果与分析

（一）调查结果

实习生心理教育素质整体状况的结果显示，在把握教学目标、引导学生学习等教学过程中注重培养学生的心理素质，在了解学生、与学生沟通及应对问题行为的时候也能充分考虑学生的心理特点，应用心理学原理指导自己的教育行为。（如表 1 所示）

表 1　实习生心理教育素质各维度权重分配

一级维度	二级维度	权重	一级维度	二级维度	权重
1. 引导学生学习	非智力因素	0.31	5. 心理沟通（教学）	尊　重	0.27
	学习过程	0.27		移　情	0.26
	智力因素	0.25		真　诚	0.24
	无指导	0.17		自我中心	0.24
2. 理解学生心理发展	知识基础	0.23	6. 心理沟通（管理）	倾　听	0.23
	心理发展	0.20		移　情	0.20
	成长环境	0.20		真　诚	0.19
	思想道德发展	0.19		尊　重	0.19
	适应能力	0.17		价值干预	0.19
3. 把握教学目标	学科知识	0.29	7. 应对问题行为（教学）	非言语线索	0.30
	身心发展	0.27		侧面提示	0.27
	社会发展	0.22		直接制止	0.22
	无有效目标	0.21		不予处理	0.21
4. 心理沟通	单方面沟通	0.35	8. 应对问题行为（管理）	心理教育	0.24
	互动式沟通	0.33		法制教育	0.22
	无沟通	0.32		家—校联动	0.20
				道德教育	0.19
				不予处理	0.15

（二）分析讨论

1. 引导学生学习的能力

引导学生学习的能力可以从解决学生“能学”、“愿学”、“会学”的问题入手，其内容基本由以下三个方面组成：第一，学习能力的开发，包括观察力、记忆力、思维力、注意力等智力因素的培养，这主要解决的是能不能学的问题；第二，是学习目标、动力的培养，包括学习需要、动机、兴趣、毅力、情绪等非智力因素的指导，主要解决的是愿不愿意学的问题；第三，是学习过程的各个环节及方法的指导，包括预习、上课、作业、复习总结的方法，主要解决的是会不会学的问题。

调查结果显示，在学习指导中实习生最重视的是对学生非智力因素的培养，而对于学习能力的提升则较少关注，这一结果与已有的研究一致。[1]我们认为出现这种状况的原因在于：第一，实习生大多与所教学生年龄相仿，经历相近，倾向于利用自己的经历去理解学生的问题，而对于自己的以往学习经历，留在脑海中更多的还是关于情绪、兴趣、态度等非智力因素，对于具体学习知识的过程及能力的记忆已经比较模糊。第二，结合访谈资料不难发现，大部分实习生认为学生出现学习问题，是因为不愿意学习，而并非不能学习、不会学习，所以在对学生进行学习指导的时候首先考虑的是非智力因素的培养，已有研究证明了这种想法的合理性。某调查研究结果表明，学困生的智商与学业成绩呈较低的负相关，他们学习困难的主要原因不是智力低下，而是非智力因素的原因。[2]

几乎所有的实习生都不会对学习困难的学生置之不理，往往都能够采取措施帮助学生渡过难关，这说明我校实习生的职业认同感处于较高水平，尽管是在短暂的一两个月内，也会对所教学生负责。实习生较少会选择对学习能力的指导，我们认为，一方面和不同学科之间的知识差异有关，另一方面实习生实践教育经验严重匮乏，结合对实习指导教师的访谈资料，发现拥有丰富教学经验的教师往往会采取很多简单而富有趣味性的记忆方法来帮助学生记住知识，提高记忆力，实习生与指导教师在教学方法上的差异，值得我们深入思考。

2. 理解学生心理发展特点的能力

教师对学生的了解包括学生的心理发展特点、知识基础、成长环境、思想道德发展以及适应能力等方面。教育工作者要想取得预期的效果，必须了解学生的心理发展特点以及个别差异，从而使教育活动与学生心理发展特点相适应，才能取得良好的教学效果。具备心理教育素质的教师不仅要了解所教年龄阶段学生应该具备的心理健康发展的特点，而且要对所教学生的认知发展、情绪情感、意志力、个性等特点以及人际关系状况都应清晰了解，能够找出所教学生与该年龄段学生应具备的心理发展特点之间的差异。

在涉及实习生对学生的了解内容时，实习生对知识基础的了解在学生各方面发展特点中所占比重最大，这与我国现行的教育体制有莫大关系。应试教育促使教师及实习生对于学科知识的重视远远大于心理发展等其他方面。实习生理解学生心理发展特点与成长环境的了解所占比重相同，均处于知识基础之后，说明实习生在把握了学生知识基础之后，会考虑心理发展特点和家庭背景。而对于学生的思想道德发展、适应能力发展则只有较少的关注。

大部分实习生会把学科知识基础排在首位，这充分体现了实习生对学生学习成绩、知识含量的重视，而与此相关的学生认知发展特点却根本未被实习生所考虑，这与国内某调查研究的结果类似。[3]我们认为导致这种结果出现的原因在于，实习生并未认识到学生的认知能力与知识基础之间的密切关系，在教学过程中一味关注知识水平而忽略认知发展特点，容易导致教学内容不能很好地被学生接纳吸收，或远未达到学生对知识的需求量。

实习生对于学生心理发展特点的关注与一线教师的状况有所不同，以往研究发现，教师往往更加关注学生的学习成绩和学习状况，而对学生的业余爱好、职业理想、同伴关系、性格等心理特征的关注水平相对较低[4][5]。可见，与成手教师相比，实习生对学生心理发展特点有更好的把握，说明现行师范教育中对师范生心理与教育等相关理论知识的传授取得了一定效果。

3. 把握教学目标的能力

按照培养内容的不同，我们可以把教学目标分为三类，包括掌握学科知识的目标，适应社会发展的目标以及促进身心健康成长的目标，其中促进身心健康成长的目标又可以细分为身体成长和心理成长的目标，“新课程”理念涉及的“三维教学目标”正是促进学生心理健康成长目标的体现。判断一名教师是否具备理解教学目标的素质，不仅要看其对心理发展目标的掌握程度，还要看其在实践教学中的应用效果。

调查结果显示，实习生在把握教学目标的时候认为学科知识是最重要的，与理解学生发展特点一样，重视学科知识的传授，均属于典型的传统教育理念。这种过分看重学科知识传授的观念，容易使教师在教学中产生行为偏差，最终导致学生学习目标的偏差。实习生对学生身心发展的培养也比较重视，说明其认为在自己的教育实践中，学生应该在认知能力、学习态度与情感等方面均有所收获。然而，实习生对社会发展目标的把握相对有所欠缺，提示我们实习生对于学生在学校学习中应该获得的一种适应社会生活的习惯与技能的重视程度不够。出现这种状况的原因在于，实习生虽然具备深厚的理论功底，但由于教学经验的欠缺，在将所教知识运用到生活实际的过程中还存在薄弱环节，这也提示我们加大师范生实习力度，增加他们的教学经验势在必行。必须指出的是，实习生在教学中并无有效教学目标的比重达到0.21，可见在实习中落实教学目标的能力有待进一步提高。

4. 心理沟通的能力

心理沟通，即指师生之间在心理上互相容纳，即理解对方，接受对方，能互相信任、互相尊重。具体地讲，就是学生能理解教师对他教育要求的合理性和正确性，愿意接受教师的教育指导和帮助，并且化为行动；教师能理解学生言行产生的背景，透析学生言行的真正动机，体谅其具体情境，知其所想，在情感上，师生之间相互接受，将心比心，不曲解对方。教师与学生的心理沟通可以秉承真诚、尊重和换位理解的原则来进行，分为课堂情境下的沟通和班级管理中的沟通。

我们首先测查了实习生在实践教学过程中与学生交流时采用的沟通方式，结果表明，单方面沟通与无沟通具有较高权重，说明日常教学中实习生与学生的沟通较少，他们在实践教学过程中，把握课堂的能力稍有欠缺，虽然观念上重视互动式的心理沟通，在实际操作中却遇到很多困难，使其难以发挥理想状态。

(1) 教学环节心理沟通的能力。实习生在课堂教学时与学生沟通状况的调查结果显示，实习生在课堂上与学生沟通时，无论学生的观点正确与否，首先考虑的都是尊重学生，把每一名学生都当做有价值的人来对待。实习生在与学生沟通中会把移情排在第二位，说明他们会站在学生的角度理解问题，这体现着实习生在与学生沟通时十分重视换位理解的重要性。而真诚与自我中心不相上下的权重值不得不令我们反思，尽管在实习生心中，尊重、移情、真诚等遵循心理学原理的沟通方式有很重要的地位，但实践教学中依旧秉承自我中心的判断方式，这种理念与实践之间的落差再一次提醒我们加强实习生实践环节的能力培养迫在眉睫。对于“真诚的沟通”的较少关注，并不能说明实习生与学生沟通时不够真诚，而是由于实习生在课堂教学情境中很难估计到自己与学生沟通时的真诚态度，这依旧与他们教学经验不足有很大关系。实习生在备课、上课的过程中，主要经历投入到了学科知识的传授上，虽然观念上十分重视与学生的心理沟通，但现实能力导致他们无暇顾及真诚的沟通态度。

(2) 管理环节心理沟通的能力。通过调查发现，实习生在班主任管理中与学生心理沟通的状况表明，实习生与学生谈话时，他们会首先专注地倾听学生的话，了解学生内心的真实想法。在倾听学生心声之后，会耐心了解学生的想法，站在学生的角度思考问题。然而，在帮助学生解决问题的过程中，实习生依旧会以自己的价值判断标准干预学生的想法，其所占比例与真诚、尊重相等，且与换位理解仅有0.01之差。这充分体现了实习生与学生沟通时秉承了真诚的沟通态度，以及换位理解的沟通技巧，能够考虑到学生的内心感受，适时表达自己的见解。但是对于问卷中关于“尊重”的谈话技巧，实习生并未选择出来，表明他们在班主任工作中，更多考虑的是学生本身的问题，目的在于倾听学生心声，并帮助他们解决问题，所以忽略了一些基本的技巧也是情有可原。总的来说，实习生在班主任管理工作中，与学生心理沟通的素质比较低，可能与他们缺乏管理经验有关。

5. 应对问题行为的能力

学生的问题行为是指在成长过程中在中小学学生身上常见的各种不利于品格发展和身心健康的行为[6]，它往往被教育者们作为心理咨询、心理卫生教育的对象。可见，妥善处理学生在学习和生活中表现出来的问题行为，是教师必备的心理教育素质之一。教师应对学生问题行为的方式可以分为课堂上和班主任管理两类，不同的情境中学生表现不同，教师可采取的有效应对方式也有所区别。因此，我们分教学和管理两种不同的情境测查实习生应对问题行为的素质。

(1) 教学环节应对问题行为的能力。教师对于学生在课堂上表现出的问题行为，如上课讲话、做小动作、走神、扰乱其他同学听课等，在不同阶段可以有不同的处理方式，具体包括不予处理、非言语线索（如眼神、动作等）、侧面提示以及直接制止等。教师可以根据学生问题行为的类型、发生频率以及持续时间选择恰当的应对方式。

调查结果显示，大部分实习生在上课时，往往采取眼神、动作等非言语措施应对学生的问题行为。表明实习生在处理问题行为时能够考虑到学生的自尊，通过不打扰正常授课的方式引起学生的注意，这与指导教师的做法相一致，也符合学生期望的应对方式。在非言语措施无效时，会选择侧面提示的方式，充分考虑到问题行为学生的自尊，也不会对学生故意捣乱的行为产生强化作用，利用这种方式来避免学生的问题行为，无疑是最有效的，也是最值得提倡的。直接制止和不予处理的权重均比较低，表明实习生一般不会采取打断课堂教学，直击学生弱点的方法泯灭学生的价值，基于职业责任心的促使，他们也不会对问题学生置之不理。

(2) 管理环节应对问题行为的能力。学生在日常生活中经常会表现出一些问题行为，如打架、逃学、上网成瘾等。根据教师关注的教育方式的不同，可以将应对问题行为的措施分为心理教育方式、道德教育方式、法制教育方式以及家—校联动方式。心理教育方式又包括消除问题行为，矫正不合理认知，建立正确行为方式，以及促进心理健康发展四个层次。教师能否选择从心理教育的角度来解决，是判断其是否具备应对问题行为素质的关键。

通过调查我们发现，实习生在班主任管理中应对学生问题行为时，往往会首先考虑采用心理教育的方式，具体表现为：从分析问题原因，矫正学生不合理的认知方式入手，通过建立正确的行为方式，帮助学生纠正问题行为，最终会“让学生认识到自己的价值和潜能，使他相信自己最近表现的不好只是一时的过失，改正了之后还会有美好的将来”。可见，实习生在应对学生问题行为时，不仅会针对行为本身采取有效方法，而且会着眼于未来，发挥学生的心理潜能，以达到促进其健康发展的最终目标。此外，实习生在使用心理教育方式应对问题行为的同时，有时也会采取法制教育方式，或与家长、其他任课老师共同解决问题。

五、结论与建议

通过对实习生心理教育素质的问卷调查，我们可以得出这样的结论：实习生的心理教育素质偏低。在教师心理教育素质的五个维度上，实习生只有在应对学生问题行为方面有出色的表现。在指导学生的学习时，首先考虑学生的非智力因素的培养，而忽略了学习能力、学习过程的指导；在理解学生发展特点和把握教学目标两个维度上，实习生十分重视学生的知识基础以及学科知识的传授，而忽略了理解学生的心理特点、健全身心发展和培养适应社会发展的能力；在与学生进行沟通的时候主要采取单向沟通的方式，且不能避免以自我为中心、采取价值干预的方式与学生交流，进而解决问题。

这样的调查结果对我校师范生的培养教育提出了严峻的挑战。实习生心理教育素质偏低既是其职业心理意识的欠缺，又是其职业心理能力的薄弱所造成的。因此，我们应该加大师范生心理教育素质的培养力度，通过有计划的心理教育能力训练，切实提高实习生在实践教育教学环节中的心理教育素质，具体来说，可以从以下几个方面入手：

1. 调整心理学课程设置，加强心理学理论知识的传授

心理教育素质是教师职业素质的核心成分，是教师现代教育理念的综合体现。帮助师范生掌握较丰富的学科心理教育知识，具备与所教学科相容的、健全的、优良的心理素质，是师范生学科心理教育素质初步形成的知识基础和心理条件。树立师范生现代教育理念，培养其心理教育素质必须通过系统有序的理论知识传授来实现。因此，改革教育类课程的内容，加大现代教育理论特别是发展与教育心理学理论的讲授，是培养师范生心理教育意识，打造心理教育能力，最终提升心理教育素质的有效途径。

2. 建立心理教育素质培训中心，研发独具特色的训练系统

心理教育素质作为一种程序性知识，其形成的方式是练习，仅靠教授是不

行的。我们一方面要提升师范生心理教育意识，一方面还要将心理教育的理念转换为心理教育的行为。培养心理教育素质，需要加大实践教学的力度，可以成立专门的师范生心理教育素质实践教学中心，开展专项的应用性研究，开发系列化的教师心理教育素质训练系统，使得师范生可以通过具体、可操作的练习将所学的理论知识落实到行动上，形成即拿即用的一项技能。由此，以心理教育素质训练为师范生教育能力的培养提供一定启示，促进其他方面教育技力的养成，突出东北师范大学师范生培养的特色。

3. 开设系统的心理素质训练课，提升心理教育素质

通过对心理教育素质训练课程的开发与研制，形成独具特色的心理教育素质训练系统，从而为师范生开设具体可行的心理教育素质训练课。这里应强调的是，有效的心理教育能力提升不同于一般学科的教学，其目的不仅仅是传授有关心理学方面的知识，而是根据学生实际，通过具体事例，使学生认识自我、发展自我、完善自我，实现优化心理品质、提升心理能力，因此，可以活动为载体，针对不同类型心理教育素质的特点，采用团体训练、角色扮演、案例分析、心理测验、情景模拟、心理演示等心理训练的方法，提升师范生在实践领域中的心理教育素质。

总之，师范生心理教育素质的培养工作是一项系统工程，需要调动各方面的力量进行大量的、科学的研究，形成一种行之有效的教育和培养渠道，全方位推进师范生学科心理教育素质的培养工作。

参考文献

[1] 曾拓等．关于中小学数学教师对教学问题认知的调查分析．心理发展与教育，2004 (4)：74—78.

[2] 耿春华，等．初中学生智力状况的调查与思考．基础教育研究，1995 (3)：22—24.

[3] 王玉江，陈秀珍．农村小学教师教学设计能力调查与提高的建议．教育探索，2007 (5)：58—59.

[4] 吴桂翎．初中教师对学生心理特征知觉水平的研究．北京师范大学发展心理研究所硕士论文．

[5] 申继亮，辛涛．论教师的教学能力．北京师范大学学报，2000 (1)：64—71.

[6] 车文博．心理咨询百科全书．长春：吉林人民出版社，1991：105.

实习生心理教育素质发展状况的访谈研究

刘　捷　刘晓明

摘　要：采用访谈研究的方法，对10所学校的12名实习生心理教育素质发展状况进行访谈。结果表明，实习生能采取有效措施指导学生学习，但对学习能力及动力关注不够；能很好地理解教学目标，但在实施时还不能很好地把握；关注学生的心理发展，通过多种渠道了解学生；与学生真诚沟通，尊重学生并为其着想，但互动式的沟通较少；能很好地处理学生的部分问题行为，但方式比较单调。影响实习生心理教育能力的因素主要来自学生差异及其不良观念，学校工作安排及实习生缺乏经验三个方面。实习生希望通过更多的教育实践和理论的学习来提升自己的教育观和心理教育素质。表明实习生具有一定的心理教育素质，但仍存在许多不足，有待学校、社会及实习生予以改进。

关键词：实习生　心理教育素质　访谈研究

一、引　言

教师的心理教育素质是与教师职业有关的心理素质，是职业发展的外在需要在教师心理素质方面的集中体现，由引导学生学习的能力、把握教学目标的能力、理解学生心理发展的能力、与学生进行心理沟通的能力以及应对学生问题行为的能力构成。

现在国内的学习指导，其基本目标主要是解决学生“能学、愿学、会学”

［作者简介］　刘捷，女，东北师范大学教育科学学院应用心理学硕士研究生，研究方向为学校心理健康教育；刘晓明，男，心理学博士，东北师范大学教育科学学院教授，研究方向为教育心理、心理教育。

的问题。[1]教学是指导学生学习的重要环节。教育部颁布的《基础教育新课程标准》明确提出了一个以“知识与技能”为基础与载体，“过程与方法”为中介与核心，“情感态度与价值观”为根本与升华的三维教学目标体系。[2]研究表明，新手教师能够确定具体的符合课标要求，切合学生实际的三维教学目标。[3]

除了教学以外，对学生的心理关注、师生沟通以及应对学生的问题行为也是很重要的。但实际上教师对于学生的情感状况如自信心、自尊心等关注程度不够，远远达不到学生的需求[4]，且非专家教师容易简单地认可学生的答案或者忽视学生的想法[5]，这样不仅影响学生的学业成绩，更影响学生的心理发展。

因此，从教师角度来探讨教师处理学生问题行为的特点，不仅能为学生的发展奠定坚实的基础，也能为教师的专业提升指出良好的建议。

二、对象与方法

(一) 材　料

我们针对教师心理教育素质的 5 个方面，分别从现状、影响因素、对策及建议三个角度设计了访谈提纲，为深入了解实习生心理教育素质提供较为丰富的材料。具体的访谈问题见附录。

(二) 方　法

实习生心理教育素质的访谈由 6 名访谈员完成，访谈员经过统一培训，每名访谈员分别对 2 名实习生进行了面对面的半结构访谈。在征得对方同意的情况下，对访谈过程进行录音，便于日后详细整理资料。

全部访谈完成后，进行资料的初步整理。首先对访谈录音进行逐字转录，然后对其进行编码，方法是：(1) 阅读所有被试的回答记录，列出所有的表述方式，对这些表述方式进行编码；(2) 划分维度，对编码结果加以分类、概括和归纳。

(三) 被　试

本次调研采取目的取样的方法，选取吉林省九台市、公主岭市、双阳市、舒兰市，辽宁省桓仁市以及黑龙江省安达市 10 所学校的 12 名实习生，其中女生 7 名，男生 5 名，70％的访谈对象担任过实习班主任。

三、结　果

(一) 实习生引导学生学习的能力

1. 引导学生学习的现状

(1) 对学生学习过程的指导。大多数实习生(8名)提到，除了课堂教学环节外，课下讲解习题是其学习指导的重要方面。有一半的实习生(6名)谈到他们会适当地给学生教授学习方法，针对不同的学科进行讲解。“每天我都会给他们传授一些知识和方法。如适时的反思、小结，做预习笔记及纠错笔记等。”对学生学习习惯的指导得到了1/4实习生的肯定。“有必要在高中或是初中就培养学生这种自主学习能力的习惯，这种习惯非常重要。”

(2) 对学生学习能力的指导。4名实习生认为有必要锻炼学生的思维能力，引导学生去思考。有一名实习生提到，当学生学习状态不错的时候会教给学生记忆术等，以提高学生的记忆能力。“比如说这段时间他们的理解性记忆比较强，那我会告诉他们记忆术，要理解着去记忆，不要死记硬背。”

(3) 对学生非智力因素的指导。过半的实习生(7名)都会考虑到学生的学习兴趣。“学生喜欢轻松活泼的老师，喜欢在课堂上尤其是副科上多讲一些有意思的内容。”其中2名实习生讲到会在平时的教学中，将知识内容与学生的学习动机有效结合，引导学生树立正确的学习动机，促进其勤奋学习。“我们正在组织一次活动——‘理想与成才’，以报告的形式，在班会上作一些交流。”

2. 影响实习生指导学生学习的因素

5名实习生反映实习学校课程安排紧张，班级规模大，影响学习效果。“因为课程安排紧，时间非常有限，现在一个班80多人，想深入了解每一名学生很难。”

有5名实习生指出，由于学生的基础知识存在差异，学生学习主动性不强。“进入这个学校的学生学习主动性不是很强，很少有主动动笔或动脑的习惯。受到家庭的不良影响，很多家长并不重视教育，孩子也就受这种思想的影响，觉得并不一定非得学习好才能有出路。”这让自己在教学过程中比较为难。

有5名实习生指出自身经验不足影响了其对学生学习的指导，突出表现在实习生对知识点的把握不够准确。“老教师能够把握这些题的知识点，而我们在讲题的时候就会忽略。”

3. 实习生指导学生学习的对策和建议

2名实习生建议，在实习之前，学校有必要进行专门的教育心理学及班主任工作相关课程的讲授。“大学课程的开设应该是固定一个学期，马上要实习的人进行学习，学完之后立刻进行实践。”有一名实习生指出，有条件的学校可以组织新老生的学习经验交流会以及教师的交流会。“进到学校里要先跟其他老师学习。”

（二）把握教学目标的能力

1. 对教学目标把握的现状

（1）对知识目标的把握。半数的实习生很重视对知识目标的设计，增加课外知识，如增加“比如说今天讲地震，肯定有一些扩展知识，通过这个给学生讲一些词汇”。针对知识的难度，“设置难度较大的知识目标”。有一名实习生谈到在课堂设计的时候会以知识技能目标为主，情感目标为辅。“以知识传授为主，主要是落实到知识点，中间适当穿插一些情感态度方面的引导。”

（2）对过程与方法目标的把握。很多实习生谈到了过程与方法目标的重要性。其中一名实习生认为它是营造良好课堂气氛的保障，是学生掌握知识的前提条件。“这些知识是死的，但是你选取能调动起大家积极性的方法，就会让学生非常愿意投入到你的课程学习当中，这样掌握知识就不会难。”

有 3 名实习生很注重学生知识的迁移。“给他们举一些例子，让他们感到能够举一反三，这就是知识的迁移，他们就会把所学的知识更好地用在各个学科上。”

（3）对情感态度与价值观目标的把握。4 名实习生谈到情感态度价值观目标的重要性，这与当前新课改强调的一致。“在三维教学目标中，情感目标比较重要，它可以影响人的一生。”

在课堂教学中，很多实习生都能结合自己的学科，将可涉及的情感态度与价值观目标渗透进去。“比如说我讲的一节新课《紫藤萝瀑布》，让学生联系文章回想自己在日常生活中遇到什么样的困难，又是怎样克服的。我觉得这是一个情感深化的过程，学生在理解课文的基础上再联系自己的实际，这是一个很好的过程。”

2. 影响实习生把握教学目标的因素

5 名实习生感觉在高考的压力下，很多教师的教学过于注重知识与技能目标，在教学中对其他两个目标较少涉及。“由于高考的导向作用，还是以知识能力的传授为主，过程与方法，情感态度这两个目标基本都是忽略的。”

3 名实习生提到学校的教学条件会影响自己对教学目标的实施，“讲到物质量浓度计算要用到容量瓶，我们高一化学总共就有两个容量瓶，其中一个还是坏的”。

有4名实习生谈到学生的学习基础差异造成自己在讲课时无法照顾到全体学生，不能很好地实现教学目标。“我们班主要是中考考上来成绩很差，有20多人的成绩在300分到200分之间，基础非常差。”

1/3的实习生（4名）认为由于所教学科和内容限制了自己的发挥。“情感目标通常是由课堂知识生成出来的，物理不像语文政治，不是每节课都能生成情感目标的。”

3. 促进实习生把握教学目标的策略和建议

3名实习生谈到如何更好地理解并实施教学目标，认为应该根据学科的不同性质和教学内容的不同要求来进行。“一定要根据不同的内容来设置不同目标，不能一味地追求方法。我觉得太多的方法不是非常值得提倡，以内容为主，用方法协助。”

一名实习生认为应该多补充理论知识，提高自己的业务素质修养。“教师也需要自己的素养，学习过‘教师与教学论’的和没学过的就是不一样，所以教师的整体素质需要加强。”

（三）把握学生心理发展的能力

1. 实习生把握学生心理发展的现状

（1）学生的学习状况。5名实习生指出自己在教学过程中会很留意学生的知识基础和整体学习水平。“最先应该是从整体去把握这个班级的状况，就是从学习方面。”

1/4的实习生（3名）比较注重班级的学习氛围。“我了解学生就是了解班级的整个氛围，不活跃的班级怎么来调动积极性。”

3名实习生会思考和留意什么因素对学生的学习造成了影响。“个别的看看什么对他学习有影响，正面和负面的都会去了解一些。”

（2）学生的心理特点。有1/4的实习生谈到想要了解学生的学习心理，包括学习兴趣及学习态度。“关注学生比较喜欢做什么，喜欢哪一科。”“比较关注学生的学习态度。”

3名实习生想要了解学生的能力状况，主要是想为班级挑选出合适的学生干部，发挥学生所长。“很多情况都是通过指导教师了解学生的情况，哪些学生是班干部，哪些学生有能力。”

半数的实习生认为了解学生的个性特点是非常必要的。“其实班级也像是单个人似的，也有自己的性格，这是很重要的，应该去把握。”

高中生的同伴关系及异性交往也是实习生们关注的重要方面，2名实习生谈到了这一点。“同学之间的关系也非常重要。”“还得关注学生的一些特殊问题，比如说感情。”

(3) 学生的成长环境。超过一半的实习生（7 名）认为了解学生的家庭环境是非常必要的。“家庭教育是影响一个人性格最大的方面，可以在一开学的时候召开家长会，先对家长进行深入的了解。”

2. 影响把握学生心理发展的因素

将近一半的实习生（5 名）指出，与学生接触时间有限。“我觉得还是不够了解学生。这么短时间的接触，他们不可能跟我谈深层次的问题。”一方面受到学校教育资源的制约。“从学校来讲，校方提供的资源是有限的。”另一方面，班级规模较大。“一个班六七十个人，了解学生的各个方面很难。”

3. 提升实习生把握学生心理发展能力的对策和建议

有 1 名实习生指出，应该多学习一些理论知识，尤其是扩展心理学方面的知识，以便在教育实践中能较好地了解学生的心理特点。“建议学校，或者是哪个学院，尤其是教科院能够定期地作一些讲座，尤其是在中学生心理发展特点这方面作一些指导，作一些基本的集体讲座就管用。”

另外也有一名实习生提出希望家长多与老师沟通。“希望家长跟我说实话，孩子在家是怎样的，对我上课教学有帮助。”

（四）实习生与学生心理沟通的能力

1. 实习生课堂沟通途径的现状

5 名实习生谈到他们在课堂上采取了单方面沟通的方式，这是课堂沟通的主要方式。“我还是按照那种正统的教学程序，对学生进行提问，或是让学生进行讨论，但是很少让学生向我提问。”

两名实习生还表示他们会采取互动式沟通的方式，如课堂讨论。“比如学生提出一个问题，他对这个问题有不同的认识，希望老师给予解答。也许老师不会直接给他解决这个问题，而是让全班同学协作完成，我觉得这也是一个很好的形式。”

2. 实习生课堂沟通态度的现状

整理访谈记录发现，实习生沟通的态度主要有尊重、移情、真诚，偶尔会表现出不满。

7 名实习生在课堂中都表现出了对学生的尊重。“学生能够回答就是好的，我会努力启发，逐渐向我所希望的那个答案去考虑。但是语文的答案是多元的，他只要说出心中的想法就是好的。”

1/3 的实习生（4 名）在课下与学生接触时，能够将学生作为一个有价值的人来考虑。“老师不能塑造一个过于严厉的形象，要给学生最大的人格尊重，不能让学生觉得自己是下属。”

有 2 名实习生在课堂中表现出了移情，即理解学生，并站在学生的角度考虑问题。“提问时无人回答，应考虑是不是这个问题超过了学生的能力，或者这个问题学生没有听懂”。

有 4 名实习生能在与学生沟通的过程中，以真心相待。“把我的想法告诉他们，毕竟每个人都有不同的价值观，不能把自己所有的价值观都强加给他们。”

在学生不理解、不尊重教师的情况下，一名实习生说到自己会表现出不满。“学生不理解的时候，很可能会发火。说话态度比较生硬的时候，学生也不理解，也不配合，很有可能就会发火。”

3. 影响师生沟通的因素

学生对自己期待不高，或者根本没有人生目标，使其与教师的沟通受到了阻碍，2 名实习生表达了这样的看法。“他们有的对学习已经放弃了，觉得自己根本考不上高中，对于这样的学生也鼓励过，也劝导过，但效果不大，他们这种自暴自弃的思想已经根深蒂固了，根本改变不了。”

2 名实习生表示指导教师担心实习生不能管理好班级，因此不让实习生过多地接触学生。“有些老师不希望实习教师与学生接触的太多，班主任带班级是一种风格，实习教师过去是把人家的秩序打乱了，这是非常糟糕的，老师都不希望造成这样的状况。”

有一名实习生指出，由于自己的特殊身份——实习教师，会产生懈怠心理，认为自己不需尽义务。“个人的原因，首先来说我不是这个学校的，再一个我是实习教师，我没有必要尽到什么样的义务。”

2 名实习生谈到通过大学里对理论的学习，更新了实习生教育理念，能够指导他们的教育实践。“我觉得《青少年心理学》对我的影响比较大，掌握学生心理对跟学生交往非常有用。”

4. 提升师生心理沟通能力的建议

一名实习生认为教师换位思考能拉近与学生的距离，有利于班主任的管理工作。“其实这个年龄段的学生本来就是叛逆的。可能需要老师站在学生的角度去想一下，老师需要和学生像交朋友那样的谈天。”

一名实习生指出大学生必须顺应社会变革，不断思考新的方式方法。“社会在变，人也在变，作为教师不能以不变应万变，学生变、社会变、教师也要变，必须使自己保持一个比较新的思想。”

（五）处理学生问题行为的能力

1. 处理学生课堂问题行为的现状

总结实习生的访谈记录，我们发现实习生采用了非言语线索，直接制止，调整教学内容和课堂氛围以及惩罚等策略。

5 名实习生会采取沉默或眼神暗示来提醒出现问题行为的学生。“如果是说话的同学，我通常就是给他们一个眼神的注视，一直看着他讲，他可能就会自觉。”

提问制止是实习生们普遍采取的方式，有 8 名实习生是这样做的。“哪个学生可能在溜号或者对这个问题不太感兴趣，我可能会单独叫他起来回答一个问题，让他集中一下精力。”

有 1/4 的实习生指出，在大家都没有太多的精力投入到课堂中时，他会出一些习题让学生做。“课堂纪律不好的时候，我就会讲一些他们不得不记的东西，这样相对来讲会好控制一些。”

一名实习生认为活跃课堂氛围是一个很好的办法。“我会对有纪律问题的孩子随口开一个玩笑，大家笑一笑，让这个同学感觉有点脸红了，他会保持一段时间的安静。”

两名实习生认为面对屡教不改的学生，惩罚也是必要的。“首先看看这个学生的本质是个什么情况，如果是非常恶劣的本质问题，你只能去惩罚他，也没有太多的手段或措施。”

2. 处理学生课下问题行为的现状

（1）帮助学生认清行为后果。有两名实习生谈到了这个问题。“对于去网吧玩游戏那种学生就对他讲，你看你家里并不富裕，你这样首先对家里的经济是种损失，对你自己来说，学习耽误了，最严重的结果是学校还可能会把你开除，你以前念的书都是为了什么呢?”

（2）传授自身经验。作为中学阶段的“过来人”，2 名实习生跟学生进行了交流，用自己的亲身经历指导学生。“曾经有几个同学说他们感到很困惑，很烦躁，不知道怎么办。我就建议可以适时地跑跑步，因为我在高三的时候感到很困惑很烦躁的时候就跑跑步，跑累了心情就会好一点。”

（3）道德教育。2 名实习生说他们对有问题行为的学生进行了说服教育，主要是告诉学生这样做是不对的。“对于个别吸烟和去网吧的学生，就告诉他说这样做不好、不对，给他讲讲道理。”

3. 处理学生问题行为的影响因素

两名实习生谈到在处理学生问题行为的时候，自己经验不足，这样可能导致自己不自信，不敢管。“对于跟问题学生谈话，我还没有达到那么专业的水平，恐怕自己要先看看10本心理学的书，充实一下，效果也许会更好一些。”学生素质有好有坏也对实习生处理学生的问题行为有影响。“有的孩子适合严加管教，但有的孩子则不适合。”有一名实习生指出，老师讲课不够生动，也会导致学生出现问题行为。“跟上课的氛围有关系，如果老师讲得非常有意思，非常吸引人的话，学生也会不自觉地听一些。”

4. 提升学生问题行为处理能力的建议

(1) 采取委婉方式。一名实习生认为当学生之间发生矛盾时，应该委婉地介入他们之中，否则会使矛盾激化。“老师如果直接处理学生矛盾，同学不太能接受，还是以委婉的方式进入他们中间，他们就会觉得这个老师真的是为我们着想，真的感觉很亲切，学生也都会非常喜欢这个老师。”一名实习生指出作为老师一定不能体罚学生，这也是受到专家型教师的影响。“但是我非常不推荐的就是对学生施暴，有一位国家特级教师说她从不打学生，因为不能对孩子动用暴力，这样会影响孩子的性格。”

(2) 树立威信。两名实习生与上面的观点不同，认为在处理学生问题行为的时候应该严厉一点。“喜欢开玩笑的坏处也有，有的时候学生觉得实习教师没有严厉的形象，只有笑容可掬的形象，所以也在考虑调整。”

四、讨论与分析

总体来说，我校实习生的心理教育素质还是不错的。过半的实习生能够采取有效措施对学生的学习过程、学习能力、学习动力等进行指导；大多数实习生对于教学目标有很好的理解，并根据学科特点有所侧重，但实施时效果不太理想；能够在日常的教育教学工作中，了解学生的学习基础、心理特点、家庭情况、身体状况；在师生心理沟通方面，我校实习生能够尊重学生，理解和体谅学生，但是课堂上的沟通方式仍以单方面沟通为主，这样忽略了学生的主体性与主动性；在处理学生问题行为方面，课堂上能采取有效的方式对学生进行引导，但由于多种因素的影响，课下的问题行为处理情况不尽如人意。

然而实习学校的课程安排紧、班级规模大阻碍了实习生与学生的接触，学生的消极观念、基础知识薄弱、家庭的不良灌输也影响了实习生教学教育工作的开展，此外实习生自身经验不足、理论深度不够也是影响其心理教育素质发展的重要原因。所以实习生认为通过理论的学习，提升自己的教育观，并以其指导教育实践以提高自己的心理教育素质。

五、结　论

我校实习生的心理教育素质总体水平较好，但受学生差异及学校教学资源的影响，在引导学生学习及制定实施教学目标时显示出经验不足，师生沟通的方式较为单调，且处理学生的课下问题行为也遇到了一定的困难。因此，建议提升我校实习生教育观，用理论指导教学实践是提高心理教育素质的有效途径。

参考文献

［1］刘晓明，迟毓凯．学习策略研究与学法指导内容的重构．中国教育学刊，1999（1）：49—51.

［2］郭利兵．高中思想政治教学三维目标整合策略初探．现代中小学教育，2007，157（3）：18—21.

［3］潘振华．新手—熟手—专家型中学数学教师教学策略的比较研究．福建师范大学硕士学位论文，2007.

［4］马竟新．高中英语教师对学生情感关注情况的调查研究．东北师范大学硕士论文，2007.

［5］李琼，倪玉菁．小学教师课堂对话的特点：对专家教师与非专家教师的比较．课程·教材·教法．2007，27（11）：35—40.

附 录

访谈提纲及其维度

维 度	问题提纲
1. 引导学生学习的能力	对于你关注的这些学生你是如何（分别）指导其学习的？（现状） 这些方法措施是否存在不足，为什么会有这样的不足呢？（影响因素） 针对这些不足，你希望如何改进？（对策及建议）
2. 把握教学目标的能力	你如何理解并制定教学目标？这些教学目标是怎么实施的？（现状） 你觉得在教学目标的理解和实施方面还存在哪些不足？（影响因素） 针对这些不足，你认为应该如何改进呢？（对策及建议）
3. 把握学生心理发展的能力	你平时都想了解学生的哪些方面？（现状） 你为什么关注学生这些方面的发展？（影响因素） 你如何更好地关注和了解学生？（对策及建议）
4. 师生心理沟通的能力	你在课堂教学中是如何与学生沟通的，为什么？（现状与影响因素） 你在课下都是如何与学生进行沟通的，为什么？（现状与影响因素） 在与学生的沟通中还存在哪些困难，怎样改进呢？（对策及建议）
5. 应对学生问题行为的能力	课上有不遵守纪律的学生，你是怎么处理的？为什么？（现状和原因） 课下如果学生犯了错，你是怎么处理的？为什么？（现状和原因） 你的这些处理方式还有哪些不足？如何改进？（对策及建议）

多层面推动师范生教育技术能力发展*

郑燕林　李卢一

摘　要：培养师范生的教育技术能力对提高师范生的教育教学能力，推进教育信息化有重要意义。本文提出在意识层面、操作层面、研究层面多方位关注、推动师范生教育技术能力的发展。在意识层面，无论是师范大学还是师范生本人都要充分重视师范生教育技术能力培养的重要性。在操作层面，要构建师范生教育技术能力培养模式，多途径培养师范生的教育技术应用意识，培养师范生深入应用教育技术的能力，构建面向师范生的教育技术能力评价体系，促进师范生教育技术能力自主发展。在研究层面要加强现状研究与应用研究，优化师范生教育技术能力培养效果。

关键词：师范生　教育技术能力　能力培养

教育技术的理论与实践是教师专业发展的重要内容，教育技术能力本身是教师专业能力的基本构成。2004 年底，为了提高广大中小学教师教育技术应用能力和水平，教育部下发了《中小学教师教育技术能力标准（试行）》，并要求各地结合实际认真贯彻实施。该标准是新中国成立以来颁布的第一个教师专业能力标准。高等师范院校的毕业生是我国中小学校教师的主要来源。在“职前教育”阶段利用师范院校系统的教育资源，培养师范生的教育技术能力对于从根本上提高我国中小学教师教育技术能力的整体水平有着重要意义。本文将

［作者简介］　郑燕林，女，教育技术学博士，东北师范大学传媒科学学院副教授，研究方向为教育信息化、现代远程教育；李卢一，男，教育技术学博士，东北师范大学教育科学学院讲师，研究方向为教育技术基本理论、教育信息化。

* 本文系东北师范大学人文社文科学青年基金项目（项目批准号：08QN041）阶段性成果。

讨论如何从意识层面、操作层面、研究层面多方位关注、推动师范生教育技术能力的发展。

一、意识层面——重视师范生教育技术能力培养

在意识层面，无论是师范大学还是师范生本人都要充分重视师范生教育技术能力培养的重要性。

首先，教育技术能力是教师必备的专业实践能力。教育技术专家何克抗认为，要提高教师的专业化水平，关键因素之一是要提高教师应用教育技术的能力，这是因为教育技术能力的核心内容是教学设计，而教学设计是把教学理论、学习理论与教学实践紧密结合在一起的桥梁科学，它要依据教学理论和学习理论对整个教学过程、教学活动、教学步骤进行科学而具体的规划，可以为广大教师提供一套有效且可操作的策略与方法。教育技术能力是任何学科的教师都必须具有的能力，也就是“如何进行教学的能力”[1]。

第二，目前我国各级各类学校教师的教育技术应用能力远不能适应时代发展的要求，教师普遍缺乏教育技术素质已经成为推进教学改革的瓶颈，提高教师的教育技术能力已经成为教学改革过程中亟待解决的问题[2]。对在校师范生的教育技术能力培养质量直接影响到他们在未来的教学生涯中是否能够在实际教育教学过程中有效地应用与发展教育技术。

第三，师范生教育技术能力培养是我国教师教育信息化的重要内容。教育部于 2002 年 3 月提出《关于推进教师教育信息化建设的意见》，指出当前信息化已经引起中小学教育思想、观念、内容、方法等方面的深刻变革，需要建设一支数量足够、质量合格的具有较高信息素养的中小学师资队伍。教师教育信息化的核心目标就是要培育出适应信息化教育综合需求的教师队伍，培育出既懂现代信息技术，又懂信息化教学理论，并能开展信息化教学实践的“多面手”教师，其核心体现正是基于现代教育思想、教学理论与现代信息技术支持的教育技术能力。《关于推进教师教育信息化建设的意见》不但明确提出“加强师范院校信息技术和教育技术等专业建设，培养、培训适应普及信息技术教育需要的中小学教师”，而且强调“探索通过双学位、主辅修及加强选修课等形式”，培养能胜任信息化教学工作的中小学教师，强调“师范院校要开设信息技术和现代教育技术公共必修课，加强师范院校信息技术相关公共课程教育教学改革和教材建设”，以全面提升师范生的教育技术能力。

第四，相对于对在职教师进行的“亡羊补牢”型的教育技术能力培训，无论是在课程设置还是在时间安排上，对师范生的教育技术能力培养可以做得更

为全面而系统。师范院校本身拥有比较系统、优质的教师教育技术教育资源，包括教育技术专业教师、教育技术专业课程及相关教学资源等，师范专业的学生可以比较系统地学习教育技术专业的理论知识，并将之整合到学科专业学习中去，可以为未来的教育技术的整合性有效应用奠定一定的基础。由此，发展师范生的教育技术能力是有效提升我国中小学教师的整体教育技术能力水平的根本性和基础性的措施。

第五，当前师范生教育技术能力发展在培养模式、课程设置、资源建设等方面存在着比较多的亟待解决的问题。虽然我国已有许多师范院校、师范专业开设了现代教育技术公共课，但是这些公共课在与学科教学的关联性方面、教学实践性方面、课时设置方面都存在着一定的问题。许多课程强调得更多的是教育技术理论知识和一般化的教育技术能力，而与师范生未来要从事的学科教学的关联性比较弱，而且课时较少，即使是关于教育技术理论的教学也多是流于表面，学生很少有机会运用所学知识去设计学科教学，不能充分地掌握所学知识。另外，虽然我国已经发布了《中小学教师教育技术能力标准》，但如何利用该标准来指导师范生的教育技术能力培养过程，如何将之整合到培养课程中去，这在当前的研究中并没有受到应有的关注。因此，实际上，绝大多数师范生从现代教育技术公共课中受益的可能只是学分的获取，而不是知识的积累与能力的提升。由此，重视师范生教育技术能力的培养，研究师范生的教育技术能力发展中存在的问题以求解决其中存在的问题，这对于切实提升我国师范生的教育技术能力有着较为重要的意义。

二、操作层面——构建科学的培养体系，促进师范生的自主发展

在“师范生教育技术能力培养”的操作层面，重在构建科学的培养体系，促进师范生教育技术能力的自主发展。一个完整的能力培养体系一般包括目标体系、内容与资源体系、方法与策略体系、人力资源体系、管理体系与评价体系。本文主要讨论在操作层面构建师范生教育技术能力培养模式，多途径培养师范生的教育技术应用意识，培养师范生深入应用教育技术的能力，构建面向师范生的教育技术能力评价体系，促进师范生教育技术能力自主发展。

（一）构建合理的师范生教育技术能力培养模式

首先，有效的培养模式应该可以支持师范生的多种学习方式，可以为师范生提供多样化的学习支持平台。例如，支持师范生进行基于案例的探究式学

习、或协作学习、或自主的个别化学习等，可以采用传统的课堂教学方式为师范生提供一些面授课程，利用网络平台为师范生提供一些教育技术相关的网络课程，可以在高师院校中建设教育技术应用基地（如在微格教室内实施），可以跟中小学联合创办“教育技术应用实践基地”为师范生提供观摩、反思、实践教育技术应用的机会。

其次，要充分重视培养模式中的教育技术实践环节建设。教育技术能力本质上是一种教学实践能力，是一种用教育技术方法解决具体教育教学问题的能力。教学实践是检验教育技术能力的重要途径。在培养模式中要重视教育技术实践环节，一方面学校要加强多媒体课件制作、教学媒体应用等教育技术实践类课程的开设，提高师范生的信息化资源建设等实践能力。另一方面，要通过信息化学科教学设计、微格教学、教育见习、教育实习等多种方式为师范生提供教育技术的实践机会。

再次，高师院校的教育技术专业教师与各学科教师要加强联系与合作，共同为师范生提供教育技术能力培养的资源与支持。如果仅靠教育技术专业教师来培养师范生的教育技术能力，容易让师范生对教育技术的理解与应用停留在比较表面的层次。高师院校各学科的教法教师有非常强的学科教学设计能力，可以与教育技术专业的教师合作培养师范生的信息化教学设计能力，使师范生能够在学科教学设计中深入整合对信息技术的应用。通过教育技术专业教师与学科教师的合作，使师范生在教育技术应用中更多地考虑学科的实际需要与特点，在学科教学中更科学、更合理地应用教育技术。

（二）多途径培养师范生的教育技术应用意识

培养师范生的教育技术应用意识，可以有多种途径。一个根本途径是进行专门的教育技术教育。由于师范大学具有比较系统的教师教育技术资源，师范专业的学生可以比较系统地学习教育技术专业的理论知识，并将之整合到学科专业学习中去。另外，师范大学应尽可能地为师范生提供体验教育技术、讨论教育技术、应用教育技术的机会。例如，师范大学本身可以强调大学教师对现代教育技术的应用，使师范生能时刻在教育技术环境中体验教育技术带来的好处，在现代教育技术环境下改善自己的学习方式，形成终身学习的意识，可以通过在大学内举办教育技术相关讲座、学术报告，开设教育技术网络讨论区等多种方式，使师范生深入了解、思考教育技术的相关问题，可以举办与教育技术能力相关的比赛，为师范生提供与中小学教师在教学设计、教学媒体设计、教学资源开发等方面进行合作、交流的机会，为师范生提供更多的实践机会。

（三）培养师范生深入应用教育技术的能力

近年来，信息技术的飞速发展不仅带来了教育形式和学习方式的重大变化，也对教育思想、观念、模式、内容和方法产生了深刻的影响，信息技术在教育教学领域的应用也受到了越来越多的关注。然而，信息技术本身属于技术学科，其研究对象是信息，研究范畴是对信息的获取、存储、分析、加工、变换、传输与评价[2]。如果没有与教育相关的理论及方法的指导，信息技术在教育教学中就不能发挥任何作用。英特尔公司首席执行官克瑞格·贝瑞特博士指出："如果教师不了解如何更加有效地运用技术，所有与教育有关的技术都将没有任何实际意义。计算机并不是什么神奇的魔法，教师才是真正的魔术师。"教师不仅需要掌握关于技术本身的"专业知识"，而且需要熟悉技术在教育教学中应用的"实践性知识"，这种实践性知识正是教育技术所赋予的。

教育技术的"三深入"——深入教学、学入学科、深入课堂意味着要深入理解教育技术的内涵，深入理解如何应用教育技术促进"信息技术与课程整合"。教育技术的深入应用应以促进教学思想、教学方式的变革为重要标志，以切实促进"信息技术与课程整合"为重要目标，而不是对信息技术的简单运用。师范生应多从"三深入"的角度理解教育技术的内涵及教育技术应用的策略与方法。

教育技术能力是一种与学科教学紧密相关的实践能力。不同的学科对于教育技术的应用有着不同的需求。在学科教育技术资源建设中要特别关注对案例资源的建设。学科教学中的教育技术应用案例可以为师范生在理论学习和应用实践之间架起一座桥梁，将师范生引入到教育技术应用实践的"真实"情境中。师范生可以通过对教育技术在实际学科教学中的应用案例的观摩、分析、研讨来反思教育技术应用策略，来提高自身在教育技术应用方面的决策能力与行动能力。

（四）构建师范生教育技术能力评价体系

以《中小学教师教育技术能力标准》去指导、规范对师范生的教育技术教育有着重要的意义。教育技术能力是一种实践能力，一方面，这种能力需要在长期的教学实践中得以积累与提升，另一方面教学实践也是检验教育技术能力的最可靠的途径。然而作为职前教师的师范生本身在接受师范教育的过程中并不可能像在职的中小学教师那样具有不断实践的机会。在实习期间也可能由于实习时间、实习环境等各方面原因而不能完全地展示自己的教育技术能力，如果完全以《中小学教师教育技术能力标准》去衡量师范生的教育技术能力水平并不现实。因此，构建合理的、适合于师范生的教育技术能力评价标准有着重要的现实意义。一方面，评价标准可以基于“中小学教师教育技术能力标准”，另一方面，又要在师范院校的教育环境下进行具体考虑。例如，可以从课程学习（包括教育技术理论学习、教学软件学习等）、参加教育技术实践与相关比赛、教学见习、教育实习等多个方面综合考察师范生的教育技术能力，通过从各个维度构建合理的评价指标，建立一个系统的、具有可操作性的评价体系。评价体系可以用于教师对师范生的教育技术能力评价，也可以帮助师范生本人对自身的教育技术能力进行自评。

有效的教学评价对于优化教学效果可以起到诊断、激励、调控、教学、导向的作用。对师范生教育技术能力的评价要注重评价的全面性、发展性和方法多样性。评价的全面性是指要全面地评价师范生的教育技术应用意识、教育技术知识与技能、教育技术应用与创新的能力、公平利用教育技术的社会责任等。评价的发展性功能是指注重师范生教育技术能力的发展而不是简单地比较或甄别，要关注师范生的个体差异与学科需求差异，鼓励师范生进行自我评价。评价方法的多样性是指为了全面地、发展性地评价师范生的教育技术能力，既要掌握量化评价方法，也要熟练使用质性评价方法。要注意应用过程性评价方法，可以为师范生建立教育技术能力成长档案，如可以通过“电子学档”（e-portfolio）来记录师范生的教育技术学习记录、教育技术作品、教育技术学习与应用反思等。

（五）促进师范生教育技术能力的自主发展

激发与维持师范生的教育技术能力发展动机，为师范生提供自主发展教育技术能力的机会与资源是高师院校的重要任务之一。促进师范生的自主发展是师范生教育技术能力培养的重要途径之一。师范生本人应充分认识到教育技术能力作为教师专业能力的基本构成在教育教学实践中的重要性，在接受职前教育期间充分利用一切可以利用的教师教育技术资源，掌握教育技术的基本理论与方法，积极参加教育技术实践，自主发展教育技术能力。应该通过多种途径支持、促进师范生对自身的教育技术能力发展进行自主规划、自主设计、自主实施、自主评价与自主调控。比如可以引导师范生正确认识教育技术与教师专业发展的必然联系，引导师范生在职业生涯规划中关注教育技术能力的发展，引导师范生构建教育技术能力自主发展规划。

三、研究层面——加强现状研究与应用研究、优化师范生教育技术能力培养效果

近年来，师范生教育技术能力培养已经受到了越来越多的研究者的关注。

系统的、科学的研究可以有效发现、分析、解决师范生教育技术能力发展中存在的问题，其研究成果有望应用于师范生教育技术能力培养体系的构建与改善。加强师范生教育技术能力培养的相关研究，尤其是“加强现状研究”与“加强应用研究”，对于优化师范生教育技术能力培养效果，提高师范生的教育技术能力水平有着重要意义。

“加强现状研究”旨在深入了解当前师范生的教育技术能力现状以及能力发展中存在的主要问题，为师范生教育技术能力培养体系的构建与改善提供最直接的依据与现实支持。现状研究包括通过文献检索与调查研究大范围了解国内师范院校面向非教育技术专业的师范生的教育技术课程设置、资源建设、培养模式、课时安排、培养效果、存在的问题等基本情况，调查师范生在教育见习、微格教学训练中对教育技术应用的观摩、应用与反思情况，调查师范生在教育实习中教育技术的应用现状、教育技术能力现状、遇到的困难及相关的反思，跟踪调查毕业的师范生在实际教育教学中教育技术应用情况与能力现状。

“加强应用研究”包括两个方面的含义：一是加强对教育技术本身的应用研究，二是加强对“师范生教育技术能力培养模式”的应用研究。加强“对教育技术本身的应用研究”旨在为师范生提供更为翔实的“教育技术应用案例”，为师范生教育技术能力培养体系中的“资源建设”提供有力支持，教育技术重在应用，师范生更需要从实际的教育技术应用案例中去观察、体验、分析教育技术的应用，而不是“纸上谈兵”，局限于理论探讨。但是目前国内大多数关于教育技术应用的研究仍然停留在理论层面上探讨现代教育技术的应用优势、应用前景、应用原则、方法或策略。如当前关于“现代教育技术在学科教学的应用”的研究成果几乎都提到了信息技术的应用优势、教学内容的数字化、多媒体化等特征，但少有具体的论证（实验过程）去证明信息技术是否确实在教学中起到了优化教学的作用？数字化、多媒体化教学内容是否确实比传统媒体（比如纸质教材、黑板）所呈现的教学内容更有效？教育技术并不是对现代教学媒体（信息技术）的简单应用，教育技术能力在意识、知识与技能、应用与创新、社会责任方面有着深刻的内涵。如果仅仅从以计算机技术、网络技术为代表的信息技术本身的优势去理解教育技术应用的优势与意义，就无法从本质上理解、把握教育技术的内涵。加强对教育技术的应用研究，为师范生提供有实验支持的、有实际应用价值的教育技术应用策略，为师范生提供生动的教育技术应用案例（可以是有效应用的案例，也可以是一些值得修正与完善的案例），对于优化师范生教育技术能力培养效果有着重要价值。加强“对师范生教育技术能力培养体系的应用研究”，旨在研发具有一定通用性、实用性与推广价值的“师范生教育技术能力培养体系”。一个培养体系的有效性需要通过长期的研究来验证。通过实验研究、调查研究、对比研究、毕业生跟踪研究等各种方法深入研究已有“师范生教育技术能力培养体系”的应用现状、应用效果，对于师范生教育技术能力培养体系的修正与完善有着重要意义。

四、结束语

师范生教育技术能力培养是我国教师教育信息化的重要内容，对于从根本上提高我国中小学教师教育技术能力整体水平，推进我国教育信息化进程有着重要意义。师范生的教育技术能力培养是一个系统化工程，不但需要国家的政策支持，也需要一定的人力、物力与资金投入，需要从理论引导到技术支持，从培养体系的构建到教育资源建设，从合理评价标准的建立到评价方法的选择，从软、硬件基础设施的建设到师资队伍水平的提升等各方面的努力。只有整合了各方面的努力才能真正有效地推动师范生教育技术能力的发展。本文从意识层面上要重视、操作层面上要构建合理的培养体系、研究层面上要加强现状研究与应用研究三个角度讨论了推动师范生教育技术能力培养的必要性，并提供了相关的一些策略与建议。期望本文可以为研究、关注师范生教育技术能力培养的相关人士提供一些有益的参考。

参考文献

[1] 何克抗．正确理解“中小学教师教育技术能力培训”的目的、意义及内涵 [EB/OL] http：//www.etc.edu.cn/academist/hkk/zhengquelijie05.htm.

[2] 教育部师范教育司组织编写．教学人员教育技术能力标准解读 [M]. 北京：北京师范大学出版社，2005：13—14.

2008 年实习生教育技术能力发展现状访谈报告

闫　超　姬长全　郑燕林

摘　要： 基于对九台、舒兰、恒仁、公主岭、双阳和安达六个地区 16 所实习基地学校的53 位东北师范大学实习生的访谈结果分析，旨在了解实习生的教育技术能力发展现状。访谈结果表明：(1) 多数实习生在实习过程中能够关注教育技术的应用；对于教育技术的应用持积极态度；(2) 在外界支持方面，实习生期望师范大学加强教育技术实践类课程的设置；(3) 几乎所有实习生都表示在未来的教育教学过程中会继续关注教育技术的应用，并有一定的教育技术能力提升计划。

关键词： 实习生　教育技术能力　发展

一、前　言

为了了解 2008 年本科应届毕业生的教育实习情况，东北师范大学组织了教育实习调研，实习生访谈是其中的一项重要工作。对于师范生而言，教育实习是“师范生理论联系实际的重要途径，是师范生综合运用所学知识、技能解决实际问题的过程，是师范生在具体真实的教育情景中感受由学生到教师的角色转换，逐渐培养教师的职业意识、职业情感、职业道德、职业技能以及职业能力的过程”[1]。教育技术能力是教师专业能力的基本构成。了解实习生的教

［作者简介］　闫超，女，东北师范大学传媒科学学院硕士研究生，研究方向为现代远程教育；姬长全，男，东北师范大学传媒科学学院硕士研究生，研究方向为现代远程教育；郑燕林，女，教育技术学博士，东北师范大学传媒科学学院副教授，研究方向为教育信息化、现代远程教育。

育技术能力发展现状，对于优化师范生的教育技术能力培养质量，促进师范生教育技术能力自主发展有着重要意义。对实习生进行教育技术方面的访谈，可以深入了解师范生在教育技术应用方面、教育技术能力发展方面存在的问题。为了更全面、更深入地了解东北师范大学实习生教育技术能力的发展现状，教育技术专题研究小组对九台、舒兰、恒仁、公主岭、双阳和安达六个地区的实习基地学校进行了抽样调查。研究小组将一些无法通过问卷调查了解的问题，设计为访谈提纲，把访谈所得内容，作为本研究的重要事实依据。对实习生的访谈内容包括：(1) 实习生在实习教学中对教育技术的关注程度；(2) 实习生的教育技术应用感想；(3) 实习生对师范大学教育技术课程设置方面的期望与建议；(4) 实习生在未来的工作与学习中对教育技术的关注度。

二、访谈取样

本项研究的访谈对象是东北师范大学 2005 级师范专业本科赴九台、舒兰、恒仁、公主岭、双阳和安达六个地区实习的实习生。本项研究对 16 所学校的 53 名东北师范大学实习生进行了半结构式访谈。其中历史专业 7 人，地理专业 6 人，政治专业 6 人，中文专业 5 人，英语专业 5 人，心理学专业 2 人，计算机专业 2 人，生物专业 4 人，化学专业 6 人，物理专业 6 人，数学专业 4 人。

三、访谈结果

访谈发现，对于即将走向工作岗位的新一代师范生，他们在教学过程中给予教育技术一定程度的关注。多数实习生对多媒体教学的使用效果给予肯定的态度，他们认为多媒体的使用能够提高学生的学习兴趣，优化教学效果，提高教学质量；在教学过程中使用多媒体展示教学内容，可以以直观的形式帮助学生理解。也有部分实习生对多媒体教学取得的效果不是很满意，如教学速度快、重要的知识点不如通过板书展示、课件制作浪费时间、会分散学生注意力等弊端。同时，实习生对师范大学帮助自己提高教育技术能力提出几点建议，包括加强上机操作能力的培养，学习制作课件的相关软件，理论结合实践共同学习等。

访谈结果表明，实习生能够较好地运用多媒体进行教学，但由于实习基地教学设备的配置还有待提高，很多实习生在实习过程中很难充分发挥自己的教育技术能力。

（一）实习生对教育技术应用的关注情况

随着教育信息化的发展，在校师范生教育技术能力培养已经成为基础教育不可或缺的能力之一。师范生对教育技术的关注程度是教育技术应用的前提，如果应用教育技术的意识不强烈，应用教育技术的态度不积极或者抵制教育技术的应用，就无法谈教育技术提高教学效果和效率。通过对实习生的访谈，发现他们对教育技术应用情况的关注有不同的看法。大部分实习生认为使用多媒体设备教学只是一种辅助手段，讲课不一定使用这些教学工具，其中，教语文课程的实习生认为“语文教学更多的是让学生自己体会，多媒体教学不一定会有效”。部分实习生在谈到对教育技术应用情况的关注时，认为教育技术挺重要，并且在此次实习过程中使用的多媒体课件都是自己制作的，他们在教学中愿意或者有意识到网上或者学校图书馆等资源中心去检索动画、图片、文字等教学资源，有意识地去制作动画、图片、文字等教学资源。多数实习生认为“如果没有多媒体我们的生物课很难进行下去”；“实习后，觉得教育技术还是很重要的”。实习生对教育技术的这种意识和态度，对于推进教育信息化、促进教育改革有重要的作用。从访谈中我们可以发现，实习生根据不同学科有选择地应用教育技术，这对提高教学效率具有一定的帮助。但是，从访谈中得知，有的实习生平时不关注教育技术，他们认为实习阶段关注的重点应该是讲课准备是否充分，内容是否饱满，考虑课堂气氛是否活跃。有实习生认为“初、高中化学的侧重点应该是实验，用 PPT、Flash 演示教学内容很难达到理想的教学效果。也有实习生反映：“这边学校基本不使用网络。”

（二）实习生对教育技术应用的感想

在教育技术应用方面，本次访谈主要关注实习生的多媒体教学应用方面的感想。访谈结果表明不同学科的实习生对多媒体应用效果有不同的感想，在此，我们以调查结果中地理和语文学科实习生的感想为例。

1. 地理学科实习生的感想

部分地理学科的实习生认为，“用多媒体比较好，能调动学生积极性。比如漂亮的图片、加入具体的知识点会比传统的教学效果好”，“地理最好用多媒体，因为它能更好更直观地展示教学内容”。使用多媒体工具使地理课堂比较生动和直观地模拟地理现实，可以加深学生对教学内容的学习，同时还调节了课堂气氛，使课堂教学达到最佳状态。

2. 语文学科实习生的感想

与地理学科相反，语文学科的实习生认为“语文更多是一门扩展知识的学科，多媒体用起来不是很好”。多媒体计算机在丰富表象、补充文字教材不足方面具有很大作用，但是不能因此忽视语言逻辑的作用，语文是一门需要学生充分理解课文意境的学科，如果通过图片展示课文内容，就会限制学生的思维能力和想象力。

除不同学科的实习生对多媒体的应用效果有不同感想外，23%的实习生认为如果过分注重多媒体工具的使用，会使学生的学习兴趣发生迁移；教师如果过分追求视觉形象，在课件内容中加入动画、视频、图片、音乐等，反而会分散学生注意力，降低教学效果，把多媒体的优点变成缺点。还有实习生反映，使用多媒体进行教学，由于教学速度快，跟走马观花似的，学生在教师使用多媒体过程中处于看热闹状态，对于要掌握的内容他们没有学到，只是当时感觉兴趣高昂，但课后头脑里的知识点并没有记下多少，而老师的教学内容全部在课件上，课件演示之后，知识点就不再呈现，这样不如传统教学把教学的重难点和知识框架在黑板上写出来，有助于学生记忆。

从上述访谈结果中我们可以看到，使用多媒体进行教学，教师可以创设一个生动活泼的教学氛围，帮助学生营造一个轻松的学习环境，从一定程度上消除学生听课造成的疲劳和紧张，使学生的智力因素和非智力因素交互促进、共同发展；学生可以在良好的状态下，自主地、积极地学习，从而取得较好的教学效果；在所教知识内容上，多媒体教学能使抽象变为具体，复杂变为简单，化难为易。

（三）实习生对师范大学教育技术课程设置方面的建议

当前我国教育新课程改革的全面推进和实施迫切要求广大中小学教师提高教育技术应用能力，作为即将成为一名园丁的实习生也深刻地认识到了这一点。对于如何加强师范生的现代教育技术能力的培养，实习生们提出了几点建议：

1. 教育技术课程设置方面

从访谈中我们了解到，实习生有的上过现代教育技术公共课，有的没有上过。上过该公共课的学生反映“没学到太多知识”，“关于多媒体课程，基本学不到什么知识”，他们学习的内容是基本概念和基本原理，了解的是现代教育技术的基础性知识。同时该课作为一门选修课，考试形式是开卷考试，因此会出现学生对教学内容掌握不够扎实，而作为现代教育技术应用能力训练的实验教学则更加难以实现。对于这种情况，实习生认为“自己动手做一些东西可能比较好”。另外，还有实习生对教育技术的课程评价提出了自己的建议，认为

“这方面课程可以分析一些高中讲课录像”并作为教育技术课程的考试内容。因此，现代教育技术课程应该对教学内容进行改变，教学方法也应稍作改革，并且增加实用的新内容也是必要的。

2. 关于制作课件相关软件的学习

大部分实习生认为开设课件制作课程是最迫切需要的。到目前为止，实习生在实习学校使用过多媒体进行教学，他们使用的教学课件只有两种：一种是极其简单的技术，如 PPT；二是使用比较现成的课件，这些课件都是到网上或者是教学资源库里直接下载，自己制作的比较少，但是这些现成的教学课件很难真正符合自己的教学思路。对此，实习生认为“课件制作这方面是最最迫切的需要”。从访谈中我们认识到实习生真正自己动手制作教学课件时，不熟练的操作会浪费他们大量的宝贵时间，若涉及复杂一点的课件制作，更是寸步难行。因此，绝大多数实习生反映“最好能讲一些专门的技术”或者“多介绍软件怎样使用，如播放软件”，学校应该加强开设 Flash、PhotoShop、AuthorWare、几何画板等软件学习课，这是学校应该切实着手解决的问题。

3. 关于理论结合实践共同学习方面

对此有的实习生反映“平时在课堂上学习，课下很少有自己练习的机会”，也有的实习生反映“从作业中还是能学到一些东西的，因为是自己做，练习的过程中就能提高”。所以，实习生认为现代教育技术课程的开设应该是理论讲授与课程实践相结合，通过留作业的形式加强学生动手制作课件的能力，然后在教师与学生的参与下，对学生完成的作业进行评价。还有的实习生希望现代教育技术课程能“教一些比较实际的”，把理论知识的讲解与实践操作能力的培养相平衡，其中，加强学生的实践能力尤为重要。

（四）实习生在教育技术能力发展方面的计划

现代教育技术能力是 21 世纪教师必须具备的基本素质，是现代教育发展的必然趋势，不掌握现代教育技术技能的教师，就不是合格的教师。通过访谈我们可以了解到大多数实习生都表示以后会继续关注教育技术，他们会“自学”或者“参加一些培训班”以提高自己教育技术方面的知识和能力，实现与传统教学方式的完美结合。采取自学的实习生会“通过上网或者和朋友交流获得这方面知识”或者“投入资金订阅杂志、专著、心理学方面的书籍，上网看一些课堂讲课实例或学习课件制作”。

由此可见，实习生愿意积极学习信息技术、利用网络等技术资源进行终身学习，这表明东北师范大学在实习生教育技术意识和态度方面的培养是成功的，在师范生教育实习方面开展的工作是积极有效的。

四、反思与建议

（一）明确教育技术能力培养目标，加强教育技术理论和实践双结合

通过此次访谈调研我们可以发现实习生对教育技术概念都有一定的理解，但总体还有待提高。在访谈中提及教育技术时，实习生普遍认为教育技术很重要，但大部分实习生把现代教育技术能力理解为使用多媒体进行教学的能力。出现这种情况是因为实习生没有从本质上认识和领会教育技术在教育教学中的作用。

因此，在培养师范生教育技术能力时，可以组织师范生利用计算机辅助学习软件进行自学、练习和自测以及运用信息技术尤其是网络技术进行教学模式改革，鼓励学生进行小组学习、合作学习。并且有必要加强师范生在新的信息技术环境下，树立现代教学理念，掌握现代教学方法，尤其是网络环境下的新的教学模式训练，注重师范生的合作交流意识和能力培养，不但对实习生授之以“鱼”，更要授之以“渔”。同时，也可以聘请一些大中小学的教学名师和教育技术名人为师范生亲身示范，帮助师范生实现教育技术理论和实践的有效结合。而且师范生的理论学习应该与中小学的现实条件接轨，不要脱离实际，从而使他们的实际操作过程更加得心应手。

（二）建立新型实习基地，严格教育技术能力方面的教育实习成绩考核

实习生在实习阶段，教学技能、教学方法都有很大提高，但是实习生的教育技术能力没有得到明显发展。限制实习生教育技术能力发展的因素可以从两个方面来分析，一方面是教育实习基地问题，它是制约实习生教育技术能力发展的一个主要因素。另一方面是关于实习期间教育技术能力的考核问题。实习生实习阶段对教育技术能力的培养重视程度不够或者没有予以重视，师范院校缺乏相应的考核措施和考核制度，这样使实习生无形中放松了自己对教育技术能力发展的要求。

结合以上两方面，我们应该采取相应的措施。第一，在选择教育实习基地时，应尽量选择信息资源配置先进的学校，使实习生能在一个良好的教学条件下发挥自己的教育技术能力；第二，在教育实习成绩的考核上，应把实习生在教学中教育技术能力的发挥作为教育实习成绩考核的一部分，以此来促进实习生教育技术能力的发展。学校要定期组织相关人员到实习学校检查学生的教育技术应用情况，及时处理实习过程中出现的有关教育技术方面的问题。

（三）完善学习硬、软件设施配置，培养实习生教育技术应用理念

在访谈的53名实习生中，几乎半数实习生上课不使用多媒体进行教学。出现这种情况的原因在于两个方面：第一，学校设备的配备状况不理想；第二，实习生存在一种观念即认为使用多媒体教学不如传统教学方式优越。

由此，一方面应采取的解决方法是加大政府对教育的重视程度，加强学校硬件、软件建设，完善中小学现代化教学设备配置。另一方面，可以将2001年6月教育部颁布的《基础教育课程改革纲要（试行）》和2004年12月我国颁布的《中小学教师教育技术能力标准》两者相结合，加强对实习生现代教育技术能力的培养，这对在传统课程环境下成长起来而又面对新课程改革的师范生来说，无疑是一个巨大的挑战。因此，师范生的培养应以新课程理念为指导，转变传统教育观念，形成现代教育理念。教育技术的应用不仅仅是使用多媒体进行教学，教学理念的转变是最重要的。作为新一代的教师，必须摒弃旧的教育理念，把握教育发展的内在规律和时代特征，树立现代教育实践和教育发展的观念。

（四）树立正确的多媒体教学观，完善现代教育技术课程体系

虽然实习生普遍认为应该把多媒体教学作为一种辅助教育的工具和手段引入到教学过程中。但是，从访谈中我们发现，实习生对现代教育技术的基本理论和基本技能缺乏足够的理解，难以恰当地选择教学媒体并进行教学设计。

现在师范生接受教育技术能力教育的方式主要是通过选修现代教育技术公选课，由于课时限制等原因，该课程主要以教师讲授理论为主，学生对此没有兴趣，理解不深刻，更不用说在实践中的熟炼运用。因此，学校在现代教育技术公共课教学中应充分体现现代信息技术及其应用能力培养。现代教育技术公共课教学的主要目标应该是培养学校师范生的实际应用能力，所以在教学内容的安排上，应合理调整教学内容，突出实际应用能力培养，让学生初步掌握教育技术的基础理论，现代教育媒体的操作使用方法，教学软件的设计、开发、制作技能，信息处理能力，教学设计能力，现代教育技术与专业学科整合能力等六个方面的知识能力。

（五）加强实习生信息素养培养，提高信息技术和课程整合能力

大部分实习生反映，多媒体教学应该根据不同的教学科目有选择的使用，这说明实习生能够把教学媒体的选择作为教学过程中的一个因素。但是，如何能够让实习生在新课改的要求下更好地完成教学目标呢？在此，研究小组对师范生的培养提出两条建议：第一，学校应加强对学生信息素养的培养。所谓信

息素养，南京师范大学的张义兵、李艺两位专家的观点是：从技术视野看，信息素养应定位在信息处理；从心理学视野看，应定位在信息问题解决；从社会学视野看，应定位在信息交流；从文化学视野看，应定位在信息文化的多重建构能力。[3]作为即将成为中小学教师的师范生，信息素养的培养对他们的教育教学能力具有重要意义。如果师范生能够具有对信息进行查找、识别、利用、加工、评价、创新、管理的知识、能力及观念、情感、意识、心理等各方面基本品质，这对师范生适应信息化社会具有很大优势。第二，提高师范生的信息技术与课程整合的水平。华南师范大学教育技术研究所的李克东教授对信息技术与课程整合下的定义是：信息技术与课程整合是指在课程教学过程中把信息技术、信息资源、信息方法、人力资源和课程内容有机结合，共同完成课程教学任务的一种新型的教学方式[4]。如果师范生在教学过程中能够很好地把信息技术融入到教学过程中，使信息技术在不同的教育环境中扮演不同的角色，这对实现新课改的教学目标将有极大的帮助。

（六）加强教育实习的岗前培训，提高实习生教育技术应用与创新能力

在师范生走进实习学校之前，让他们掌握中小学教育技术教学和使用的一般规律和要求；通过对教育技术发展情况的介绍分析，使实习生掌握实习面对的教育技术的社会环境和可能遇到的问题；通过对应用教育技术教学的心理以及学校多媒体教学的软硬件环境等的介绍分析，引导师范生调整自己的应用教育技术教学的心理预期，有准备地奔赴中小学进行实习。

在整个培养过程中，让师范生根据自己的需求，灵活安排一段时间，利用各种资源进行自主学习、自主实践、自主评价和自主完善。这种方式需要教师首先提出相关计划，然后再让其自学研修、实践体验，教师再进行指导，最后由学生自己进行反思总结。

为了优化教学过程，提高教学效果，学生应该熟练操作教学媒体，不断进行上机实践练习。因此学校应根据实际需要为师范生提供硬件和软件资源，向师范生定期免费开放机房，以此促进学生的媒体操作和使用能力。在提高师范生教育技术能力的同时，也要加强师范生课件制作的创新能力，学校可以通过开展课件制作竞赛，来调动师范生制作课件的积极性和创新性。

师范大学在加强师范生学科专业知识与基本教学技能培养的同时也应关注师范生的教育技术能力发展，使师范生的教育技术能力教育顺应时代发展的要求，以《中小学教师教育技术能力标准（试行）》为目标，使我们的师范生一走出校园就能成为一位具有较高教育技术能力水平的教师。

参考文献

[1] 郭民．教育实习存在的主要问题及对策研究 [J]．内蒙古师范大学学报：教育科学版，2008，21 (1)：112.

[2] 国家教育部．中小学教师教育技术能力标准（试行）．教师 [2004] 9号 [S]．2004.

[3] 冯伯虎，彭菊花．现代教育技术与师范生的信息素养 [J]．中小学电教，2005 (05)：17.

[4] 李克东．信息技术与课程整合的目标和方法 [J]．中小学信息技术教育，2002 (04)：22—23.

[5] 戴心来，任英杰．师范生教育技术能力培养的策略分析 [J]．现代远距离教育，2007 (03)：25—27.

[6] 成玲．对师范生教育技术能力培养中存在问题的思考 [J]．软件导刊：教育技术，2008 (03)：62—63.

2008年实习生教育技术能力现状调查

郑燕林　张　冰

摘　要：基于问卷调查与访谈研究，对东北师范大学2008年实习生教育技术能力现状的调查表明：(1) 实习生教育技术应用意识水平有待提高；(2) 实习生在教育技术知识与技能方面的准备存在不足；(3) 实习生的教学设计水平整体较高，但在个别环节还须提高；(4) 实习生的信息化教学媒体应用水平有待提高；(5) 实习生的信息化教学资源建设能力水平有待提高；(6) 实习生在教育技术的深入应用方面还需努力；(7) 部分实习学校未能为实习生的教育技术应用提供充分条件；(8) 现有的师范生教育技术能力培养途径尚需完善。

关键词：实习生　教育技术能力　现状

一、问题的提出

教育技术能力是教师专业素质的必要组成部分，是教师必须具备的基本能力。然而，目前我国各级各类学校教师的教育技术应用能力远不能适应时代发展的要求，教师普遍缺乏教育技术素质已经成为推进教学改革的瓶颈，提高教师的教育技术能力已经成为教学改革过程中亟待解决的问题。[1]高等师范院校的毕业生是我国中小学校教师的主要来源。在校师范生的教育技术能力培养质量直接影响到他们在未来的教学生涯中是否能够在实际教育教学过程中有效应用与发展教育技术。因此，研究师范专业学生教育技术能力的发展，在当前重视师资建设、推进素质教育、推动教育信息化、深入教育改革、构建学习型社会的大背景下具有较为重要的意义。

[作者简介]　郑燕林，女，教育技术学博士，东北师范大学传媒科学学院副教授，研究方向为教育信息化、现代远程教育；张冰，女，东北师范大学传媒学院硕士研究生，研究方向为现代远程教育。

2008 年 9 月至 11 月，东北师范大学在 2008 年教育实习调研行动中专门对实习生教育技术能力现状进行了调查，以期深入了解师范专业学生的现有教育技术能力水平，发现师范专业学生教育技术能力发展中存在的问题。

二、调研内容与方法

（一）调研内容

参照教育部颁布的《中小学教师教育技术能力标准》，结合总的调研计划安排，本次关于实习生教育技术能力现状的调查项目主要包括：

（1）实习生的教育技术应用意识。

（2）实习生的教育技术知识与技能准备情况。

（3）实习生的教学设计能力水平。

（4）实习生实习期间信息化教学媒体使用情况与效果。

（5）实习生实习期间信息化教学资源开发与应用状况。

（6）实习指导教师对实习生教育技术能力的综合评价。

（7）实习生实习期间教育技术应用方面存在的困难。

（8）实习生在教育技术能力发展方面对外界支持的期望。

（二）研究方法与过程

调研主要依照问卷调查与访谈方式。问卷数据采用 SPSS 软件统计分析，部分图表由 EXCEL 进行处理。问卷调查共回收实习生问卷教育技术相关有效问卷 306 份；回收实习指导教师问卷教育技术相关有效问卷 237 份；回收实习校学生问卷教育技术相关有效问卷 1238 份。在访谈方面，共对分布在 16 所实习学校的 53 名实习生，对 17 所实习学校的 46 位实习指导教师进行了教育技术相关的半结构式访谈。

三、调研结果分析

（一）实习生教育技术应用意识

问卷调查表明，绝大多数实习生（65.7%）认为教育技术的应用对于优化教学效果有重要意义，8.5%的实习生认为没有太大意义或完全不重要，另有 25.8%的实习生认为教育技术的应用对于优化教学效果的重要程度“一般”。67.3%的实习生明确表示自己在实习前有意识地进行了教育技术知识与技能方面的准备。

根据访谈结果，部分实习生在实习前并没有特别关注教育技术的应用（虽然有所准备，但也停留在对“锦上添花”的期望上），但在实习后认为教育技术非常重要。几乎所有接受访谈的实习生都表示在今后的教学工作中将关注教育技术的应用。可见教育实习对于实习生教育技术应用意识与态度水平的提升有着积极的促进作用。

(二) 实习生教育技术知识与技能准备情况

1. 实习生实习前学习教育技术知识与技能的途径

如图1所示，据对“实习前学习教育技术知识与技能的途径”的问卷调查结果显示：74.1%的实习生利用“现代教育技术共同课”作为学习途径；65.9%的实习生通过选修教育技术专业课程学习教育技术知识与技能；近一半的实习生还选择“自学”途径；1/4左右的实习生通过教育技术短期培训、参加教育技术讲座来拓展自己的教育技术知识与技能，另有7.9%的实习生还通过其他方式来补充自己的教育技术知识与技能。

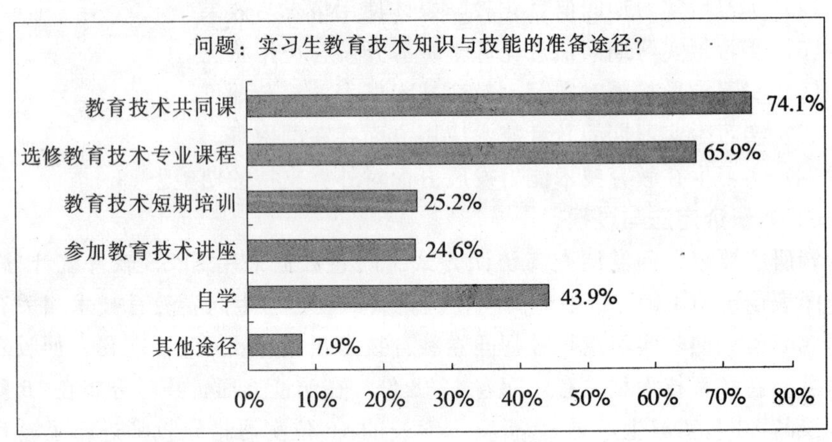

图1 实习生实习前学习教育技术知识与技能的途径

2. 实习生实习前教育技术知识与技能准备的内容

如图2所示，在教育技术理论知识维度，74.5%的实习生在教育技术基本理论方面有一定准备，58.2%的实习生学习过教学设计的理论与方法；在教育媒体应用方面，49%的实习生学习过教学媒体应用方面的知识与技能，73.5%的实习生具有计算机基础知识，35.6%的实习生专门学习过计算机网络应用的知识与技能；在教学资源处理技能方面，37.6%的实习生学习过多媒体课件设计与开发方面的知识，21.9%的实习生学习了多媒体素材制作方面的内容，22.2%的实习生会使用AuthorWare制作课件，24.8%的实习生会使用Flash制作课件。

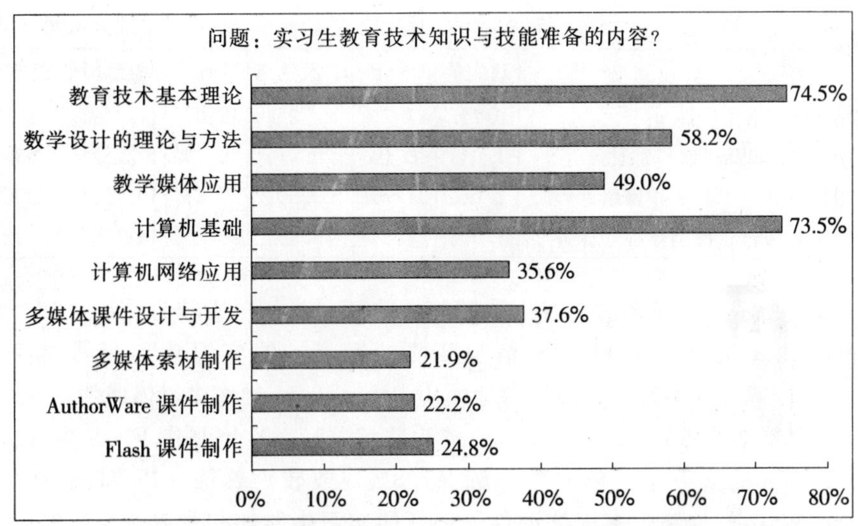

图2　实习生实习前教育技术知识与技能准备的内容

3. 实习生在教学媒体运用方面的准备

表1　实习生在教学媒体使用技能方面的准备情况

	缺失值	不会	不太熟练	一般	熟练	非常熟练
传统教学媒体（粉笔＋黑板、模型、挂图等）	0.3%	0	1.0%	22.5%	39.2%	36.9%
常规电教媒体	0.3%	0.3%	4.6%	32.4%	40.5%	21.9%
计算机多媒体	0.3%	0	3.9%	23.5%	46.7%	25.5%

如表1所示，76.1%（非常熟练比率＋熟练比率，以下同）的实习生能够熟练地使用粉笔、黑板、模型、挂图等传统教学媒体，62.4%的实习生能够熟练地使用录音机、电视机等常规电教媒体，72.2%的实习生能够熟练地使用计算机多媒体。

4. 实习生教学信息资源获取与处理技能方面的准备

表2　实习生在教学信息资源获取与处理技能方面的准备

	缺失值	不会	不太熟练	一般	熟练	非常熟练
使用网络获取教学资源的技能	0.7%	0.3%	3.9%	18.0%	46.1%	31.0%
使用 PowerPoint 制作课件	0.3%	0	3.9%	21.2%	43.1%	31.4%

续 表

	缺失值	不会	不太熟练	一般	熟练	非常熟练
使用 Flash 制作课件	0.7%	17.3%	22.2%	35.0%	17.0%	7.8%
使用 AuthorWare 制作课件	1.6%	30.1%	20.9%	29.7%	12.7%	4.9%
使用网页制作工具制作网络课程	2.0%	31.7%	23.9%	27.5%	10.1%	4.9%
使用视频编辑软件制作视频课件	1.0%	24.8%	23.9%	29.4%	14.7%	6.2%

表 2 所示，77.1%的实习生能够非常熟练（31%）或较为熟练（46.1%）地利用计算机网络获取教学信息资源，74.5%的实习生能够非常熟练（31.4%）或较为熟练（43.1%）地使用 PowerPoint 制作多媒体课件，24.8%的实习生能够非常熟练（7.8%）或较为熟练（17%）地制作 Flash 多媒体课件，17.6%的实习生能够非常熟练（7.8%）或较为熟练（12.7%）地使用 AuthorWare 软件制作多媒体课件，15%的实习生能够非常熟练（4.9%）或较为熟练（10.1%）地利用网页制作工具制作网络课程，20.9%的实习生能够使用视频编辑软件制作视频课件。

（三）实习生的教学设计能力现状

1. 实习生对自身教学设计能力的评价

70.2%的实习生认为自己在教学目标分析方面非常熟练（17.6%）或较为熟练（52.6%），70.3%的实习生认为自己可以非常熟练（17%）或较为熟练（53.3%）地进行教学内容分析，39.7%的实习生表明自己可以非常熟练（9.8%）或较为熟练（29.7%）地把握学习者分析环节，55.9%的实习生认为自己可以非常熟练（13.4%）或较为熟练（42.5%）地设计、选择教学策略与方法，60.1%的实习生表明自己可以非常熟练（18.3%）或较为熟练（41.8%）地完成教学媒体设计与选择，44.2%的实习生认为自己可以非常熟练（9.2%）或较为熟练（35%）地进行教学评价设计，75.5%的实习生表明自己可以非常熟练（26.5%）或较为熟练（49%）地完成对完整教学方案的编写。

2. 实习指导教师对实习生教学设计能力的评价

表 3　实习指导教师对实习生教学设计能力的评价

	非常不熟练	不太熟练	一般	熟练	非常熟练
教学目标分析	1.3%	0	6.0%	47.7%	45.1%
教学内容设计	0	0.4%	9.4%	46.4%	43.8%

续 表

	非常不熟练	不太熟练	一般	熟练	非常熟练
学习者分析	0	1.7%	15.8%	50.0%	32.5%
教学方法与策略选择	0.4%	0.4%	12.0%	46.8%	40.3%
教学媒体设计	0	0.4%	12.1%	40.5%	47.0%
教学评价设计	0	1.7%	15.5%	41.2%	41.6%
教案编写	0	0	7.3%	32.9%	59.8%

表 3 是实习指导教师对实习生在教学设计能力方面的评价结果。绝大部分实习指导教师认为实习生对教学设计的各个环节都能有效把握。另外，接受访谈的大多数教师也明确表示实习生的教学设计做得比较细致，能够做到重点突出。

实习指导教师的评价与实习生的自评结果表现出一定的一致性，无论是根据自评结果还是实习教师的他评结果，都表明：(1) 绝大部分实习生对教学目标分析、教学内容分析、教案编写三个环节的把握能力比较强；(2) 在“非常熟练”的层面，“教案编写”、“教学媒体设计与选择”、“教学目标分析”、“教学内容分析”四个环节中实习生所占比率相对其他环节的“非常熟练”比率高；(3) 整体上，实习生对“学习者分析”、“教学评价设计”两个环节的把握能力相对显得较弱。

(四) 实习生实习期间教学媒体应用情况

1. 实习生实习期间应用过的教学媒体类型

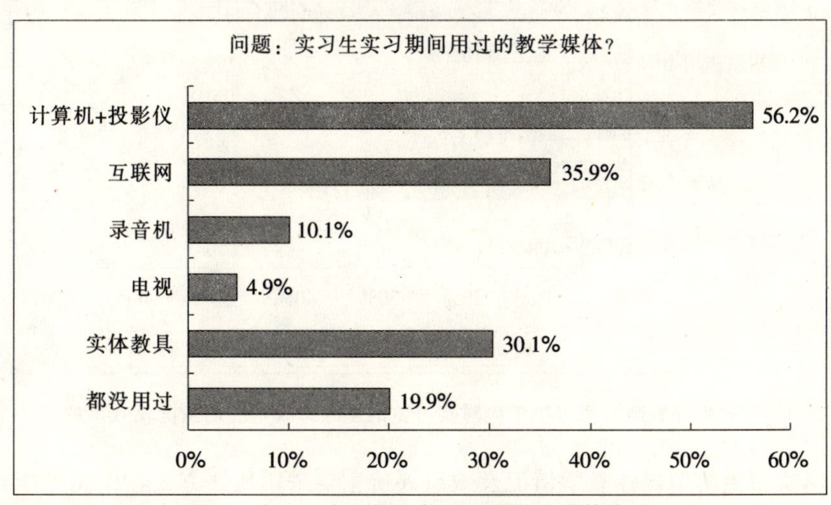

图 3 实习生实习期间使用过的教学媒体类型

如图3所示，在教学媒体使用方面，52.6%的实习生使用过计算机+投影仪，35.9%的实习生使用过互联网，30.1%的实习生使用过模型、挂图等实体教具，10.1%的实习生使用过录音机，4.9%的实习生使用过电视媒体，19.9%的实习生没有使用过以上任何教学媒体。从访谈结果看，绝大部分实习生在实习期间仍然以黑板、粉笔作为主要的教学媒体。

2. 实习生对各种影响媒体使用效果的因素的重要性评价

59.8%的实习生认为成功的教学设计对于优化教学媒体的使用效果非常重要或重要，37.3%的实习生认为其重要程度一般或不重要。51%的实习生认为较强的媒体使用技能对于优化教学媒体的使用效果非常重要或重要，46.4%的实习生认为其重要程度一般或不重要。61.8%的实习生认为实习学校具有较好的软硬件设备对于优化教学媒体的使用效果非常重要或重要，35.9%的实习生认为其重要程度一般或不重要。45.4%的实习生认为能够得到实习指导教师的及时指导对于优化教学媒体的使用效果非常重要或重要，51.7%的实习生认为其重要程度一般或不重要。由此可见，大多数实习生都能够从教学设计、自身技能水平、软硬件环境因素、外界人力支持等多个维度综合考虑影响教学媒体应用效果的因素。

3. 实习生多媒体教学效果评价（指导教师与实习学校学生评价）

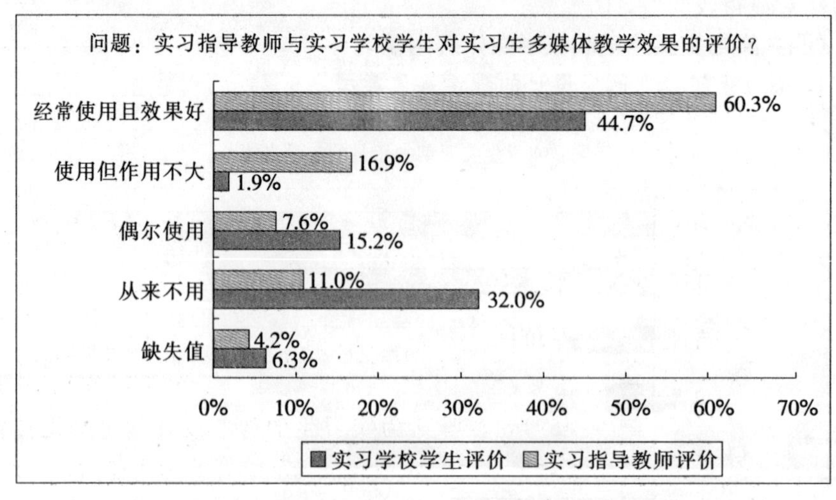

图4 实习指导教师及实习校学生对实习生的多媒体教学应用情况及效果的评价

对实习生的多媒体教学情况及效果评价主要采用他评方式，由实习指导教师及实习校学生加以评价。如图4所示，60.3%的实习指导教师表示实习生经常使用多媒体教学并且效果很好，16.9%的实习指导教师表示实习生能够使用多媒体教学但效果一般，7.6%的实习指导教师表示实习生偶尔使用过多媒体教学，11%的实习指导教师表示实习生在实习期间没有使用过多媒体教学。

与之比较，仅有 44.7%的实习校的学生表示实习教师经常使用多媒体教学并且效果很好，1.9%的实习校的学生表示实习教师能够使用多媒体教学但效果一般，15.2%的实习校的学生表示实习教师偶尔使用过多媒体教学，32%的实习校的学生表示实习教师在实习期间没有使用过多媒体教学。总体上看，实习指导教师的评价比较乐观。

（五）实习生信息化教学资源应用情况

在实习期间，53.6%的实习生使用过 PPT 课件，26.1%的实习生使用过视频课件，16%的实习生使用过 Flash 课件，2.9%的实习生使用过 AuthorWare 课件，3.3%的实习生使用过其他类型的计算机多媒体课件，而有高达 41.5%的实习生在实习期间没有使用过任何计算机多媒体课件。

在利用计算机网络检索、收集教学资源方面，56.3%的实习生经常利用，36.1%的实习生不定期地使用过，7.6%的实习生没有用过。可见，网络已成为大部分实习生获取教学资源的重要途径之一。

（六）实习指导教师对实习生教育技术能力的综合评价

表 4　实习指导教师对实习生教育技术能力的综合评价

	很差	较差	一般	优秀	很优秀
教学设计理论知识	0	0	3.0%	36.0%	61.0%
教学媒体的使用技能	0	0	7.2%	34.0%	58.7%
多媒体课件的制作技能	0	0.4%	6.9%	38.8%	53.9%
教学资源的收集与处理技能	0	0	4.7%	35.5%	59.8%
教学评价技能	0	0.9%	15.0%	42.7%	41.5%
课堂调控能力	0	1.7%	14.9%	45.1%	38.3%
与学生的互动能力	0	1.7%	9.8%	40.0%	48.5%

表 4 所示，97%的实习指导教师认为实习生的教学设计理论知识扎实，92.7%实习指导教师表示实习生具有很强或较强的教学媒体运用能力，92.7%实习指导教师认为实习生在多媒体课件制作技能方面非常优秀或较为优秀，95.3%实习指导教师认为实习生在教学资源收集与处理方面表现得非常优秀或较为优秀，84.2%实习指导教师表示实习生具有较强的教学评价技能，83.4%实习指导教师认为实习生具备非常强或较强的课堂调控能力，88.5%实习指导

教师认为实习生具有较好的与学生互动的能力。

（七）实习生教育技术应用方面的困难

总体上，在实习期间教育技术应用方面，23.2%的实习生认为自己完全没有困难，25.8%的实习生认为自己基本上没有遇到困难，30.5%的实习生认为有一定的困难，10.3%的实习生认为比较困难，10.3%的实习生认为非常困难。

表5　实习生教学媒体应用方面存在的困难

影响因素	缺失值	不重要	不太重要	一般	重要	非常重要
对多媒体作用认识不足，缺乏兴趣	2.3%	38.2%	13.7%	22.5%	13.7%	9.5%
不熟悉多媒体设备的操作	2.6%	35.0%	19.6%	19.6%	14.7%	8.5%
缺乏编制多媒体课件的知识与经验	2.3%	28.1%	18.6%	25.8%	13.7%	11.4%
缺乏适合于教学要求的软件	2.3%	20.9%	17.6%	24.8%	19.6%	14.7%
课前备课量太大，没有时间	2.6%	26.1%	19.0%	26.8%	17.6%	7.8%
不具备使用多媒体的硬件环境	2.0%	18.6%	9.5%	16.0%	15.0%	38.9%
缺乏指导教师的指导	2.6%	32.0%	15.7%	22.2%	14.7%	12.7%
其　他	73.9%	5.9%	3.3%	6.2%	4.2%	6.5%

在教学媒体应用方面，如表5所示，23.2%（“非常重要”比率＋“重要”比率，以下同）的实习生认为“对多媒体作用认识不足，缺乏兴趣”是致使实习期间无法进行多媒体教学的重要原因，23.2%的实习生认为“不熟悉多媒体设备的操作”是重要原因，25.1%的实习生认为“缺乏编制多媒体课件的知识与经验”是重要原因，34.3%的实习生认为“缺乏适合于教学要求的软件”是重要原因，25.4%的实习生认为“课前备课量太大，没有时间”是重要原因，53.9%的实习生认为“不具备使用多媒体的硬件环境”是重要原因，27.4%的实习生认为“缺乏指导教师的指导”是重要原因。

（八）实习生在教育技术能力发展方面对外界支持的期望

50%的实习生期望加强教学设计理论方面课程的开设，62.1%的实习生期望加强教学资源收集与处理方面课程的设置，55.6%的实习生期望加强教学媒体使用方面的课程开设，53.9%的实习生期望加强教学课件制作方面课程的设置。通过访谈，部分实习生对课程内容、课程教学方式、课程安排的时间方面也提出了自己的一些期望。另外，部分实习生期望学校可以开设一些教育技术方面的短期培训课程。

61.4%的实习生期望实习指导教师加强教学设计理论方面的指导，52.3%

的实习生期望实习指导教师加强教学资源收集与处理方面的指导，33.3%的实习生期望实习指导教师加强教学媒体使用方面的指导，28.1%的实习生期望实习指导教师加强教学课件制作方面的指导。

四、发现的问题

（一）实习生的教育技术应用意识水平有待提高

(1) 并不是所有的实习生在实习前都能有意识地准备教育技术知识与技能，明确表明自己在实习前在教育技术知识与技能方面进行了有意识准备的实习生仅占 67.3%。

(2) 并不是所有实习生在实习后都能认识到教育技术的重要性。虽然接受访谈的绝大部分实习生都明确表示今后会关注教育技术的应用，认为教育技术的应用非常重要或比较重要。但根据问卷调查，仍然有 34.3%的实习生认为教育技术不太重要或重要程度一般。

(3) 接受访谈的大多数实习生对教育技术的认识存在一定误区，如多数实习生认为教育技术＝信息技术，教育技术应用＝多媒体教学。

（二）实习生教育技术知识与技能的整体准备存在不足

(1) 相当一部分（32.7%）实习生表明在实习前并没有为教育技术的应用进行有意识准备，因此在教育技术应用意识方面准备不足。

(2) 一半以上（51.1%）的实习生认为自己在教育技术应用方面还存在着困难，因此即使有 67.3%的实习生在实习前专门在教育技术知识与技能方面作过一定的准备，但并不是所有作过准备的实习生都准备得很充分。

(3) 从实习生对自身的“教学设计能力”、“教学媒体应用与教学资源建设能力”的评价结果来看，实习生在“非常熟练”的层面上所占比率还比较低。

(4) 大多数实习生在教学媒体应用、多媒体课件制作与开发、计算机网络教学应用、多媒体课件制作软件与工具方面并没有进行相关学习与准备。

(5) 实习生实习前对教育技术知识与技能的准备途径比较单一，绝大多数实习生只是通过学校的教育技术共同课进行相关学习。

（三）实习生的教学设计水平有待提高

(1) 根据实习生的自评及实习指导教师的评价，实习生对教学设计中的“学习者分析”环节的把握能力不够，教学评价能力尚有欠缺。

(2) 实习生所使用的教学方式比较单一。绝大多数实习生在实习期间通常采用的教学方式还是讲授式，对新课程标准背景下提倡的自主学习、探究式/研究性学习、协作学习支持不够。

（3）实习生的教学设计的实施效果还需要优化。部分实习生在实施教学设计成果（教学方案）的过程中对原有教案中的内容、程序或活动等都有较大改动，部分实习生应变能力不够，致使无法完成教学设计中预期的教学计划。

（四）实习生对现代信息化教学媒体的应用水平有待提高

（1）还有将近一半（44.8%）的实习生在实习期间没有使用过计算机作为教学媒体，79.1%的实习生表示没有使用过任何网络化电子工具与实习所在班级的学生进行沟通，有20%的实习生在实习期间将黑板与粉笔作为唯一的教学媒体。

（2）实习生在实习期间对信息化教学媒体的应用深度不够。多数实习生在"备课"阶段能够比较充分地利用信息化教学媒体，但在课堂教学中对信息化教学媒体利用比较少，应用层次还比较低。访谈发现，多数实习生对多媒体教学的作用的定位是可以把教学内容数字化、多媒体化从而引起学生的注意，"可以激发学生的兴趣"、"可以省掉写板书的时间"，或者是为了"防止中间忘词"。

（五）实习生的信息化教学资源建设能力水平有待提高

（1）对信息化媒体软件的利用不够。一方面，41.5%的实习生在实习期间没有使用过任何计算机多媒体课件。另一方面，绝大部分使用过计算机多媒体课件的实习生所使用的课件还是以演示为主的PPT课件，对于其他类型的计算机多媒体课件使用得非常少。

（2）对信息化媒体软件的开发能力有待提高。绝大多数同学只能利用计算机网络搜集他人已经做好的课件或者自己制作简单的PowerPoint课件，对其他类型的多媒体课件的制作非常不熟练或者完全不会。

（3）对信息化教学资源的收集、处理与评价能力还有待提高。如92.4%实习生在实习期间都经常或间断性地利用计算机网络收集信息资源，但只有35.9%实习生表示在实际教学中能用到从互联网上获取的教学资源。

（六）实习生在教育技术的深入应用方面还需要进一步努力

（1）多数实习生对信息化教学媒体的应用还停留在表层，认为教育技术的应用就是利用多媒体计算机展示数字化、多媒体化教学内容，未能将教育技术的应用深入到学科、深入到教学、深入到课堂中去。

（2）通过访谈发现，多数实习生对"教育技术的应用"还存在一些认识误区，认为教育技术的应用就是信息技术的应用。对于教育技术的应用促进信息技术与课程的深入整合没有足够的理解。

（七）部分实习学校未能为实习生教育技术应用提供充分的条件

（1）部分实习学校所提供的软硬件条件还不能完全满足实习生的教育技术应用需求。一方面是部分实习学校本身的软硬件环境建设还不是十分健全。另一方面，部分实习学校的相关软硬件环境对实习生开放得不够。

（2）部分实习学校虽有较好的教育技术应用的软硬件环境，但本身对教育技术的应用还不是很广泛，无法为实习生提供相应的教育技术应用氛围或指导。

（八）现有的师范生教育技术能力培养途径需要进一步完善

（1）师范生的教育技术能力发展途径比较单一。学校的现代教育技术共同课、选修一些教育技术专业课程或相关课程是实习生学习教育技术知识与技能的最主要的途径。

（2）通过分析不同培养途径对实习生教育技术能力发展的影响，发现许多培养途径对实习生的教育技术能力发展的整体促进作用并不是十分明显。多数培养途径仅对教育技术能力发展的某一个或某几个侧面有所作用。

究其原因，在学校目前提供的教育技术课程中，多数课程还是比较重视理论讲授，而在实践技能方面，由于课时限制等原因，为师范生安排的教育技术实践环节不够。其次，学校为师范生开设的教育技术实践类课程还比较少，还不能完全满足师范生的实际需要。第三，部分课程设置的时间不太符合师范生的实际需要，例如，开设时间如果过早，师范生长时间不用就会忘记所学知识与技能，而如果开设时间过晚，师范生又会觉得时间比较仓促，缺乏深入学习与实践的时间。

培养师范生的教育技术能力对于从根本上提高我国中小学教师教育技术能力水平有着重要意义。本次调研主要为现状调研，并基于调研结果分析了师范生教育技术能力发展方面存在的一些问题。要切实推进师范生教育技术能力的发展，还需要更多的对策研究与实证研究。

参 考 文 献

[1] 教育部师范教育司组织编写．教学人员教育技术能力标准解读［M］．北京：北京师范大学出版社，2005：13—14.

实习基地学校教育技术应用现状研究

——对实习基地学校实习指导教师的访谈报告

郑雪丽　张瑞瑞　郑燕林

摘　要：基于对吉林省九台、舒兰、公主岭、双阳，辽宁省桓仁县和黑龙江省安达市的17所中学46名实习指导教师的访谈，了解东北师范大学在东北三省的教育实习基地学校的教育技术应用现状，其中重点关注实习基地学校的教育技术应用环境（包括软硬件环境与观念环境）、实习基地学校教师的教育技术应用现状以及教师提升教育技术能力的主要途径。在调查结果的基础上，提出了一些改善实习基地学校教育技术应用现状的建议。

关键词：实习基地学校　教育技术　应用现状

一、问题的提出

教育技术的应用对于推动基础教育改革，促进教育信息化，提升中小学教育质量有着重要意义。原教育部部长陈至立在《应用现代教育技术，推动教育教学改革》一文中指出："要深刻认识现代教育技术在教育教学中的重要地位及其作用的必要性和紧迫性；要充分认识到应用现代教育技术是现代科学技术和社会发展对教育的要求，是教育改革和发展的需要。各级各类学校的教师要紧跟科学技术发展的步伐，努力掌握和应用现代教育技术，以提高自身素质，适应现代教育的要求。"教育技术能力是教师专业素质的必要组成部分[1]。2004年底，为了提高广大中小学教师的教育技术应用能力和水平，教育部下

[作者简介]　郑雪丽，女，东北师范大学传媒学院硕士研究生，研究方向为现代远程教育；张瑞瑞，女，东北师范大学传媒学院硕士研究生，研究方向为现代远程教育；郑燕林，女，教育技术学博士，东北师范大学传媒科学学院副教授，研究方向为教育信息化、现代远程教育。

发了《中小学教师教育技术能力标准（试行）》，并要求各地结合实际认真贯彻实施。了解实习基地学校的教育技术应用现状有利于分析影响实习生教育技术应用的环境因素，发现当前中小学教育技术应用中存在的主要问题，并探讨改善中小学教育技术应用现状的策略。

二、研究内容与方法

本次调研主要从三个方面了解实习学校教育技术应用环境：一是实习基地学校教育技术应用的软硬件环境与观念环境（应用氛围）；二是实习基地学校教师的教育技术应用情况；三是实习基地学校教师的教育技术能力提升途径。

本研究基于对东北师范大学在东北三省的实习基地学校进行取样，对46名实习指导教师进行了半结构式访谈，其中包括初中和高中的各科教师，样本齐全。课题组将一些无法通过问卷形式进行了解的问题，设计为访谈提纲。访谈内容主要包括：

（1）实习指导教师是否关注教育技术在教学中的应用？是否接受过教育技术的相关培训？

（2）实习指导教师认为发展与提升自身的教育技术能力水平需要哪些外部支持？

（3）实习指导教师自己满意的（或不快的）多媒体教学经验（或建议）。

三、研究结果

（一）实习学校教育技术应用环境

通过访谈了解到，目前实习基地学校的硬件总体水平较好，很多学校都建有多媒体教室、微机室、电脑备课室，并在学校领导和各教研组办公室中连接网络，以方便教师随时能利用网络进行教学资源的搜集和课件制作，了解教育动态，并能和兄弟学校进行教研交流。另一方面，部分学校的硬件建设还比较落后，如个别学校至今还没有多媒体教室，原因是多方面的，主要表现在学校资金不足。另外，还有部分学校的教育技术基础设施的有效利用率不是很高，设备不能被充分利用，许多教师表示："公开课会经常运用多媒体，在正常的教学中，还是比较倾向于利用传统的教学方式进行授课。"

随着硬件设施的发展，许多学校也着力于建设本校的软资源，通过访谈了解到，很多学校建立了校园网，用于发布学校最新动态，并添加了一些课程学习资源，与各级教育局以及兄弟学校建立链接。个别学校还能设置一些网络在线学习系统，用于扩展学生的视野，补充课堂学习，并能建立一些教学资源库进行校本资源开发。但在整体上，多数学校的软资源建设还不能让人满意，主要表现为，校园网缺乏专业维护，学习资源种类和数量不足，学习资源更新缓慢等。

在观念环境方面，多数学校都能认识到教育技术的应用对于优化教育教学效果有着重要意义，对于教育技术应用比较重视。部分学校对教育技术的应用有着较为详细的规划。

（二）实习基地学校教师的教育技术应用现状

1. 实习基地学校教师对于教育技术应用的态度

总体上，实习基地学校教师对于教育技术应用持有乐观的态度，一些教师这样看待教育技术教学应用："教育技术在教学中有很广阔的应用前景，我们也会有意提升自身的教育技术能力水平，以适应未来的教育需求。"大多数教师认为"教育技术应用是对传统教学的丰富和发展，具有很大的发展前景"。几乎所有学校都要求教师利用教育技术手段进行公开课教学，这对于激励教师应用教育技术优化教学效果有着重要的作用。对于公开课，一些教师这样表示："每次公开课后，我们会进行本次课堂情况的交流，对自身是一个提高和强化，对参会教师也是一个参考和借鉴。"可见学校教师对于教育技术应用给予了一定的重视。

访谈得知，在提及教育技术的应用优势时，多数教师认为教育技术的应用能够变革教学方式，传统的教学表现手段比较单调，学生在学习时容易感觉乏味，提不起兴趣。而教育技术的应用，尤其是多媒体教学具有较大的优势，教师认为："学生学习时多种感官配合使用，可以增强他们学习的兴趣，学生在这种学习方式下有更强的学习欲望和更好的学习效果。"传统的教学系统是由教师、学生和教材这三个要素构成的，在现代化教学环境下还要多增加一个要素，就是教学媒体。[2]有教师表示"教育技术应用可以运用视频，使得原来枯燥无味的讲述变得生动可见，直观易懂，更利于学生理解学习内容"。教育技术应用可以利用音频文件，能让学生去体会一定的感情表达，当前教学很注重情感教育，使学生沉浸在一定情感表现的乐音中，更有利于达到情感教育的目的。教育技术应用还可以利用动画以及各种教学软件"让学生实际操作，进行动手实践，这样，理科教学中部分有危险、有毒的以及微观不可见的实验就可以在一种模拟环境下进行，师生无需涉险即可达到良好的学习效果"。这种动手体验式学习方式也为大多数的学生所接受，更有利于激发学生的学习热情，并利于学生创造性的发挥。另一方面，多数教师也能比较理性地看待教育技术的实际应用效果，认为应该"传统手段与现代教学媒体结合用于教学，根据教学内容与学生特点来选择是否使用教学媒体”。同时，部分教师也指出：多媒体教学的利用不当也会产生一些弊端，他们认为“多媒体教学课件备课量太大，且不能达到预期的收效，而且如果课件制作不当，如课件制作过于花哨，则不利于学生集中精力听讲”。

在引导学生利用技术工具辅助学习方面，由于应试教育、高考指挥棒仍在中学教学中占据着很重要的地位，许多教师认为学生利用多媒体技术手段学习比较浪费时间；另一方面，由于很多中小学生不能很正当的利用电脑，家长的监督也不能起到应有的作用，学校和家长都担心学生会沉迷于网络游戏，荒废学业，因此，很多教师并不提倡学生在学习中利用计算机和计算机网络。

2. 实习基地学校教师进行多媒体教学的情况

通过访谈了解到，随着学校现代化进程的加快，学校的现代教育技术设备逐步到位，教师在教学过程中逐渐增加了现代教学媒体的使用。如前所述，几乎所有学校都要求教师在公开课教学中使用教育技术。但在访谈中发现，绝大部分教师都表示用过媒体教学但是不经常使用，极少部分教师会经常使用。调查发现，中学存在这样一种现象：教师想提高自身教育技术水平，但在教学实践中很少使用教学媒体。多数教师能够认识到多媒体在教学中的应用优势，但是在实际的教学实践中，如何把这些多媒体设备真正地转化为教学媒体，并在教学中充分发挥其不可替代的优势，真正提高教学效果方面，还存在很多问题。有教师表明：“费了很长时间却没有准备多少东西，还不如凭着自己的积累讲授……用多媒体教学费时费力。”因此多数教师在实际教学中不是很提倡多媒体的应用，这是主观原因。客观原因有学校资金不足、培训不到位等几个方面。培训不到位，使得教师在教育技术媒体的运用中，更多的是模仿，研究得很少；注重媒体操作技术的多，重视教学设计的少，所以在教育技术应用设计方面不尽合理，还是凭经验来设计，缺乏系统性，不能充分发挥现代教育技术媒体的性能与优势，达到课堂教学过程的整体优化效果。另外实习基地学校教师接受的教育技术培训还是偏理论轻实践，针对性不强，缺乏信息技术与课程本身的有效整合。

另一方面，访谈表明，经过相关培训后，实习基地学校教师非常愿意采用媒体教学，但是由于开始接触一种新的教学手段，势必不如传统教学手段得心应手，备课与操作都比以前耗费更多的时间，所以很多教师不经常用多媒体教学。因此就形成了“不熟练少使用——少使用更不熟练”的恶性循环，这是教师自身的原因。

访谈得知，每位教师都有自己的教学特点，各有教学侧重点，包括重视情感教育、重视情境教学、重视实例教学、重视形象教学、思想教育点的把握等等。这些都应作为新老教师实际教学中的教学参考，毕竟这都是一线教师们多年的教学经验总结。教育技术应用为一线教师提供了很好的教学呈现形式，教师可以利用多媒体来表达情感、展示实例、设置情境甚至让学生直接参与教学实践，身体力行地去学习。

关于不愉快的教育技术应用经历，大部分教师都提到："教育技术应用之初，由于没有足够的经验而犯一些错误，这些都是可以在以后的教学经历中慢慢避免的。"相信随着教育技术应用的进一步完善，教师无论是在教育技术理论还是在应用能力方面都会有更大的提高。

综上所述，指导教师在使用多媒体教学中得出的经验是：教育技术的应用应该是不同学科各有侧重地使用，用好这一教学辅助工具的关键在于对课程的正确把握、知识的恰当呈现、媒体的熟练操作。

（三）实习基地学校教师提升教育技术能力水平的主要途径

访谈发现，教师原来的受教育程度以及当前的工作环境直接影响着教师的教育技术能力水平。原来基础较好的教师在进入工作单位以后，经过一定的培训就能达到较好的程度，相反，本来对教育技术应用了解不多的老教师在这方面的学习能力也相对差一些。如果教师当前的工作单位硬件建设比较好，校方和同仁也积极提倡多媒体教学应用的情况下，教师的整体水平也较高。通过访谈我们了解到，教师普遍认为学校的教育技术设施配备是教育技术应用实现、教育技术能力水平提升的重要条件。大部分教师认为："只要硬件建设能达到需求，自己的教育技术应用能力也自然能有所提升，并通过自身努力满足需求。"

教师认为提升自身教育技术水平主要通过以下渠道：

1. 自学及同事之间的教学交流

大部分教师认为："提高自身的教育技术能力水平主要靠自己的揣摩和锻炼，依靠自觉自愿的学习，效果很好。"越来越多的学校应各部门的要求都在进行一定程度的教育技术建设，依照学校的师资力量进行各方面的软硬件建设，随着硬件的发展，很多教育技术教师进入各级中小学工作，他们在学校积极发挥自身的专业特长，很多学校都依靠这部分人员创建了自己的校园网，并将一定的教学工作利用网络来进行，同时教育技术专业教师也为学校注入了新的力量，他们对学校教师的教育技术应用做实际指导，如帮助同事进行软件学习、课件制作，他们不仅在软件方面优于其他各科教师，硬件维护方面也经常帮助其他各科教师解决实际困难，我们的调研员通过访谈了解到，这种方式是学校教师教育技术能力提高的主要途径，方便、快捷并能随时解决实际问题。

2. 各级各类的教育技术培训

多数学校通过为教师提供培训机会，要求教师参加各级各类的教育技术培训，或选派部分教师到教育技术应用水平较高的学校进行观摩等途径提高教师的教育技术能力。部分学校的部分教师已经参加了“全国中小学教师教育技术能力建设”及Intel®未来教育项目的省级培训；部分学校教师表示：“自己所在学校每年都有关于课件制作、教学网页制作方面的培训”；“虽然学校没有单独组织过教育技术相关的培训，但是县教育局统一组织过多次教育技术培训活动。”

通过访谈了解到，大部分教师认为应该是短期培训和长期培训相结合以优化教育技术培训效果，所以相关部门也应该注意以后的工作，在培训前进行调查研究，了解教师需求。在教师培训中还要注意因地制宜，按需培训，注重实效性。个别教师的学习能力比较强，学校应注重对这些人进行有针对性的培训，由于他们可以在培训中快速提高自身的能力，学习效果较好，他们可以来自不同的教学组，这样能在平时工作中带动并帮助本教学组的其他成员，共同提高。另外，本校的教育技术人员本身就可以对学科教师进行教育技术培训，由于天时地利人和的优势，这种培训也能起到理想的效果，还可以为学校节省大量的经费。

教育技术不是空中楼阁，它的生命之源在教育的实践领域。教育技术培训者和学习者都应当注意强调实践性，并学会倾听和观摩。[3]教育技术培训应在注重教师实际教学经验的前提下，进行巧妙的启发与引导，使其产生对教育技术的兴趣，培训资源除了培训专家和教材外，还包括广大的培训同伴，他们在长期的实践中所形成的独特的教学方法与技巧，都可以成为培训的资源。培训者应当通过适当的活动设计，激发教师广泛合作，分享教学经验并共享教学资源。

另外，对不同学科的教师有不同的能力水平要求，在实际教学中需区别对待。文科教师只要能够熟练放映和制作一些简单的课件就可以满足要求；而对于理科教师，这方面的能力要求要稍微高一些。各学校应该有意识有侧重地进行校本课程建设，建立教学资源库，使教师使用资源时能够得心应手。多数教师表明希望能有机会外出学习，能与其他学校的教师多交流和分享学到的内容。例如，相对于乡镇中学，城市中学的信息技术教育总体水平要高一些，乡镇中学多建立与城市中学的联系也有助于自身学校整体教育技术应用水平的提高。

四、反思与建议

整体上，在当前我国推进教育信息化的大背景下，实习学校的领导与教师对现代教育技术的应用比较重视，但另一方面，由于多种原因，如软硬件环境限制、教师的时间与精力限制、传统教育观念的影响、教师本身的教育技术能力水平等，部分学校只有在教师的公开课上才强调现代教育技术的应用，教师还没有形成在平时教学中关注教育技术、应用教育技术的意识与态度，对教育技术应用价值的认识还不够充分、应用的观念环境还有待完善。

根据教育实习调研中发现的问题，结合指导教师的看法，笔者认为，实习基地学校要改善教育技术应用现状，应在以下方面获得支持或进行努力：

（一）各级教育部门应为学校的软硬件建设作出更大努力

中学教育技术应用现状的改观，需要各教育部门互相配合，才能有质的改变，要带动整个中学教育技术应用的发展，单靠某一学校、某个人的努力是不够的。基层学校需要及时向上级部门反映自身的教学需求，各级教育局需要提供相应的政策支持，以政策带动硬件建设，以硬件建设推动软环境的发展，学校应该积极主动地应用教育技术，这样才能在未来的教育中立于不败之地，培养优秀的人才。

（二）教师要进一步转变教学观念，发挥教育技术应用的优势

部分教师认为传统教育手段足以很好地实现优质教学，使用多媒体是画蛇添足，他们对教育技术应用的重要性认识不足。如果我们的一线教师不从观念上接受和提倡现代化的教育手段，教育技术在教学中将无法有效应用。所以我们应对其进行教育技术基础理论和知识的培训，并加强对教师的信息技术和课程整合方面的培训，从根本上转变教师的教学观念，加强在平时教学中的应用力度，使教育技术应用的优势充分发挥。

（三）完善教师教育技术应用评价机制

一定的外部刺激可以促进内在动机的形成。由于教师使用教育技术应用的内在动机不强，个别教师还会因为备课时间太长以及准备资料过多等因素而抗拒多媒体教学，学校可以建立一些机制来激发教师利用现代教育技术进行教学的欲望。如在本校进行年终评奖评优，举办一些课件制作大赛以及现在经常使用的公开课评比等，进行一定的物质奖励或与教师职称评比挂钩，鼓励教师在教育教学中对教育技术的应用。

（四）加强教师培训的针对性，有效提高教师教育技术能力

学校应组织多种形式的教师培训，提高教师的教育技术知识与能力。对于

不同教育技术水平的教师，经过实地调查，进行需求分析，开展有针对性的分层次的培训。培训时间采取短期培训、长期实践相结合。培训形式可以专题讲座、观摩研讨、城乡帮教、同事带动相结合，同时充分利用本校的教育技术人员这一优势，这些专业人员本身就可以对学科教师进行一些教育技术培训，这样培训效果更加有效，不仅节省了教师的时间、学校的经费，而且为教师提供了更多实践的机会。因此可以通过各种方式对在职教师进行培训或职后教育，有针对性的培训能使教师深入理解和把握教育技术的真正内涵，增强教师的创造性应用能力，充分发挥教育技术媒体的优势，从而改善教学效果，提高教学质量。

（五）充分发挥教育技术专业人员的作用

要切实改善实习基地学校教育技术应用现状，除了要提高本校学科教师的教育技术能力外，还要增加教育技术专业人员和网站专业维护人员的数量。信息技术教师在学校的主要任务除了信息技术课程教学之外，还应该重点关注本校软件资源建设，也可以让他们对学科教师进行长期跟踪式的教育技术能力培训，教育技术专业人员不应被当成维修人员来对待，学校可以聘任专门的设备维修人员，保障学校基础设施的正常运营，这样可以在一定程度上减轻信息技术教师的压力，使其将工作重心放到学校软资源建设方面，更好地发挥专业才能，为改善学校教育技术应用现状作出应有的贡献。

参考文献

[1] 国家教育部．中小学教师教育技术能力标准（试行）．教师［2004］9号［S］．

[2] 何克抗．论现代教育技术与教育改革深化：关于ME命题的论证［J］．电化教育研究，1999.

[3] 沈书生．面向应用在实践中提升中小学教师教育技术能力［ED/OL］，<http：//www. erdosedu. com/jyjs1/ShowArticle. asp? ArticleID＝311>

[4] 南国农，李运林．电化教育学［M］．北京：高等教育出版社，1998.

[5] 陈至立．应用现代教育技术，推动教育教学改革．中国教育报，1998-5-18.

教育实习对师范生角色转变的作用、问题及建议

——2008年东北师范大学教育实习研究

郝 欣 王秀红

摘 要：本文以“2008年东北师范大学混合编队教育实习”为研究对象，采取质化研究的方式，对170名实习生的文字资料及课堂实录进行分析。研究表明，教育实习有利于唤醒师范生主体意识与教师职业认同感，形成职业情感与职业道德，提高班主任工作能力与教学能力，提高教育与教学研究能力，对师范生角色转变有十分重要的作用。在研究过程中发现一些问题，并提出了相应建议，以期为未来教育实习提供参考。

关键词：教育实习 师范生 角色转变

教育实习是师范生将在校期间所学教育教学理论知识付诸实际的教学实践活动。在教育实习过程中，师范生扮演双重角色：作为学生，他们要通过教育实习提高教学技能，积累课堂教学经验及班主任工作经验等；作为实习教师，他们要通过丰富多彩的实习活动领悟教育的真正内涵，树立坚定的教师信念，完成“师范生——教师”的角色转变。

师范生在校期间没有真实的“为人师”的体验，对教师职业没有感性认识和深刻体会，所以不可避免对“教师职业”的理解有偏颇，而教育实习正是把“学生——教师”角色转变的难题现实地摆在师范生面前，为师范生提供广阔的角色转变天地和转变的前提条件。

本文以东北师范大学2008年教育实习为研究对象，对2005级1257名实

[作者简介] 郝欣，女，东北师范大学化学学院硕士研究生，研究方向为化学课程与教学论；王秀红，女，教育学博士，东北师范大学化学学院教授，研究方向为化学课程与教学论。

习生中的170人进行抽样，分析了其实习日志、实习故事、实习心得、教学设计、课堂实录等，并对部分实习生进行开放式访谈，探究了本次教育实习在师范生角色转变过程中的重要作用及存在问题，提出相应建议。

一、教育实习对师范生角色转变的作用

（一）唤醒师范生主体意识与教师职业认同感

师范生应当认识到在教育实习的过程中，自己是教育实习活动的承担者和主人，而不是被动的模仿者。在实习过程中师范生自觉发挥主观能动性并在实习的每个环节凸现自己的主体地位。[1]作为未来教师，师范生只有对教师职业具有认同感，才能真正理解自己将承担的工作的意义。“职业认同感的培养是所有求职人员对拟进入的那个职业都应具有的起码的心理品质，一个求职人员如果对即将进入的职业没有一点思想准备，那他在取得职业岗位之后很可能会处于一种茫然状态而无法很好地开展工作。”[2]

（1）适应教师角色。一个半月的实习匆匆而过……从大学生转变为实习教师，说实话还有点不习惯。经老师的指导我渐渐开始了解教师这个职业，从听课到学习，从备课到讲授，从班主任工作到上课，从管理班级到讲授知识，我都从中学到了很多宝贵经验，我在慢慢适应这一角色。（摘自学生实习心得）

（2）爱上教师职业。第一节课获得了成功！接下来的教学任务，每一次都是在掌声和学生惊诧的眼神中度过的。那一刻，我似乎喜欢上了教师这一职业，并深深爱上了三尺讲台。（摘自学生实习日志）

（3）理解教师职业。从学生到中学教师的蜕变和进步是我实习中最大的收获……接触了一线的教师，并且成为其中的“准一员”，我头一回真正理解了“老师”的真实含义。（摘自学生实习心得）

通过本次教育实习，很多实习生体会到教师职业的神圣和荣誉，体会到教师职业的使命感，对教师职业有了认同，促进了师范生向教师角色的转变。

（二）形成了职业情感与职业道德

教师职业情感是指“教师对自身职业劳动的真情实感，反映从业主体与职业客体之间的关系，体现人的精神风貌”。

1. 教育实习培养了师范生的职业情感

在教育实习过程中，师范生利用自身优势，结合实习学校的实际，进行课堂创新，积极运用多媒体等现代教育技术传播知识，同时在课堂教学过程中渐渐拥有了教书育人的成就感，这些都表明教育实习为培养师范生的职业情感提供了最真实的环境。

(1) 将理念融入课堂。我绞尽脑汁地想了许多办法，如在学习“动物行为的主要类型”的课上，我找了很多视频材料，讲了很多有趣的小故事，以此吸引学生；在“人的性别决定”课上我组织同学游戏、分组讨论，最后通过游戏来揭示人性别决定的奥秘；等等。这样就能提高学生的学习兴趣，使他们全情投入……（摘自学生实习故事）

(2) 教书育人的成就感。看着他紧锁的眉头渐渐舒展，我的心情也轻松起来。他跟我说：“谢谢。以后课上叫你老师，课下可以叫你姐姐吗？你像姐姐一样亲切……”当时我才真切地感受到作为一位教师的成就感。能够对他们有所帮助，得到他们的认可，我觉得非常自豪。（摘自学生实习日志）

2. 教育实习培养了师范生的职业道德

师范生通过与学生的直接接触，了解了现代农村中学学生的现状：迷茫、无措、天真、单纯、叛逆、友好，这些状况激发了师范生从师的责任心，使师范生产生了一种强烈的责任感和义务感。在这种情感的驱动下，师范生对学生倾注了很多心血，获得了为师的快乐和满足，同时也在无形之中使自己的教师职业道德得以升华。

(1) 热爱每名学生。回顾自己实习的感悟我总结出：做一名教师最重要的是爱，爱教师职业，爱每一名学生，认真备好每一节课，充满激情地上好每一节课，努力通过各种方式让学生获得最多。（摘自学生实习心得）

(2) 对全体学生负责。在与学生接触的过程中，我渐渐找到了做教师的感觉……我利用所有业余时间，给一百多名学生每人写一封信，因为感动，也因为心疼学生。我坚信一名教师应该用爱来关怀每一名学生，让他们有所感动而成长，而努力学习。（摘自学生实习日志）

(3) 对教学设计的认真。以“质量守恒定律”为例，我认真研究了新课程标准和教材，细致分析了学生的认知基础和思维特点，制定了相应的课程目标。最难的环节是教学过程设计，我用生活中常见的物质代替了实验室药品，作了两个对比实验，直观的教学方法使学生很容易就记住了质量守恒定律的内容。（摘自学生实习日志）

教育实习过程中，师范生在具体真实的教育情景中感受由学生到教师的角色转变，运用所学知识和技能解决实际问题，渐渐形成了职业情感、职业道德。

(三) 提高了班主任工作能力与教学能力

1. 提高了班主任工作能力

班主任工作能力包括：能根据学生年龄特征开展有针对性的教育活动，进行日常教育工作；有创设教育情境，培养学生良好品质的能力；有诊断学生品德发展水平的能力等等[3]。本次教育实习过程中，大部分实习生深入班级参与班主任工作。他们对学生进行心理、思想、学习等辅导；关注班级里的学困生，关爱所有学生；为班级营造和谐、向上、平等的学习环境；他们处理班级琐事及学生之间的早恋、攀比、青春期等问题。这样的经历，使他们深刻体验了班主任工作的琐碎、细致、艰辛与幸福。

同时，他们通过班主任实习锻炼了组织、策划活动能力、管理学生能力等，为日后成为一名合格的教师打下基础。例如，柳河八中实习生组织了特别的“多人主持班会”，长春151中学的实习生排练演出了“寓教于乐的汇报演出晚会”，还有实习生开展了“特色的早自习——感恩”等。这些活动的开展，不仅使实习基地学生受到启发和鼓舞，也让实习生本人在策划、组织、参演这些活动的过程中提升了能力。

2. 提高了教学能力

在教学实习过程中，实习生依次经历了听课、备课、试讲、讲课、评课等环节，有的实习基地还安排实习生参与学校的集体备课和教研活动。实习生通过这些过程了解和熟悉了课堂教学的一般过程，提高了教学能力。

(1) 听课是实习生教学实习的第一个环节，具有重要意义。本次实习中，有的实习生听课节数高达五六十节。实习生在听课过程中学习有经验老师的课堂教学经验、技能，也熟悉了教材、课堂和学生，收获很多。

(2) 备课是实习生讲好课的前提，实习生备课之前需要根据当地学校、学生的实际情况组织教材，进行教学设计；需要与同组的实习生讨论教学设计思路、向指导教师请教和征求意见等，这个过程让实习生对“备课”——教学设计的体会和领悟更加深刻。长春153中学的一名实习生在《实习中难忘的事》中写道：“备课不是简单地看教材，而是认真地梳理教材的内容和想方设法地用自己的语言表述出来。单是这个重新复述的过程就已经很考验我们的能力了。”

(3) 试讲使实习生熟悉教学设计和教授内容，帮助他们消除课前紧张心理。试讲过程中，实习生表现出一些问题，如教态不自然、语言不连贯、口头语多、小动作多、板书设计不合理等，通过反复试讲，他们克服了这些问题，提升了自信心。

(4) 讲课是教学实习的核心环节。讲课可以检验师范生所学的教育教学理论；锻炼他们的教学技能，增进他们对教材、中学生以及教师职业的理解，从而认识自己的不足并加以改正。很多实习生第一次走上讲台，表现紧张，不知所措，表情尴尬，甚至屡屡说错话，但是课后经过调整、聆听老师、同学的意见，总结自己的不足，改正了缺点。讲课次数越多，收获和感悟就越多。很多实习生在讲课之后，深深喜欢上了讲台和讲课的感觉。一位实习生写道："这一节课后，接下来的课就得心应手了，知道什么地方应该多讲，什么地方该留出时间让学生思考；学生开小差时，怎样及时阻止等。我感觉在一点点地成长为一位合格的教师，很慢却不断在进步。"

教育实习，给师范生创造了极好的教学实践机会，学生在实习过程中将自己在大学所学的教学理论知识、专业知识等运用、迁移到实际教学中来，做到理论联系实际，检验了所学知识，锻炼了教学技能，同时也发现了不足和需要改正的地方，可谓一举多得。

（四）提高了教育与教学研究能力

教育实习同时也培养实习生的教学研究能力，使他们自觉探讨自己的教学实践，反思自己的角色与社会责任并作出批判性的分析与解释，由此构建自己对课程与教学的理解，不断提升其"实践性认识"。[4]实习生处于教学实践的事态之中，丰富的教育实践活动，常常会迫使实习生面对事实，独立思考，自己解决问题，这样的一堂课，这样的一个知识点，面对这样的学生，遇到一个突发事件，实习生的问题从简单的"为什么"或者"应该怎么"渐渐变成了"实际做了什么"或者"此时、此事、此地应该怎么做"这样具体的行动性问题。[5]

(1) 对教学内涵的反思。这次实习使我感悟到教与学的真正内涵。教育就是启蒙，教育就是成就学生，教育就是让学生真正的全面发展，而非单纯的学习知识。(摘自学生实习心得)

(2) 对新课程的困惑思考。归根结底，还是应试教育与新课标之间的矛盾。在高考这座大山的压制下，上课的重点内容必须是语法和知识点，听说活动在课上是浪费时间。在高考侧重考查语法和知识点的情况下，如何要求新课标淡化语法呢？……这样的疑问也许只是停留在理论层面上的思考，作为刚向社会迈出半步的大学生，我们缺乏的还是经验。(摘自学生实习心得)

(3) 对教师职业的思考。教师应该有一颗公平、仁爱之心；要有勤勤恳恳，踏踏实实的精神；要有团队精神和迁移精神，这种"迁移"主要体现在学科之间、教师之间，要注重学科之间的联系，找到学科教学法之间的不同；看到教学方面的不足和自身缺点，不断自我反思、反省，改正缺点……(摘自学生实习心得)

（五）增强了人际沟通与交往能力

教育实习给初次走出校门的师范生营造了良好的人际交往环境，在这个环境中实习生的人际沟通发生在与中学领导、大学指导老师、中学指导老师、中学生以及同组实习生之间，与这些不同角色的人交流，实习生提升了人际交往能力，掌握了人际交往技巧，他们学会了聆听和谦让，学会了奉献和给予，学会了分享和感恩。

（1）实习生与指导老师。指导老师只让我批改作业、做题，没具体说备什么课。他对我的指导很少，几乎不关注我。他的教学方法很传统，我有些想法和他完全不同……我尝试主动和他沟通，帮他做一些力所能及的事；尝试和他讨论一些教学上的问题，后来他听了我讲课，居然采用了我的课堂提问方式，这让我很惊讶，也很欣喜！这之后我们的交谈多了起来，关于教学的讨论也渐渐深入。同时他也将他一些宝贵的教学经验及学生管理经验传授给我，我受益匪浅。临别时，他嘱咐我："以后不管走到哪里，都记得告诉一声。如果真的做了老师，一定要多多交流。"（摘自学生实习访谈）

（2）实习生与学生。在实习期间我首先做的事情是快速叫出学生的名字，了解学生特长，让学生感到我对他们的重视。谈心时，我尽量先从学生的优点入手，先扬后抑，这种方式学生都"买账"。（摘自学生实习日志）

我每天都在办公室给学生答疑，耐心讲解他们提出的问题；课余时间告诉他们一些学习技巧与方法，这使我们关系很融洽。（摘自学生实习故事）

他们每一次测验我都作记录，进行对比。对优秀的、进步的给予鼓励和奖励；对于退步或抄袭的，课后找谈话，晓之以理，动之以情。学生往往容易接受。（摘自学生实习日志）

（3）实习生之间。实习期间，我结识了许多不同学科的朋友，与他们团结合作成功完成实习任务。教学中，我们相互帮忙、听课、借鉴经验，互相进步，取长补短。从他们那里我学会了包容，学会了谦让，懂得了很多。（摘自学生实习故事）

师范生在教育实习的真实情境中体会和感悟着人际交往的复杂、多样，也收获着成功的人际交往带来的幸福。这将是他们今后生活、工作的一笔宝贵财富。

二、教育实习中存在的问题

如前面分析，师范院校教育实习能够培养师范生实际教学能力，树立教师的专业精神，并增强其从事人民教育事业的光荣感和责任感，为师范生顺利完成“学生——教师”角色的转变创造必要的条件。但在本次教育实习中，也存在一些问题。

（一）教育科研被弱化

教育研究利于教师教育智慧的形成及教育激情的激发，同时可以加深师范生对教学的认识，提升其专业技能。东北师范大学此次教育实习弱化了教育科研要求，个别院系只布置实习生写实习日记和心得，却没有明确的教育科研任务。虽然有的师范生在实习过程中对实习的种种问题进行了思考，但思考都是被动的、零散的，他们没能将思考的问题转化为教育研究的课题，进而展开系统、全面的教育调研，错失了提升教育科研能力的机会。

（二）班主任工作未彻底开展

此次教育实习中一些实习基地原班主任不是很放手，实习生没能全面参与班主任实习工作，只是帮原班主任批作业、看自习，甚至有些实习生根本没有机会参与班主任工作；有些实习生打算考研，没有全力参与班主任实习工作等，这些情况的存在使实习生没能得到与学生近距离接触的机会，深入了解学生生活，与学生沟通交流等，错过了绝佳的培养教师职业情感和职业认同感的机会。

（三）试讲环节未严格把关

一些实习基地对师范生试讲的要求不高，把关不严，部分学生没有经过试讲就直接上讲台讲课，出现一些不应该的疏漏和错误，使实习基地老师对实习生不信任，不能进一步给课；也使实习生本人内心郁闷，没有成就感，对上台讲课产生畏惧，甚至厌恶，极不利于师范生角色的转变。

（四）师范生教师技能有待提高

部分实习生的教师教育技能不强，在课堂上表现出一些问题，如板书书写潦草、普通话不标准、口头语太多、教态不自然、教学设计能力差、课堂掌控能力弱、处理课堂突发事件能力不强等。这就对我们学校目前教师教育课程的设置提出疑问：教师教育课程设置究竟是否合理？教师教育课程究竟应该怎么开设？通过哪些方式提高学生的教师教育技能才更有效？

（五）实习时间问题

目前我国师范院校的教育实习大都安排在第七学期，很多实习生都认为实习时间安排不甚合理。教育实习会受到来自各方面的冲击，如找工作的学生要顾及招聘会，考研的学生要花大量时间复习，实习时间被“十一”长假隔开，等等。这样有效的实习时间缩短了，实习生锻炼教育教学技能的时间被压缩了。

（六）实习指导问题

本次教育实习采取“相近学科混合编队”模式，每个实习学校指派一名带队教师，这位带队教师的职责是什么？“带队”真的就是只管理好学生就行吗？带队老师不能对全部实习生进行深入的教学指导。另外，大学的评价体制，决定着带队教师很难安心在实习学校专心地进行地实习指导工作，他们同时需要承担繁重的教学任务和科研压力；其次，本次实习基地全部设在地级市、县、镇一级的中学，实习指导教师很少有我们这样高层次的师范院校毕业的，甚至一些教师没有经过专业的教师教育，造成一些教师对东北师大的实习生存有“畏惧感”，怯于指导师大的学生，他们对实习生的指导和建议就很少。

三、对教育实习的改进意见

针对以上问题，笔者提出一些改进意见：

（一）加强教育实习管理

加强教育实习管理，提高对师范生教育科研实习工作的要求，加大对师范生的教育科研的指导，提升师范生的教育科研能力，使师范生在走上工作岗位之前就形成“教育科研”的观念。同时对师范生走上讲台之前的试讲严格要求，把好试讲关，使师范生自信地走上讲台，流畅地完成课堂教学，从而渐渐培养师范生“为人师”的成就感和幸福感。

（二）增强与实习基地的有效沟通

在与实习基地互惠互利的基础上合理提出师范生教学实习任务，班主任实习任务等要求，保证实习生能在真实的教育教学情境中完成组织与交往、体验与反思、研究与创新等活动，激发其教育理想与热情，坚定师范生成为教师的决心和信念。

本次教育实习中，我校带队教师在实习基地校组织的校本教研活动，是大学与实习学校联系的纽带。探讨了“大学—中学互惠互利合作模式”，取得了很好的效果。这种合作模式增强了与实习基地的沟通，增进了大学—中学的深度合作，为后续实习工作奠定了基础。

（三）加强师范院校教师教育课程的设置

现阶段师范生在教育实习过程中存在一些紧迫问题，这些问题直接反映到他们找工作面试、试讲时不过关、紧张、表达不清、人际沟通不良；同时师范生的教师知识面狭窄、教师责任感不强等。针对这些问题师范院校应当注意以下方面：

(1) 加强教师教育实践类课程设置：将训练师范生“三字一话”、教姿教态等基本技能的课程设置提上日程，增加微格教学课时，加强教育见习管理。

(2) 丰富教师教育课程的内容：国外教师教育课程内容设置对我们很有启示，如美国大学师资培训课程除了专业教育、教学方法、学术等课程，还增设了生态学、情报学、年龄生理学、人际关系等课程，[6]这些内容中有的与中学教育教学没有直接关系，但对拓展教师知识，增强教师责任感具有积极的意义。

(四) 根据实际情况调整实习时间

实习时间段安排，要权衡师范生的实际情况和学校课程设置情况，笔者建议将实习时间安排在大三下学期，这样可以避开实习生找工作、考研的高峰期，也可避开法定假日对实习整体时间的隔断，使实习生能够全心全意地完成实习工作。

此外实习时间过短，欲全面安排教育实习内容，提升实习生的教学能力是不切实际的。参照国外先进经验和我国教育实习的现状，师范生教育实习时间宜在十周左右。[7]

(五) 合理委派大学、中学指导教师

大学指导教师的委派，应选择有先进教育教学理念，对教育实习有正确认识，有一定专业知识和丰富的教学经验，教学水平高，富有爱心的教师担任。同时应将不同学科的教师合理搭配在同一地区，便于交互地对实习生进行专业指导。还可以考虑选派教育学或学科教学论专业的研究生参与到教育实习指导工作中，有实践表明，他们有能力指导教育实习，并且通过指导教育实习，能够提升他们对教育教学的理解，也可以提升他们的研究能力。

中学指导教师的委派工作由实习学校相关领导完成，所以师范院校带队教师要和中学相关领导进行良好、有效的沟通，合理要求实习学校分配责任心强，教学经验丰富的学科带头人或学科组长做实习生的指导教师，也要注意发挥师范院校的自身优势，对实习基地学校有一定的投入，提高实习基地学校教师的专业发展，从而提高教育实习质量。

参考文献

［1］［3］李崇爱．对教师专业化进程中教育实习三个基本问题的探讨［J］．教育探索，2007（2）：72，73.

［2］齐佩芳．薄艳玲．关于培育高师生教师职业认同的思考［J］．教育发展研究，2007（7—8B）：109.

［4］［5］叶增编．论教师专业化视野中的教育实习［J］．玉溪师范学院学报，2006，22（5）：88—89.

［6］李其龙．陈永明．教师教育课程的国际比较（第1版）［M］．北京：教育科学出版社，2002：240—241.

［7］王冬明，陈彦国，冯继裕．教育实习调查及思考［J］．湖北师范学院学报：自然科学版，2002，22（2）：96.

发挥自身优势　促进实验区教师专业发展

——长春市151中学校本教研活动纪实

王秀红　郝　欣

摘　要：为了落实我国免费师范生政策的实施，我校创建一批教师教育创新东北实验区，双方同意在今后的教育实习、人才培训等方面密切合作，互惠互利，达到双赢，但是双方的合作模式需要进一步探讨。本文介绍了笔者利用教育实习的机会，积极开展实习基地学校的校本教研活动，促进了实习指导教师的专业发展，加强了大学与实习基地学校双方的沟通交流，为本科生创造了“受欢迎”的教育实习环境，提高了教育实习质量。

关键词：实习基地　新课程　校本教研

我校积极应对免费师范生政策的实施带来的机遇与挑战，确立了学校教师教育发展的新思路，对培养目标、课程体系、教学条件等方面进行了重新定位。本着“加强学生教育实习，服务农村基础教育，为毕业生支教做准备”的指导思想，拓展教师教育创新东北实验区的建设，2008年已在东北三省17个县市建立了首批实验区，共包括82所中学，双方同意今后就教育实习、人才培训等方面密切合作，在互惠互利的基础上双方签订合作协议。2008年秋季向实验区的82所学校派出实习生1250人。

笔者为吉林省长春市双阳区151中学实习组的带队教师。本实习组包括数学、物理、化学、生物、计算机等5个学科的15名学生，实习被安排在高一年级。2008年9月16日进入实习学校，2008年10月30日返回师大，历时一

[作者简介]　王秀红，女，教育学博士，东北师范大学化学学院教授，研究方向为化学课程与教学论；郝欣，女，东北师范大学化学学院硕士研究生，研究方向为化学课程与教学论。

个半月。笔者利用教育实习带队之便，对实习基地学校进行了校本研训，取得了令人鼓舞的成果，使实习基地学校的领导和教师的教学观念与教学行为发生了很大的改变，实现了实习基地学校教师的专业成长。一方面有效地促进了实习基地的建设，促进了农村学校新课程的有效实施，另一方面建立起大学与实习基地校的良好关系，为实习生营造了一个“受欢迎”的实习环境。

一、缘 起

（一）受实习基地学校冷遇

为了落实教育实习有关事宜，笔者于 2008 年 7 月在实习基地学校放暑假前，亲自前往实习基地学校同校长商讨有关实习的食宿以及教学内容等问题，得到了不冷不热的接待。因为不能确定下学期高一年级的招生名额，所以对我提出住在他们学校的学生宿舍问题不能答复，对于教学内容也不好确定。于是本学期一开学我又去了实习学校，依旧找到校长，校长说他们不愿意接待实习生，住宿问题学校没有能力解决。关于实习生上课他们学校是有规定的：“一般来说实习生不能上课，你们是东北师大的，每个实习生讲课最多 2 节。”我据理力争，搬出了实习协议与其理论，校长笑而不语。

进入实习基地学校，学校为实习生们配备了实习指导教师，有的实习指导教师竟然带了包括我们学校在内的 9 名实习生，并且对我们实习生不愿理睬。为什么会这样？通过了解情况得知，因为该校指导教师都不是东北师大毕业的，很多第一学历是专科，所以只能学科组长一人带，学科组长也说“指导不了你们东北师大的学生”。并且他们对现在正在使用的新教材也摸不着头脑。怎么办，我采取什么方式来加强我们和实习基地学校的沟通呢？这个问题引发了我的思考。

（二）观实习基地学校遭遇困惑

吉林省的新课程实施始于 2007 年，今年已是第二个年头，但是实验区学校从领导到教师对新课程都存在很多疑问。我所在实习基地学校的杜景和校长对目前的学校教育教学状况非常担忧：“由于办学的客观条件和信息不畅等原因，当新课改来临时，大多数教师对新课程改革了解不多，面对新课改、新教材、新高考和当前新的教学理念，多数教师感到无所适从！”“我这几年一直从事高二、高三的教学工作，今年是我带队下高一的第一年，多年的高二和高三教学使我和刚从高三下来的老师们对新课改了解不多，对于新课程改革我们也感到很迷茫。怎么办？怎么办?!”

实习基地学校的老师们也对目前的新课程非常迷茫：“由于与办学理念先

进的省市名校交流沟通的机会很少，这就导致一线教师在新课程改革已经轰轰烈烈开展了这么长时间后，我们的认识还是比较模糊，想去积极实践和探索，但缺少方向性的指导。我校使用的虽然是新课改的教材，实际上我们是‘穿新鞋，走老路’。所以对新教材的使用仍然按照传统的方式去讲解，不知道应该把握到什么程度，学生不爱学习……我们都很茫然，而领导（包括杜校长）也苦于这种现状干着急，为想不出好的办法苦恼着，困惑着……”

东北师范大学在和实习基地签约时也表示“东北师范大学发挥多学科、师资及科研力量雄厚的优势，为实习基地学校在人才培训、进修、科学研究等方面提供支持”。多次召集动员教学论学科有关专家组建讲师团，对实习基地各学科的教师进行培训。这对我是一个引导，启示我应该发挥自身优势，为实习基地学校的新课程实施助一臂之力，同时实现与实习基地学校的有效沟通。

二、听课——了解学校教学情况

刚刚来到151中学，校长就会经常来找笔者和他一起去听课，听化学的，物理的，数学的，等等。校长说：“这个年级的老师是初次接触新课程，很多人对新课程有抵触情绪。大多数老师都是按照以前的内容和讲法上课，结果现在才开学一个月，就有很多孩子跟不上了，真可怕啊！”听课结束，笔者会更多地和授课老师交谈，帮助授课老师认真分析其教学内容选择是否恰当，深广度把握的好不好，每个教学活动环节怎么设计更能发挥学生的自主性等，老师们收获非常大。

一位老师这样说：“不是恭维您，王老师，您在这样的氛围中没有看不起我们，还竭尽全力帮助我们，真得很让我们感动。说实话，站在高处的人都懒得向我们这里瞅一眼，更何况像您这样的专家了。我们这里就像一潭死水，总是波澜不惊的，直到您来，就像丢了一颗石子，在校内引起了从上到下的撞击，您这样帮助我们，为我们加油，我们想懈怠都汗颜啊，渴望您能多听我们的课，给我们指导。”

三、开展校本教研活动

（一）第一次活动——化学学科校本教研

刘旭虹，吉林省实验中学化学教师，吉林省骨干教师。1997年毕业于东北师范大学化学学院，2005年就读于东北师范大学化学学院教育硕士专业。在本次新课程实施过程中脱颖而出。2007年9月获全国首届化学教育硕士教学技能大赛特等奖，2008年9月获得东北大区优质课评比特等奖，多次在全省骨干教师培训中展示。笔者是她的导师，要求她到长春市 151 中学做一次交流活动。说到 151 中学，她就兴奋地说：“那是我的母校啊，为母校做点事，应该的！”

这次活动也吸引了双阳的另一所高中——150 中学的全体化学老师。据说是 150 中学的老师们听说 151 中学搞了几次教研活动，效果非常好，老师们收获非常大，就恳求他们学校校长要来参加，得到了校长的全力支持，全体老师停课半天，校长亲自带队，来到 151 中学。听说双阳区就这两所中学，他们存在着竞争关系，150 中学又是重点，能屈就来到 151 中学，很是佩服校长能为学校的发展和教师的专业成长着想，同时也感到我们组织的活动真是受到他们的欢迎，深切感受到了他们对我们东北师大充满期待。

151 中学的化学课也都串了，校长、数学学科、物理学科及其他一些学科的教师都参加了此次活动。

活动首先播放了刘旭虹老师的《元素的性质与原子结构》一课的录像，而后结合这节课的教学设计介绍了她对新课程的理解，以及新课程教学中应该注意的问题，笔者从课程教学论的角度进行了讲解，我们师徒两人生动地将教育教学理论与教学实践进行了有机整合。

图 1　刘旭虹老师介绍《元素的性质与原子结构》的教学设计

整个过程历时 3 个多小时，没有一位教师中途退场，大家都聚精会神地听着、记着，包括校长也一直在笔记本上记着什么。由于时间已是中午 12 点，所以没能安排提问时间，结束后有很多教师都围着我们讨论问题。杜校长说：“老师们这样的学习状态，是历次活动所没有过的，老师们真是解渴啊！”贾校长也恳切地说：“实习结束后，也希望你们能常来，我们太需要你们这样高水平专家的指导了。”

连我校在 150 中学的带队教师物理学院的张宏标教授都感叹说：“啊，你们讲得太好了！我没有想到现在的课程教学论是这个样子的。”张老师后来一直在引用讲座中有关拉近师生距离的一句话“我们一起来学习……”。

图 2 共同演绎理论与实践的碰撞

（二）第二次活动——数学学科校本教研

2008 年 10 月 27 日，笔者邀请到东北师范大学数学学院课程教学论专业的韩继伟博士，向她说明了长春市 151 中学的教学情况，并特别说明“这所学校的经济状况不是很好，你只能来作贡献”，韩继伟博士爽快地答应了，时间安排在周六。这天韩博士和数学组的老师们听了两节数学课，课后与全组的数学老师们进行了研讨。

图 3 韩继伟博士与数学教师的交流

韩博士就新课改老师的茫然，新课改发展的趋势，以及两位老师存在的问题等发表了建议和看法。发现身边一位平日里比较沉默的男老师，一开始眉头紧蹙，到后来眉心舒展，最后脸上露出激动的笑容，我知道，这位老师听到了他想听的、需要听的内容。

杜校长对在座的所有数学老师说：“现在大家知道为什么课时不够了吧？

151 中学已开始实行新课改，这是个不争的事实。大家要研究教材、钻研大纲，全面迎接新课改（洗脑，接受）。”

研讨过后，韩继伟博士分别找两位老师作了更细致的交流。

图 4 韩继伟博士与两位授课老师以及杜景和校长的交流

这样实实在在的教学交流、沟通，实习基地学校的领导和老师都觉得十分受益，他们希望以后能多开展这样的教学交流活动，同时，长春市 151 中学的校长也表示能和东北师大这样优秀的高校合作是十分幸运的，希望能够长期合作。

（三）第三次活动——数学学科异地交流活动

2008 年 10 月 14 日，韩继伟博士组织了双阳—中山两地数学教研。韩继伟博士称中山市的这些骨干教师为黄埔一期，他们是中山市非常突出的数学教师，很多是学校的领导，他们中一些人参与了高考命题。他们都经历了一个轮回的新课程，对新课程有着自己的经验和体会。

图 5 151 中学与中山市骨干教师交流

151 中学的一位数学老师和中山市的一位数学老师各上了一节课，两所学校的教师们围绕这两节课展开了热烈的讨论。

图 6　151 中学教师的授课

图 7　中山市教师的授课

两节课都能非常好地落实基础知识，但 151 中学老师的数学课几乎全部借助多媒体，中山的老师却完全没有用多媒体。老师们针对这个问题发表了自己的看法。韩继伟博士也对教师们提出的问题一一解答。

图 8　两地数学教研活动

经过这样的教学交流，151 中学数学组老师们的视野打开了，对新课程也有了更多自己的认识和理解。数学组的老师们都非常欢迎和期待多开展这样的活动。

（四）第四次活动——物理学科校本教研

2008 年 11 月 3 日，星期一，实习已经结束，实习生也已经撤回。但实习学校的领导和教师们那渴望变革的愿望，深深地激励着我，我作为师大人，应该努力为他们做更多的事情。今天请到我校物理学院物理课程与教学论的侯恕教授和韩继伟博士，约好去 151 中学做一次新课程教学指导活动。今天天气格外的冷，长春的冬天就这样“悠然”来到，看得出他们俩都很冷，评课时都出现了颤音。为了今天的这次活动，本来有会的贾云杰校长都推开了公务，贾云杰校长说："本来这一阵在长春市六中进行校长交流活动，知道几位专家要来，今天专门在家等候。"看得出校长对几位专家的诚恳和对教学工作的重视。

我们听了第二节和第三节的物理课，韩继伟博士还听了第三节的数学课。

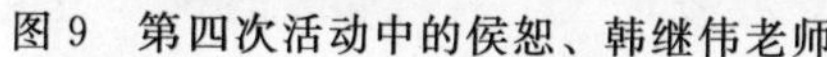

图 9　第四次活动中的侯恕、韩继伟老师

图 10　第四次活动中的笔者

课后和所有的听课老师作了交流。侯恕教授针对两节课的特点，从理论到实践作了详细的解剖，分析了两节课的得与失，优长和不足，老师们不停地点头表示赞同，并发表了自己的看法。韩博士和笔者也都发表了自己的建议。

交流结束，老师们都说，几位专家说得太好了！贾云杰和杜景和校长也对老师们说："151 中学的改革势在必行，不能再像以前那样了，我们必须像几位专家说的那样，用理论指导我们的实际教学。真诚地欢迎各位专家来我们学校指导！"

（五）教研的延续——教学设计的研讨

实习工作虽然结束了，但是实验区的老师们依旧希望能继续得到指导。化学实习指导教师杨柏莉老师要参加长春市的说课大赛，10 个教学设计中选一个。笔者以此为契机，在校长的协助下，把 10 个教学设计作为全组的一项研究，分配给化学组的每一个人，希望以此提升教师们的教学设计理论基础和对新课程内容的选择与组织，以及教学活动的设计能力等。

四、初见成效——151 中学的变化

短短的一个半月，经过我们东北师范大学老师的共同努力，发挥了一个东北师大专家的作用和学科优势，展现了师大人的风采。在 151 中学掀起了教学改革的热潮，老师们的教学观念和教学行为都发生了非常大的变化，促进了实习基地学校的发展，得到了实习基地学校领导和老师们的认可。同时又为师大争取到了像 151 中学这样支持师大教育实习的铁杆实习基地，为实习生营造了

“受欢迎”的实习氛围。当学校教育实习调研组的研究人员问到“您对东北师大还有什么期望和要求”时，校长回答：没有什么要求，希望你们常来，再多一点实习生也可以。学科再多一些，这样交流就更广泛。我们非常期望有高水平的学校来，特别像东北师大，一方面水平很高，另一方面你们能给我们带来新的思想，新的观念，特别像王教授这样的指导老师，给我们带来很大的帮助，使我校老师在思想上和行动上都有很大提高。

（一）校长的改变

校长提高了对课程改革的认识，意识到了资源对教学的重要性：“现在要上好一节课可不是只看看教学参考书就行的，除了自己先得仔细读懂教材外，还要通过报纸杂志、互联网等查找大量的相关资料。”于是在学校经费紧张的情况下，为教师配备了电脑，购买了各学科不同版本的全套教材以及其他资料。“针对我们对新课程改革认识的提高，我校加大了对新课改的投入力度，首先为了丰富教学资源，学校在经费紧张的情况下购入大量资料，为教师教学准备了丰厚的素材。为了让教师能在网上查阅资料且能与其他学校的教师沟通，学校给每个办公室都配备了电脑，并保证每台电脑都能上网，方便了教师的教学和课题研究。”

（二）教师的改变

“通过这几次活动，我们学校的老师逐渐接受了新课改，认识到了新课改的必然性，不改是不行了。活动中我校的整体教学水平和对新课改的认识又上了一个新台阶，我们也认识到了课程改革的一些特征：一是看学生在课堂中的学习方式是否发生了真正的变化，学习中是不是积极主动，学习过程是不是充满了快乐和成功的体验，是不是乐于思考和勤于自主探究。二是看师生关系是不是发生了变化，是不是变得平等、和谐、融洽了。三是教师在教学过程中应根据学生的认知规律和现有水平，在认真领会教材编写意图的同时，学会灵活、能动地运用教材，根据学生实际进行必要的增删、调整，这样才能从‘有限’的教材中无限延伸。”

学校还加大了对年轻教师的培训，开展了多种形式的观摩课、公开课、研讨课，组织教师认真听课，做好听课笔记，并写出听课心得，使教师们的教学水平有了长足的进步。

（三）评价的改变

校长对课堂教学评价的认识，可以有效地激励教师的专业成长。在一次教学研讨会上校长明确提出了自己的观点：“现在一节好课的评价标准再也不是老师讲得怎么样了，而是学生学得怎么样，所以课堂也不能只是老师唱独角戏，还得充分预计学生在课堂上可能的反应并拟定相应的对策来调动学生的积极性，让学生敢于回答，乐于回答。现在，问题的答案再也不能是从老师的嘴里说出来，而应该是在老师的引导下由学生回答出来，这样才真正的使学生成为学习的主体，才能让学生自己学会学习。”

151 中学的校长说：“正当我们进一步思考怎么办的时候，东北师范大学化学学院的王教授带领实习队伍来到我校，在新课改上真是给了我们雪中送炭一样的帮助，激活了我校新课改教研活动。”

每每有人提到感谢时，我想：为农村基础教育服务是我们东北师大办学的指导思想，我作为师范院校搞基础教育的人，有责任和义务为农村教育做点事。整个实习过程中，我始终保持着一种热情、一份诚恳；一种坚持、一份执著。我们在教育实习期间的所作所为，感动着实习基地的领导、老师、学生，也感动着我们每位实习生。

五、结　论

校本研训是师范大学与实验区有效合作的重要模式之一，是一种既能促进实验区指导教师的专业发展，提高教育实习质量，为今后免费师范生支教奠定基础，实现为农村基础教育服务的承诺，又能实现教育教学研究成果的转化。

（一）促进指导教师专业发展，提高教育实习质量

2008 年教育实习大规模地转入农村中学，大多数实习基地能够指派优秀的教师作为实习指导教师，农村学校指导教师比较重视东北师范大学的教育实习，但对实习生的实习指导不够深入。原因之一是大多数实习基地 2007 年才开始实施新课程（吉林省 2007 年实施新课程，黑龙江、辽宁 2006 年实施新课程），大部分农村学校教师对新课程的理解不到位，不能很好地把握新教材，所以对实习生的指导不利。其二是因为农村教师大多第一学历较低，很多是通过继续学习获得的本科学历，对东北师范大学的学生普遍存在顾虑。

对实习基地教师进行校本培训，促进实习指导教师的专业发展是提高教育实习质量的前提。

（二）践行合约，为农村基础教育服务

《教育部关于大力推进师范生实习支教工作的意见》要求高师院校要“探索建立教师教育综合改革和高师院校服务基础教育试验区，促进师生积极参与教育改革实践，在教师培训、教育教学研究和咨询等方面提供多样化的教育服务”。

在与实习基地签署的合约中提出：“东北师范大学发挥多学科、师资及科

研力量雄厚的优势，为基地学校在人才培训、进修、科学研究等方面提供支持；实习基地校为东北师范大学的教育实习提供便利条件。”

实习基地领导在接受访谈时，大都提到：“希望东北师范大学的专家、学者能到我们这里培训我们的教师，我们的很多教师在一些新理念上落后了，因为指导方面不足，做的也不到位，如果能帮助我们进行教师培训就好了。”校本研训是大学与实验区的有效合作模式之一。

（三）实现大学教育教学研究成果的转化

我们大学的专家一直致力于教育教学科学的研究，但是研究成果很难应用到具体的教育情景中。大学与中学合作促进教师的专业发展模式，能够为教育研究工作者提供研究场所，使教育研究者的问题来自具体的教育情景，同时将研究成果应用于教育教学实际，为师范院校教育研究开辟了一条新途径。

实习生教师身份认同的过程性审视

——以东北师范大学 M 实习小分队为个案

杨宏丽

摘　要：本文通过对东北师范大学 M 实习小分队的个案研究，考察了实习生教师身份认同的过程。对此，本文提出了实习生教师身份认同的三个阶段，即原有学生身份的顺延，教师和学生双重角色的挣扎，课堂教学活动中教师身份的实践性习得。通过深层考究，笔者认为实习生的知识资本使其获得了教师权力，教师权力是实习生完成教师身份认同的关键。

关键词：实习生　教师身份认同　顺延　冲突　课堂教学　权力

教育实习作为一种特殊的教育实践活动，向实习生敞开了一扇真实的学校图景之门，在这个过程中，实习生将第一次真正体验当“教师”的感觉。那么实习生作为准教师在教育实习中经历了怎样的身份认同过程？这个过程的真实状况如何？实习生有怎样的真实体验？是什么促使实习生完成了教师身份的认同？这些问题对于教师专业发展具有举足轻重的作用。对此，本文以东北师范大学 M 实习小分队为个案展开了深入研究。

对于何谓教师身份，学者们进行了多维阐释。笔者比较认同“教师身份包含两个方面的涵义：第一，教师身份是制度规定的教师的职业角色、从业要求，以及制度赋予教师的经济地位、政治地位、文化地位的综合。这种身份主要通过制度获得。第二，教师身份指教师受人尊重的程度以及人们在价值预设的支配下建构的对教师职业的期望和追求。这是一种文化层面的涵义，它使得教师身份带着某种被强制性和自我强制性，造成人们价值期望的正当性与实际

［作者简介］　杨宏丽，女，教育学博士，东北师范大学教育科学学院讲师，研究方向为课程与教学基本理论、教育研究方法。

活动中所表现出来的正当性与非正当性之间的冲突。”[1]由此可知，教师身份认同是外在的制度型塑与内在的自我建构双重过程。“身份认同是人们对我（们）是谁以及他（们）是谁的理解，反过来，即他人又是如何理解自我和他人的。”[2]对于身份认同研究路径，学者们几乎达成共识，即“从两个路径进行分析：一是较为稳定的制度—结构（institutional-structural）方面，旨在考察社会对其成员身份的期望、配置和安排；二是较为变动的个体能动（individualagency）方面，旨在考察人们如何进行自我身份的选择、建构和认同”[3]。其实，实习生教师身份的认同过程是宏观的社会结构化与微观的个体自我建构的统一，它统一于动态的教育实习实践过程中，并且经历了“原有学生身份的顺延，教师和学生双重角色的挣扎，课堂教学活动中教师身份的实践性习得”这几个过程。

一、原有身份的顺延：我还是学生

初入实习学校，实习生往往还顺延着原有社会结构中的身份。这时，学生的身份还时时处处规约着他们的所思所想、所言所行。说起刚到实习学校，一名实习生讲述道：

刚开始到那（指实习学校），觉得自己只是一名实习生，跟着带队老师，跟着自己同学一起过去的，还没有什么感觉。（访谈 X）

另一位实习生明确意识到自己实习之初没有进入角色。

问：你最初来实习学校的时候，有没有当教师的感觉？那个时候你的感觉、你的体验是什么样的呢？

答：没有当教师的感觉，也没有我现在是实习教师的感觉。应该说没有进入角色。在当时来讲是这样的。（访谈 N）

初入实习学校，实习生还没有教师身份的认同，对此一位实习生谈及了自己和实习学校教师、同学间的关系。

问：那你觉得跟那个学校的老师和同学是一种什么样的关系呢？

答：刚开始看到学校的老师觉得自己是学生。

问：刚开始见到学生了吗？

答：见到了，感觉他们比我还成熟一点。

问：那时你觉得自己像老师吗？

答：没觉得自己像老师，感觉像是他们的姐姐。

问：还觉得自己是学生？

答：还是觉得自己像学生，虽然年龄比他们大一点，可是还没他们成熟！

此阶段实习生所以觉得自己是学生，主要原因来源于两方面，一方面是实习学校的生活情境和实习生原在学校的生活情境具有一定的同质性，这使得他们难以从原有的学生身份中脱离出来，这可以从吃饭、走路、游戏等方面体现出来。

我觉得我去他们那个食堂吃饭和去自己学校食堂吃饭的那种感觉差不多。中午一到点就去食堂吃饭，就这样的感觉。

还有走到教学楼的时候，看到旁边的学生来回走，感觉自己也是他们中的一员，只不过是从另外一个学校来的学生，而不是这个学校的。

在教学楼爬楼梯的时候觉得自己和他们差不多，就觉得比他们年龄大一点。

看到他们在操场上玩，就觉得自己好像也跟他们一样在玩。（访谈 X）

另一方面原因是实习学校的学校文化影响了实习生教师身份的认同。学校文化作为学校全体成员共享的价值、规范、信念、态度以及行为模式，它像一张无形的网，潜移默化地影响着实习生的身份转变。具体而言，M 学校对于实习生的接待、管理以及该学校成员的言行无不在一定程度上阻碍了实习生教师身份的认同过程。

对于 M 学校的接待，实习生 N 认为："感觉整个安排进行得不规范。没有让我在心理上感觉到现在是实习教师了，不知道第一步该干什么，第二步该干什么。"另外，与 M 学校教师的接触让实习生 N 有些失望。"然后就是和他们教师的接触，感觉没有给我们实习方面的指导。只是说你们在这个学校该做什么，给你分老师，分配任务。实习，其实算是一种课，它应该有相对于这个课的计划、目标，而 M 学校完全没有，至少我们没看到。"最后，N 认为："可能是在一开始，还有各个方面，给我的感觉就是态度不是很端正。"说起门卫的接待，M 实习小分队在来实习学校的第一天就领略了该学校的"深层文化"。

按照事先约好的时间，我们整个实习小分队提前半个小时来到了 M 学校。这是我们第一次来到这个学校，当时每个人都有些激动，对于这个学校内心充满了好奇。由于我们来得比较早，负责接待我们的 M 学校的教师还没有到，我们实习队全体成员就在 M 学校门口等着。经历了长时间旅途奔波、劳累，终于来到了我们的目的地，大家都有些兴奋。于是，大家站在学校门口就开始七嘴八舌地聊起来。可在这时，学校门卫却气冲冲地走过来，对我们说："你们这些学生怎么站在这儿？没看见条幅吗？你们不认识字？"我们所有人都被这突如其来的训导弄晕了，不知所措。顺着门卫的手势，我们看到学校大门上打着一个横幅：欢迎M市市长××来我校莅临指导！尽管大家很气愤，但还是躲到大门旁边，把M学校入门的主道留给将要来视察的领导。（Y的日志）从该学校门卫的态度中，我们可以判断出，这个学校共享了“和视察领导相比，学生是‘低下的、卑劣的’人性假设，身份的分层是该学校文化中深层的价值。实习生被当做低人一等的学生，这样的经历极大地震撼着实习小分队的每一个人。

二、冲突中的挣扎：学生和教师双重身份的纠缠

随着实习活动的展开，实习生逐渐地认同了自己的教师身份，但是这种身份认同还处于一种模糊状态，即此阶段的实习生往往处于一种极度的矛盾状态，在学生和教师双重身份之间进行着艰难的挣扎。

实习活动除了教学实习之外，还包括班主任工作实习，当临时班主任检查学生的黑板字使实习生觉得自己像老师。“帮他们查黑板字的时候觉得自己是老师，就是当班主任工作帮他们查小黑板的时候，他们那个老师让我们去检查学生的黑板字好不好，然后把好的挑出来，看那个字的时候觉得自己有点像老师，觉得自己是以老师的身份去检查他们的粉笔字。”但是这时的教师身份比较模糊。“和他们聊天觉得自己像学生，和他们班主任交流的时候就更觉得自己像学生。”由此可见，此阶段的实习生处于学生和教师之间的模糊状态，他们时而会感觉自己是教师，时而会觉得自己是学生，实习生处于两重身份的冲突之中，有些夹缝中生存之感。

答：我觉得实习班主任工作有种夹在学生和班主任之间的那种感觉。

问：是什么样的感觉呢？

答：也不像是老师，就觉得是他们的伙伴！

问：如果他们老师和学生有冲突的时候，你夹在中间是怎么处理的？

答：如果老师要求这节课学生们全部都得在班级，有的学生会走，老师就会说：你去把他带回来，但是他们有的学生就不愿意在班级，强迫他们在班级也不是很愿意，这个时候就会很矛盾。

问：那在这个时候你觉得你是个什么样的角色呢？在老师和学生发生冲突的时候。

答：不是老师。

问：那是不是学生呢？

答：也不是学生，就是一个他们的伙伴，他们的朋友，像他们的姐姐那样。

（访谈 X）

对于实习生和教师、学生等身份的关系，一位实习生讲道："学生就是学生，天职就是学习。教师就是教，当然现在也强调教师要学习。但是实习生是介于这两者之间的，面对学生的时候是教师，面对教师的时候就是学生。实习生面对的是他不熟悉的学生，而且他面对的全都是新的课程，这样他的发挥性就会差一些。"由此可见，实习生具有双重身份，而究竟处于何种身份取决于参照对象，与不同参照对象的关系使实习生在两种身份之间跳跃。

问：你有没有这个阶段，就是有点像老师，又有点像学生？

答：有，大概就是"十一"回来以后，那个时候开始深入课堂了，也去听课。其实最明显的这种"教师"意识的建立是因为学生叫我："老师"，是因为我听课的时候，学生叫我"啊，老师你来听课了！"这个时候我们已经开始带实习班主任了，但还没有开始讲课。这个时候还是摆脱不了自己是学生的角色。

"十一"长假归来实习已经进行了三分之一，这时候实习生对实习学校内的人、事、物有些熟悉，并且深入到具体的教育活动中。M 学校学生对实习生的称呼使他们有了教师意识的萌芽，但离开了具体的情境关系，即不在自己所管理的班级内，实习生的学生身份还会蹦出来，他们处于学生和教师双重身份的挣扎中。这种挣扎在实习生身上有一些具体表现："表现在我身上的时候，我会不自觉地作出一些反应，比如在学校的时候，我会说'老师好'并且伴有鞠躬点头的动作。然后在实习学校的时候，学生说'老师好'，我还会一样鞠躬，其实你不用哈个腰，点个头，只要打个招呼就行了。"

另外，和学生讨论事情的时候，一方面，与学生身份相对应的教师身份使他们觉得自己是一位老师；但另一方面，实习生往往还顺延着学生的身份，有时自觉不自觉地站在学生的立场来思考问题。"还有就是说事的时候，我不能站在教师的角度去参与到他们的谈话里。比如说，他们谈话，我要加入进去的时候，我感觉我就是不像老师，就是那个距离感拿捏不好，老师和学生再亲也有个距离感，但我就拿捏不好这个，我的同学也是。我的感觉是只有自己讲课的时候才像老师。"

实习生第一次与学生的见面冲击着他们自己的身份定位。"我们刚开始实习班主任的时候，去班级自我介绍，记得第一次跟他班同学见面，完全没有作为一个老师的那种威严也好，或者什么也好，然后学生就说：'老师你太温柔了！你这温柔的一套在我们班行不通！'比较受打击的那种。那个时候就挺想急着把自己弄得更像老师一点，无论是从着装外形上来讲，还是其他方面。但是如果你的里面不改变的话，所说出来的话什么的，是那种很温柔的，很没有强制性，就是一丁点强制性都没有，然后太随和了。说出去就后悔，可是后悔也没办法了，你说出去的话，你就是这种语气、这种语态，你已经表现出来了，学生已经看到了，所以学生也不会觉得你像老师。所以我觉得对于学生来讲，实习生就是半个老师。

实习生所以觉得自己是半个教师，主要是因为自己的身份还没有转变过来："我所以这样说话，就是因为身份没有转换过来，一开始到那个学校后所有人把你当成学生，没有人把你当成老师，你看我们去的时候都是喊他们的老师为'老师，老师'，然后他们老师喊咱们，是以上级对下级的态度来对待咱们的，他们觉得这段期间你就是他的学生。但实际上，你本身这种磁场就会影响我们实习生的心理，就让我们角色转变不过来，就会觉得自己是学生。平时你身边的环境都觉得你是学生，然后你突然到了一个大环境里的小空间去，在这个空间里你需要做老师，你不可能改得过来的，肯定是改不过来的。就像前一秒钟你还跟人家点头哈腰，后一秒钟你就昂首挺胸，很难的！这个时候挺想当老师，但当不出来。"（访谈 N）

三、课堂教学活动：教师身份的实践性习得

通过对 M 实习小分队成员的调查，我们得知对于教师身份的真正认同，实习生是通过课堂教学活动这一具体的实践。

问：那什么时候觉得自己有点像老师了？

答：第一次讲课的时候，就是第一次讲课，讲完课之后那些学生就喊老师，听到他们喊老师，然后还问自己一些问题，这个怎么做，那个怎么做。听到他们喊"老师"还有点奇怪的感觉，那时觉得自己有点像老师了。讲课的时候给我一种老师的感觉。（访谈 X）

另一位实习生也肯定了课堂教学使自己有了教师的感觉，并且认为："这就是课堂教学的魅力所在，一打铃了，一上课了，下面都坐得齐刷刷的了，都听你的，然后你就是这节课的主导者，无论现在讲什么'教师主导，学生主体也好'，肯定都是以教师的引导为主的，而且在这一段时间，课堂就是你的了，大家也都要喊你为老师，而且本身这个观念站在上面讲的就是老师。所以我觉得在那个时候自己就是老师。"（访谈 N）

讲课作为教师独有的职业活动，它使得实习生在此实践中真切感受到了自己是一位教师："嗯，尤其是讲课，站在上面，才觉得自己跟他们学生不一样，那时候觉得自己不是学生，而是一位老师了！"

讲课过程中，学生的目光、教师的提问、学生问问题、板书等方面在一定

程度上促使实习生认同了自己的教师身份。

嗯，第一堂课我在台上讲，有的同学就用聚精会神的眼睛看着我，那时候我就觉得自己有些像老师了。有时候我觉得他们看着我，听我讲，我就像老师。就是我在台上走啊走，然后他们看着我，他们的眼睛就跟着我，那时候我觉得原来我讲的东西都是他们不知道的，他们能从我这学习一点东西。（访谈X）

由此可见，学生的目光作为一种肯定的信息，使实习生在内心深处产生了教师的骄傲感。

另一名实习生也谈及了目光接触对她教师身份的认同感。“另一个是目光接触，我讲课的时候我就会看着下面，然后我不是看某一个人，一般站在前面讲话就有两种人嘛，一个是作演说，一个是当老师！作演说就是盯着某一个目标，目光很坚定。但是我做老师的时候就会观察每一名学生，他到底了解多少，他对我现在所讲的这个东西有多少兴趣，如果他们没有兴趣的话我赶紧调整。还有，与他们的目光交流可以抓住他们的注意力，你瞅他，他就瞅你，他瞅你他就听你说话，就这样的。然后在这个时候，他们看我的时候就跟我小时候看我老师那种的，就像‘啊，这么回事啊！啊，这么回事啊！老师说得挺有道理！’就是这种的。应该是那种眼光有点认可，还有点求知欲，如果你带领得好的话，你可以从他们眼光里看出寻求这个问题答案的欲望，我觉得这挺督促我的。”（访谈 N）学生的目光使实习生有一种被认可的感觉。“啊，这么回事啊！啊，这么回事啊！老师说得挺有道理！”学生通过目光这一方式对教师知识能力给予承认，这种承认使实习生坚定了自己是教师的信念。

除此之外，提问也使得实习生特有一种教师之感。“还有提问啊，让他们回答问题，这时候觉得自己有知识，像是教书的感觉。下课学生会问我一些问题，因为两节课连着上！中间休息的时候他们会问我一些问题，他们问我一些他们不懂的问题，这时候我就觉得有一点老师的感觉了！”（访谈 X）

另一位实习生也表达了相同的观点：“还有就是提问，我觉得这是很好的，提问的时候老觉得自己是个事了！觉得自己成为老师的一刹那，就那种。比如说，‘这个问题是不是这样的？’下面一票的人呼吁你，‘是这样的！’然后说‘这个问题谁能回答一下呢？’就是这种提问。”（访谈 N）

“另外看他们的作业，他们上完课会交上来作业，课代表会问我：‘老师，这是我们班的作业，放在哪里？’那个时候就觉得自己很像老师了。”问问题、批作业表面是教师与学生之间的交往互动，实则反映了一种权力关系，问题一般都是教师提出来的，作业一般是教师来评阅的，这些活动使实习生在具体的教学实践中拥有了教师权力，从而明确认同了自己的教师身份。

“还有就是板书也可以，我觉得。小时候就觉得黑板是老神圣的地方了！能在黑板上写两个字老幸福了！这种观念挺根深蒂固的，板书嘛，一般都是老师来写。你写的东西一般是这堂课的标题啊、目的啊、什么的。再一个就是你要结合这个板书和你的讲课，那样你就‘这个问题是……’这样手势，身体语言都可以使一个人产生是老师的观念。因为你上了这么多年的学，你会情不自禁地模仿自己的老师，老师是这么干的，我这么干我也就是老师。”（访谈 N）实习生的教育经历影响着他们教师身份的认同。在实习生的教育经历中，板书一般是老师来写，老师把板书和讲解结合起来，并且配合一定的手势，这作为教师特有的行为方式促使实习生坚信：我的老师是这样做的，我这样做我也是老师。

另外，并非教师上课行为的某一方面促使实习生产生了教师身份的认同，实际上，这些因素是作为一个整体起作用的。“我觉得就是语言、动作、板书结合在一起给我是教师的感觉，不是单方面的。每一个方面就是课堂上有的东西，自然而然就会产生老师的感觉。就像咱们同学平时多蔫的人，再怎么蔫，只要他一站在讲台上，他就会有教师的感觉。”

讲台一般是教师在课堂教学中特有的空间位置，但并不是这个特有空间位置赋予了实习生教师的身份。

问：那你觉得空间位置会不会对教师的感觉有影响呢？

答：我觉得对我来讲没有什么影响。无论站在哪，都觉得自己是老师。因为现在大家都要听我的，听我说话，就我一个人在说。这课堂里我一个人在说。然后，问题都是我提出来的，学生的讨论也是由我引发的，我觉得跟位置没什么关系。这堂课的内容，比如说，我们讲‘全面发展的教育’，我已经很了解了，肯定是我比他们要了解得多，在这方面，我才能去教他们，所以站在哪无所谓。（访谈 N）由此可见，决定教师身份的并非讲台这一特殊的空间位置，而是因为教师拥有了“大家都要听我的”权力，这种权力是实习生教师身份认同的关键。而教师所以拥有权力，其根源在于实习生“比她们要了解得多”，也就是说知识资本赋予实习生以权力，和学生相比，实习生拥有更多课程相关知识，这使得实习生拥有了更多的文化资本，文化资本使实习生真正拥有了教师权力，从而使得教师身份认同成为可能。

参考文献

[1] 徐淑琴，郅庭瑾．教师身份的伦理思考：基于中国教师身份发展过程的分析［J］．教育科学研究，2007（11）．

[2] Haralambos，M. & Holborn，M. *Sociology*：*Themes and Perspectives*［M］. London：Collins Educational，2000.

[3] 张静．身份：公民权利的社会配置与认同［A］．张静．身份认同研究：观念、态度、理据［C］．上海：上海人民出版社，2006：3—23.

后　记

20 世纪 80 年代以来，伴随知识经济的飞速发展和信息社会的突飞猛进，世界教育进入了一个密集改革的时期。教师教育作为整个教育事业的生产母机，其质量的高低直接关系到一个国家教育事业的成败，乃至一个国家的前途和命运。教师教育改革已经成为当今世界各国教育改革的重要组成部分。

作为教育部直属师范大学，东北师范大学建校 60 多年来始终坚持为基础教育服务的办学方向，坚持教师教育的主体地位。进入新世纪，学校大力推进教师教育创新，实施了“面向 21 世纪优秀中学教师培养工程”、“优秀教师和教育家培养工程”、“提高中学教师培养质量研究”、“教师教育优秀学科创新平台”等一系列项目和课题，建立了“教师教育创新东北实验区”，在教师教育创新理论与实践中取得了丰硕的成果。

本论文集由东北师范大学副校长刘益春教授任主编，校长助理兼教务处处长高夯教授任副主编，主要作者均为我校从事教师教育的教师。出版本论文集的主要目的在于深入挖掘我校教师教育创新与实践的优秀成果，及时总结教师教育改革中的成功经验，进一步推动和促进我校教师教育改革发展。

本论文集的出版，是学校领导、有关部门和各位作者积极参与的结果，在此一并致以谢忱！由于工作水平有限等原因，论文集中不妥之处在所难免，敬请指正！

东北师范大学教务处

2008 年 12 月